政府理财实践与探索

政府理财实践与探索

王化文 著

中国财政经济出版社

图书在版编目（CIP）数据

政府理财实践与探索/王化文著．—北京：中国财政经济出版社，2011.12
ISBN 978－7－5095－3260－7

Ⅰ.①政…　Ⅱ.①王…　Ⅲ.①地方财政－财政管理－吉林省　Ⅳ.①F812.734

中国版本图书馆 CIP 数据核字（2011）第 232817 号

责任编辑：刘景梅　　　　责任校对：黄亚青
封面设计：钱琪然　　　　版式设计：兰　波

中国财政经济出版社 出版

URL：http：//www.cfeph.cn

E－mail：cfeph@cfeph.cn

社址：北京市海淀区阜成路甲 28 号　邮政编码：100142

营销中心电话：88190406　北京财经书店电话：64033436　84041336

北京牛山世兴印刷厂印刷　各地新华书店经销

787×960 毫米　16 开　33 印张　574 000 字

2011 年 12 月第 1 版　2011 年 12 月北京第 1 次印刷

定价：66.00 元

ISBN 978－7－5095－3260－7/F·2759

（图书出现印装问题，本社负责调换）

质量投诉电话：88190744

序

财政作为政府履行职能的物质基础和宏观调控的重要手段，在全面建设小康社会的伟大事业中肩负着重要使命。多年来，各级财政部门牢固树立“为国理财，为民服务”的工作宗旨，始终坚持依法理财、科学理财、民主理财，充分发挥资源配置、收入分配、调控经济和监督管理的职能，在促发展、调结构、惠民生、保稳定等方面发挥了十分重要的作用。特别是，地方财政部门认真落实国家宏观调控政策，促进经济较快发展，着力保障和改善民生，深化财政管理改革，建立健全有利于科学发展的财政体制机制，做了大量卓有成效的工作，为我国财政发展改革作出了突出贡献。

近年来，吉林省在财政管理改革方面进行了许多大胆的尝试和有益的探索，形成了具有吉林特色的理财之道。吉林各级财政部门，以科学发展观为统领，紧紧围绕振兴东北老工业基地中心任务，开拓进取，扎实工作，进一步强化财政管理基础工作和基层建设，深入推进财政科学化精细化管理，公共财政体系不断完善。在促发展方面，积极发挥财政政策和资金的导向作用，大力支持国企改革、重点项目建设、县域经济发展等，促进了吉林经济平稳快速增长。在保民生方面，始终把解决好人民群众最关心、最直接、最现实的利益问题作为首要目标，坚持将新增财力的70%以上用于保障改善民生，在全国率先开展了新型农村合作医疗试点，建立了城镇居民基本医疗保险制度，开展了完善城镇社会保障体系试点。在全国率先推行城市、煤矿、林业、国有独立工矿棚户区和农村泥草房、城市廉租房等“六路安居”工程建设和“暖房子”工程建设。在扶持“三农”方面，在全国率先开展了免除农业税试点，实施了农业增产技术补贴，开展了农业政策性保险试点，进行了全程农业机械化示范区建设，为保障国家粮食安全作出了重要贡献。在全国较早地实施了省直管县财政管理方式改革，调动了县（市）加快发展的积极性。这些改革创新举措，无疑为依法理财、科学理财、民主理财提供了弥足珍贵的经验。

王化文同志长期担任吉林省财政厅主要负责人，多年的工作实践积累了丰富的理财经验。他谦虚谨慎，作风扎实，勤于思考，善解难题。读者面前的这本文集，系统、全面地反映了吉林省财政发展改革的阶段性成就，并对当前和今后一段时期吉林财政发展改革提出了意见，内容丰富，立意新颖，具有较强的针对性和可操作性。化文同志的著述，不仅是对近些年吉林财政发展改革实践的回顾总结，也是对未来财政发展改革的深入思考和积极探索，凝聚了一位财政工作者的智慧和汗水，可为吉林省乃至全国财政发展改革提供参考和借鉴。

谢旭人

2011年9月

目 录

一、创新理财思路

二、促进发展振兴

三、保障改善民生

四、深化财政改革

五、加强财政管理

六、倡导清廉理财

七、追踪财税热点

八、工作实践回顾

一、创新理财思路

实现财政平衡问题的辩证思考

（1997 年 8 月）

党的十五大报告中提出要“建立稳固、平衡的国家财政”，这是针对我们国家的财政经济状况并着眼于从跨世纪的长远发展而作出的重要决策，为我们的财政工作指明了努力的方向和奋斗的目标，具有深远的意义。

要实现财政平衡，首先要对改革开放、特别是近些年来存在的财政不平衡问题，有一个科学的、符合实际的估计。在传统的计划经济模式下，尽管国家财政大多数年份都做到了收支平衡，但那种平衡是建立在较低经济发展水平之上的平衡。伴随改革开放和经济发展而出现的财政不平衡，有其产生和存在的历史必然性。在社会主义现代化建设的进程中，从平衡到不平衡，又从不平衡到新的平衡，从某种意义上反映了我国财政经济发展的客观规律。因此，对当前的财政失衡问题，既不能大惊小怪，也不能等闲视之。我们要从事物的联系和产生发展的客观条件上，认真分析财政失衡的深层次原因，积极创造有利条件，寻求促进矛盾转化——实现财政平衡的对策。

一、财政失衡已经成为国民经济发展的不稳定因素

改革开放以来，财政体制进行了多次重大改革，特别是1994年实施的新的财税体制，取得了巨大成效。财政收入保持了较快的增长速度，促进了国民经济和社会各项事业的发展，财政对经济的宏观调控得到改进和加强。但财政运行中存在的矛盾和问题并没有从根本上得到解决，这些矛盾和问题的集中表现为，财政运行呈现失衡状态，财政赤字逐年扩大，收支矛盾异常尖锐。

（一）财政赤字逐年扩大

财政赤字就是财政支出大于财政收入而出现的差额。它意味着社会财富的超前分配。从1980～1995年，按同口径计算，国家财政赤字从68.9亿元上升到662.8亿元，增长了8.6倍，年均增长16.3%，远远快于财政收入的增长速度。1980年，财政赤字占财政支出的比重为6.2%，1995年，这一比重上升到10.5%。1996年财政赤字仍达610亿元。

（二）还债负担越来越重

为弥补财政赤字和偿还到期的债务本息，债务发行额大幅度增加。1995年，国内债务收入相当于财政收入的27%左右，高于西方国家的水平。由于财政赤字经常化，债务本息一般是靠发新债偿还。1980～1995年，财政国内外借款还本付息额增长了29.1倍，年均增长25.5%。1980年，债务还本付息为同期含债务财政支出的2.6%，1995年，这一比重上升到13.5%，上升幅度很猛。在中央级债务不断增长的同时，地方国外贷款的债务还本付息的数额也在逐步增加，一些省陆续进入还债高峰期，财政的压力和风险很大。

（三）各级财政收支矛盾异常尖锐

在中央财政赤字大量增加的情况下，地方财政赤字也不断增多，尤其是市县财政更为突出。在全国2560多个县（市）中，有过半数的县（市）财政入不敷出，发生赤字。由于收支缺口日益扩大，地方财政的生产建设性支出比重呈下降的趋势，财政支持经济建设和事业发展的能力削弱；国家政策和法律规定的资金投入的数额或增长比例，如农业、科技、教育等支出，在许多地方难以落实；许多该办的事情无法安排，事业的发展只好放慢脚步。很多地方的财

政被称为“吃饭财政”。更为严重的是，还有一些市、县的财力仅发工资一项开支都满足不了，长期拖欠行政事业单位职工工资不能兑现。

大量的财政赤字，必然对财政经济秩序产生不良影响。中央财政赤字，要向中国人民银行透支或借款的办法来弥补，从而引起货币的超量投放，给经济发展带来不稳定因素。从 1994 年起，中央财政停止使用向银行透支或借款的办法来弥补赤字，而通过增发国债来弥补。地方财政赤字，既不能向银行透支，也不能发行债券，只能自己的梦自己圆。由于财政赤字占压了资金，又无力自行消化，赤字越滚越多；许多市、县预算资金周转十分困难，有的到处拆借，形成大量的历史遗留挂账，包括赤字挂账、往来挂账，以及许多应补未补、应支未支的挂账，背上了沉重的包袱。

二、财政失衡是经济运行诸多矛盾积累的结果

任何事物的存在和发展都有一定的条件，财政失衡是经济运行诸多矛盾积累的结果。随着改革开放的深入和计划经济向社会主义市场经济的转变，新旧体制不断磨擦和碰撞，旧的矛盾没有完全解决，新的矛盾又不断产生。财政失衡，从直观的原因看：（1）财政收入占国内生产总值的比重逐年下降，国家财力严重不足。财政收入占国内生产总值的比重，从 20 世纪 80 年代初的 30% 左右，下降到 1995 年的 10.7%，1996 年才略有回升，占 10.9%。（2）各项改革需要财力支持，直接或间接地使财政减收增支，超过财政现实的承受能力，如减税让利、物价、工资改革等。（3）财税管理方式滞后，税收流失较为严重。（4）预算分配方式缺乏科学性、规范性，长期沿用基数法，造成苦乐不均，却难以做到合理安排和调整。（5）财政支出增长速度过快，支出结构不合理，缺乏强有力的预算约束。预算编制和执行中的随意性较大，上级“开口子”下级拿票子的事常常发生。由于财力所限，年初预算往往留有硬缺口，执行结果必然突破预算。

对财政失衡的原因不能仅仅停留在直观的、表面的分析，还应进一步分析事物的本质的或深层次的原因。财政失衡深层次的原因包括：

（一）国有经济整体素质不高，经济效益较低

由于粗放型的经济增长方式，长期以来，在投资领域中，高投入、低产出，重基建、轻技改，盲目投资、低水平重复建设，大而全、小而全，产业结

构趋同、结构调整进展缓慢，资源配置不够合理，资金、资源浪费很大。在生产领域中，高消耗、高成本、低效益。近几年，国有企业成本、费用指标大幅度上升，盈利企业盈利额减少或由盈变亏，亏损企业亏损额增加较多，经济效益下降比较突出。国有经济作为国家财政的主要经济支柱，影响和制约着整个财政状况。

（二）财税制度不够完善，收入流失严重

1994 年的税制改革统一了税法，公平了税负、简化了税制，取得了很大成功，但不够完善。现行税制尚未覆盖整个经济活动，税收收入结构与经济结构不相适应。如个人所得税，虽有较大增长，但征收面过窄，总额偏小。随意减免税，偷、逃、抗、骗、漏税问题时有发生，征收管理不严，税收流失严重。近些年来，非税财政收入的比重逐渐加大，但征管制度、体制不完善，管理比较薄弱。国有土地有偿使用收入、国有资产收益、罚没收入等，远没有做到规范管理，应收尽收，也造成了财政收入的流失。

（三）机构人员膨胀，财政负担沉重

国家实行行政机构改革，主要目的是精简机构，裁减冗员，提高工作效率。但机构改革虽然对机构编制做了一定比例的压缩，但人员并没有减下来，而且有继续增加的趋势。机构人员规模更为庞大的事业机构改革尚没有普遍展开，人员每年都有一定幅度的递增。在人员大量增加的同时，人员的工资随着工资改革增长得更快，加上各种津贴、补贴也在不断增加。不仅开支的绝对额急剧增加，在财政支出中的比重也在不断上升。以北方某省为例，1990 年人员工资占财政支出的比重为27%，到1996 年达到39%，提高了12 个百分点。机构人员膨胀，生之者寡，食之者众，财政压力很大，负担沉重。

（四）财政约束软化，分配秩序混乱

近些年来，预算外资金不断扩大，超过预算内收入的增长幅度。全国预算外资金规模，已达到国家财政收入的 50% 以上；许多地方的预算外资金，已接近地方财政收支规模。这些资金的收取、使用，脱离财政预算管理，缺乏有效监督。一些地方、部门争相设立“基金”“收费”项目，随意或变相提高收费标准，加重企业负担，严重侵蚀国家税基。大量的预算外资金管理不严，造成政府财力分散，分配秩序混乱，加剧了财政收支紧张的矛盾。

三、实现财政由失衡到平衡的对策

通过以上的分析可以看出，财政失衡有其形成和发展的客观原因，是新旧体制转换各种矛盾长期积累的结果。所以，解决财政失衡也不能一蹴而就，应遵循财政经济发展的规律，逐步消除各种不利因素，创造能够从失衡转向平衡的有利条件。这就需要从理财思想的转变、体制改革的深化、政策的调整、管理的加强等多方面，研究办法，制定措施，寻找对策。

（一）适应市场经济的要求，转变理财观念

首先，在理财方式上，要从传统的计划经济体制下的模式中跳出来，明确在社会主义市场经济体制下，财政应以满足社会公共需要为原则，对不属于社会公共需要的事务和领域，一般应由市场去调节和供给。以此作为界定财政资金供给范围的依据，从而调整现行财政支出结构，该强化的强化，该弱化的弱化，该取消的取消。其次，在理财思路上，要将加强财政支出管理，提高支出使用效益放在突出位置。现在，一方面财政资金非常紧张，另一方面在资金的使用上，重支轻管，花钱不讲效益，讲排场、摆阔气、铺张浪费的问题很严重。因此，必须在努力增加财政收入的前提下，狠抓财政支出的管理，使有限的资金发挥最大的效能。这是摆脱财政困难局面的思想条件。

（二）积极支持搞好国有企业，提高国民经济运行质量

经济决定财政，财政的健康发展必须植根于经济健康发展之上。同时，财政对经济也有反作用，可以影响和促进经济的发展和经济质量的提高。当前，国有企业在发展上面临许多困难，机制缺乏活力，产品不适应市场需求，技术设备落后，资金周转不灵。搞好国有企业，特别是大中型企业，对于扭转财政的紧张状况，具有特别重要的意义。从财政上说，要认真研究和落实对国有企业的扶持政策，如优化企业资本结构、提高固定资产折旧率、技术开发费在成本费用中据实列支、加强技术改造、建立社会保障制度等方面，加大扶持的力度。非国有经济创造的财源日益增多，应继续鼓励、帮助、引导，使其更快更健康地发展。国有经济以及其他多种经济共同加快发展，就会使整体经济效益得到提高，就可以把国内生产总值这块“蛋糕”做大，实现财政平衡就有了稳固的物质基础。

（三）继续深化财税体制改革，进一步理顺分配关系

要适应经济结构和所有制结构的变化，逐步改进和完善增值税、消费税。要合并内外两套所得税制，实行统一的企业所得税法。调节过高收入，完善个人所得税，开征遗产税等新税种。认真清理各类过渡性税收优惠政策及各种区域性税收政策，到期的要坚决恢复征税。要重视非税财政收入，建立和完善各项征收制度，堵塞各种制度、管理上的漏洞。要通过深化改革，使财政税收的调节领域覆盖到整个经济活动中，建立财政收入随着经济增长而稳定增长的分配机制。

（四）压缩财政供给范围，优化支出结构

（1）按照中共十五大关于推进机构改革的精神，根据精简、统一、效能的原则进行行政管理体制改革，严格控制机构膨胀，坚决裁减冗员。各事业机构人员规模庞大，也应按照经济和政治体制改革的需要，加快改革步伐，压编减人。（2）科学合理界定财政供应范围，一些应按市场经济原则管理的事业单位，应逐步从财政供给范围中清理出去，彻底推向市场。（3）改革财政资金分配办法，逐步改变经费供应的基数法，对一些经费支出项目在管理办法上实行改革，如车辆燃修费、会议费、电话费等，实行有利于节省经费的各种形式的管理办法改革。（4）保证重点支出，控制和压缩一般支出。（5）强化预算约束，健全监督管理机制。控制和压缩财政支出，是减缓财政收支紧张矛盾的有效政策。

（五）整顿分配秩序，将预算外资金从无序纳入有序管理的轨道

对预算外资金，要在清理的基础上，加以规范。对那些不必要的收费项目应坚决取消。要规范预算外资金管理办法，对收费项目、收费标准、收费范围以及各项基金的征收，应严格按国家规定的审批权限办理。坚持预算外收支两条线制度，对预算外资金的使用，应比照预算内资金的管理办法，经财政会同有关部门审查后，统筹安排，主要用于事业发展，不能用于个人消费。完善预算外资金财政专户储存制度。要将一部分行政事业性收费纳入预算内管理，缩小预算外资金的规模。应逐步将一部分收费和基金转为税收，纳入税收管理体系。整顿和规范预算外资金，特别是逐步将其纳入预算管理，是增加财政实力，提高财政收入占国内生产总值的比重，缩小收支差额的重要途径。

总之，只要我们正视财政失衡的现实，克服消极悲观、无所作为的思想，把上述各项工作扎扎实实地做好，为事物的发展与矛盾双方的转化提供有利条件，就能够实现财政平衡的现实目标，为经济持续快速健康发展和财政的振兴作出贡献。当然，事物的平衡是相对的、有条件的，不平衡是绝对的、无条件的，所以，实现的财政平衡也不是一劳永逸的，还会有新的不平衡因素出现，需要继续努力工作，推动财政事业不断前进。

市场经济条件下地方财政支出管理方式研究

（1998年7月）

财政支出膨胀是多年来困扰地方财政的一个严重问题。新的财政体制实施四年多来，财政收入连年较大幅度增长，令人瞩目，但财政支出膨胀和结构不合理的矛盾并没有得到缓解，有些方面表现得更加突出，各级财政仍然处于非常紧张的状态。因此，深入贯彻落实十五大提出的财政发展的战略目标和任务，高度重视财政支出管理，探索适应社会主义市场经济要求的地方财政支出管理的有效方式，是进一步深化财政改革的重要内容，也是当前做好财政工作的紧迫任务。

一、现行地方财政支出管理的弊端

现行的地方财政支出管理方式，在近些年的财政改革中，也进行了一些调整，取得了一定成效，但总体上仍没有完全打破传统的计划经济体制的影响和束缚，与建立社会主义市场经济体制对财政工作的要求不相适应，且日益显现出其弊端。这种不适应主要表现在：

（一）理财观念不适应

（1）重收入轻支出。在财政工作中，虽然增收与节支并提，但在思维方式上，存在着重收入、轻支出的意识，认为收入越多成效越大，收入决定支出，因此，在工作中把实现财政平衡的重心和主要精力放在组织收入上，而支出和节支则处于被动的次要地位。（2）重投入轻效益。在支出管理中，尽管也强调支出效益的重要性，但思想上偏重于资金的投入，即按照国家的政策法规导向和财政制度，将有限的财力用于兼顾各项事业发展的需求，而对于资金投入后产生什么样的效益，这种效益是不是最佳的，尤其是行政事业成本与效益之间的比例关系，缺少深入的研究分析，投入产出效益观念淡薄。（3）重分配轻监督。在支出的运作过程中，思想上偏重于支出的分配使用，而对支出拨付后使用全过程的管理，包括支出使用中的监督控制、使用情况的信息反馈以及跟踪问效的重视程度则大为欠缺。有的甚至以拨代管，一拨了事。

（二）财政供给方式不适应

现行财政支出仍没有摆脱过去的供给制分配方式，管了许多不该管的事，又有许多该管的事没有管起来。既有“供给过度”又有“供给不足”问题，加剧了支出结构不合理的矛盾。一方面，财政支出供给范围过宽。如目前在庞大的事业单位群体中，有相当一些应由市场调节，通过为社会提供服务解决自身经费的开支。却长期靠在财政身上；已有不少走向市场的事业单位，创收能力令人担忧，财政供应的经费并没有减下来；各种公开和内部发行的报刊过多过滥，其中许多仍要求财政保留补贴；公费医疗支出近些年超过了财政收入和支出的增长幅度，财政负担日益沉重，缺乏有效的手段加以控制；还有一些应予取消的国有企业亏损补贴和用于个人的补贴，也难以得到调整。另一方面，应纳入财政分配管理范围的却无力完全承担起来，如建立社会保障体系需要财政投入的资金不足；政法机关以及其他执法机关办案经费标准偏低；农业、科技、教育等重点支出项目难以完全拨付到位；财政用于公共基础设施的投资比重也呈日益弱化的态势，相当多的县（市）级财政，全部财力用于保“吃饭”尚且不足，根本无力进行建设性投资。

（三）财政支出分配方法不适应

财政支出分配方法，在财政管理中具有不可忽视的重要作用，它决定着财政资源配置结构的优化与否，在市场经济的新形势下，还对市场配置资源产生着重要的制约和影响作用。然而，在支出分配上长期沿用的基数法，以往年支出实际为依据确定支出指标，以承认既得利益为前提，这种方法不利于支出结构的调整优化，不能很好地反映国民经济和社会事业发展的变化，而且导致支出在各预算单位之间分配不公，苦乐不均。此外，专项经费完全实行货币分配，预算单位专项经费分散使用，自行支配，不能充分发挥规模购买优势，从而无法利用市场竞争机制，节省购置成本。同时，资金使用操作办法不规范，管理上容易出现漏洞，给假公济私者提供可乘之机，造成腐败现象滋生。

（四）财政约束能力不适应

在法规的执行方面，依法理财、依法进行支出管理的氛围尚未形成，国家已颁布的管理法规缺乏应有的约束力。如一些法律法规确立了不少法定支出项目，要求财政必须保证一定的增长比例或额度，与执行《中华人民共和国预算法》发生矛盾；预算执行中未经法定程序随意调整预算，多头审批支出，预算支出追加频繁；一些部门和单位不按规定严格执行预算和财政制度，擅自扩大开支范围，提高开支标准，改变支出用途。在支出的控制方面，公款吃喝、公费旅游、公费购买使用移动通讯设备等屡禁不止；各种支出管理措施办法制定不少，但许多难以真正贯彻实施，缺乏必要的强制性；一些支出的拨付，既缺乏事前的调查研究和论证，也没有事后的跟踪问效；一些部门和单位不是研究如何合理使用经费，节省支出，少花钱多办事，而是想方设法以各种名目向财政部门打报告要求追加拨款；一些监督检查流于形式，难以取得预期的效果。

二、创新地方财政支出管理理念

以上分析表明，不转变财政支出管理方式，就无法走出财政支出陷入的困境，实现振兴财政的目标就只能是一句空话。要转变财政支出管理方式，首先要更新人们头脑中的反映传统的计划经济模式的理财观念，树立与社会主义市场经济要求相适应的新的理财观念。当前重要的是树立以下几种观念：

（一）公共财政观念

在实行计划经济体制时期，适应国民经济计划配置资源的需要，财政实行统收统支，国家预算包罗万象，预算支出覆盖社会生产和消费的各个领域，其结果是负担沉重，效益低下。在市场经济体制中，市场成为社会资源的基础配置力量，政府在社会资源的配置中发挥宏观调控作用。在这种条件下，财政作为政府实施宏观调控的重要手段，应通过其职能作用满足社会公共需要，即应当满足市场所不能满足的需要，提供市场所不能提供的公共产品，而市场能够介入的领域应视市场介入的不同程度、不同层次，从财政职能中分离出来，依照市场运行机制进行配置和调节。树立这种公共财政观念可以冲破思想认识上的束缚，调整财政支出职能，该强化的强化，该弱化的弱化，该取消的取消，更好发挥财政支出在资源配置和宏观调控方面的作用。

（二）效益观念

经济效益是经济活动中投入与产出的对比关系，是经济工作的核心问题。财政作为一种社会经济活动，理应追求投入产出的效益，这是毫无疑问的。在财政支出管理中，应自觉地将效益目标作为考虑问题的出发点和落脚点。还要看到，由于财政主要是通过无偿性税收收入来满足社会公共需要，而且各项支出在性质上又呈现多样性和复杂性。所以，财政支出效益不同于企业的效益。企业的效益是直接的、有形的，易于考核和把握，而财政支出不仅要分析直接的、有形的经济效益，而且要考虑间接的、无形的社会效益。我国经济不发达，各地发展不平衡，财力不宽裕。在财政支出的使用过程中，必须特别注重效益原则。对各项财政支出的安排和使用，采取科学的方式进行测算，充分考虑成本费用与产出效益的对比关系，尽可能地精打细算，节省资金，提高有限财力资源配置的科学性、合理性，使之达到较为理想的经济效益和社会效益。

（三）法治观念

党的十五大确定了依法治国的基本方略，而依法治国的核心是依法行政。财政作为一种政府行为，必须依法理财，依法治财。因而地方财政支出管理也必须实行法制化、规范化。目前财政支出管理的随意性和无序状态，根本原因是政府机关、事企业单位没有将法律法规置于至高无上的地位，有法不依，执法不严，“人”大于“法”。要切实加强财政法治宣传教育，提高各级领导和广大财政财务干部队伍的素质，使政府机关真正树立依法行政、依法理财、依法管理支出的观念，使事企业单位真正树立依法办事、依法使用支出的的观念，同时，要进一步完善财政资金管理使用监督控制的具体制度、办法和规则，从制度上保证依法治财的实施运行。这是解决财政支出膨胀问题的根本措施，也是转变财政支出管理方式的关键所在。

从当前财政支出管理的现状看，还应增强综合财政意识。不仅要高度重视预算内支出，也要高度重视预算外支出的重要影响和作用。众所周知，近些年来，预算外资金不断扩大，超过预算内收入的增长幅度。这些资金的收取、使用，脱离财政管理，缺乏有效监督。经过清理规范，有不少项目已陆续纳入预算管理。但仍有一块数量很大的预算外资金，游离于预算管理之外，分配秩序混乱。现在，一方面要坚决制止在国家现行法律和法规之外的乱收费、乱设基金，并通过深化财税改革，逐步实行“费改税”，减少预算外资金；另一方面，要增强综合财政意识，对现有的预算外资金可以比照预算内支出的管理办法，强化控制监督，使其真正纳入有序管理的轨道，成为财政支出的重要组成部分。

三、地方财政支出管理途径选择

要提高财政工作水平，实现财政支出管理层次的跨越，既要在理财观念上更新，又要通过加大改革力度，努力探索市场经济条件下财政支出管理的有效途径。

（一）改革供给模式，重新界定财政支出范围

对现行财政支出供给范围重新界定并加以规范，将应由市场和社会负担的部分从财政支出中分离出去，不仅对于节减财政支出，而且对于转变政府职能，发展社会主义市场经济都具有重要意义。按照“社会公共需要标准”，从我国国情出发，财政支出供给范围的重新界定，应重点包括：（1）保证国家机器正常运转支出；（2）支持社会公益事业发展支出；（3）搞好基础设施建设支出；（4）扶持农业和贫困地区支出；（5）建立社会保障体系支出。需要指出的是，在上述重点支出中，财政并不是大包大揽，而是根据市场机制介入的不同情况确定。例如在社会公益事业中，对于市场机制很难介入的，如基础教育、疾病防疫、图书馆、博物馆，所需支出要由财政全部或大部分供给。对于市场机制能够介入，如应用科学、一般艺术表演团体、广播电视、医疗单位等，这些单位有广泛的社会需求和市场适应能力，能够依靠自身力量组织全部或大部分收入，解决经常开支。对这样的行业部门或单位，财政就不再包揽；完全自给有困难的，可在一定期限内给予补助。

目前正在进行的政府机构改革，机构大幅度精简，机关干部总数将压缩一半，从中央到地方用三年时间完成这项重大改革。这不仅为转变政府职能，减轻财政负担创造了难得的机遇，也为重新界定财政支出范围提供了重要依据。

各级财政在重新界定财政支出范围时，应充分考虑并结合政府机构改革带来的变化和影响，使之更具有科学性、现实性与可操作性。

（二）改革支出分配办法，实行零基预算

长期以来实行的支出预算基数分配法，其弊端前已阐述，改革的基本目标是实行零基预算。零基预算是以零为起点编制预算，对每个预算单位的资金需求重新进行审核，根据其人员编制和工作任务确定预算资金分配计划。实行零基预算既可以打破原来支出基数不合理的状况，公平合理地分配预算支出，避免各预算单位之间的苦乐不均，又可以提高预算支出编制的公开性和透明度，有利于财政支出分配的规范化、程序化。实行零基预算，人员经费要按照编制和工资费用标准来核定；公用经费要区别行政单位、事业单位的工作任务，实行定额化、标准化；专项经费要根据项目轻重缓急程度确定分配额度。在预算编制的整体设计中，要处理好人员经费与事业发展经费、行政事业民生支出与建设性支出、重点支出与一般性支出的关系。目前一些零基预算试点地区已经取得了很大成效，应加大工作力度，制定具体办法，普遍实行这项改革。

（三）改革专项支出使用方法，推行政府采购制度

政府采购可以将市场竞争机制和财政支出管理有机地结合起来，使财政供给单位得到价廉质优的商品和服务，有效地节约财政支出，提高财政支出管理水平。这一国际上通行的做法，在我国一些地方已经开始引起重视并在一定范围采用。某省省直党政机关 1996 年进行计算系统网络建设，对财政安排的专项经费实行了统一购置设备、统一施工操作、统一资金调度的“三统一”办法，不仅节约了大量经费，而且堵塞了管理上的漏洞。可见，实行政府采购制度这项重要改革，不仅有利于加强财政管理和监督，减少财政资金的损失浪费，提高资金的使用效益，而且有利于遏制腐败现象，加强廉政建设。因此，各地应结合本地情况制定办法，以“招标竞价”为主要途径，选择一些项目纳入政府采购范围，如统一承办会议、统一购置办公设备、统一购置车辆等，并逐步扩大采购范围，条件成熟的，应扩大到其他适合政府采购的领域，不断总结经验，加以完善，形成具有我国特色的政府采购制度。

（四）改进支出运控方式，强化财政约束力

要从依靠行政手段管理财政支出向依法管理财政支出转变。一是要加强财

政法制建设，严格执行预算法、会计法和其他配套法规制度，各级政府和财政部门在执法中应起表率作用，使法律法规成为财政支出运行的基本保障。二是要注重财政支出运作的全过程控制，从支出预算的编制及调整、执行的检查分析到决算的审核编报，都应规范运作、有序进行。支出预算的编制应坚持总量平衡和结构优化的原则，把支出总量控制在可用财力的范围以内，不断优化支出结构。支出预算执行过程中，要对资金的使用情况进行检查、考核、反馈、控制；需要进行必要调整的，必须进行审慎研究论证，并依照法定程序办理。支出决算是财政支出运作的重要环节，要通过决算的编审，对资金的使用情况及其效果进行最后把关。三是加强单位预算的管理监督。单位预算管理是财政预算管理的基础，必须予以足够重视并切实抓好。要进一步完善单位预算的管理制度和措施，搞好记账、拨款、报表等各个环节的基础工作，认真执行国家的财经法规和纪律，建立起单位的自我约束机制。要改进监督检查方式，充分发挥会计师事务所等中介机构的作用，严格奖惩制度，提高监督检查的质量和效力。

（原载《吉林日报》1998 年 7 月 15 日）

更新理财观念 提高财政效能

（2003 年 4 月）

党的十六大提出：发展要有新思路，改革要有新突破，开放要有新局面，各项工作要有新举措。做好新形势下财政工作，必须按照“四新”要求，坚持与时俱进，解放思想，创新理财观念，加强财政自身建设，培养造就“素质高、作风硬、廉洁高效”干部队伍，开创财政工作新局面。

一、创新理财观念，努力提高理财水平

随着市场经济的发展和财政职能的转变，财政工作发生了很大变化。为适应形势的变化，理财思想也应不断发展，有所创新。要强化“五个观念”。

（一）在理财思想上，进一步强化公共财政观念

建立公共财政体制是发展社会主义市场经济的必然要求，也是解决财政经济运行中各种矛盾和问题的迫切需要。多年来，吉林省财政一直比较困难，尤其是有的县（市）连保工资、保运转都有困难，却乱拉资金搞各种名目的节庆活动和形象工程。这就更需要我们进一步强化公共财政观念，加快公共财政建设步伐，切实将财政支出转到保工资、保重点、保稳定上来。要把公共财政作为基本的理财思想，贯彻到预算安排中，落实到支出结构调整中，体现到增收节支工作中。今后，各级财政部门运用财政政策、分配使用财政资金，要把握好方向和重点，符合公共财政发展的方向，突出公共财政的特征。

（二）在支持经济发展上，进一步强化发展是富民兴省第一要务的观念

党的十六大强调指出，发展是执政兴国的第一要务。没有经济发展，财政就成了无源之水，无本之木。财政要发展壮大，“就财政论财政”没有出路，必须在努力支持经济发展上做文章。当前，关键在于转变支持经济发展方式，适应建设“工业省、科教省、生态省”和经济结构调整的需要，研究制定新形势下支持经济发展的措施和办法，充分利用国家继续实施的积极财政政策、支持东北老工业基地调整和改造、加大对粮食主产区政策扶持的机遇，发挥好财政政策和资金的导向作用，积极支持重点项目建设和深化国有企业改革，推进经济结构调整，促进全省经济的持续健康发展，为财政发展壮大奠定坚实的物质基础。

（三）在财政改革上，进一步强化实效观念

当前，各项财政改革已经全面铺开，有的还取得很大进展，但由于每项改革互为联系，相互交叉，存在相互促进的关系，如果不注意整体推进和重点突破相结合，财政改革就难以取得实质性的成效，达不到创新制度、强化管理的目的。如，部门预算改革，需要“收支两条线”改革的不断深化；国库集中支付制度改革，需要以部门预算改革为基础。因此，深化财政改革，要着眼全局，统筹考虑，既要整体推进，又要重点突破，循序渐进，逐步深化，取得实效。

（四）在财政资金配置上，进一步强化成本效益观念

近年来，随着我省财力的增长和支出结构的调整，财政保障能力逐步提高，但是，一些部门和单位仍感到经费紧张，一个重要的原因是行政事业成本过高。超编养人、机关后勤社会化服务程度低等问题十分突出，增加了财政支出的压力。各级财政要强化成本效益观念，在努力研究合理配置财政资金，提高财政保障能力的同时，还要不断拓宽理财领域，深入研究降低行政事业成本和提高资金使用效益问题，通过深化财政支出改革，建立和完善支出控制和约束机制，把有限的资金花得更有效，取得事半功倍的效果，实现科学理财。

（五）在财政监管方式上，进一步强化依法理财观念

坚持依法理财，促进财政工作的法制化和规范化，是适应市场经济发展和遵循世贸组织规则的客观要求，也是做好财政工作的重要保证。各地要切实抓好财政法制建设，将财政工作纳入法制化轨道。要深入开展法制宣传教育，树立和强化法制意识，严格依法办事，减少随意性。严格执行财经法规，强化预算约束，促进财政资金使用的规范化。要强化财政执法和监督工作，建立财政执法检查和执法责任制度，依法理财，全面提高财政部门法制化管理水平。

二、转变工作作风，狠抓工作落实

做好财政工作，既要靠健全的体制、制度和政策措施，也要靠过硬的作风。改进和加强财政部门的工作作风，最主要的是要在求实上下功夫。

（一）学习要务实

要从财政改革和发展实际需要出发，以培养学习型干部为目标，加强学习和培训，从政治理论、现代管理知识、财政业务技能等多方面提高干部队伍素质。

（二）工作要求实

要把调查研究作为财政工作的基本方法，紧密结合财政工作实际，对财政运行中的重点、难点问题，如财政供养人口多、县级财政困难、粮食负担重、财政风险等，都要多调查、多分析、多研究，积极探索化解矛盾、解决问题、克服困难的新思路，拿出具有参考价值的建议，为领导决策服务，增强财政工作的主动性。

（三）措施要抓实

进一步强化工作责任制，抓好督查督办，把工作落到实处。

三、坚持不懈地抓好党风廉政建设，清廉理财

财政干部处在管钱的岗位，廉政建设至关重要，丝毫不能放松，必须常抓不懈。

（一）狠抓党风廉政建设责任制的落实

按照党风廉政建设责任制的要求，一级抓一级，层层负责。加强全系统行风建设，形成清廉理财的良好风气。

（二）加强党风廉政教育

以“三个代表”重要思想为指导，进一步改进和加强机关党的建设。经常开展反腐警示教育等多种形式的廉政教育活动，使干部树立正确的世界观和权力观，提高思想境界和道德修养，增强拒腐防变能力。

（三）进一步建立健全监督管理制约机制

坚持预防和治理并举，从资金审批拨付、财务管理等重点环节入手，进一步建立健全内部监督制约机制，建立科学、规范的业务运行制度和操作规程，搞好干部轮岗交流，实行权力制约和监督，防范以权谋私和权力滥用。

四、加快财政信息化建设，进一步提高财政工作效率和服务水平

适应信息化时代的发展要求，加强财政系统信息化建设，既是提高工作效率的需要，又是深化财政改革、规范财政管理、加强财政监督的需要。国家已将“金财工程”列为电子政务主要业务系统之一，并全面启动“金财工程”建设。各级财政部门要按照财政部制定的标准，抓紧对现有网络进行扩充和完善，尽快做到财政核心业务信息化管理，逐步实现无纸化办公，提高工作质量和效率。

（原载《吉林日报》2003 年 4 月 12 日）

振兴吉林老工业基地
财政重在创新工作思路

（2003 年 12 月）

党中央、国务院做出的加快东北地区等老工业基地调控改造和振兴的战略决策，为吉林省摆脱羁绊，加快发展提供了难得的历史机遇。振兴吉林老工业基地，是推进吉林省工业省建设、实现经济越起式发展、全面建设小康社会的现实选择，体现了全省广大人民群众的根本利益，得民心、顺民意。吉林省具有加快发展的比较优势，在国家政策的大力支持下，经过广大干部群众的积极参与和奋力拼搏，吉林老工业基地一定能够焕发青春，再现辉煌。

财政与振兴老工业基地息息相关。多年来，老工业基地为吉林省财政提供了巨额积累，作出了历史性贡献。直到现在，吉林省财政收入的 60% 仍来自于工业，工业经济的发展对吉林省财政具有决定性影响。但近些年来，老工业基地存在的体制性和结构性矛盾日益突出，不仅制约了吉林省财政收入的增长，也增加了财政在下岗职工基本生活、养老保险、城市低保等方面的支出负担。振兴老工业基地，是吉林省财政摆脱困难和发展壮大的根本出路。可以说，老工业基地兴，则财政兴。因此，积极参与、支持、服务老工业基地的振兴，是财政部门义不容辞的责任。财政部门应进一步解放思想，创新工作思路，强化工作措施，全力为振兴吉林老工业基地服务。

一、把握工作主线，实施财税扶持政策，做振兴吉林老工业基地的“上马石”

振兴吉林老工业基地，从根本上说，要靠广大人民群众自力更生，艰苦创业，关键是要创新机制，增强自主发展的内在动力。同时，国家在政策和资金上的扶持也是至关重要的。因此，财政部门要切实履行好职责，找准切入点，增强主动性，特别是在开局起步阶段，更要发挥重要作用。

（一）结合省情实际，全面落实好国家各项扶持政策

财政支持老工业基地的调整改造和振兴，必须认真贯彻落实党的十六届三中全会精神和《中共中央、国务院关于实施东北等老工业基地振兴战略的若干意见》，针对老工业基地调整改造中的重点难点问题，积极研究制定和落实具体的政策措施。对国家已经明确的各项扶持政策，要紧密结合吉林省实际，切实用足用好，真正发挥作用。如税收优惠政策、财政财务政策、国有企业改组改制关闭破产政策、资源型城市经济转型政策、处置不良资产政策等。这些优惠政策的执行，尽管暂时会对吉林省财政收支产生一定影响，但从长远看，对振兴老工业基地、促进吉林全面发展是完全必要的，必须坚决克服困难，真正落实到位。

（二）落实地方财政资金，切实发挥关键作用

当前，吉林省财力紧张，经济社会发展需要与财政资金供给之间的矛盾相当突出。为支持吉林省老工业基地振兴战略的实施，要集中必要的财力，尽最大努力落实需要地方政府承担的资金和必要的改革成本。同时，要对吉林省现有的用于支持经济发展方面的专项资金，如预算内基本建设拨款、企业挖潜改造资金、科技三项费用、支农资金等，进行适当整合，重点向老工业基地调整改造倾斜，使有限的财政资金发挥关键作用。

（三）把握振兴战略主线，促进各项工作开展

要把振兴老工业基地这一主线贯穿于整个财政工作的各个环节，采取切实有效措施，认真研究解决老工业调整改造过程中涉及的财政财务问题。通过进一步完善省以下财政管理体制，健全财政收入增长激励机制，明确财政支出责

任，规范转移支付制度，妥善处理好地方政府间的财力分配关系，调动方方面面的积极性。通过大力增收节支，强化收入征管，充分挖掘节支潜力，提高财政保障能力。通过加强财政监管，充分运用财政投资评审等手段，建立财政支出绩效评价制度，努力提高财政资金的安全性、规范性和有效性。

二、创新理财思路，充分发挥财政政策资金的导向作用，做振兴吉林老工业基地的“点金石”

在新的形势下，振兴老工业基地必须摒弃过去传统体制下的发展模式，坚持市场化取向，充分发挥市场在资源配置中的基础性作用。财政参与、支持振兴老工业基地，关键是要创新理财观念，转变方式方法，按市场经济规则办事，使财政政策、资金发挥点石成金的作用。

（一）按照科学发展观的要求，创新理财观念

党的十六届三中全会提出：要坚持以人为本，树立全面、协调、可持续的发展观，促进经济、社会和人的全面发展。这是完善社会主义市场经济体制的重要指导思想，也是振兴老工业基地必须遵循的基本原则。财政部门要深入理解、准确把握其精神实质，进一步拓宽视野和思路，在振兴吉林老工业基地的进程中，正确处理好“一要吃饭、二要建设”的关系，保持正常运转和社会稳定；正确处理好建立公共财政和支持经济发展的关系，壮大财政经济实力；正确处理好支持经济发展和社会协调发展的关系，促进社会全面进步；正确处理好城乡协调发展的关系，着力解决粮食主产区的“三农”问题；正确处理好人与自然和谐发展的关系，加快推进生态省建设。

（二）按照市场经济的要求，创新支持经济发展方式

要尽量减少直接投资，更多地采取贴息、垫息、资助、风险担保等办法，发挥财政资金的导向作用和乘数效应，“四两拨千斤”，最大限度地吸引社会资金。通过招商引资，合理利用世界银行、亚洲开发银行等国际金融组织和外国政府贷款，建立起企业资金、信贷资金、民间资金、域外资金以及财政资金相互融通、相互补充的资金支撑体系，支持吉林省老工业基地调整改造。要改变过去单纯靠减税让利扶持企业经营的办法，综合运用多种财税手段，调节市场失灵的问题。

（三）按照建立公共财政的要求，调整财政支持方向

由过去注重扶持生产性、经营性项目，向培育市场主体、发挥市场功能转变，重点加大对道路交通、市政设施、环境保护等公共基础设施和公共服务领域的投入。转变重国有、轻民营的观念，支持投资主体多元化，大力发展混合所有制经济和非公有制经济，按照“市场准入平等、税费平等、融资平等”的原则，打破行业、产业和所有制界限，对各种经济成分一视同仁。按照“科教兴省”战略，加大科技投入，支持有利于提升市场竞争力的关键性科技攻关项目，促进科研成果转化为现实的生产力。

三、增强服务意识，努力营造良好的发展环境，做振兴吉林老工业基地“铺路石”

按照党的十六届三中全会关于把政府经济管理职能转到主要为市场主体服务和创造良好发展环境上来的要求，财政部门要切实转变职能，增强为市场主体服务意识，努力营造健全的制度环境、规范的政策环境和良好的发展环境，积极为老工业基地振兴清障铺路。

（一）清费治乱，加大投入，努力营造良好的发展环境

继续清理和规范行政事业性收费，凡是不符合法律法规、不利于老工业基地调整改造的涉企收费项目一律坚决取消；在收费标准上，本着就低不就高的原则，能按低标准收取的，一律按低标准执行。对国家规定或授权由地方制定的允许减免的收费，要积极予以落实，切实减轻企业的负担。努力加大对职业教育和人才开发建设等方面的投入，促进培养高素质的企业经营管理人才、专业技术人才和产业技术工人队伍，优化投资创业环境。

（二）积极支持企业分离办社会职能，减轻企业负担

国有企业办社会是计划经济体制下长期形成的，是制约老工业基地调整改造和振兴的一个突出问题。解决这个问题，各级政府承担着重要的责任。在各级财政比较困难的情况下，加快企业分离办社会职能，需要企业、政府等方方面面的共同努力。随着经济的不断发展和财政实力的增强，本着积极稳妥、分步实施、逐步过渡的原则，各级财政部门应努力筹措资金，逐步加大投入，积

极支持企业分离办社会职能，切实减轻企业负担，增强企业的市场竞争能力。

（三）完善社会保障体系建设，大力促进就业

当前，深化国有企业改革所面临的精干主体、分离辅助、关闭破产、兼并重组、分流安置富余人员和实现再就业的任务相当艰巨。财政部门要积极配合劳动保障等部门做好社会保障试点的各项准备工作，切实做好“两个确保”和城市“低保”，搞好“三条保障线”的衔接。努力拓展社会保障资金来源渠道，不断加大投入，提高社会保障能力。大力支持就业和再就业工作，促进国有企业下岗职工解除劳动关系，实现并轨，加大再就业培训，妥善安排社会保险补贴、社会服务补贴、岗位补贴、小额贷款贴息等再就业资金，促进下岗失业人员再就业。

（四）切实转变职能，进一步强化为市场主体服务意识

要坚持依法行政，依法理财，进一步减少行政审批事项，简化办事程序，减少中间环节，提高服务质量和办事效率。加强会计从业人员的培训和继续教育，规范会计师事务所等中介机构的执业行为，遵守职业道德，加强诚信建设，提高会计信息质量。加快“金财工程”建设，充分运用现代化管理手段，提高财政信息化水平，为企业和社会提供方便快捷的服务。

（原载《中国财政》2004 年第 1 期）

用科学的发展观指导新时期的财政工作

（2004 年 6 月）

以胡锦涛同志为总书记的党中央，从全面贯彻“三个代表”重要思想，加快全面建设小康社会进程的战略高度，提出牢固树立全面、协调、可持续发展的科学发展观。其核心就是，坚持以经济建设为中心，坚持以人为本，统筹安排，健康发展。牢固树立并全面贯彻这一科学发展观，对既是老工业基地，又是粮食主产区的我省来说，具有十分重要的意义。科学的发展观与财政息息相关。财政部门树立和落实科学的发展观必须不断创新理财思路，在财政政策的制定和实施、财政预算的安排和执行等方方面面要充分体现科学发展观的要求。具体工作中要做到“四个坚持”，树立“四个观念”。

一、坚持发展是第一要务，树立财政经济观

树立和落实科学的发展观，首先要正确理解和认识科学发展观的深刻内涵。科学发展观的前提是要坚持发展是执政兴国的第一要务，坚持经济建设这个中心不动摇，发展是科学发展观的题中应有之义。而在加快发展的同时，更要注重经济增长的质量和效益，无论是结构调整还是技术进步，都要围绕提高经济效益来进行。在社会主义市场经济条件下，促进经济持续快速协调健康发展仍是财政的首要职能，因此，财政部门要牢固树立财政经济观念，不能简单地只算财政账、收支账，还必须算经济账、政治账，把财政工作放到经济社会发展的全局中来考虑、来定位，正确认识和处理好财政与改革、发展、稳定的关系，财政与经济速度、结构和效益的关系，把促进经济发展进而带动财政发

展作为财政工作的首要任务，做大经济和财政“蛋糕”。近几年，我省经济虽然保持了较快发展，但整体发展水平还远远落后于沿海发达地区，财政收入位次下滑。经济和财政实力弱，造成财政总体保障水平低。因此，支持经济发展，做大“蛋糕”，是当前和今后一个时期财政部门的头等重要任务。

当前，我省发展的大局就是要加快老工业基地的调整改造和振兴。财政与振兴老工业基地密切相关。多年来，老工业基地为我省财政提供了巨额积累，直到现在，我省财政收入的60%仍来自于工业，工业经济的发展对我省财政具有决定性影响。振兴老工业基地，是我省财政摆脱困难和发展壮大的根本出路。老工业基地兴，则财政兴。因此，积极参与、支持、服务老工业基地的振兴，是财政部门义不容辞的责任。财政部门要切实发挥好职能作用，开阔视野，拓宽思路，统筹谋划。（1）认真落实国家的各项扶持政策，建立地方财政政策和资金支持体系。中央11号文件确定的以增值税转型为主要内容支持老工业基地调整改造的各项财税优惠政策，预计2004年要影响我省财政收入47.7亿元，尽管收支矛盾异常突出，也要克服困难，不折不扣地落实到位。对此，2004年在预算安排上已经做了充分考虑。同时，要积极争取国家转移支付补助。（2）完善地方财政政策支持体系，拓宽筹资领域。调整支持经济发展方面资金的使用方向，重点用于支持老工业基地调整改造。如农业综合开发、农业产业化专项资金等，要重点向农产品加工业倾斜，促进农产品加工业尽快做大做强。（3）充分发挥财政资金的吸附和导向作用，引导社会资金、信贷资金和域外资金向老工业基地调整改造积聚。积极争取、合理利用世界银行、亚洲开发银行、国际农发基金会等国际金融组织和外国政府贷款，拓宽融资渠道。

要进一步转变财政支持经济发展的方式，发挥财政资金“四两拨千斤”作用。财政部门支持经济发展、做大经济蛋糕，不是要重新回到计划经济的路子上，采取直接投资办企业、上项目来发展经济，也不是回到用对个别企业实行减税让利的老办法来支持经济发展，而是要遵循市场经济规律、转变支持经济发展的方式，综合运用国债、税收、财政贴息等多种政策手段，积极推进国有企业改革，培育和发展包括民营企业在内的各类市场主体，逐步减轻国有企业历史包袱，为企业的自我发展、自我创新，创造更加公平、开放、宽松的财税环境，不断增强经济发展的内在动力，促进经济的稳定增长。同时，进一步规范和完善省以下财政管理体制，调动各级政府做大财政收入这块蛋糕的积极性。前不久，我省完善省以下财政体制的改革方案已经省委、省政府批准，目前已经落到市州一级。下一步，要重点做好市州对县、县对乡的体制调整完善工作，目的是通过妥善处理政府间的分配关系，向下倾斜财力，建立增收激励机制和节支鼓励机制，规范转移支付制度，促进县域突破战略的实施和吉林老工业基地调整改造和振兴。

二、坚持以人为本，树立公共服务观

人是最宝贵的资源，是推动经济社会发展的根本动力。经济的快速增长、社会的全面进步，归根结底是要不断满足人们日益增长的物质文化生活水平的需要，促进人的全面发展。财政部门在促进经济发展和坚持全面协调可持续发展的同时，要坚持以人为本，树立牢固的服务意识，在财政政策制定和资金投入措施上，重点解决好与人民群众生产生活密切相关的问题，切实体现以人为本这一根本宗旨，体现好人民群众的根本利益。

（一）确保机关事业单位职工工资按时发放

（1）按照“保工资、保运转、保稳定、保改革、保发展”要求，调整支出结构，努力保障重点支出需要。对机关事业单位职工工资，在预算安排上给予足额安排，不留缺口。（2）继续认真贯彻执行“三优先”原则，加大工资统发力度，严格市县工资专户管理，加强资金调度，增强困难市县工资保付能力，继续确保实现机关事业单位当年职工工资不拖欠的目标。

（二）着力支持解决“三农”问题

认真贯彻落实中共中央、国务院《关于促进农民增收若干政策意见》（中发［2004］1号）和省委、省政府贯彻落实中央1号文件的实施意见精神，努力落实好增加农民收入的各项政策措施，为农民增收创造条件。（1）进一步加大农业投入，充分利用国家加快粮食主产区发展的有关扶持政策，积极争取各项财政支农资金向我省倾斜。依法安排、落实对农业和农村的预算支出，建立健全财政支农资金的稳定增长机制。教育、科技、文化、卫生等方面的新增支出要确保主要用于农村。将农民工管理经费纳入各级财政预算支出范围。妥善安排好防治禽流感所需资金。（2）进一步深化涉农各项改革。继续深化农村税费改革，认真落实国家取消农业特产税和降低农业税税率政策，进一步清理涉农收费项目，加强对财政转移支付资金的监管。推进配套改革，完善税费制度，巩固和发展改革成果，促进农民增收。全面推行粮食补贴方式改革，调整粮食风险基金使用方向，从粮食风险基金规模中拿出40%，把对粮食流通环节的间接补贴改为对种粮农民的直接补贴。加大资金筹措力度，确保粮食直补资金及时安排、足额到位，采取有效措施，将直补资金真正落实到种粮农民手中。配合有关部门，积极推进粮食购销企业改革。认真落实农村信用社改革的各项财税扶持政策。(3) 抓好财政支农重点工作。统筹整合农业综合开发项目，积极支持优势农产品产业带建设，提高粮食生产能力。支农专项资金重点向农产品加工业倾斜，促进农产品加工业做大做强。进一步推进财政支持小康示范村建设工程。继续扩大农村机械化试点范围。积极支持农民专业合作社、专业协会等新型农村合作组织发展。

(三) 努力完善社会保障体系

我省是老工业基地，就业和社会保障压力非常大，必须予以高度重视，在预算安排上给予重点考虑，确保离退休人员基本养老金、下岗职工基本生活费、城市低保对象基本生活补助费按时足额发放，保障困难群众生活的基本需要。(1) 大力支持就业和再就业。认真贯彻落实国家促进就业和再就业的各项财税优惠政策和措施，加大资金投入，落实好社会保险补贴、职业介绍和培训补贴、小额贷款担保等再就业资金，并按政策和规定程序及时拨付各项补贴资金，形成强有力的再就业资金政策保障，促进国有企业下岗职工再就业。(2) 做好完善城镇社会保障体系试点工作。配合有关部门，制定完善城镇社会保障体系的相关政策措施，妥善安排好试点所需配套资金，推动国有企业下岗职工基本生活保障政策向失业保险制度并轨和逐步做实企业基本养老保险个人账户。(3) 努力筹措各项社保资金。各级财政原安排的用于下岗职工基本生活保障的预算资金规模不减，进一步加大养老保险征缴和资金筹措力度，巩固“两个确保”工作成果。努力落实城市居民最低生活保障预算，做到应保尽保。继续下达社会保障重点支出预算建议数，督促各地努力筹措和落实好各项社会保障资金。(4) 做好扶贫解困工作。加大投入力度，做好扶贫项目开发，充分发挥资金使用效益。努力保障优抚救济对象和企业特困职工基本生活，建立解决部分企业军转干部生活困难长效机制，努力维护社会稳定。

(四) 优化投资创业环境

财政部门要进一步转变职能，提高为市场主体服务和创造良好发展环境的主动性。(1)努力加大职业教育、人才开发建设等方面的投入，促进培养高素质的企业经营管理人才、专业技术人才和产业技术工人队伍，促进扩大对外开放。(2)继续清理和规范行政事业性收费。取消各种不合理收费项目，降低收费标准。进一步减少行政审批，简化办事程序，提高服务质量和办事效率，为促进全省经济发展服好务。(3)加强对社会中介机构的管理。加强对经济鉴证类社会中介机构的监管，重点加强对注册会计师、注册资产评估师等执业人员执业质量的监督检查。积极推进会计制度改革，继续开展会计信息质量专项检查。

三、坚持统筹兼顾，树立科学的理财观

财政部门作为经济综合部门，无论是制定和实施财政政策，还是处理财政收支业务，都直接体现着政府活动的范围和方向。这就要求我们始终把统筹兼顾作为安排财政预算的一条重要原则，真正按照科学的发展观要求，依法理财，科学理财，为民理财，不断促进经济社会的全面协调健康发展。

(一)要处理好当前和长远的关系

在组织收入上，要注意防止两个倾向：一方面防止急功近利。国家为振兴东北等老工业基地，出台了增值税转型等一系列财税优惠政策。落实这些政策，从当前看会减少一部分财政收入，但从长远看，对促进经济结构的调整升级是有利的，最终会增加财源。另一方面也要防止有税不收或少收。要科学地运用符合经济规律的政策法律等手段，为市场主体服务，促进公平竞争。在安排支出上，要量力而行，尽力而为。既要把当前的突出矛盾和问题解决好，又要积极筹措资金加大对教育、科技、人才培养、大江大河治理和生态环境建设等方面的投入，促进全省经济社会全面协调持续发展。1998 年以来，我省争取和利用的国债项目资金大部分用在了公共基础设施、生态环境建设等方面。虽然当期收益小，但社会效益巨大，对扩大有效需求，拉动经济增长发挥了重要作用。

(二)要兼顾社会各项事业的发展

要针对全省社会事业发展的需要和薄弱环节确定财政支出重点。要依法保障教育事业投入，积极支持农村中小学布局调整和危房改造，实施扶贫助学工

程。要加大科技投入，结合国家对科技三项费用管理方式的改革，制定我省应用技术研究与开发资金管理办法，支持科研院所体制改革。要加大公共卫生事业投入，支持疾病预防控制体系、疾病信息网络体系、医疗救治体系和卫生执法监督体系建设，做好新型农村合作医疗试点资金管理工作。同时，要大力支持文化、广播、电视和体育等各项事业协调发展。

加快各项社会事业发展需要大量的资金投入，单靠政府投入远远不够，应充分动员社会力量广泛参与，形成财政资金和社会资金共同进入的多渠道投入机制。对准公益型事业单位，如高等教育、职业教育、广播电视、医疗保健等，除政府给予必要的支持外，要采取必要的政策措施鼓励和引导社会资金投入。对经营型事业单位，如开发性科研单位、职业化的体育运动项目、艺术表演团体和艺术表演场所等，要更多地吸引和利用社会资金投入，依靠市场机制的作用，促进其走向市场，并逐步实现产业化。此外，还要鼓励企业、单位和社会各界对社会事业的资助和捐赠。

（三）要兼顾城乡协调发展

要进一步加大农业投入，努力落实好增加农民收入的各项政策措施。认真贯彻省委、省政府相关政策措施，依法安排并落实对农业和农村的预算支出，严格执行预算，建立健全财政支农资金的稳定增长机制。教育、科技、文化、卫生等方面的新增支出要确保主要用于农村。继续深化农村税费改革试点，从2004 年起，全面取消除烟叶外的农业特产税，将目前农业税税率整体降低 1 个百分点。将农民工管理经费纳入各级财政预算支出范围。全面推行粮食直补改革，调整粮食风险基金使用方向，用于对种粮农民的直接补贴，确保补贴资金真正落实到种粮农民手中。

（四）要不断深化改革，优化财政管理体制

按照省委、省政府的决策部署，调整和完善省以下财政管理体制。在合理划分收入范围的基础上，通过建立增收激励机制和节支鼓励机制，实行专项支出绩效奖励办法，进一步规范转移支付制度，尽力向市县倾斜财力，妥善处理好各级政府间的财力分配关系，全面贯彻并落实好省委、省政府的重要部署，从而调动市县加快发展的积极性，促进县域突破战略的实施和区域经济的均衡协调发展。

四、坚持求真务实 树立正确的政绩观

深刻领会和全面落实科学的发展观，必须坚持求真务实，树立正确的政绩观。胡锦涛同志在中央纪律检查委员会第三次全体会议上强调指出，要在全党大力弘扬求真务实精神，大兴求真务实之风。求真务实是党的思想路线的核心内容，是各项事业兴旺发达的关键所在，也是实现正确政绩观的根本保证。财政部门一定要从全面建设小康社会宏伟目标的战略高度，充分认识求真务实的重要性，并体现在各项财政工作中。（1）贯彻和制定政策要做到唯实。近几年，省委、省政府在对省情深刻认识和准确把握的基础上，先后提出了“科教兴省、开放带动、县域突破、人才兴业”战略，坚持“高效益，广就业、可持续”方针，以及建设“工业省、科教省、生态省”等一系列方针政策。这些方针决策，都是科学发展观的具体体现，财政部门只有紧密结合工作实际，采取切实有效措施，才能确保把省委、省政府的战略意图落到实处。同时，由于各地情况千差万别，财政状况也不一样，因此，要贯彻落实好国家和省的政策要求，必须做出符合各地实际的正确决策，决策的正确与否，关键是看能否坚持一切从实际出发，实事求是，是否做到了唯实。（2）在收入征管上要做到求实。2004年我省预算安排既考虑了国家继续实施积极的财政政策，对东北老工业基地调整改造给予政策扶持，以及近年来上的一些重点项目陆续投产见效，将进一步促进我省经济的快速发展，财政具有较好的增收基础。同时，也充分考虑了各种政策性减收增支因素对财政的影响，做到了积极稳妥，不脱离实际。为保证收入任务的完成，要建立收入均衡缴库目标责任制，加强预算执行的检查分析与调度。财税部门要密切配合，对到期优惠政策进行认真清理，制止各地擅自出台税收优惠和变相优惠政策的行为，维护税法的统一性、权威性和严肃性。充分挖掘税收潜力，既要保证涵养税源，又要努力做到应收尽收，决不搞寅吃卯粮，吃“探头”税。同时，不断规范非税收入管理，改革收缴办法，促进非税收入及时足额上缴财政，避免财政收入流失。（3）在支出安排上要做到着实。财政预算安排必须以“三个代表”重要思想为指导，坚持以人为本，牢固树立全面、协调和可持续的发展观。积极筹措和落实资金，支持吉林老工业基地调整改造与振兴，确保工资发放和政权运转，加大对“三农”的支持力度，对科技、教育、计划生育等支出按政策法规给予妥善安排，保证就业再就业和完善城镇社会保障体系试点支出。对一般性支

出实行零增长，保证我省国民经济持续快速协调健康发展和社会全面进步。

（4）在工作作风上要务实。实现好、维护好、发展好最广大人民的根本利益，是我们党奋斗的最高目标，也是我们坚持求真务实，树立正确政绩观的根本出发点和归宿。胡锦涛同志指出：坚持全心全意为人民服务，摆正同人民群众的关系，是坚持求真务实的根本准则。坚持求真务实，树立正确的政绩观归根到底是为了不断满足人民的需要，实现人民的根本利益。只有以最广大人民的根本利益为最高标准，才能从根本上求真务实，并真正作出政绩。同时，财政工作一定要把实现最广大人民的根本利益和长远利益作为执行工作和树立政绩的最高目标。凡是为民造福的事情一定要千方百计办好，凡是损害人民利益的事情坚决不办；坚决反对那种只考虑个人得失，好大喜功的做法，对搞华而不实、劳民伤财的“政绩工程”和“形象工程”，财政一律不予安排资金；通过实实在在的工作，努力把经济发展的成果转化为人民群众的实际利益，真正做到从实际出发干实事，在为群众谋利益中出政绩。

“十一五”时期吉林财政发展改革的构想

（2005年7月）

“十五”期间，我省财政部门按照国家和省委、省政府对财政工作的总体部署和要求，认真贯彻落实科学发展观，全力支持东北老工业基地振兴，积极组织财政收入，着力调整支出结构，深化财政改革，加强财政管理，财政收支规模和财力保障水平又迈上了一个新的台阶，有力地支持和促进了吉林省经济和社会事业的发展。预计“十五”期末，全省全口径财政收入360亿元左右，与“九五”期末的184亿元相比，年均增长14%左右，其中地方级财政收入190亿元左右，与“九五”期末的104亿元相比，年均增长13%左右；全省财政支出600亿元左右，与“九五”期末的260亿元相比，年均增长18%左右。预计“十五”期末，全省人均财力1458元，与“九五”期末的395元相比，增加1063元；全省财政供养人员人均财力3.1万元，与“九五”期末的1.4万元相比，增加1.7万元。

一、“十一五”时期财政发展面临的机遇和挑战

综观“十一五”时期，财政发展既面临有利的发展机遇，也面临诸多困难和问题的挑战。

（一）发展机遇

（1）投资拉动显著增强。省政府确定从2005年起连续三年，每年新增固定资产投资500亿元。据测算，每年新增固定资产投资500亿元本身拉动的

GDP 增长，每年可为财政收入带来 30 亿元左右的增量。同时，随着我省一大批重点建设项目在“十一五”期间投产见效，将进一步拉动经济快速增长，为增加财政收入奠定坚实的基础。（2）经济结构优化。三次产业中，财政收入主要来自于二、三产业，其中第二产业对财政收入的贡献率最高。目前我省经济结构存在的主要问题是工业经济所占比重较低，2004 年，我省工业增加值占 GDP 的比重为 38.6%，低于全国平均水平 7.4 个百分点。“十一五”时期，随着汽车、石化、农产品加工、医药、电子信息等支柱优势产业的快速发展，特别是能源、冶金、建材、纺织、旅游等特色产业的迅速壮大，我省经济结构将进一步优化。如果工业增加值占 GDP 的比重达到全国平均水平，可增加财政收入 20 多亿元。（3）发展环境改善。2005 年以来，我省相继实施了国企改革攻坚，增加固定资产投资，加大招商引资力度，扩大对外开放，加强软环境整治，下放经济社会管理权限等一系列重大政策措施。这些政策措施将为“十一五”的加快发展打下坚实的基础，创造良好的环境。我省经济发展中的两个薄弱环节，民营经济和县域经济，可望实现大的突破，将为财政收入的增收带来新的增长点。2004 年，我省民营经济提供的税收收入占全省财政收入的比重仅为 21%，比全国平均水平 46.2% 低 25.1 个百分点，如果达到全国平均水平，可增加财政收入 83 亿元；“十一五”时期，我省县级财政收入平均每年递增 9.5%，比全省平均水平低 4.6 个百分点，如果达到全省平均水平，可增加财政收入 27 亿元。

（二）面临的挑战

财政收支矛盾仍十分突出。收入方面，主要是政策性减收因素较多。（1）国家将全面实行增值税转型政策，扩大政策执行范围，预计我省每年减少税收收入 4.2 亿元；（2）提高个人所得税起征点，由现行的 800 元提高到 1500 元，预计每年减少税收收入 6.1 亿元；（3）实行内外资企业所得税合并，由于我省外资企业较少，两税合并后，我省企业总体税负下降，预计每年减少税收收入 2.1 亿元。以上几项因素，“十一五”期间将影响我省税收收入 62 亿元，平均每年 12.4 亿元。支出方面，财政面临的压力仍然较大。（1）调整收入分配政策，贯彻实施《中华人民共和国公务员法》，提高公务员工资水平，建立地方附加津贴补贴制度，需要增加较多的财政支出；（2）目前我省社会保障水平仍然较低，特别是城镇居民最低生活保障补助标准偏低。同时，我省农村社会保障体系建设刚刚起步，城市和农村劳动力就业的任务也十分繁重，都需要财政增加投入给予保障。(3)“十一五”期间，按照国家法律和政策规定，对农业、教育、科技、文化、卫生等事业发展给予了重点支持，“十一五”时期，按照科学发展观的要求，促进各项社会事业协调发展，还需要进一步加大投入。(4)“十一五”时期是我省老工业基地振兴和实现加快发展的关键时期，政府的推动和引导作用十分重要。预计2005年全省各级财政用于生产建设性资金投入为160多亿元，“十一五”时期，为有效发挥财政资金对加快发展的助推作用，在现有资金规模的基础上，还要进一步增加。(5) 归还政府债务压力较大。“十一五”时期，为深化改革，加快发展，还要继续举债，政府债务规模将进一步加大，财政将面临较大的偿债压力。

二、“十一五”时期，吉林省财政发展的总体思路

(一) 总体思路

“十一五”时期，我省财政发展的总体思路是：以邓小平理论和“三个代表”重要思想为指导，以科学发展观为统领，以深化改革为动力，紧紧围绕加快发展这一主题，充分发挥职能作用，加大支持力度，全力促进老工业基地振兴；大力增收节支，整合政府财力资源，调整和优化财政支出结构，积极争取国家支持，努力提高财政保障能力；继续深化财政改革，加快公共财政体系建设，强化财政监管，着力提高财政资金的使用效益。

(二) 应把握的几项原则

按照上述总体思路，“十一五”期间财政发展要重点把握好以下几项原则：(1) 坚持发展是第一要务，进一步发挥财政对经济增长的助推作用，努力做大经济和财政“蛋糕”；(2) 坚持改革创新，通过深化改革，解决财政发展中面临的矛盾和问题；(3) 坚持以人为本，着重解决好人民群众关心的切身利益问题；(4) 坚持统筹兼顾，促进各项社会事业协调发展；(5) 坚持依法理财，科学理财，提高服务质量和水平。

(三) 主要发展目标

——财政收入实现翻一番。到2010年，全省全口径财政收入达到720亿元，年均增长15%。其中地方级财政收入达到400亿元，年均增长16%，全

口径财政收入和地方级财政收入均比2005年翻一番。

——财政支出规模超过千亿元。"十一五"期间，全省力争每年新增支出100亿元，到2010年，全省财政支出规模达到1100亿元，年均增长13%，财政保障能力有较大提高。

——县级财政实力显著增强。到2010年，全口径财政收入超过10亿元的县（市）达到4个，超过5亿元的县（市）达到10个；地方级财政收入超过3亿元的县（市）达到7个，其余县（市）全面过亿元。

——公共财政体系框架基本形成。政府间财政分配关系进一步理顺，部门预算、国库集中收付、政府采购、"收支两条线"等预算管理制度改革逐步完善。到2010年，全省政府采购规模力争达到200亿元。财政支出结构进一步优化，社会保障和公共服务支出比重明显提高。

三、"十一五"时期重点工作

围绕我省加快发展的重点任务，结合我省财政实际，"十一五"时期，要重点抓好以下几项工作：

（一）支持项目建设，促进投资拉动

（1）进一步加大项目前期工作经费投入，大力支持重大项目的谋划和前期工作。2005年，全省各级财政用于项目前期工作经费投入1.1亿元，其中省级0.7亿元。2006年力争达到2亿元，其中省级1亿元，以后年度根据财力可能和项目前期工作的需要，逐步加大投入力度。（2）增加企业技改贴息资金，支持支柱优势和特色产业加快发展。2005年，全省各级财政共安排企业技改贴息等资金5亿元，其中省级1亿元。2006年力争达到7亿元，其中省级1.5亿元，以后年度根据财力情况适当增加。（3）克服减收压力，认真落实好国家出台的各项税收优惠政策，吸引外来投资，鼓励企业技术改造。（4）进一步争取国家国债、基本建设、农业综合开发等用于支持经济发展的各项专项资金对我省的特殊支持。（5）充分发挥财政部门融资优势和平台作用，积极争取和利用开发银行软贷款、国际金融组织和外国政府贷款，广泛吸引民间投资和信贷资金，促进我省固定资产投资快速增长。

（二）加大政策资金扶持力度，促进非公有制经济加快发展

（1）用足用好用活国家和省现有的扶持个体和私营经济发展的各项财税优惠政策，并结合我省实际，进一步研究制定加快我省民营经济发展的具体政策措施。（2）各级财政部门现有用于支持企业发展的专项资金，要重点向民营经济倾斜。从2004年起，为促进民营经济发展，省财政专门设立了中小企业和民营经济发展专项资金3000万元。从2006年起，拟增加到5000万元。（3）认真落实好扶持就业再就业的各项财税优惠政策，积极筹措小额贷款担保基金和再就业资金，大力支持下岗职工职业介绍、岗位培训、社会保险补贴、公益性岗位补贴和劳动力市场建设等，促进全民创业。争取到“十一五”期末，全省小额贷款担保基金达到4亿元，其中省级达到1亿元；全省再就业资金达到3亿元，其中，省级达到0.8亿元。（4）继续支持信用担保体系建设。通过增加预算安排和利用开发银行软贷款，进一步加大信用担保机构资本金投入，提高信用担保能力，拓宽民营企业融资渠道。

（三）促进对外开放，大力发展外向型经济

（1）进一步加大招商引资经费投入。2005年，省财政安排招商引资专项经费4980万元，比上年增加3480万元，有力地支持了省里确定的国内外重大招商活动以及东博会的顺利召开。今后，省财政和各地财政要进一步加大投入，根据招商引资工作的实际需要，全力给予经费保障。（2）进一步加大市场开拓资金投入力度。2005年，省级财政安排市场开拓专项资金1500万元，争取国家市场开拓专项资金1800万元。“十一五”期间，要进一步支持玉米、汽车零部件、农畜产品深加工、电子及医药产品出口，推动外贸出口稳定增长；积极支持与周边国家的经贸交流合作，特别是资源开发项目建设。（3）大力支持开发区和工业集中区建设。“十一五”期间，对省级以上开发区继续给予财税优惠政策，各市县工业集中区可以比照执行。（4）进一步营造良好的发展环境。继续加大清费治乱工作力度，取消不合理的收费项目，降低收费标准，加快基础设施建设，为招商引资创造良好外部环境。

（四）调整和完善收入分配制度，不断提高人民群众生活水平

（1）稳定提高公务员的工资水平。目前，我省公务员特别是市县的公务员工资水平仍然较低，按照《中华人民共和国公务员法》的有关规定，要保

证调整行政事业单位职工工资和建立地区附加津贴补贴制度的经费需要。(2) 提高城市低保对象的补助标准，切实保障困难群体的基本生活。随着我省经济的快速发展，财政实力的增强，“十一五”期间要建立城镇低保对象补助的经费保障机制，逐步提高低保补助标准，使之与经济发展和财力增长相适应。(3) 加快建立农村社会保障制度，全面推进社会救助体系建设。按照我省农村居民最低生活保障办法（暂行），各级财政要加大农村低保资金投入，切实保障农村困难居民基本生活，推进和谐社会的建设。

（五）进一步支持解决“三农”问题，努力增加农民收入

(1) 集中资金，大力支持农业产业化经营。在继续积极争取国家农业综合开发资金的同时，省财政要集中财力，重点加大农业产业化经营投入。2005年，省财政安排农业产业化专项资金5000万元，明年要达到1亿元，后年争取达到2亿元。重点用于农畜产品加工、绿色食品等工程建设，以及扶持农业产业化龙头企业发展，加快现代农业、效益农业和生态农业建设，促进农业增长方式转变。(2) 整合各项支农资金，加大农村公共事业投入。重点围绕农村节水灌溉、人畜饮水、乡村道路等“六小工程”，加快农村公益事业和农田水利等基础设施建设，逐步缩小城乡公共服务差距，巩固农村税费改革成果。(3) 完善农业补贴政策，逐步建立起稳定增加农民收入的长效机制。继续对农民实行粮食直补、良种补贴、增产技术补贴、农机补贴等，并逐步增加补贴资金，完善补贴办法。同时，要进一步加大农村劳动力就业指导和培训的经费投入，提高农民工的就业能力，加快农村剩余劳动力的转移。

（六）简政放权，倾力支持市县加快发展

一方面，要把省里制定出台的实行省管县财政管理体制、对县（市）实行的财力返还和激励政策、加大转移支付力度、下放专项资金等扩大县（市）经济社会管理权限和促进县域经济加快发展的各项政策措施，不折不扣地落实到位。另一方面，按照省委、省政府关于扩大中心城市经济社会管理权限的要求，进一步完善省对市州的财政体制，支持市州加快发展。初步考虑：(1) 对市州上划省的共享收入实行超基数返还；(2) 市级上划中央“两税”返还的增量全部留给市；(3) 市州新建企业投产后实现的企业所得税省分享部分全额返还市州；(4) 增加对市州的转移支付补助；(5) 除国家另有规定外，今后省里新出台的各项政策，一律不要求市为所辖县（市）安排配套资金；（6）建立专项奖励资金。

（七）狠抓增收节支，努力提高财政保障能力

收入方面，要重点抓好财源建设，改善和优化财政收入结构，处理好支持经济发展和增加财政收入的关系，保证财政收入与经济发展实现同步增长。同时，要进一步加大组织收入工作力度，强化征管措施。坚持依法治税，严格禁止越权减、免、缓税行为，加强对重点税源的监控，既做到应收尽收，又不收“过头税”；加强非税收入管理，充分挖掘彩票收入、国有资产有偿使用收入、国有资本经营收益等非税收入潜力，将应纳入预算管理的行政性收费和政府性基金全部纳入预算管理。支出方面，要着力调整和优化财政支出结构，打破现有的利益分配格局，重新界定财政供给范围。要艰苦奋斗，大力压缩一般性支出。结合事业单位和乡镇机构改革，大力精减和压缩财政供养人员，减轻财政负担；严格控制会议费、电话费、水电费、燃修费等支出；研究推进公务用车、取暖费等支出改革，逐步实行职务消费货币化。通过狠抓增收节支，努力提高财政对支持经济发展，改善人民生活，促进各项社会事业协调发展的能力。

（八）继续深化各项财政改革，加快推进公共财政体系建设

“十一五”期间，为适应建立完善社会主义市场经济体制的要求，需要加快推进公共财政体系建设，进一步深化各项财政改革。重点要加大预算分配、预算执行和财政监管等环节的改革创新力度。在预算分配方面，要在全省范围内全面推行部门预算管理改革，进一步完善预算编制办法和制度，完善部门预算定员定额标准和项目库建设，实行科学的政府收支分类办法，统筹安排政府各类财力资源。在预算执行方面，要在全省范围内全面推行国库集中收付制度改革，建立健全国库集中收付运行和管理系统；进一步完善政府采购制度，扩大政府采购规模，健全政府采购监督与操作体系。在财政监管方面，要建立健全事前、事中和事后有机结合的财政资金分配和使用监控体系；逐步建立财政支出绩效评价考核制度；建立完善政府债务管理办法，严格执行预算偿债准备金制度，防范和化解财政风险。

优化财政收支结构　着力提高资金绩效

（2007 年 8 月）

随着经济社会的又好又快发展，财政收支规模不断扩大，我省财政保障能力显著增强。但受多种因素制约，与部分省份相比，财政收支规模偏小，发展速度不快，保障能力偏弱的问题较为突出。

一、财政收支结构的基本特征

“十五”以来，随着国企改革攻坚、县域突破、工业提速增效、投资拉动等战略的实施，我省经济社会实现了又好又快发展，财政收入保持了快速增长，市县财政状况进一步好转，财政支出保障能力不断增强。

（一）财政收入连续跃上新台阶

2006 年，我省地区生产总值 4275.1 亿元，为 1994 年的 4.4 倍，年均递增 10.6%。财政收入 507.8 亿元，为 1994 年的 5.1 倍，年均递增 14.5%；其中：地方级财政收入 245.2 亿元，为 1994 年的 4.8 倍，年均递增 13.9%。我省财政收入继 1994 年突破百亿元大关后，2001、2004、2005、2006 年分别跃上了 200 亿元、300 亿元、400 亿元、500 亿元的新台阶。从 100 亿元到 200 亿元，用了七年时间；从 200 亿元到 300 亿元，用了三年时间；从 300 亿元到 400 亿再到 500 亿元，分别只用了一年时间。财政收入规模的稳步增长，为服务改革发展稳定大局提供了有力的财力保障。

（二）财政收入结构进一步优化

近年来，我省在积极对汽车、石化等传统支柱产业调整改造的基础上，重点扶持农产品加工、医药等特色产业，大力发展旅游业，经济结构不断优化。2006 年，我省三次产业结构为 16.1∶44.4∶39.5，与 1994 年相比，第一产业比重下降 11.1 个百分点，第三产业比重上升 10.7 个百分点。2006 年，我省三次产业财政贡献率为 0.02∶63.35∶36.63，与 1994 年比，第一产业财政贡献率下降 4.1 个百分点，主要是受国家免征农业税等政策影响；第二产业提供的财政收入由 1994 年 62.5 亿元增加到 2006 年的 321.7 亿元，对财政贡献仍占主导地位，主要是实施国企改革攻坚，工业经济效益好转增加的收入；第三产业提供的财政收入由 1994 年的 33.6 亿元增加到 2006 年的 186 亿元，财政贡献率提高了 3.1 个百分点，主要是民营经济和服务业较快发展开辟了新的税源增长点。从不同所有制企业对财政收入贡献情况看，2006 年国有企业和集体企业贡献了 124 亿元，占财政收入的比重由 1994 年的 79% 下降到 2006 年的 24.4%；股份制、外商投资和个体私营企业贡献 298.8 亿元，占财政收入的比重由 1994 年的 5.8% 提高到 2006 年的 58.8%。很明显，国企改制后我省国有经济财政贡献率占主导地位的格局发生了改变，而股份制、外商投资、个体私营等多种经济成分，已成为财政收入的主要来源。

（三）重点行业对财政增收拉动作用明显

从重点行业上缴税金情况看，2006 年我省汽车、石化、电子、农产品深加工、医药等五大支柱优势产业上缴税金 200.7 亿元，比上年增加 24.1 亿元，占当年财政收入增收额的近 1/3，拉动财政收入增长 5.8 个百分点；五大优势产业财政收入贡献率为 40%，比 2001 年提高 8.7 个百分点。从重点企业上缴税金情况看，2001～2006 年，一汽、吉化、通钢、吉林油田等重点企业共上缴税金 576.4 亿元，占同期财政收入 28.7%。可见，我省财政收入对汽车、石化、电子、医药制造等重点行业的依存度较高，发展农产品加工业、服务业的空间和潜力巨大。

（四）市县财政实力不断增强

1994 年以来，按照进一步完善省以下财政体制要求，通过下放省共享收入、加大对市县转移支付力度，实施“三奖一补”等激励政策措施，大幅度向下倾斜财力，市县财政自求平衡能力不断增强。2006 年市（州）级财政收入 360.5 亿元，为 1994 年的 5.6 倍，占全省财政收入的 71%，比 1994 年提高 6.5 个百分点。其中，长春市 203.3 亿元，为 1994 年的 7.8 倍，占全省财政收入的 40%；县（市）级 123.5 亿元，为 1994 年的 3.9 倍，年均增长 12%，高于全省同期 GDP 平均增长水平。2006 年，除了通榆、长白两县外，其他 39 个县（市）财政收入均超过了亿元。其中，延吉市 10.8 亿元，率先进入全国百强县行列。我省县域突破、扩权强县等政策效应进一步显现。

（五）财政支出保障能力显著提高

按照“保工资、保运转、保稳定、保改革、保发展”方针，各级财政在努力保障行政事业单位正常运转，单位职工工资及时发放的同时，全力促进农业、教育、科学、社保等各项社会事业的协调发展。从支出规模看，2006 年我省财政支出与 1994 年相比增长 5.9 倍，年均递增 17.4%。分支出级次看，2006 年省、市、县支出占全省比重分别为 27.8%、25.8%、46.4%，与 1994 年比，省级、市（州）级比重下降；而县（市）级比重提高了 12.8 个百分点。从支出功能看，2006 年我省经济建设类支出、行政事业费类支出、社会保障类支出、政策性补贴类支出和专项支出占财政支出比重分别为 24.2%、43.2%、21.4%、8.1% 和 3.2%，与 1994 年相比，社会保障支出比重大幅度提高，行政事业费类比重有所下降。从重点支出看，2006 年农业、科技、教育、社会保障等方面支出分别增长 24.4%、23.2%、22.9%、31.6%。社会保障支出增幅较高，其他重点支出增幅也均高于全省经常性财政收入增幅。

二、财政收支结构存在问题及成因

受我省经济发展相对较慢，总量不大、结构不优、效益不高、活力不足以及区域发展不协调等因素影响，我省财政收入规模小、增速不快，收入质量不高，基本公共服务保障能力不强的状况仍十分突出。

（一）财政收入规模小、增速慢

我省作为东北老工业基地，市场化程度较低，发展动力不足，国有经济比重偏高，生产力布局调整和经济结构优化任务较重，新兴后续财源增长点不多，收入总量扩张和发展速度不快，受此影响我省 1994 ~ 2006 年财政收入增长速度一直低于东部省份及原与我省规模相近省份比，差距有拉大趋势。

（二）财政收入质量不高

财政收入占 GDP 比重是衡量税负高低的尺度。2006 年，我省财政收入占 GDP 比重为 11.9%，宏观经济税负偏低，除统计口径差异外，应收尽收是一个值得关注的问题。此外，我省非税收入占地方级财政收入的比重较高，非税收入大多采用列收列支方式管理，所占比重高直接影响财政收入的质量，非税收入的快速增长并未使可供预算安排的财力实现同步增加。

（三）民营经济拉动作用不强

据统计，2006 年，我省民营经济实现增加值占 GDP 比重为 26.9%，上缴税金 129 亿元，财政贡献率为 25.4%。从我省民营经济发展相对较快的长春、吉林两市看，2006 年两市民营经济上缴税金分别为 83.3 亿元、19.7 亿元，占税收收入的比重分别为 45.5% 和 42.5%。而县域民营经济发展缓慢，财政贡献率较低。如何加快促进我省民营经济协调发展，提高民营经济财政贡献率，已成为优化经济财政结构一个亟待破解的难题。

（四）县（市）财政仍比较困难

2006 年，我省 41 个县（市）财政收入 123.5 亿元，其中只有延吉市、前郭县超过 10 亿元。而江苏省一个昆山市（县级市）的财政收入就达到 151.4 亿元，比我省 41 个县（市）收入总量还多 27.9 亿元。我省 2006 年县（市）人均财政支出 1457 元，其中：低于 1400 元的县（市）还有 15 个，农安、榆树、梨树、公主岭、扶余等 5 个县（市）不足 1000 元。特别需要说明的是，尽管 1994 年以来我省县（市）均实现了财政收支平衡，按照国家工资标准实现了及时发放职工工资，但基本支出（人员支出和公用支出）水平仍然较低，历史欠账在相当一部分县（市）还普遍存在。可见，我省县（市）财政收支规模小、负担重、实力弱，严重制约了财政状况的根本改善。

（五）财政供给能力偏弱

地方级财政收入或地方可用财力占财政支出比重，是考察财政供给能力的重要指标。2006 年，我省地方级财政收入占财政支出的比重为 34%，我省财政依靠中央补助“过日子”的局面没有因实行分税财政体制得以改变。从支出项目看，2002～2006年，我省教育支出、科学支出（含科技三项费用）、医疗卫生支出占财政支出比重分别为12.5%、1.3%、3.6%。

三、国内外优化财政收支结构的借鉴与启示

优化财政收支结构，是强化财政管理永恒的主题。学习借鉴典型国家和发达省份优化财政收支结构经验做法，对于完善我省公共财政制度，实现基本公共服务均等化，具有重要的现实意义。

启示一：充分发挥财政资金在生产性和竞争性领域的职能作用，做大做强财政经济"蛋糕"。市场经济国家实践表明，公共财政并非全部退出生产性和竞争性领域，而是继续发挥财政资金和政策导向作用，促进经济加快发展。如美国、德国、英国在安排年度预算时，规定投资性支出要占财政支出的10%左右。第二次世界大战后，美国政府对经济干预力度不断加大，投资性支出范围由过去仅限于公共基础设施，逐步拓宽到对国有企业、国有事业、开发落后地区经济，以及支持农业经济发展等。日本充分发挥财政、金融、贸易等协同作用，通过国库支出、财政投融资、税式支出等手段，对经济活动进行广泛而有力的调节。从国内看，安徽省在促进经济结构战略性调整、培育竞争力支柱产业的"861"计划，三年筹措安排基础设施、挖潜改造等资金800亿元，支持一批支撑性、牵动性较强的重大项目建设。2007年财政收入在上年816.2亿元基础上，预计增收200亿元，实现1000亿元目标。

启示二：依法强化政府非税收入征管，不断提高财政收入质量。世界各国普遍重视和加强非税收入征收管理，建立健全严密科学的收入征管机制，确保了财政收入的质量的稳步提高。韩国政府对非税收入实行了严格、规范、统一的管理制度，不论何种收入形式和支出管理方式，均纳入政府财政预算，所有非税收入均需有法律依据。加拿大政府在对主要税种实行即时监控同时，对非税收入采取依法分级管理，实行听证协商制度；分类制定收费标准，保证了财政支出的基本需求。云南、安徽省颁布实施了《非税收入管理条例》，使非税收入管理规范化、制度化、法制化，严禁行政性收费"列收列支"，财政收入质量得以明显改善。安徽省2007年1～9月份实现非税收入108亿元，同比增长35.3%。国内外经验证明，加快财政立法，特别是对非税收入立法，依法强化政府性收费征管，进一步提高了财政收入质量，财政收入结构逐步趋于优化。

启示三：适应经济社会发展不同阶段需求，合理确定财政保障范围。财政支出结构调整与经济发展阶段性特征，具有密切的相关性。不同的经济发展阶段，不同的政策背景，财政支出保障的取向和重点是不同的。20 世纪 30 年代初，美国为摆脱经济危机的滞后低迷，实行了“罗斯福新政”。通过赤字财政政策，加快财政支出规模扩张，使政府职能延伸到了经济各个领域，政府投资性支出占有相当比重。第二次世界大战后，为了缓和生产社会化和私人占有的矛盾，根据经济发展和社会公共支出需求日益增长的新形势，加大对社会福利事业投入，兴办了各种社会福利事业机构，目前社会福利支出已跃居财政总支出首位，且呈不断上升趋势。加拿大政府对教科文卫等社会事业的投入法定化，目前法定项目支出已占公共预算总支出的 70%。广西、安徽省（区）突出财政“公共性”特征，坚持“有所为、有所不为”原则，按照“必保支出、必要支出、一般支出、专项支出”顺序，优化财政支出结构，提高切好财政“蛋糕”的能力。在财力分配上，更加注重向民生、向农村、向社会事业、向弱势群体倾斜。可以看出，以满足社会公共需要为标准，努力实现公共服务均等化，妥善解决事关人民群众利益的突出矛盾，已成为国内外优化财政支出结构的普遍做法。

启示四：编制绩效预算，构建财政支出绩效考评体系。20 世纪以来，美国、澳大利亚、新西兰等西方国家为加强公共财政管理，提高财政资金使用效益，普遍实行了预算绩效管理模式。1993 年，美国通过了《政府绩效和结果法案》，要求预算编制部门以达到的成果或产出为基础来编制公共预算，政府部门提交公共预算时，必须同时提交一套绩效考评指标。1997 年，美国全面推行绩效预算管理，1998 年结束了长达近四十年的预算赤字历史，连年实现财政盈余。澳大利亚联邦政府从 1999～2000 财政年度起，正式实施了公共支出绩效考评制度。借鉴国际经验，我国部分省市也开展了绩效预算管理改革。广东省从 2003 年率先开展了财政支出绩效评价，通过建立绩效评价专职机构，建立财政支出绩效评价制度，使绩评工作纳入制度化、规范化轨道。北京、上海、深圳、辽宁也先后出台了编制绩效预算、实行绩效考评制度，探索和构建财政支出绩效评价体系，大大提高了财政支出效能。经验显示，实行预算绩效管理，树立绩效观念，增强绩效责任，提高财政支出效率，是强化支出管理的必然选择。

四、优化财政收支结构的对策建议

“要围绕推进基本公共服务均等化和主体功能区建设，完善公共财政体系”，党的十七大已为今后财政改革和发展明确了方向。为此，财政部门要以科学发展观为统领，以促进经济社会加快发展为中心，以推进公共财政体制建设为重点，要着力优化财政收支结构，要着力深化各项财政改革，要着力提高财政保障能力，促进经济和社会事业协调发展。

（一）发挥财政资金“乘数效应”，促进经济加快发展，要谋划新思路

财政是经济活动的综合反映。只有实现经济又好又快发展，才能确保财政收入的持续快速增长。（1）继续支持重点项目建设，培植和壮大后续财源。充分发挥财政投融资作用，创新财政投入方式，积极利用预算安排、扩大税收抵扣范围、税收返还、贷款贴补息、以奖代补、投资参股等财税政策，最大限度地吸引社会资金，放大财政资金的“乘数效应”，全力支持投资拉动和重点项目建设，培植梯级后续财源。（2）促进民营经济加快发展。财政用于支持企业发展方面的资金，要重点向民营经济倾斜，支持拓宽融资渠道，增加安排民营经济发展和创业孵化基地专项资金，制定贴补息、税费优惠等财税政策，助推民营经济腾飞。力争到“十一五”末期，使民营经济财政贡献率由目前的25.4%提高到40%以上。（3）推进服务业实现跨越式发展。坚持发展现代服务业与提升传统服务业并举方针，制定扶持服务业发展的财税政策，专项新增安排服务业发展引导资金，支持发展现代物流、交通运输、金融保险、旅游和房地产等，促进服务业跨越式发展。在此基础上，不断提升三次产业占GDP的比重，切实提高财政贡献率。（4）支持县域经济加快发展。继续认真落实好扩权强县政策措施，研究扶持开发区、工业园区和工业集中区新一轮优惠政策，广泛吸引域外资金，增加对县域发展投入，促进县域突破战略实施。同时，完善省对县（市）财政体制要有新突破，继续向县（市）倾斜财力，加大对下转移支付力度，切实增强县（市）财政保障能力，实现县域经济财政均衡协调发展。

（二）优化财政收入结构，提高财政保障能力，要再上新台阶

我省九次党代会提出，到2011年我省GDP达到10000亿元，地方级财政

收入达到600亿元，一般预算全口径财政收入达到1200亿元。可以说，财政发展目标宏伟，方向明确。（1）着力提高财政收入占GDP的比重。据测算，如2007年我省GDP完成5000亿元，财政收入占GDP比重提高1个百分点，预计地方级财政收入、一般预算全口径财政收入2007年可分别增收25亿元和50亿元左右，分别达到325亿元和650亿元；到2011年，如我省GDP完成1万亿元，财政收入占GDP比重达到14.9%，比2006年提高3个百分点（2006年全国地方平均水平16.5%），预计地方级财政收入、一般预算全口径财政收入可分别达到750亿元和1500亿元，预期我省财政收入与GDP增速和规模居全国的位次将会前移，使财政收入与GDP在全国居同等位次。（2）坚持依法治税，做到应收尽收。认真贯彻税收法律法规，制止和纠正擅自越权减免缓税行为，及时清理到期的税收优惠政策，做到依法应收尽收，不收过头税。坚决打击偷、逃，骗、欠和抗税行为，为经济活动创造公平的纳税环境。继续强化税收征管，建立健全科学的税收征管机制。大力开展新增税源调查，加快财、税、库、银横向联网建设，对重点行业、重点企业税源实行即时监控，防止税源流失。（3）进一步强化非税收入征管。深入贯彻《吉林省非税收入收缴管理暂行办法》，切实将应纳入预算管理的各项行政事业性收费、罚没收入等全部纳入预算。认真落实各项减免政策，该减免的减免到位，该征收的征收到位，为经济发展创造良好的软环境。因此，各级财税部门要充分发挥财政资金导向作用，大力支持项目建设、投资拉动，促进民营经济和服务业跨越式发展，下大力气培育后续财源，切实提高二、三次产业财政贡献率，切实优化财政收入结构，着力保持财政收入持续快速增长。

（三）着力打造民生财政，实现公共服务均等化，要取得新成就

关注民生、改善民生是公共财政题中应有之义。坚持把民生问题放在财政保障的首位，切实提高民生支出占财政支出的比重。（1）新增财力要向“三农”倾斜。按照“农业投入增长幅度高于经常性财政收入增长幅度”规定，新增财力应优先增加对“三农”方面投入，逐步提高“三农”公共产品和公共服务支出比重。要切实整合各类支农资金，多渠道吸引资金向新农村建设集聚。积极筹措安排粮食直补、增产技术补贴、农机具购置补贴、农资综合直补和农业政策性保险等补贴资金，切实促进粮食增产、农业增效和农民增收。（2）更加关注社会事业协调发展。全面实施城乡义务教育经费保障机制改革，免除全省城乡初中、小学生学杂费，提高中、小学校公用经费保障水平。新增安排专项资金支持重大科技基础平台建设，加快科技成果转化，确保科技支出预算明显高于经常性财政收入增长。支持全面启动实施城镇居民基本医疗保险制度，支持全面推开农村新型合作医疗试点，推进城乡医疗保障体系建设。继续增加文体、广电等事业投入，完善公共基础设施建设，最大限度满足城乡居民基本公共服务需求。（3）不断加大就业和社会保障方面投入。坚持“以人为本”，把解决人民群众最关心、最直接、最现实的切身利益问题，作为财政工作出发点和落脚点。支持城市棚户区改造、农村泥草房改造和城市廉租房建设，改善城乡困难群众居住条件。完善城乡社会救助体系，提高城乡低保补助标准，努力实现城乡低保、城乡基本医疗保障和城乡社区基础服务平台“三个全覆盖”，逐步实现城乡公共保障均等化。积极筹措安排就业再就业资金，拓宽政策扶持范围，促进下岗职工再就业。继续增加安排购买公益性岗位专项资金，全面推行“办事不养人”做法，精简冗员。

（四）扎实推进财政改革，完善公共财政制度，要取得新突破

新制度经济学表明，好的制度必将催生好的效益。对优化财政收支结构，实现基本公共服务均等化，制度建设至关重要。（1）完善“省管县”分税制财政体制，探索研究取消税收返还，整合归并专项转移支付，扩大一般性转移支付规模和比例，增强市县公共服务保障能力。全面实行“乡财县管”财政管理方式改革，规范市县对乡镇的财政体制，向乡镇下移财力，提高乡镇财政自给率，壮大乡镇财政实力。（2）全面加快市、县部门预算改革步伐，提倡“提前编制预算，细化预算”，提高预算编制的科学性，增强预算的刚性和透明度。逐步规范部门预算基本公共支出保障范围，统一量化省、市、县定员定额标准，硬化综合财政预算约束，实现有差别的公共服务均等化。（3）全面推进市县国库集中支付制度改革；试行预算单位日常公务支出和财务报销使用公务卡结算办法；大胆探索国库现金管理制度，精心调度并活化财政国库间歇资金，最大限度提高财政资金增值效能。同时，全面实行政府采购管理机构和服务机构分离办法，将所有公共产品和公共服务全部纳入政府采购范围；加快“收支两条线”改革步伐，争取两年内全面实现收支彻底脱钩。

（五）强化财政监督管理，推行财政绩效考评，要有新举措

构建财政预算、执行和监督相互制约的财政运行机制，是公共财政建设的必然要求。（1）加快推进财政监督机制建设。由过去重收入监管向收支监管

并重转变，由事后监督向事前、事中全过程监督转变，建立起覆盖财政资金全过程的财政监管机制。加快“财税银库”横向联网工程建设，实现监督检查信息与业务管理信息共享，增强财政监督效能。（2）加强行政事业单位国有资产管理。加快构建行政事业单位国有资产管理制度体系，逐步将资产出租、出借及处置收益纳入预算管理，提高资产使用效率。（3）加强政府性债务管理。继续发挥财政融资优势，积极利用政府性债务，缓解资金短缺的矛盾。认真执行政府债务管理办法，落实责任及时偿还到期债务。探索建立政府债务偿还长效机制，防范和化解政府债务风险。（4）加快建立财政支出绩效考核体系。以提高财政资金使用效益为核心，以预算编制和财政专项资金为重点，制定科学、规范的绩效指标评价体系和管理办法，为预算编制和专项重点支出安排决策提供科学依据。

以新的理财观念服务发展振兴

（2008 年 9 月）

财政部门在新一轮思想解放中，要进一步增强大局意识、责任意识、创新意识、服务意识，找准差距，以思想解放促进理财思路创新和财政制度创新。要继续围绕发展振兴这一主题，以科学发展观为统领，以深化改革为动力，狠抓增收节支，整合政府财力资源，优化财政支出结构，壮大财政实力，努力提高财政管理科学化和精细化水平，助发展，保民生，促和谐，建机制，强队伍，完善公共财政体系，积极打造民生财政、阳光财政。

一、着力抓好增收节支，切实提高财政保障能力

近年来，省委、省政府实施的国企改革、投资拉动、对外开放、全民创业、扩权强县等一系列重大举措取得了令人鼓舞的成就，全省经济社会步入了又好又快发展轨道，财政收支也实现了持续快速增长。2007 年，全省财政收支跨上了“三六八”新台阶，人均财政收入居全国第 17 位，人均财政支出居全国第 13 位，财政实力明显增强。但由于我省财政收入规模较小，难以支撑财政支出快速增长的需求，财政保障水平仍然不高。随着我省经济快速健康发展和经济结构的优化升级，将不断提供新的税收增长点。据测算，财政收入占 GDP 比重提高一个百分点，可增收 50 亿元，如果达到全国地方级平均水平可以增收 280 亿元。因此，只要继续做好工作，今后几年实现财政收入快速增长是可能的。

（一）大力培植后续财源

（1）加大政策扶持力度。用足用好增值税转型、企业技术创新、节能减排、再生资源利用等税收优惠政策；认真落实对开发区、工业集中区、扩权强县等财政扶持政策。同时，不断研究新情况，为加快经济发展给予尽可能多的政策支持。（2）加大资金支持力度。2008 年，省财政用于支持经济发展的资金达到了 67.1 亿元，今后随着财力的增加，还应继续加大用于公共基础设施建设、产业结构调整、民营经济、服务业发展的资金投入。要进一步转变财政支持经济发展方式，充分发挥财政资金“四两拨千斤”作用，引导金融资本、民间资本、域外资本和国外资本集聚，促进我省发展振兴。（3）大力营造良好的发展环境。

（二）大力抓好财政增收

要坚持依法治税，应收尽收，不收过头税，适当提高财政收入占 GDP 的比重，把经济发展成果体现到财政增收上来。2008 年前 8 个月，全省地方级财政收入增长 43.8%，比全国平均增幅高 15.6 个百分点，居全国第 5 位，创我省实行分税制财政体制十五年来同期收入增幅最高水平。初步预测，2008 年能够完成或超额完成省委、省政府确定的“四八十”财政收支奋斗目标。从目前我省经济发展趋势看，今后几年财政收入保持 20% 以上的年均增幅，是完全可以做到的。据此，预计可以提前一年，即到 2010 年实现省九次党代会提出的地方级财政收入 600 亿元、一般预算全口径财政收入 1200 亿元的目标，财政收入在全国的位次也有望前移。

（三）大力加强支出管理

继续优化支出结构，坚持有保有压，对农业、教育、科技、就业、社保等各项重点支出要全力保障，严格控制行政公用经费、公务用车、会议、出国经费，以及“楼堂馆所”支出，反对铺张浪费行为。当前，我省控制支出的难点是财政供养人员过多。近些年来，在省委、省政府的高度重视下，经过上下共同努力，财政供养人员过快增长的趋势得到了一定程度的遏制。1991 ~ 2000 年十年中，全省财政供养人员平均每年增加 3.6 万人，2001 ~ 2007 年七年中，财政供养人员平均每年增加 1.8 万人，其中 2004 ~ 2007 年，财政供养人员平均每年增加 1.2 万人，如剔除企业分离办社会移交到地方的教师、公安人员，每年增加 3000 人。但由于历史的原因，我省财政供养人员仍然偏多。2008

年，省政府决定行政事业编制和行政公用经费两个“零增长”，今后需要继续采取有力措施，控制和压缩行政事业编制，对事业发展需要新增的人员，主要通过编内调剂或采取临时聘用方式解决，积极探索服务购买型用人管理模式。

（四）大力争取国家支持

要抓住国家加大对中西部地区、粮食主产区和主体功能区建设支持力度的机遇，吃透政策，精心谋划，多组织筛选一些符合国家政策支持方向的项目，采取多种方式汇报沟通，争取更大支持。

二、努力增加投入，促进提高城乡居民收入水平

保障和改善民生是公共财政的基本职责。近两年，围绕省委、省政府确定的民生实事，不断加大支持力度，免除了城乡义务教育阶段学生学杂费和家庭困难学生教科书费，实施城市棚户区、农村泥草房改造和农村安全饮水工程建设、建立和完善城乡居民最低生活保障制度等，城乡居民生活有了较大改善。但由于多种原因，我省城乡居民收入水平，尤其是城镇居民收入水平仍不高。2007 年，全省城镇居民人均可支配收入 11286 元，比全国平均低 2500 元。2008 年上半年，全省城镇居民人均可支配收入增长 12%，比 GDP 增幅低 4.5 个百分点。因此，要充分发挥财政的职能作用，促进提高城乡居民收入水平。

（一）进一步加大民生投入

要按照“存量调整、增量倾斜”原则，大力调整优化支出结构，重点向民生倾斜。2007 年，全省财政用于民生投入 551.3 亿元，比上年增加 106.2 亿元，占财政总支出的 62.4%。从今年起，新增财力 70% 用于民生，2008 年全省财政支出预计达到 1050 亿元左右，投向民生的资金将达到 700 亿元左右。

（二）大力促进就业

就业是民生之本，是提高居民收入水平的重要途径。2007 年，各级财政投入就业补助资金 16.4 亿元，当年全省城镇实现新增就业 38.5 万人。今后，要进一步加大财政政策扶持和资金投入力度，促进就业，鼓励创业。采取社会保险补贴、建立“零就业家庭”动态援助机制、免费为农民工和低保家庭子女提供就业技能培训，支持品牌劳务输出，保持 10 万个政府公益性岗位开发

规模等方式，使更多有就业愿望的困难人员实现就业。特别要鼓励创业，健全“创业培训、小额贷款贴息、税费减免”的财政政策支持体系，以创业促就业，实现广就业目标，不断提高居民收入水平。

（三）逐步提高社会保障对象生活和医疗补助水平

当前，要按照国家有关政策精神，研究建立补贴标准调整与经济发展、物价变动相适应的动态补贴机制，积极争取国家支持，努力筹措地方配套资金，使社会保障对象生活和医疗补助水平不断提高。从2008年起，将连续三年提高企业养老金标准，在月人均835元的基础上，2008年提高了95元，明后年继续提高，预计2010年达到月人均1100元左右。2008年，我省城市平均低保标准将由153元提高到186元，月人均补助水平由85元提高到130元，农村低保年人均补助水平由360元提高到540元，均达到全国平均水平。经过艰苦努力，我省城乡医疗保障已实现了制度全覆盖，2008年城镇居民基本医疗保险和新型农村合作医疗财政普惠制年人均补贴标准达到70元，比去年提高30元，明年补贴标准将达到80元。2008年，中央财政核定我省补助资金9.6亿元，需地方财政配套8.2亿元，年底前计划将14万关闭破产国有企业退休人员（第一批先解决政策性关闭破产企业退休人员10万人问题），统一纳入城镇职工基本医疗保险范围。

（四）进一步规范和提高津贴补贴标准

最近，省委、省政府决定，采取“托低”办法，帮助部分困难县（市）提高津贴补贴标准，目前正在有序落实。至此，我省第一步规范行政事业单位津贴补贴工作已基本完成。下一步，继续积极争取国家批准，适时启动第二步规范津贴补贴工作。通过适当提高津贴补贴标准，解决公务员和事业单位干部收入水平偏低问题，带动其他社会群体提高收入。妥善安排财力，逐步解决拖欠教师工资问题。

三、大力清费减负，营造良好发展环境

软环境建设中的一项重要任务是清费减负。要在已取得成果的基础上，进一步加大清费减负工作力度，降低创业门槛，减轻企业负担，提供低成本的公共服务，营造良好的发展环境。

（一）停征工商管理“两费”

国家决定停征个体工商户管理费和集贸市场管理费后，我省一年减少“两费”收入4.6亿元，预计中央财政按50%补助2.3亿元，地方财政自行负担2.3亿元。2008年四个月减少收入1.5亿元，中央财政补助0.75亿元，我省自行负担0.75亿元。停征后，我省工商业户和私营业主每年户均减轻负担782元。对此，我们要努力克服困难，弥补财力缺口，确保工商管理部门不因停征“两费”降低经费保障水平。在此基础上，还要会同主管部门，进一步研究暂停征收工商管理部门其他国定行政性收费项目的可行性，具体意见另行报省政府审定。

（二）进一步降低非税收入比重

从2008年7月1日起，省级涉企行政事业性收费标准降低5%，从10月1日起，取消省级收费16项，暂停国家级收费8项，每年可为企业和社会减负3亿元。同时，继续规范罚没收入管理，严格依法依规征收。2007年，我省非税收入占地方级财政收入的比重为26%，2008年扣除按规定新纳入预算管理的行政事业性收费因素后，比重将有所降低，力争到2010年降低3～5个百分点，提高财政收入质量。

（三）加快推进“收支脱钩”改革

2008年，省直部门和单位“收支脱钩”试点面达到50%，明年继续扩大试点范围。在总结经验的基础上，2010年省直部门和单位全部“收支脱钩”，收入全额缴库，经费由省财政按标准核定，收入与支出彻底脱钩。市县都要积极创造条件，加快“收支脱钩”的步伐。

（四）妥善解决“收费养人”问题

据调查，2007年，我省行政事业性收费涉及“收费养人”的项目约占40%，“养人”支出约占收入总额的30%。解决这一问题，根本措施是推进事业单位改革，科学界定机构性质、职能，定编、定岗、定人。在此基础上，进一步清理取消不合理收费项目，理顺经费开支渠道，属于经营性机构，要转为企业，走向市场；属于准公益性机构，由财政给予差额补助；属于公益性机构，由财政全额拨款。

四、进一步深化财政改革，推进财政管理科学化和精细化

充分发挥财政职能作用，更好地服务发展振兴，必须进一步深化财政改革，完善公共财政体系，加快财政体制、机制和制度创新。

（一）完善省以下财政体制

继续推进县乡财政体制改革，深化乡财县管财政管理方式改革。从2008年起，省与县（市）共享收入下放政策再执行三年。进一步加大省对县（市）转移支付，研究建立县级最低财政支出保障机制，提高基层政府履行公共服务的能力。

（二）深化预算管理制度改革

增强预算编制的科学性、规范性。2008年县（市）部门预算改革试点面达到100%。加快推进国库集中收付制度改革。率先在全国开展以国库集中收付为主线，贯穿财政核心业务的信息系统大平台建设试点，扩大财税库银横向联网试点范围。为规范单位现金使用，有效避免公务消费腐败行为，2008年省直选择了10个预算单位开展公务卡改革试点，明年省级全面推开。健全完善政府采购制度，认真落实自主创新和节能产品政府采购政策，全省政府采购额2008年力争达到100亿元，比上年增长20%以上。

（三）加强财政支出绩效管理

把绩效管理理念和方法引入财政支出管理中，积极探索建立支出绩效对预算编制的正向激励机制，以绩效考评结果作为财政预算安排的重要依据。2009年，选择义务教育、支农、社会保障等支出中的专项资金开展绩效考评试点，积累经验，逐步扩大到所有财政专项资金。

（四）切实加强行政事业单位国有资产管理

据核查统计，截至2006年底，全省行政事业单位资产总额1689.1亿元，其中净资产805亿元。要进一步健全完善行政事业单位国有资产管理制度办法，强化财政监管，努力实现国有资产保值增值。

谋划新思路 促进大发展

（2010 年 12 月）

省委九届十一次全会审议通过的《中共吉林省委关于制定吉林省国民经济和社会发展第十二个五年规划的建议》（以下简称《建议》），是指导未来五年乃至今后一段时期我省经济社会发展的纲领性文件，对于科学谋划“十二五”时期财政改革与发展，编好财政“十二五”规划，扎实做好各项财政工作具有重要的指导意义。

“十一五”期间，在省委、省政府的正确领导下，全省财政工作取得了可喜成绩，财政收支不断迈上新台阶，财政保障能力显著增强，各项财政改革扎实推进，公共财政体系框架基本形成，财政科学化、精细化管理水平进一步提高，有力地促进了经济社会又好又快发展。按照《建议》提出的“十二五”时期我省经济社会发展的主要任务和总体要求，“十二五”时期我省财政改革与发展的总体思路是：以邓小平理论和“三个代表”重要思想为指导，以“科学发展、加快振兴、富民强省”为目标，以“解放思想、改革创新、转变方式、科学发展”为主题，以加快经济发展方式转变为主线，充分发挥财政职能作用，积极筹措资金，大力推进“三化”统筹，着力支持实施“三动”战略，切实保障和改善民生，继续深化财政体制改革，不断提高财政科学化精细化管理水平。

按照上述思路，“十二五”时期全省财政改革与发展的主要目标突出体现为三个方面：（1）财政保障能力进一步增强。继续保持财政收支持续快速增长，全省地方级财政收入年均增长 20%，财政支出年均增长 15%，财政收支规模再上一个大台阶。（2）公共财政体系进一步完善。将新增财力更多地用于民生；财政预算用于教育、农业、科技、卫生、文化等方面支出高于经常性财政支出增长；财政性教育支出和社会保障支出占财政支出的比重明显提高。(3）财政科学化精细化管理水平进一步提高。初步建立起预算编制更加科学完整，预算执行更加均衡高效，预算监管更加全面规范，预算信息更加公开透明的财政运行机制。

实现上述目标，今后五年要重点做好以下几项工作。(1）更加注重发挥财政政策资金的引导作用，着力促进经济平稳较快发展。围绕统筹推进“三化”和实施“三动”战略，继续加大对公共基础设施和产业发展的政策资金扶持力度，省财政用于经济发展的专项资金继续保持一个合理的增幅，重点支持做大做强支柱优势产业、壮大特色资源产业、积极培育战略性新兴产业，着力提升现代农业、现代服务业和民营经济发展水平。鼓励企业自主创新、技术改造和节能减排，大力促进结构调整和发展方式转变。进一步完善和创新财政支持经济发展的有效方式，更多地借助金融机构和社会力量评价项目的优势，运用贴息、奖补和产业基金投入等市场化手段，带动和吸引民间、社会、域外等资本投入，放大财政资金的杠杆和乘数效应。(2）更加注重发挥财政对收入分配的调节作用，着力保障和改善民生。围绕实施富民工程，强化财政对二次分配的调节功能。通过认真落实促进创业和就业的各项财税扶持政策，扩大公益性岗位开发规模，支持建立最低工资标准调整机制和职工工资正常增长机制，有效提高居民收入在国民收入中的比重，提高劳动报酬在初次分配中的比重。通过进一步完善社会保障体系，扩大社会保险覆盖面，较大幅度提高社会保险待遇和社会救助水平，落实各项强农惠农政策，加快城乡保障性住房建设等措施，使经济发展成果更多地惠及民生。(3）更加注重发挥财政对基本公共服务均等化的促进作用，着力支持各项社会事业协调发展。围绕加快和谐社会建设，充分发挥公共财政的职能作用，通过调整和优化财政支出结构，完善均衡性转移支付制度，建立财政投入长效保障机制，增强政府提供基本公共产品和公共服务的能力。大力支持教育优先发展，提高财政性教育支出占财政支出的比例；积极稳妥推进医药卫生体制改革，健全公共卫生和基本医疗服务体系，稳步提高基本医疗保障水平；加大文化等其他事业投入，促进各项社会事业协调发展。(4）更加注重完善财政收入稳定增长机制，着力提高财政保障能力。正确处理好支持经济发展和增加财政收入的关系，一方面，要用足用好国家现有的扶持产业发展各项税费优惠政策，实施中心城市开发区（工业集中区）税收返还、土地出让金返还和县（市）上划省共享收入下放等政策，继续开展清费减负，为企业发展创造良好环境；另一方面，要加强财源建设，努力提高经济运行质量和效益，依法加强税收征管，规范非税收入管理，使财政收入高于 GDP 增长。要充分利用国家政策机遇，继续大力争取中央财政支持。(5) 更加注重提升财政资金的使用绩效，着力推进财政科学化精细化管理。继续深化各项财政改革，健全政府预算体系，增强政府财力资源的统筹调控能力；进一步完善省以下财政体制，提高县级基本财力保障水平；扩大预算绩效管理实施范围，继续深入推进部门预算、国库集中收付、政府采购和"收支两条线"等预算管理制度改革；加强财政法制建设，推进预算信息公开，建立健全财政收支运行监督机制；进一步加强基层和基础管理工作，不断提高理财水平。

（原载《吉林日报》2010 年 12 月 3 日）

二、促进发展振兴

支持吉林老工业基地调整和改造的对策建议

（2003 年 7 月）

加快吉林老工业基地调整改造，推进和实现全省经济跨越式发展，把吉林省建设成国家重要的新型工业化基地，对东北乃至全国全面建设小康社会具有重要的战略意义。当前，要从实际出发，依靠自身力量，艰苦创业，奋力拼搏。同时，需要国家在政策、资金等方面给予重点扶持。

一、加大国有企业减负和改革的支持力度

我省国有企业历史包袱沉重，资产负债率高，承担着大量办社会职能，改革与发展面临诸多矛盾和困难，需要国家给予政策扶持。

加快企业分离办社会职能。我省国有企业每年承担办社会费用支出约 35 亿元，其中，中央及中央下放企业（1998 年以后中央下放到地方的煤炭、军工、有色金属企业）每年办社会费用支出约 27 亿元。建议国家帮助我省解决

中央及中央下放企业分离办社会费用支出：在3～5年过渡期内，由企业和中央财政负担。过渡期后，由中央财政按70%给予我省定额补助，并列入基数；其余30%地方财政负担。

加大企业破产力度。目前，我省还有120户国有大中型工业企业资不抵债，扭亏无望，急需关闭破产，涉及安置职工17万多人。建议国家从2004年起，将这些企业列入政策性破产计划，分三年实施。按国家现行破产企业试点政策规定，破产企业安置职工的费用，用资产变现收入解决，缺口部分由同级政府负担。由于我省各级财政十分困难，建议国家对破产企业的费用缺口给予适当补助。

制定支持股份公司优先上市的政策。按建立现代企业制度要求，我省陆续组建了354户股份有限公司，其中绝大部分是在老国有企业基础上，通过改组、改制方式建立的。但目前仅有37户上市公司，低于全国各省平均上市公司户数。为加快国有企业改革，促进产业结构调整，建议国家今后将我省符合上市条件的股份公司，优先通过发行和安排上市。

二、加大老工业基地调整改造的资金投入

我省国有企业调整改造任务十分艰巨，重点产业迫切需要加快发展，但企业自我积累和发展能力不足，地方财政又很困难，需要国家在资金投入上给予重点支持。

设立东北老工业基地调整改造专项资金。建议国家每年安排给我省300亿元，连续扶持五年，支持汽车、石化、农产品加工、光电子信息、现代中药及生物药、接续产业等“六大基地”产业投资项目、重大技术改造项目和重要基础设施项目建设。

设立老工业基地重大科技项目专项资金。建议国家每年安排我省10亿元，专项用于老工业基地产业发展中的关键性技术攻关、新产品开发、科技成果转化推广等科技项目的投入。同时，国家每年在安排科技三项费、产业技术研究开发资金、农业科技成果转化资金、中小企业技术创新基金等资金时，给予我省重点倾斜。

中央预算内基建资金重点倾斜。近些年，中央级预算内基建资金每年投入我省基建项目的资金2～3亿元，对支持我省的基础设施建设和社会事业发展起到了很好作用。建议国家在老工业基地调整改造期间，加大对我省基本建设

项目的投入，在每年安排中央预算内基建投资计划时，对吉林省给予重点倾斜。

豁免公益性项目国债转贷资金。截至2003年6月末，国家共支持我省国债转贷资金78.5亿元，其中公益性项目43.2亿元。由于农业、林业、水利、城市基础设施、农村电网等项目社会效益明显，但经济效益很低，靠项目本身很难还本付息，需要由地方各级财政承担还贷责任。鉴于我省各级财政十分困难，建议国家分期、分批豁免我省的公益性项目国债转贷资金。

三、重大项目优先在吉林布局

我省老工业基地经过多年的发展，汽车、石化、农产品加工等重点产业具备了良好的基础，在自然和社会资源方面也有一定的比较优势。建议国家在重大生产力布局上，特别是在规划、安排或组织实施产业投资项目时，对加工制造业项目、化工原料及精细化学品项目、农产品加工项目、高新技术产业化项目和信息化工程以及重大基础设施项目，按“同等优先、适当放宽”原则给予吉林省重点倾斜。对我省吉化百万吨乙烯扩建及其配套工程、一汽百万辆汽车及其配套项目、1200万吨玉米深加工项目、300万吨大豆深加工项目、600万吨畜禽肉生产能力项目、长春至图们铁路电汽化改造工程、霍林河至白城铁路工程、沈长哈客运专线项目、靖宇核电项目、哈达山水利枢纽工程、中部城市调水工程等给予优先安排。

四、税收支持政策

在我省老工业基地调整改造规划实施期间，为进一步改善投资环境，增强企业自我发展能力，加快调整改造进程，需要国家给予一定的税收优惠政策。

实行税收扶持政策。（1）将粮食深加工企业购进粮食作为原材料的进项税额抵扣率由13%提高到17%。（2）对资源枯竭地区发展接续产业项目，自投产之日起，五年内免征企业所得税，增值税先征后返。（3）将各类工业企业均纳入执行鼓励增加研发投入的税收优惠政策范围，并提高对应纳税所得额的抵扣比例，由50%提高到100%。

税收返还给予照顾。受产业、产品结构影响，我省财政收入中“两税”收入比重大，“两税”收入增量占全口径财政收入增量的50%以上。2002年我省“两税”收入占全口径财政收入的比重为56.7%，比全国地方级平均水平50.9%高出5.8个百分点。由于“两税”收入增量大部分上划中央，地方从新增收入中分享的财力有限，各级财政尤其是县级财政非常困难。建议国家在税收返还上给予照顾，对吉林省每年上划中央的“两税”收入增量，比照民族地区的优惠政策，按80%给予返还。

五、加大金融信贷支持力度

我省国有商业银行贷款质量差，不良资产比重高，限制了对国有企业发展的支持能力。为切实减轻国有商业银行负担，拓宽企业融资渠道，需要国家在金融信贷政策方面给予支持。

增强国有商业银行对调整改造的支持能力。1999年国家剥离银行不良贷款时，我省四家国有商业银行实际不良贷款为713亿元，但按国家的剥离政策，剥离了411亿元。建议国家进一步剥离这四家银行的不良贷款，帮助卸掉历史包袱。

支持加大金融改革力度。创造条件，加快在东北地区设立外资银行，批准在吉林设立区域性股份制银行，建议在吉林省进行农发行调整职能的试点。

六、帮助解决资源枯竭地区发展接续产业的遗留问题

我省煤炭工业历经百年，大多老矿区资源已枯竭，森林资源也因长期过度开发，严重萎缩。以煤炭、森工两个资源型产业为主的城市和地区，经济发展面临诸多矛盾和问题。这两个产业集中分布在3个省辖市、15个县（市），涉及职工、离退休人员以及家属共计150多万人。解决这些地区的历史遗留问题，特别是解决事关群众生活方面的欠账，对维护社会稳定、发展接续产业至关重要。

帮助解决国有重点煤炭企业历史欠账。（1）拖欠工资问题。我省国有重点煤炭企业中央下放前拖欠工资4.6亿元，其中破产和拟破产企业，可通过国家核定的破产费用解决2.2亿元，其余2.4亿元无力解决，建议国家给予补助。（2）安全生产欠账问题。我省国有重点煤炭企业中央下放前安全生产欠账3.6亿元，建议国家给予补助。

加大对采煤沉陷区综合治理的支持。我省六个国有重点煤矿矿区地表塌陷

总面积113.51平方公里，受损面积261.62万平方米，沉陷区总人口近20万人，采煤沉陷区综合治理项目共需投资30亿元。目前，国家规定采煤沉陷区综合治理资金由中央和地方各承担50%。建议国家考虑我省的困难，将其中已破产的蛟河、营城两个矿区，国家沉陷区综合治理补助资金比例提高到60%。

解决国有森工企业“混岗”集体所有制职工安置问题。为减轻我省国有森工企业负担，建议将森工企业内部“混岗”的集体所有制职工8.1万人，纳入“天保工程”一次性安置范围，比照国企职工每人补助2.23万元的标准，请国家帮助解决安置“混岗”集体职工所需资金18亿元。

七、支持扩大对外开放

吉林省是内陆边境省份，对外开放程度不高，为促进老工业基地加快调整改造，迫切需要加强与周边国家的经济合作与交流。我省在扩大对外开放方面需要国家给予政策支持。

支持加快服务贸易领域对外开放，将开放时序提前到2004年。

扶持发展对外经济贸易。建议：（1）国家赋予我省1~2家主营粮食出口的大型骨干企业粮食进口经营权。（2）将我省列入边境小额贸易出口项下以现钞进行出口核销试点范围。

推进东北亚地区国际合作开发，促进双边或多边区域经济合作与发展。

八、加大环境污染治理的政策扶持

松花江是贯穿吉林省的最大一条河流，流域面积占我省总面积的71.8%，流域内人口占我省总人口的71.5%。“一五”“二五”时期，国家在吉林省松花江流域内布局了一批化工、冶金、机械、造纸等资源依赖型企业，目前流域内工业企业占我省企业总数的比重已达到74.3%。由于流域内工业企业技术比较落后、设备工艺陈旧、原材料消耗高、污染物排放多，制约我省的生态环境建设和可持续发展。

近些年来，国家加大了对“三湖”“三河”重点流域污染治理力度。因松花江流域未纳入国家重点流域污染治理范围，加上我省自筹资金能力差，污染治理欠账多，滞缓了松花江流域工业污染治理进程。建议：（1）从2004年开始，启动国家环保总局制定的《松花江流域水污染防治“十五”计划》，并将松花江流域水污染防治作为国家重点流域污染治理工程。（2）国家比照“三湖”“三河”重点流域治理政策，对松花江流域水污染防治工程给予政策和资金支持。

九、推进城镇社会保障体系建设

完善城镇社会保障体系是老工业基地调整改造的迫切要求。我们要借鉴辽宁完善城镇社会保障体系的试点经验，结合我省实际，全面推进城镇社会保障体系建设。同时，需要国家给予支持。

加快国有企业下岗职工基本生活保障向失业保险并轨。据初步统计，我省地方国有亏损企业下岗职工向失业保险并轨的人数有89.8万人（不含粮食购销企业富余人员），需经济补偿金或生活补助费共计73.4亿元。除按辽宁试点政策执行外，还有两个突出问题：（1）我省部分下岗职工虽已出中心、解除了劳动关系，但经济补偿金标准低，需要与试点政策相衔接。（2）我省粮食购销企业存在大量富余人员，这部分职工急需通过与企业解除劳动关系走向市场，需要纳入并轨范围。

完善城镇企业职工基本养老保险制度。我省基本养老保险个人账户是从1995年建立的。截至2002年底，个人账户累计计账余额为99亿元，全部是“空账”。如做实个人账户，每年需资金17亿元左右。在比照辽宁试点办法做实个人账户的同时，有两个突出问题：（1）集体企业纳入养老保险省级统筹，请国家帮助解决由此带来的资金缺口。（2）根据国家四部委《关于农垦企业参加企业职工基本养老保险有关问题的通知》，我省拟将包括农垦企业在内的农林牧渔“四场”职工养老保险问题一并解决，请国家帮助解决需补缴的保费和养老金发放资金缺口。

增加城市居民最低生活保障补助资金。我省老国有企业多、下岗失业人员比重大，目前，已纳入城市居民最低生活保障范围的为149.7万人，按月人均低保差补65元计算，年需低保资金11.7亿元，我省尽最大努力只能筹措3.2亿元，缺口8.5亿元，请国家帮助解决。另外，我省未参保集体企业退休人员有14万多人，按辽宁省试点办法，对这部分人员本人按低保标准发放生活费，年需低保资金2.2亿元，请国家一并帮助解决。

解决企业养老保险缴费比例过高问题。我省现行企业养老保险缴费比例为

24%，按国务院的有关规定，企业养老保险的缴费比例一般不得超过 20%（目前全国平均为 19.88%）。将我省企业缴费比例下调到全国平均水平，每年可减轻企业负担近 8 亿元。但由于我省养老保险收支自然缺口较大，保当期发放困难，请国家加大养老保险转移支付力度，帮助解决降低缴费比例增加的资金缺口。

十、支持东北区域经济发展

东北老工业基地调整改造事关全国大局，需要整体考虑，加强国家对老工业基地调整改造的宏观指导。建议：（1）尽快制定东北老工业基地调整改造的整体规划。（2）成立国务院的专门机构，加强统筹协调。

财政要为老工业基地振兴助力

（2004 年 6 月）

实施东北地区等老工业基地振兴战略，是党中央、国务院着眼于经济社会协调发展全局作出的重大决策，对于吉林省来说，是为促进东北地区发展提供了前所未有的发展机遇。财政作为重要的宏观经济调控部门，一定要结合实际，进一步创新理财思路，强化工作措施，全力支持吉林老工业基地振兴。

近年来，吉林省经济发展较快。2003 年，全省实现国内生产总值 2521.8 亿元，居全国第 18 位，与 2000 年相比，平均每年递增 9.3%。人均国内生产总值达到 9334 元，居全国第 13 位。但是，由于市扬化程度较低，产业结构不合理等原因，吉林省与沿海发达地区相比，还存在较大差距，主要表现在总量不大、增长不快、结构不优、效益不高等方面。其中老工业基地受计划经济体制影响较深，体制性、结构性方面的矛盾更加突出，普遍存在着诸如国有经济比重过高，历史包袱沉重，国有企业效益差，下岗失业人员较多，就业和再就业比较困难等问题。为尽快改变这种状况，加快全省经济社会发展，2004 年，吉林省委、省政府把国企改制、项目建设、招商引资、环境整治、全民创业确定为全省振兴老工业基地的重点工作，财政部门一定要牢固树立靠改革开放，靠市场机制，靠自力更生，靠艰苦创业实现振兴的观念，积极围绕五个重点问题开展工作。

一、积极支持国有企业改革，为实现振兴破除体制和机制性障碍

目前吉林省 3503 家地方国有及国有控股企业中，只有 364 家实施了公司

制改造。按照全省规划目标，大致用两年或稍长一些时间完成国企改制，改革任务十分繁重。当前财政部门的主要任务是，努力筹措用于改革的资金，支持企业分离办社会职能，做好政策性关闭破产和妥善安置职工等。（1）积极支持企业分离办社会职能。按照国家要求，目前，吉林省已与中国石油集团签署协议，其所属的吉林油田、吉化公司、前郭炼油厂3家企业分离办社会职能工作已进入实质性操作阶段。下一步，将结合国家在吉林省中直企业分离办社会试点，力争到2005年底完成32家中直企业所办的402个社会职能机构的分离工作。同时，按照省政府统一部署，准备在三年内完成地方国有大中型企业分离办社会职能工作，在过渡期内发生的移交所需费用，由同级财政部门给予适当补助。为了支持促进地方国有大中型企业分离办社会职能，2005年省财政专门安排资金3000万元，用于省属5家重点企业的主辅分离和分离办社会职能。（2）积极支持企业政策性关闭破产工作。现已对18家煤炭、冶金、军工等省属企业实施了政策性关闭破产。从2005年起，力争用两年左右时间，完成列入国家政策性破产计划的123家企业的破产工作。（3）积极支持国有企业主辅分离、辅业改制，安置富余人员。对特困企业使用的划拨土地，视同破产企业，其土地出让金优先用于偿还下岗职工债务。

二、积极支持项目建设，努力做好招商引资工作

（1）加强对国债资金的监管，更好地发挥国债资金的使用效益。（2）按照集中财力办大事的原则，对企业技术改造、结构调整、国企改革资金、关停破产企业补助费和省预算内基本建设资金，以及科技、支农等方面的专项资金进行整合，主要用于老工业基地调整改造重点项目建设。（3）坚持效益优先原则，优先扶持带动作用强、技术含量高、市场潜力大、经济效益好的产业和项目。（4）加大重点项目前期工作经费投入。省财政从2003年开始每年安排项目前期工作经费2000万元，并将根据项目建设需要逐步加大资金投入力度，确保重点项目建设的顺利进行。（5）增加招商引资资金投入。2004年，省财政单独安排了招商引资和市场开拓专项资金3000万元，用于国内外重大招商活动和市场开拓。引进了华润、美国嘉吉、中信等战略投资者，参与对优势产业、新兴产业和重点企业的资产重组，盘活存量资产。同时，积极利用世行、亚行等国际金融组织和外国政府贷款，支持重点项目建设，弥补省内资金不足。

三、大力支持民营经济发展，努力营造良好的发展环境

吉林省市场化程度低，经济发展活力不足，主要原因在于民营经济发展滞后。据国家有关部门测算，吉林省的创业指数（每万人拥有私营企业的数量）为3.41，不仅大大低于北京（107.61）、上海（63.43）、浙江（31.89）等发达省市，而且低于全国平均水平（9.32）。2003年全省固定资产投资中，私人投资所占比重不到1/10。为了给民营经济发展提供良好的发展环境，吉林省各财政部门深入开展了清费治乱工作。近两年共取消行政性收费和政府性基金112项，减轻企业和社会负担3.7亿元。同时结合贯彻落实《中华人民共和国行政许可法》开展了对财政行政许可项目监督检查，规范了执收执罚部门的执法行为。不断扩大政务公开范围，所有财政行政审批项目都纳入了省政府政务大厅，提高了行政效率，增强了工作透明度，改善了服务。为确保清费治乱工作收到实效，避免以往“前清后犯、边清边乱”问题的出现，对由于项目取消和调低标准影响经费来源的单位，财政积极予以经费保障，逐步解决这些单位“收费养人”的问题。为了支持民营经济发展，从2004年起，省财政专门设立了中小企业和民营经济发展专项资金3000万元，同时对现有的用于支持经济发展的资金也要向民营经济倾斜。积极鼓励和支持民营企业参与国有企业重组，促进国有资本的合理流动。支持中小企业信用担保机构发展，帮助中小企业和民营企业解决融资难的问题。努力赠加小额贷款担保基金规模，鼓励和支持下岗失业人员从事个体经营，壮大个体工商户群体，推动全民创业。

四、努力做好就业和社会保障工作，切实解决好事关人民群众切身利益问题

在强化社会保险费征缴，充分发挥社会保险筹资主渠道作用的同时，财政部门还要不断加大对社会保障的投入力度。（1）大力支持就业。认真落实国家和省出台的再就业扶持政策，积极筹措小额贷款担保资金，全面启动小额担保贷款，建立再就业援助制度，将小额贷款担保基金、社会保险补贴、再就业培训和职业介绍补贴、公益性岗位补贴等促进下岗失业人员再就业资金列入财政预算。2004年，吉林省各级财政预算共安排再就业资金8300万元。到8月底，全省城镇新开发就业岗位33.8万个，比上年同期增长53.5%，全省城镇

新就业27.67%，比上年同期增长80.6%。（2）努力增加“两个确保”和城市低保资金投入。通过省对市州下达社会保障重点支出预算建议数，各级人大审议监督社会保障预算安排等措施，努力增加“两个确保”和低保投入，切实保证下岗职工、企业离退休人员、城市低保对象基本生活。1~8月份，全省财政共拨付“两个确保”和低保资金18.6亿元。（3）全力支持社保试点。从实际出发，借鉴辽宁试点工作经验，研究制定了吉林省试点实施方案和相关配套政策，调整了个人缴费比例，组织开展了模拟试点，并于2004年5月21日在全省正式启动。当前，主要是进一步完善相关配套政策，努力筹措和落实好地方配套资金，研究制定资金管理办法，加强人员培训，确保改革试点顺利进行。

五、统筹兼顾，促进经济和社会事业协调发展

（1）着力支持解决“三农”问题。要认真做好免征农业税改革试点工作。加强对财政转移支付资金的监督管理，确保转移支付资金专项使用，防止截留、挤占和挪用。支持推进乡镇机构、农村义务教育和县乡财政管理体制等配套改革，节减经费开支，保证乡镇机构和村级组织正常运转，确保农村义务教育正常需要，促进建立防止农民负担反弹的长效机制，巩固农村税费改革试点成果。要做好粮食直补改革试点和粮食流通体制改革工作。2004年吉林省筹集直补资金15.54亿元，已全部兑现到农户手中，良种补贴资金已全部拨付到位。省级财政还专项安排防治玉米螟、测土配方施肥和农田灭鼠三项技术补贴资金2500万元，进一步加大了对农业生产和技术方面的投入。支持做好粮食流通体制改革工作，参与研究制定粮食流通体制改革实施方案和相关配套文件，努力筹措粮改资金，做好国有粮食购销企业财务挂账清理审计工作，确保改革顺利进行。此外，进一步加大对农业和农村经济发展的资金投入。依法安排并落实对农业和农村的预算支出，严格预算执行，建立健全财政支农资金的稳定增长机制。重点支持农业科技示范与推广，社会化服务体系建设、农业产业化龙头项目、农业机械化项目试点、小康示范村工程建设、农民职业技能培训、农产品质量安全认证和动植物重大疫情防治等。（2）确保行政事业单位职工工资按时发放。财政部门对行政事业单位职工工资在年初预算上予以足额安排，不留缺口。对拖欠工资的市县，实行不准兴建办公楼、不准购买小汽车、不准领导干部出国的“三不准”规定。同时，省财政不断加大工贸性转

移支付力度，强化资金调度，缓解困难县市保付工资的压力。目前，全省已有50个市县的行政事业单位和省本级行政单位实行了工资统发，统发人数达到59.8万人，占全省财政供养人员的48.1%，自2002年以来实现了按当地实际发放工资标准不拖欠的目标。（3）加大社会事业发展的投入。2004年1~8月份，全省共投入教育经费5800万元，重点支持了农村中小学布局调整和危房改造，实施扶贫助学工程，促进基础教育均衡发展。加大科技投入，拨付资金2.3亿元，重点支持了光电子、农业高新技术、中药现代化，以及应用软件领域的科技创新和成果转化等。投入卫生经费1.7亿元，重点支持疾病预防控制、疾病信息网络、农村新型合作医疗试点、医疗救治体系和卫生执法监督体系建设。筹集资金1.1亿元，支持了全省9个市州传染病区，紧急救援中心和42个传染病区基础设施项目建设，筹措政法经费15.9亿元，保证政法机关履行职能、开展“严打”斗争等办案需要，维护了社会稳定。（4）做好扶贫解困工作。进一步加大财政投入力度，支持扶贫项目开发，帮助贫困地区和受灾群众改善生产生活条件，使其早日脱贫致富。实施财政扶贫资金管理“阳光”工程，努力形成“规划、实施、管理、受益”四位一体的扶贫开发新机制和“公开、公正、透明”的资金管理新模式，充分发挥资金使用效益。

（原载《中国财政》2004年第12期）

努力挖掘增收潜力 优化财政收入结构

（2010年12月）

“十一五”时期是实施振兴东北老工业基地战略的关键时期，在省委、省政府的正确领导下，全省上下深入贯彻落实科学发展观，加快改革开放步伐，着力破解制约经济社会发展的深层次矛盾和问题，全力以赴保增长、保民生、保稳定，推动振兴发展，为“十二五”发展奠定了良好基础。在经济规模不断扩大，运行质量稳步提高的基础上，全省财政收入持续快速增长，为促进全省经济和社会快速发展提供了财力保障。

一、财政收入的基本特征

（一）财政收入规模迅速扩大

2009年，在国家和省出台一系列应对金融危机的政策措施带动下，全省经济逐步扭转了上年增长速度大幅度下滑的局面，以较高的质量实现了经济平稳较快增长，全省地区生产总值完成7203.2亿元，高于全国平均增幅4.6个百分点，比“十五”期末的2005年增加3583亿元，增长近一倍。规模以上工业实现利润475.1亿元，同比增加122.3亿元，增长34.7%。企业效益的逐步好转直接拉动财政收入的增长。2009年，全省地方级财政收入达487.1亿元，比上年增长15.2%，是2005年的2.4倍。一般预算全口径财政收入达到977.2亿元，比上年增长15.6%，是2005年的2.3倍。提前两年完成了“十一五”财政发展规划确定的财政收入目标。

（二）财政收入结构进一步优化

进入“十一五”以来，吉林省努力调整产业结构，改造提升汽车、石化、农产品加工三大传统支柱产业和电子信息、医药、冶金建材等优势产业，大力发展新材料、新能源等新兴产业，优化第三产业结构，在经济总量不断扩大、发展速度进一步加快的同时，我省的产业结构进一步优化。2009 年，第一产业实现增加值980.5 亿元，增长2.8%；第二产业实现增加值3492 亿元，增长16.7%；第三产业增加值 2730.7 亿元，增长 12.7%。三次产业结构比例由2005 年的17.3∶43.7∶39 调整到2009 年的13.6∶48.5∶37.9。2009 年全省规模以上工业累计实现增加值2926.7 亿元，同比增长16.8%，比全国平均增速快5.8 个百分点。第一产业比重的降低和第二产业比重的提升，标志着我省第二产业，特别是工业经济的主导作用进一步加强，我省的产业结构基本实现了以工业、服务业为主，向三次产业协调发展的方向转变。2009 年，吉林省三次产业的财政贡献率分别为0.38%、65.56%和34.06%，与2005 年相比，一次产业财政贡献率下降0.28 个百分点，二次产业和三次产业财政贡献率相应上升0.28 个百分点。从税源分布情况看，汽车制造、石化、农产品加工、电子信息以及金融保险、房地产等行业税收增长都比较快，逐步形成了财政收入多点支撑的良好格局，财政增收的稳定性和协调性进一步增强。

在经济持续平稳较快发展，经济结构不断优化的基础上，全省财政收入结构进一步优化。2009 年，全省地方级财政收入中税收收入361.1 亿元，非税收入126 亿元，非税收收入所占比重为25.9%，比2005 年下降1.6 个百分点，与此相对应，税收收入所占比重则上升了1.6 个百分点（见图1）。

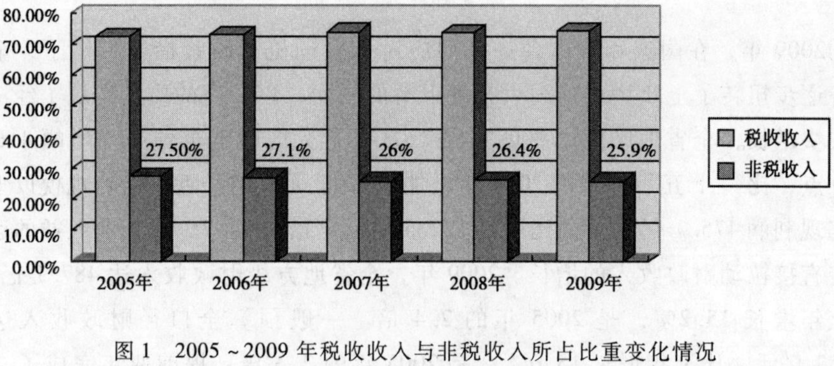

图1 2005 ~ 2009 年税收收入与非税收入所占比重变化情况

在税收收入中，流转税和所得税的主体作用特征明显。2009 年，全省流转税收入206.3亿元，占税收收入的57.1%，占地方级财政收入的42.4%，比2005年增加103亿元，年均增长19.8%。所得税收入67.7亿元，占税收收入的18.8%，占财政收入的13.9%，比2005年增加42.7亿元，年均增长28.3%。在流转税收入中，增值税收入66.6亿元，占税收收入的18.4%，比2005年增加27亿元，年均增长13.9%；营业税收入117.4亿元，占税收收入的32.5%，比2005年增加79.8亿元，年均增长25.3%（见图2）。

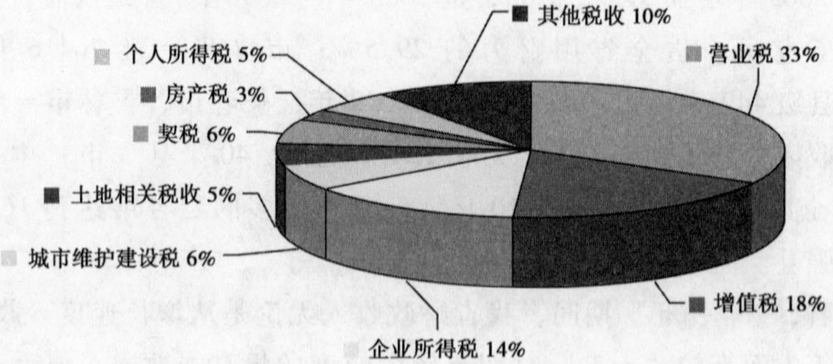

图2　2009年全省税收收入构成情况

（三）财政收入持续快速增长

“十一五”前四年，全省地方级财政收入年均增长23.8%，比“十五”同期年均增长12.5%高11.3个百分点，比“十二五”财政规划确定的年均增长14%的目标快9.8个百分点。从税收收入看，“十五”时期吉林省税收平均增长率仅为10.7%。“十一五”前四年，税收收入迅速增长，年均增长24.5%，高于全国平均水平3.3个百分点。从财政收入增长的结构来看，2009年税收收入增收额占财政收入增收额的比重为77.8%，非税收入增收额占财政收入增收额的比重为22.2%（见表1）。

表1　2001～2009年吉林省各主要税种拉动税收增长情况分析（%）

税种＼年份	2001年	2002年	2003年	2004年	2005年	2006年	2007年	2008年	2009年
增值税	4.0	1.4	3.0	0.9	4.0	4.6	7.3	6.3	4.5
营业税	4.6	1.6	3.4	1.2	4.8	6.4	10.5	9.4	7.6
所得税	4.8	1.2	1.9	0.6	2.5	3.2	6.1	6.0	6.5
其他税收	4.0	1.6	4.0	1.0	3.8	5.0	8.8	9.3	12.4

（四）各级政府财力水平显著提高

2005 年，我省实行省管市、同时管县的财政体制，进一步调动了各地方加快发展的积极性，各市县通过加大招商引资力度，积极培育和涵养财源税源，在收入保持快速增长的良好势头的基础上，加之国家转移支付补助力度不断加大，全省各级政府财力水平显著提高。2009 年全省可用财力达到 1012.5 亿元，比 2005 年增加 593.8 亿元，是 2005 年的 2.4 倍。分级次看，省级可用财力 298.6 亿元，占全省用财力的 29.5%；市（州）级 264.6 亿元，占 26.1%；县级 449.3 亿元，占 44.4%。2009 年，长春市、吉林市一般预算全口径财政收入分别达到 418.3 亿元和 124.7 亿元。40 个县（市）中，有 5 个县（市）全口径财政收入超过 10 亿元，其中最多的延吉市达到 16.5 亿元，为全国百强县。

总体看，“十一五”期间，我省财政收入无论是从增长速度、收入结构、收入质量等方面都较“十五”时期有较大幅度的提高或改善。但由于受我省经济发展水平等多方面因素影响，与发达地区相比，我省财政收入规模仍然较小，财政收入质量和地区的均衡性等仍有待进一步提高。（1）财政收入总量仍处于全国下游水平。2009 年全省财政收入 487.1 亿元，低于与我省相邻的辽宁、黑龙江和内蒙古三省（区）。（2）财政收入占 GDP 比重偏低。2009 年全省一般预算全口径财政收入占 GDP 的比重 13.6%，比全国地方平均水平 20.4% 低 6.8 个百分点；地方级财政收入占 GDP 的比重为 6.8%，比全国地方平均水平 9.7% 低 3.1 个百分点。2009 年辽、黑两省一般预算地方级财政收入占 GDP 比重分别为 10.6% 和 7.7%，分别高于我省 3.8 和 0.9 个百分点。（3）非税收入占财政收入比重偏高。2009 年全省财政收入中非税收入所占比重为 25.9%，所占比重在全国各省（市、区）中居第 12 位。（4）财政收入分布不均衡。2009 年全省地方级财政收入 487.1 亿元，分级次看，省级 128.2 亿元，市级 169.6 亿元，县级（含市辖区）189.3 亿元，省市县三级所占比重分别为 26.3∶34.8∶38.9。与全国地方合计省市县三级所占比重情况相比，我省省级收入所占比重比全国平均水平高 2.8 个百分点，比市级高 2.1 个百分点，比县级低 4.9 个百分点。分地区情况看，以长春市、吉林市为中心城市地区市县，2009 年地方级财政收入 203.6 亿元，占全省市县财政收入的 56.7%；以白城市、松原市、辽源、四平市、通化市、白山市为中心城市地区市县和延边州、长白山管委会，地方级财政收入 154.7 亿元，仅占 43.3%。

二、财政收入增长因素分析

吉林经济保持高速健康发展，主要得益于国家实施东北老工业基地振兴战略的出台。在国家政策措施支持和省委、省政府的坚强领导下，紧紧抓住国家实施老工业基地振兴战略的契机，坚持以产业结构优化与调整为主导、以扩大投资为主体、以招商为主角、以民生为根本的发展战略，积极探索，奋力实践，措施到位，有力地推动了地方经济的跨越发展。

（一）实施振兴东北老工业基地战略为我省经济增长奠定了良好基础

党的十六大提出支持东北地区等老工业基地加快调整和改造，中央政府充分利用政策引导的手段来推动东北振兴，出台一系列新政策。在民生领域方面加大扶持力度，为振兴发展创造有利环境；在财政税收政策方面对老工业基地予以适当支持，等等。经过六年多的努力，振兴东北老工业基地的一系列举措已取得明显效果，吉林经济社会发展发生了重大变化。国有企业兼并重组步伐加快，2004 年吉林国有及国有控股工业企业比重高达 81.5%，居全国之首，吉林省集中力量实施以产权制度改革为核心的国企改革攻坚，对 816 户地方国有工业企业进行改制，实现了企业产权主体多元化，改制后国有股本仅占总股本的 25.9%。截至 2009 年末，全省规模以上工业企业中，民营企业已经达到 8039 户，比上年增长 24.7%；民营企业实现增加值 3384 亿元，占全省地区生产总值的 47%，民营经济成为拉动经济增长的主力军。民生保障力度不断加大，以养老保险为核心的社会保险体系基本形成，以低保制度为基础的城乡统筹的现代社会救助体系初步建立。以促进就业为核心的就业长效机制建设日趋完善，随着相关体系制度、机制的健全和不断完善，制约我省老工业基地振兴发展的深层次矛盾逐步得到缓解和改善，民生保障能力不断增强，为维护社会稳定，促进经济发展，创造了有利的环境。

（二）扩大投资为我省经济增长积蓄了能量

实施老工业基地振兴战略以来，省委、省政府确定了把加大固定资产投资力度作为我省加快经济发展必须长期坚持的重要战略思路。在这一战略思路的指导下，我省进一步扩大开放，通过大力招商引资等项措施，有效地实现了固定资产投资规模的迅速扩张。2005 ~ 2009 年的五年里，我省扩大投资的战略举措大见成效，全省投资总额强势增长，迅速打破了长期以来投资低速徘徊的局面。2009 年，全省完成全社会固定资产投资 7259.5 亿元，比 2005 年增加了 6290.5 亿元，增长 4.3 倍。投资规模在全国各省中的位次由 2005 年的第 21 位提升到 2009 年的第 13 位。五年间，全社会固定资产投资年均增长 41.7%，高于同期全国平均增长速度 15.5 个百分点。2005～2009 年，五年全省累计完成投资 21477.6 亿元，是 1978～2004 年二十七年总和的 2.8 倍，创历史上投资连续高增长的新记录（见图 3）。

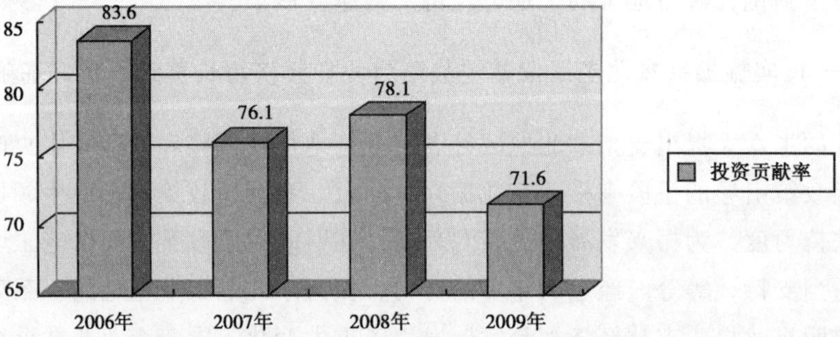

图 3 “十一五”前 4 年我省投资贡献率（%）情况

（三）实施县域突破战略促进了我省经济协调发展

县域经济是国民经济的重要组成部分，是农村和城镇经济社会发展的关键环节。近年来，省委、省政府始终坚持把发展县域经济放在更加突出的位置，相继下发了《关于加快推进县域经济社会发展的意见》《关于进一步加快推进县域经济社会发展的意见》等重要文件，实施了一系列有效促进县域经济发展的政策措施，增加对县域经济发展的资金投入，有效地激发了县域经济发展的动力和活力，加快了县域突破进程。2009 年，全省县域经济总量大幅增长，县均 GDP 首次突破百亿元大关，达到 105 亿元。全省 42 个县（含双阳区、江源区）实现地区生产总值 4400 亿元，同比增长 23.2%，连续四年增幅高于全省平均水平。有 11 个县（市）经济总量超过 150 亿元，其中超过 200 亿元的有 6 个，比上年增加 4 个。县域经济对全省经济的增长极作用逐步显现，也成为财政收入增长的稳定来源。2009 年，全省县域一般预算全口径财政收入完成 230.4 亿元，同比增长 11.4%，超过 10 亿元的由 2008 年的 4 个增加到 5 个；县域地方级财政收入完成 141.9 亿元，同比增长 21.1%，超过 5 亿元的县

（市）比2008年增加3个，达到10个。县域财政实力显著增强。

（四）深化财政体制改革为我省经济增长创造有利条件

为了促进我省老工业基地调整改造和振兴，省政府从2005年起，调整、完善省以下财政管理体制，创新财政管理机制，在全省实行省管市、同时管县的财政体制，减少省与市县共享收入税种，提高省市县共享收入中市县分享比例，先后将全省40个县（市）上划省共享收入全部下放，实现财政收支划分到县、预算资金调度到县、财政决算批复到县、财政工作部署到县。同时逐步加大省对市县的转移支付力度，建立和完善县级基本财力保障机制，提高基层保障能力。从近年来省、市、县三级政府财力构成情况看，省级财力所占比重呈下降趋势，市级财力所占比重平稳增长，县级财力所占比重呈上升的趋势。改革乡镇财政管理方式，在全省范围内推行“乡财县管”改革，即以“预算共编、账户统设、集中收付、采购统办、票据统管、县乡联网”为主要内容的乡镇财政管理方式改革，有效遏制乡镇债务的进一步膨胀，防范和降低了财政风险。为有效地调节市县之间的财力差异，缓解市县财政困难，省对市县建立了转移支付制度，2009年省对下转移支付补助达到710.2亿元，占市县财政支出的65%。其中一般性转移支付346.7亿元，专项转移支付补助363.5亿元。通过完善财政体制，进一步推动国有企业改制、改组、改造和经济结构的战略性调整，大力发展民营经济、股份制经济和混合所有制经济，扩大对外开放，实施县域突破战略，加快了县域经济发展。

三、财政收入增长趋势预测

初步分析“十二五”时期财政经济发展形势，影响财政收入增长的因素较多，既面临一些不利因素，也有诸多有利条件，结合对形势的分析，我们对“十二五”时期财政收入增长趋势进行了初步预测。

从不利因素看，“十二五”时期，我省经济发展的内外部环境不确定因素很多。一些发达国家经济复苏缓慢、基础不稳固、动力不足，全球经济复苏将是一个缓慢曲折的过程。国内经济回升的基础还不稳定、不巩固、不平衡，一些深层次矛盾特别是结构性矛盾仍然突出。农业稳定发展和农民持续增收难度较大；工业支柱产业单一，产业结构调整压力和难度加大；产品结构不尽合理，市场开发难度大；服务业增速有所回落；经济增长的内生动力不足，民间投资意愿不强；外需萎缩的局面及影响还在持续。

从有利条件看，在中央的大力支持下，省委、省政府以深入贯彻落实科学发展观、加快经济发展方式转变为主线，以科学发展、加快振兴、富民强省为目标，以解放思想、改革创新、转变方式、科学发展为主题，统筹推进具有吉林特色的工业化、城镇化、农业现代化建设，着力实施投资拉动、项目带动、创新驱动战略，加大改革开放和实施人才战略的力度，以增量带动结构优化，以创新促进产业升级，以发展保障民生改善，推动经济社会又好又快发展，将为财政增收奠定良好坚实基础。(1) 中央进一步实施振兴东北等地区老工业基地政策，将进一步促进吉林经济加快发展。国务院出台的《关于进一步实施东北地区等老工业基地振兴的若干意见》，进一步充实了振兴战略的内涵，出台了一系列新的政策措施，将促进我省经济发展实现新的跨越，加快形成具有独特优势和竞争力的新的增长极。(2) 国家批准实施长吉图开发开放先导区建设，有利于完善我省发展格局，进一步增强可持续发展能力。国务院批复的《中国图们江区域合作开发规划纲要》，明确了长吉图开发开放先导区的四大战略定位，即我国沿边开放开发的重要区域、我国面向东北亚开放的重要门户、东北亚经济技术合作的重要平台、东北地区新的重要增长极。到 2012 年，长吉图区域经济总量在现有基础上力争翻一番，森林覆盖率保持在 60% 以上，进出口贸易总额大幅度提高，成为我国东北地区经济发展新的亮点。到 2020 年，中国图们江区域对外开放水平实现重大突破，特色产业体系形成明显竞争优势，科技创新能力达到国内先进水平，长吉图区域实现经济总量翻两番以上，基本建成我国东北地区经济发展的重要增长极。(3)“十一五”时期，我省相继实施了关于加快经济发展方式转变、统筹推进吉林特色城镇化和实施富民工程等一系列重大政策措施，经济发展中的薄弱环节可望实现大的突破，将为“十二五”时期的加快发展打下坚实的基础，创造良好的环境，也将为财政增收带来新的增长点。(4) 我省承接产业转移有极大的潜力。最近，国务院下发了《关于中西部地区承接产业转移的指导意见》（国发［2010］28 号），把中西部地区作为承接国内外产业转移，承接我国东部沿海地区产业转移的重点。经过多年的努力，我省开发区、工业集中区、特色园区已经有相当的发展规模，承接产业转移有较大的市场空间和潜力。(5)“十一五”时期国家颁布实施新的企业所得税法，明确了收入总额中的不征税收入，部分费用税前扣除标准有较大幅度提高，减轻了内资企业的税收负担。尤其是以前税负水平高的传统产业和服务业，如钢铁、煤炭、造纸、食品饮料、金融保险业、批发零售业、交通运输业、公用事业行业等，受益较大。从长远看，将有利于内资企业休养生息，增强企业发展后劲，企业上缴的所得税收入也将随之大幅度增加。

综合分析上述情况，总的看，“十二五”时期我省财政经济发展有利条件大于不利因素。根据“十二五”我省地区生产总值预期增长水平和目标等情况测算，初步预计，“十二五”期间全省地方级财政收入年均增长20%左右，到2015年达到1400亿元以上。一般预算全口径财政收入预计年均增长17%左右，收入规模达到2500亿元以上。着力提高财政收入占GDP的比重，力争到2015年，一般预算全口径财政收入占GDP的比重达到17%。

四、优化财政收入结构的建议

“十二五”期间，优化财政收入结构，要以科学发展观为统领，坚持科学发展、加快振兴、富民强省的总目标，全面落实好省委、省政府制定出台的各项支持经济发展政策措施，着力促进经济发展方式转变，培育壮大战略性新兴产业，夯实财政收入增收基础，拓宽增收领域，扩大财政收入总量，逐步建立起财政收入稳定增长的长效机制。

（一）充分发挥职能作用，大力促进经济发展方式转变

努力调整财政支出结构，完善财政转移支付制度，扩大对经济发展方式转变重点行业和领域的资金支持，进一步向公共事业和民生工程倾斜。整合支持企业技术改造、科技创新和科研成果转化、产业发展等支持经济发展专项资金，通过财政贴息、奖补、设立投资引导基金、股权投资等方式，吸引带动信贷资金和各类社会资金投入，重点用于支持提高企业自主创新能力、战略性新兴产业和资源特色产业发展、汽车与石化产业协调配套、统筹推进城镇化建设等方面。通过活化国有资本、财政增收节支、融资募集等多种途径，引导和撬动各类社会资源投向富民工程，最大限度地发挥好财政政策的导向作用和财政资金的带动作用。积极争取中央支持，有效发挥中央代理发行地方政府债券资金作用。认真落实好承接产业转移的各项财税扶持政策，扩大我省财政经济总量和实力。

（二）调整完善财政体制，努力支持县域经济加快发展

完善激励性财政体制机制，增加对县域发展投入。“十二五”期间，对中心城市省级以上开发区（工业集中区）继续实行税收返还政策；对县（市）上划省共享收入增量继续实行全部下放政策。加大省对下一般性转移支付补助力度，建立健全县级基本财力保障机制，向县（市）倾斜财力，切实增强基层财政保障水平和自我发展能力，实现县域经济财政均衡协调发展。

（三）加强收入征管，提高收入质量

(1) 坚持依法治税，做到应收尽收。继续推进社会综合治税工作，健全国地税、工商、银行、司法等部门涉税信息共享机制，为依法加强收入征管提供信息支撑；加大执法力度，营造公平税收环境，严格执行国家税收法律法规，依法足额征收税款，做到严密监控税源，应收尽收，确保政策执行到位，严厉查处打击各种偷逃税行为，维护公平的税收环境；加大税收宣传力度，提高纳税意识；优化纳税服务，不断提高纳税服务质量和效率，保护纳税人合法权益，促进纳税遵从有明显提高，使纳税服务更加规范、全面、热情、便捷和优质高效，营造良好的和谐征纳关系和公平、公开、公正、高效的税收环境。(2) 进一步强化非税收入征管。深入贯彻《吉林省规范政府非税收入管理办法》，将应纳入预算管理的非税收入全部纳入预算管理。认真落实各项减免政策，该减免的减免到位，该征收的征收到位，为经济发展创造良好的软环境。加快非税收入管理信息化建设和推广，实现财政与银行、执收执罚单位、财政部门上下级之间的微机联网，全面监控非税收入的收缴情况，提高工作效率和管理质量。

推进粮食补贴方式改革
保护农民种粮积极性

（2004 年 2 月）

吉林省是全国农业大省、粮食大省，粮食调出量多年居全国前列，粮食商品量在 370 亿斤左右，商品率高达 80%。据测算，粮食收入占全省农民家庭收入的比重平均在 60% 以上，是农民收入的大头。近年来，吉林省委、省政府围绕促进农民增收，认真落实国家支持粮食生产一系列政策措施，积极推行粮食直补试点改革，进一步理顺粮食流通体制，有效地保护了农民种粮的积极性。

一、粮食直补试点改革的实践

2002 年，吉林省按照国务院的要求，结合实际，在粮食工作基础较好、地理位置相对靠近销区、粮食风险基金欠款较少的东丰县进行了粮食直补试点改革。试点工作的主要内容：（1）把政府的补贴由原来补给企业变为直接补给农民。（2）通过配套改革，搞活粮食流通体制，进行粮食企业改革。

为搞好粮食直补试点改革工作，省委、省政府领导深入调查研究，多次召开会议，研究试点方案，部署试点工作。确定了“一取消、两放开、一锁定、一调整”的具体试点内容，也就是取消按保护价收购余粮的政策；放开粮食收购价格，放开粮食销售市场；锁定国有粮食购销企业老库存、老挂账，对粮食流通环节的补贴调整为直接补贴给农民。按照试点改革要求，（1）确定了补贴范围。补贴范围为玉米、水稻两个保护品种。（2）确定了补贴数量和标准、补贴数量按试点县前五年玉米、水稻平均商品量的70%，斤粮补贴标准为0.045元。2003年，又进一步完善了政策措施，突出了保护粮食的政策取向：对玉米、水稻两个保护品种，种植面积不到计税面积20%的农户不给予补贴；达到计税面积20%～50%的补一半；实际种植面积超过计税面积50%的全补。斤粮补贴标准为0.03元。（3）确定了补贴方式。按照确定的补贴品种和范围，补贴方式采取与计税常产挂钩的方式，按应补贴粮数量占计税常产的比重，将应补贴的商品量由省核定到县，再由县逐级核定到乡、村，核定到户，按斤粮补贴标准兑现。补贴资金首先抵顶农业税，剩余或不足的结算兑现到户。（4）积极落实补贴资金。2002～2003年，财政部门在我省粮食风险基金缺口很大的情况下，克服困难，积极落实粮食补贴和企业改革资金。共拨付直补农民资金3279万元，拨付企业改革资金5974万元，保证了资金一次性拨付到位和改革的顺利进行。

二、粮食直补试点改革保护了农民利益

从我省粮食直补试点改革运行情况看，粮食补贴方式改革闯出了粮食流通的新途径，取得了保护农民利益，搞活粮食经营，推进企业改革的积极效果。

（一）保护了种粮农民利益，促进了农民增收

据测算，在原来按照粮食收购保护价政策，通过流通环节补贴的方式，保护农民的效率为25%左右，即政府每补贴1元钱，农民只能获得0.25元，并且还会因粮食库存增加而加重财政负担。将粮食补贴从流通环节改为生产环节后，有效地降低了流通环节费用，减少了中间利益流失，国家对农民利益的保护更加便捷、直接，使农民直接受惠。从东丰县两年试点情况看，实行粮食直补改革后，农民直接受益3700多万元。

（二）深化粮食企业改革，加快了粮食购销市场化进程

我省在开展粮食直补试点改革的同时，积极采取措施，推进国有粮食购销企业改革试点等配套改革。（1）采取“一库两制”办法，明确了政府应承担的责任。通过对粮食企业核定库存，锁定库存，实行新老划段。老库存粮食继续享受风险基金补贴政策，并享受相应的促销政策；新粮按新机制，随行就

市。(2) 彻底清理企业债务。认真清理企业各种挂账，按有关政策进行了审核和处理，为深化粮食企业改革创造条件。(3) 裁减冗员。采取解除劳动关系，分流安置等途径，解决企业人员过多问题。目前，东丰县国有粮食购销企业 3724 名职工全部办理了解除劳动关系手续，竞聘上岗 352 人，下岗 3372 人。(4) 农业发展银行等金融部门积极支持粮食企业改革，有效地发挥了国有粮食企业的主渠道作用。

(三) 进一步提高了农民市场经济意识，促进了农业种植结构调整

粮食直补改革前，国家对特定的粮食品种实行按保护价敞开收购，农民只要种植保护价品种粮食，收入就可以得到基本保障，忽略了对非保护价品种的种植和生产，农业种植结构比较单一。粮食直补试点改革后，由于放开了粮食市场，放开了粮食价格，粮食购销出现了多家争市局面，农民根据市场需求变化，自觉调整种植结构，把生产价高适销的优质粮食品种的生产放在重要位置，提高了粮食产品的市场竞争力。

三、财政积极支持粮食补贴方式改革

按照中共中央、国务院《关于促进农民增收若干政策意见》(中发［2004］1号) 和吉林省委、省政府贯彻落实中央 1 号文件的实施意见精神，我省从 2004 年起全面实行粮食补贴方式改革，放开粮食收购和销售市场，实行购销多渠道经营。这是惠及全省农民的大事，体现了党和国家对“三农”问题的关心和重视。财政部门作为宏观经济调节部门，充分发挥职能作用，牢固树立和落实科学的发展观，配合有关部门，强化工作措施，全力支持粮食补贴方式改革，把国家和省委、省政府的重要部署不折不扣地贯彻落实到位。

(一) 进一步提高对粮食补贴方式改革的认识，着眼于财政经济长远发展

吉林省是农业大省，农业经济的发展与财政工作息息相关。多年来，我省作为重要的商品粮基地为国家储备粮食战略物资，作出了重要贡献。但由于体制等诸多方面的原因，积累形成了粮食企业遗留问题多、包袱重等一系列问题，加重了财政支出负担，制约了财政收入的增长。国家在粮食主产区全面推行粮食补贴方式改革，是财政摆脱困难和发展壮大的一条有效途径。目前财政尽管要拿出一块改革成本，但从长远看，能够进一步提高财政资金使用效益，

减轻财政负担。可以说，粮食补贴方式早改革，财政早受益。因此，积极支持粮食补贴方式改革，财政部门责无旁贷，义不容辞。

（二）以人为本，积极支持粮食补贴方式改革

粮食补贴方式改革是一项系统工程，事关人民群众的根本利益。财政部门要站在全局角度，主动工作，积极支持。（1）积极参与直补方案制定工作。组织力量，深入实际，对粮食补贴直补农民的补贴方式、补贴标准、补贴范围、补贴兑现方式等开展调查研究工作，摸清情况，搞清底数，提出切实可行的工作建议。（2）努力落实直补资金。我省2004年的粮食风险基金缺口依然较大，但也要克服困难，积极筹措资金，从现有粮食风险基金包干总额中拿出40%即15.3亿元，直接补给种粮农民。同时，与有关部门认真研究制定促进粮食销售的措施，减轻现有库存粮食的压力，腾出资金用于直补改革。（3）加强对粮食直补资金的监管。建立对粮食直补资金严格管理的责任机制，建立直补资金专户，搞好相关业务培训，避免出现截留挪用粮补资金问题，保证粮补资金真正落实到农民手中。

（三）从促进经济与社会协调发展的高度，全面推进粮食补贴方式改革

粮食补贴方式改革是坚持树立全面、协调、可持续的发展观的具体体现，财政部门要着眼于促进经济和社会协调发展，着力支持解决粮食主产区的"三农"问题，全面推进粮食直补方式改革。（1）积极推进国有粮食购销企业改革。妥善制定政策措施，促进粮食企业分流安置富余人员，改革体制，转换机制，实行政企分开，增强企业的生存和竞争能力，使其真正成为自主经营、自负盈亏、自我发展的市场主体。（2）积极支持粮食市场体系建设。采取有效措施，重点培育大米、玉米、大豆的区域性市场，加强产区与销区对接，扩大市场服务功能，努力搞活粮食流通。同时，搞好地方储备粮体系建设，增强省级政府调控市扬的能力。（3）建立粮食市场调控机制。积极研究切实可行的措施，研究解决全面推行粮食补贴方式改革后，因市场粮价波动，出现农民卖粮难问题。（4）积极支持粮食加工业发展。大力发展以粮食为主的农产品加工业，提高粮食主产区粮食加工转化能力，延长产业链条，提高粮食附加值，增加农民收入。

（四）粮食补贴方式改革需要国家给予进一步支持

（1）对粮食主产区直补农民和企业改革成本资金不足问题给予支持。粮食主产区多是财政穷省，有限的粮食风险基金既要挤出一块直补农民，又要支付粮食企业改革成本，资金缺口较大，需要国家在全面推行粮食补贴方式改革中统筹考虑，给予借款支持。（2）支持解决粮食主产区粮食库存量规模过大问题。粮食主产区粮食库存始终居高不下，2003 年末，吉林省粮食库存 582.5 亿斤，库存费用相当大。需要国家通过增加粮食主产区国家专项储备规模等措施，解决库存积压问题，促进粮食主产区腾出资金全面推进粮食直补改革。（3）调整和完善粮食贷款办法。现行粮食贷款办法、管理制度，主要是针对保护价敞开收购农民余粮政策制定的。实行直补农民后，国有粮食购销企业由政策性粮食经营转向市场粮经营，从原渠道得到粮食贷款的难度相当大，需要国家调整、完善现行粮食贷款管理办法，逐步建立适应国有粮食购销企业市场粮经营的贷款制度，加大对改制后新型粮食企业的支持。

（原载《中国财政》2004 年第 4 期）

落实财税扶持政策 推动“快走”变“快跑”

（2005年4月）

根据全省经济工作会议精神，我省要加快发展步伐，通过上下内外各个方面的努力，使发展由“快走”变成“快跑”，实现争先进位，富民强省。财政部门要切实增强加快发展的责任感和紧迫感，按照“上争下促、外引内培”的要求，充分发挥好职能作用，进一步加大对国企改革、项目建设、民营经济发展等重点工作的支持力度。同时，要继续做好支持“三农”、就业、社保和维护稳定等方面的工作，促进社会事业协调发展。

一、积极参与国企改革，努力筹措改革成本

按照省委、省政府的部署，2005年内要基本完成816户地方国有及国有控股工业企业的改制任务。各级财政部门要加大政策和资金支持力度，促进国企改革顺利进行。（1）要落实好政策。对省政府最近出台的国企改革的相关政策，各级财政部门要认真研究，制定具体的工作措施，很好地贯彻落实。（2）建立国企改革专项资金。省、市（州）和有条件的县（市）财政要通过努力调整财政支出结构，整合支持企业改革发展的各种资金，并从当年的新增财力和超收中安排一块，设立专项资金，用于支持国有企业改革。（3）努力筹措企业分离办社会职能所需资金。对中直企业分离办社会职能，国家已经有了政策，2005年内要全部完成。各级财政部门要与有关部门密切配合，努力做好涉及本级财政的相关工作，搞好测算，最大限度地争取国家支持。同时，各级财政要努力增加资金投入，按着分级负担的原则，妥善安排好企业分离办

社会职能所需资金，加快地方国有企业的分离办社会职能步伐。(4) 积极筹措政策性关闭破产补助资金。争取能有更多符合条件的企业列入国家政策性关闭破产计划。省和市（州）及相关县（市）财政部门要根据财力可能，妥善解决所属企业政策性关闭破产所需资金。

二、充分发挥财政政策和资金的引导作用，大力促进项目建设

(1) 要认真落实好扩大增值税抵扣范围等各项税收优惠政策，充分发挥这些优惠政策在吸引外来投资，刺激企业加大技术改造投入等方面的积极作用。(2) 调整现有用于项目建设的各项专项资金，发挥财政资金的引导和补充作用，集中财力重点支持支柱产业和优势产业的项目建设。(3) 充分利用国家对老工业基地调整改造给予政策倾斜的有利机遇，积极争取国债、基本建设拨款、企业技改贴息、农业综合开发等各项专项资金的支持。(4) 积极利用世行、亚行等国际金融组织和外国政府贷款，并与本地的项目建设有机结合起来，弥补项目建设资金不足。(5) 继续加大招商引资和项目前期工作经费投入，努力保障政府和有关部门招商引资活动和重大项目前期工作的经费需要。

三、加大政策和资金扶持力度，推动民营经济发展

(1) 积极落实好国家和省现有的各项财税扶持政策。(2) 要加大资金投入。现有用于支持企业发展的专项资金在分配上要切实将民营企业纳入支持范围。省财政和有条件的市县应适当增加专项资金，加大对中小企业和民营经济的支持力度。(3) 要大力支持信用担保体系建设。省财政增加省中小企业信用担保机构资本金5000万元，积极争取利用亚行资金参与我省信用担保体系建设，进一步提高信用担保机构的担保能力，帮助解决中小企业和民营经济融资难问题。(4) 要进一步加大清费治乱工作力度，为促进民营经济发展，推动全民创业创造良好的环境。

四、进一步落实好政策，促进解决“三农”问题

认真贯彻落实中央和省有关文件精神，坚持“多予少取放活”的方针，稳定、完善和强化各项支农政策。(1) 继续加大农业投入。各级财政都要依

法安排和落实对“三农”的预算支出，并严格执行预算，及时拨付各项支农资金；新增教育、卫生、文化、计划生育等事业经费用于县以下的比例不低于70%。(2) 继续实施对种粮农民的直接补贴，增加良种补贴和农业机械购置补贴投入，省财政继续安排增产技术补贴2500万元。(3) 筹措农业综合开发资金6.8亿元，重点用于支持农业产业化和提高农业综合生产能力。(4) 继续深化农村税费改革。支持推进乡镇机构改革、完善农村义务教育体制等重点工作，巩固农村税费改革成果，切实防止农民负担反弹。(5) 及时拨付粮改资金，促进国有粮食购销企业改革顺利进行。(6) 继续支持农村信用社改革，支持开展农业保险试点。

五、加强就业和社会保障工作，维护社会和谐稳定

(1) 大力支持就业和再就业。各地要认真贯彻落实国家、省出台的扶持就业再就业的各项财税优惠政策，努力增加再就业资金投入，全省各级财政安排的再就业资金要达到5.1亿元。(2) 继续巩固“两个确保”和低保工作成果，做好三条保障线的衔接。各级财政原安排的用于下岗职工基本生活保障的预算资金规模不减，积极配合有关部门加大养老保险征缴和资金筹措力度，确保养老金按时足额发放。努力落实城市居民最低生活保障预算，增加低保资金投入，保证低保对象基本生活。(3) 做好完善城镇社会保障体系试点工作。重点是要落实好社保试点所需地方配套资金。据测算，2005年全省需要落实地方配套资金16亿元，各级财政要在年初预算中尽力予以安排，如果由于财力所限安排不足的，缺口部分可采取向金融机构融资的办法解决。(4) 做好扶贫解困工作。要继续增加扶贫救灾投入，落实和完善其他各项社会救助和福利制度，切实解决好优抚对象和其他困难群体生活困难问题，并支持做好农村“五保户”生活保障和医疗救助工作。

六、按照科学发展观的要求，支持各项社会事业协调发展

(1) 要依法保障教育投入。继续安排专项资金，支持农村中小学危房改造、布局调整和远程信息化教育。加大扶贫助学资金投入，保证义务教育阶段每一个家庭经济困难学生都能够顺利完成学业，确保中小学公用经费、取暖费的基本需求。(2) 依法加大科技投入，重点支持高新技术产业和科技成果转

化。(3)努力增加公共卫生事业投入。进一步完善疾病信息网络体系、预防控制体系、应急救治体系和卫生执法监督体系建设。推进新型农村合作医疗试点，改善农村卫生条件，提高医疗救治服务能力。(4)增加基层文化事业投入，对群众文化馆、艺术馆、图书馆等公益性文化事业单位要给予必要的经费支持。(5)继续增加计划生育经费投入。妥善安排好配套资金，做好农村部分计划生育家庭奖励扶助制度的实施工作，扩大省内试点范围。

(原载《吉林日报》2005 年 4 月 3 日)

振兴东北老工业基地财税政策效应分析

（2005 年 11 月）

2003 年 10 月，中央下发《关于实施东北地区等老工业基地振兴战略的若干意见》（中发［2003］11 号）以来，国家制定出台了一系列财税扶持政策。这些财税扶持政策在我省实施的怎么样？发挥了哪些作用？下一步争取国家支持还需要做哪些工作？各级领导和社会各界都非常关心这些问题。对此，本文就财税扶持政策的实施情况、存在的问题及对策建议进行了初步探讨。

一、国家振兴东北老工业基地财税扶持政策实施情况

两年多来，国家出台的振兴东北老工业基地财税扶持政策及其取得的成效，在我省主要体现在以下六个方面：

（一）实施税收优惠政策，促进企业技术改造和产业结构升级

从 2004 年 7 月 1 日起，国家对东北地区的装备制造业、石油化工业、冶金工业、船舶制造业、汽车制造业、高新技术产业、军品工业和农产品加工业等 8 个行业，允许新购进的机器设备所含增值税税金予以抵扣（即“增值税转型试点”）；提高固定资产折旧率和缩短无形资产摊销年限、提高计税工资税前扣除标准等。我省努力克服财政减收压力，将这些税收优惠政策不折不扣地落实到位。2004 年企业少上缴税收 8.2 亿元，其中退增值税 3.2 亿元，减少上缴所得税 5 亿元；2005 年预计企业少上缴税收 16.4 亿元，其中退增值税 7.2 亿元，减少上缴所得税 9.2 亿元。实施这些税收优惠政策，减轻了企业负

担，增加了企业技术改造投入，也为吸引外来投资营造了“政策洼地”，对于促进我省支柱、优势和特色产业的发展，实现产业结构优化升级发挥了重要作用。

（二）开展完善城镇社会保障体系试点，促进国企改革和再就业

从2004年开始，国家在我省和黑龙江省实施完善城镇社会保障体系试点，主要内容是推进下岗职工基本生活保障向失业保险并轨和做实企业养老保险个人账户。到目前为止，国家给予我省补助资金40.4亿元，其中，并轨补助资金25亿元，做实个人账户补助资金15.4亿元。同时，我省各级财政采取多种措施筹措配套资金31.1亿元，企业自筹24.1亿元。以上共计筹集社保试点资金95.6亿元。目前已拨付资金90.3亿元，其中拨付并轨资金68.9亿元，完成并轨企业5241户，解除劳动关系人员77.4万人；拨付做实个人账户资金21.4亿元。通过开展完善城镇社会保障体系试点，有力地维护了我省改革、发展、稳定的大局，促进了国企改革攻坚和再就业。2005年1～10月份，全省816户重点改制的国有企业中有28.8万名职工、粮食购销企业有14.2万名职工与企业解除了劳动关系，全省有58.8万名下岗失业人员实现了再就业。

（三）加快分离办社会职能步伐，促进企业减负和提高竞争力

2004年，国家进行了中央企业分离办社会职能试点，我省的吉化公司、吉林油田、前郭炼油厂3户中直企业纳入试点范围，国家给予补助资金2.5亿元，完成了49个办社会职能单位和6563人的分离移交工作。2005年，国家开展了第二批中央企业分离办社会职能工作，我省的一汽、北方车辆、电力等13户中央企业集团纳入分离范围，共有52个办社会职能单位和7588人需要移交地方管理，预计国家将补助资金3亿元左右。为促进地方企业分离办社会职能工作尽快开展，2004年，省财政筹措资金2.3亿元，用于省属企业和市县企业分离办社会职能补助。目前，第二批中央企业分离办社会职能工作已进入实质性操作阶段，我省地方企业分离办社会职能工作也正在紧张有序进行。按照国家和省政府的部署，预计年底前第二批中央企业、地方省属企业和市县所属企业分离办社会职能工作可以基本完成。

（四）加大国债和专项资金支持力度，促进经济和各项社会事业协调发展

2004年以来，国家共拨付我省国债和预算内基本建设资金62.9亿元，其中振兴老工业基地国债项目资金8.7亿元（含高新技术产业项目资金1.5亿元），采煤沉陷区综合治理项目资金12.1亿元。拨付政策性关闭破产补助资金和扶持企业发展资金31.7亿元，其中政策性关闭破产补助资金23.1亿元，加上前几年的补助，累计下达我省政策性关闭破产补助资金74.4亿元，补助数额居全国第一位；振兴东北老工业基地外贸发展基金9000万元，中小企业国际市场开拓资金3000万元。拨付教育、科技、文化、卫生等事业发展专项资金9.2亿元，其中农村中小学危房改造和布局调整3.2亿元，农村家庭贫困学生“两免一补”6600万元，公共卫生体系建设7700万元。同时，我省也加大了老工业基地振兴的政策扶持和资金投入。2004年以来，省财政用于支持国企改革、项目建设、招商引资和扶持企业发展方面的专项资金达10.8亿元。其中，支持国企改革专项资金5.9亿元，项目建设前期工作经费9000万元，招商引资补助费7000万元，企业技术改造资金2.1亿元，扶持中小企业和民营经济发展资金1.2亿元。通过省财政承诺，利用国家开发银行软贷款350亿元；争取世行、亚行、外国政府贷款2.2亿美元，现已拨付使用8000万美元。

（五）加大对粮食主产区的政策和资金支持，促进富民强县

（1）2004年，国家决定在我省和黑龙江省实行免征农业税改革试点，免征农业税并取消除烟叶以外的农业特产税，共减轻我省农民负担16.6亿元。对因此减少的地方财政收入，中央财政给予全额转移支付补助13.9亿元。（2）在中央财政粮食直补借款支持下，2004年，我省筹措资金15.5亿元，2005年筹措资金18.5亿元，用于对农民进行粮食直补。（3）2004年和2005年，每年补助我省良种补贴资金1.9亿元，2005年补助我省大型农机具购置补贴1500万元。（4）拨付农业综合开发资金8.9亿元，比前两年增加1.9亿元，用于我省土地治理、产业化经营、科技示范项目等。（5）支持农村信用社改革试点，减免税收4000万元，核定保值贴补息资金1.6亿元，省财政注入资本金3亿元。（6）实施“三奖一补”政策，2005年国家核定我省补助资金8.4亿元，其中用于产粮大县奖励5.7亿元，全部拨付给县（市）。此外，根据中央有关精神，结合我省实际，从2005年起，实行了“乡财县管乡用”的财政管理方式改革；从2005年7月起，实行了省管县的财政管理体制改革，并大幅度下放财权，扩大县（市）经济社会管理权限，促进县域突破战略的实施。上述政策措施，促进了农民增收和县级财政实力的增强。2004年，全省农民人均纯收入3000元，比上年增长18.6%，其中政策性因素占8.7个百分点。2005 年，预计全省县级财力达到 137.3 亿元，比 2003 年增加 51.3 亿元，增长 59.7%；人均财力 1.9 万元（按财政供养人员计算），比 2003 年的 1.2 万元增加 7000 元。

（六）加大一般性转移支付补助，增强我省财政保障能力

2004 年，国家给予我省一般性转移支付补助 33.8 亿元，比上年增加 18.9 亿元，增长 1.3 倍；2005 年，国家下达我省一般性转移支付补助 44.4 亿元（预计年底前还会增加补助），比上年增加 10.6 亿元，增长 31.3%。随着财政收入的较快增长和国家支持力度的不断加大，我省财政实力逐步增强。我省从 2004 年 11 月起，解决了县乡多年来存在的不能按国家统一规定标准足额发放工资问题；2004 年，全省用于社会保障方面的支出 146.6 亿元，占全部财政支出的比重达到 28.2%，比 2000 年提高 7 个百分点。

总的看，中央下发 11 号文件以来，国家确定的振兴东北老工业基地财税扶持政策相继实施，政策效应已经或正在逐步显现，对于促进我省老工业基地振兴发挥了重要的“助推器”作用。省委、省政府从加快吉林发展的战略高度，审时度势，立足省情，抢抓机遇，带领广大干部群众，奋力拼搏，真抓实干，同时，高度重视并积极争取国家政策和资金支持，最大限度地争取国家政策扶持和资金帮助，由“快走”为“快跑”，开创了我省老工业基地振兴的良好局面。

二、进一步争取国家财税支持政策的几点建议

随着我省老工业基地振兴和加快发展的各项重点工作逐步深入，需要进一步争取国家政策和资金支持。一方面，对中央 11 号文件已经明确的扶持政策，有的尚未出台具体操作办法，需要继续向国家反映，争取尽快出台；另一方面，针对我省老工业基地振兴中出现的新的矛盾和特殊困难，深入研究解决办法和措施，进一步争取国家的支持和帮助。我们经过认真研究，初步意见，当前应重点围绕以下五个问题，努力做好工作。

（一）争取国家尽快出台豁免企业历史欠税具体操作办法

由于企业历史欠税情况比较复杂，国家为了尽量减少和避免实施该项政策所带来的负面影响，目前仍在研究和测算，具体操作办法尚未出台。据统计，

截止 2001 年 5 月，我省共有企业历史欠税 64.9 亿元，其中列入 2005 年全省重点改制计划的 816 户国有工业企业 12 亿元。实施这项政策对于卸掉企业历史包袱，推进我省国有企业改革具有重要意义。因此，要继续积极向国家反映和汇报，争取早日出台。

（二）充分运用好国家政策，妥善解决厂办大集体问题

最近，国务院决定在东北地区实施厂办大集体改革试点，据了解，国家准备从现在起，利用三年时间解决东北地区厂办大集体问题。主要支持政策是，解除厂办大集体职工劳动关系所需经济补偿金，对中央企业和中央下放企业，中央财政补助 50%；对地方企业，中央财政补助 30%。试点采取自愿的原则，由当地政府自行确定试点方案，报国家审核批准后实施。为充分利用好国家这一政策，建议抓紧制定我省的实施方案，鼓励各地在确保稳定的前提下，尽早开展试点，争取两年完成全省厂办大集体改革工作。

（三）争取国家在我省开展国有企业金融机构不良资产处置试点

目前，我省在华融、长城、东方、信达资产管理公司尚有一定规模的待处理不良资产，其中列入 2005 年国企改革攻坚的 816 户工业企业为 270 亿元。加快企业金融机构不良贷款的处置，对于深化我省国有企业改革至关重要。现行处置办法，将商业银行的不良贷款剥离到金融资产管理公司，只解决了银行的问题，企业的问题没有得到解决。而金融资产管理公司采取市场化的运作方式处置这部分不良资产，具有很大的局限性，需要积极研究探索新的有效途径和办法。最近，省政府已向国务院振兴东北办正式提出在我省开展国有企业金融机构不良资产处置试点的申请。对此，有关部门要搞好配合，协同动作，共同做好争取国家支持工作。

（四）进一步争取国家对我省“三农”投入，促进社会主义新农村建设

（1）争取国家帮助解决我省农业保险试点资金。2004 年，我省成立了安华农业保险公司，在省财政及有关市县财政的支持下，已陆续开展一些业务，取得了一定成效。但由于目前农民参保能力较弱，仅靠地方财政的支持，远远满足不了试点所需资金需要。对此，要积极争取国家尽快出台开展政策性农业保险试点的相关扶持政策，对我省开展政策性农业保险试点资金缺口给予补助。（2）争取国家在我省开展农业机械化示范区建设试点。为促进现代农业发展，提高农业综合生产能力，近几年，我省实施了农业机械化示范区建设工程，收到明显效果。为进一步推进这项工作，需要国家给予大力支持。争取国家在农业综合开发资金中单独安排一部分资金，专项用于农业机械化投入，或争取国家在我省开展农业机械化示范区建设试点。（3）争取国家加大对我省农业基础设施建设投入。进一步争取国家对我省正在建设和将要建设的重大水利工程通过国债资金和预算内基本建设投资给予重点支持，或比照西部大开发的政策，提高中央投资比例，不断改善我省农业基础设施和农民生产生活条件。

（五）争取国家对我省国有农场税费改革给予转移支付补助

目前，我省共有451户国有农（林）场，17.5万农工。由于国有农场没有参加第一步农村税费改革，免征农业税后，农工仍然承担较重的承包费负担。按照国家有关文件精神和省政府的部署，2005年底我省要完成国有农场第一步税费改革任务。经初步测算，全省国有农场税费改革需要转移支付资金1亿元，对此，省财政已作了妥善安排。据了解，国家将从2006年起对困难地区国有农场税费改革给予适当转移支付补助，我们要积极反映汇报，争取国家给予转移支付补助，并列入基数。

增加“三农”投入 促进新农村建设

(2006 年 2 月)

近年来，吉林省财政部门充分发挥职能作用，创新工作思路，认真贯彻落实国家和省扶持“三农”的政策措施，加大投入，促进农村经济全面发展，为加快社会主义新农村建设进行了积极有益的探索。

一、统筹使用财力，支持发展现代农业

为解决资金投向分散、形不成合力、使用效益差的问题，财政部门着力整合各项财政支农资金，集中财力，重点支持农业产业化，促进发展现代农业。(1) 设立农业产业化发展专项资金。按照省委、省政府的部署，省财政逐年加大资金支持，专项用于扶持农业产业化项目，支持优势产业、重点龙头企业和农产品加工业。2005 年、2006 年分别安排资金 5000 万元、1 亿元，2007 年将增加到 2 亿元，县（市）按规定进行配套。目前，吉林省农业产业化项目建设已初具规模，形成了玉米加工型、大豆加工型、牧业加工型、绿色食品加工型、中药与山特产品加工型等 5 大类农业产业化龙头企业群，为发展现代农业奠定了很好的基础。(2) 增加农业综合开发投入。通过地方财政安排、国家支持等途径，积极筹措农业综合开发资金，在使用上向粮食主产区倾斜。2005 年，全省拨付农业综合开发资金 7.7 亿元，比上年增加 1.9 亿元，主要用于土地治理、产业化经营、科技示范项目和农田水利基础设施建设方面。重点扶持的 27 个粮食主产区中低产田改造项目、农村小康村产业化项目、农业机械化试点项目、农业产业化龙头项目等都取得了明显成效。改善了农业生产

条件，提高了农业综合生产能力。（3）设立小城镇建设和乡镇企业发展专项资金。为加快推进农村城镇化进程，省财政从2002年起就设立了小城镇专项建设资金，用于支持小城镇发展和重点镇基础设施建设。目前，已累计安排资金3000万元。以工业化思维谋划农业发展，建立了乡镇企业专项发展资金，支持乡镇企业发展。（4）支持发展农业机械化，实行以全程农业机械化为载体的土地适度规模经营试点，从2002年起，累计投入资金1.2亿元，在18个县（市）的21个乡镇开展全程农业机械化项目试点。同时，充分发挥财政政策、资金的示范、引导作用，对大型农机具更新改造实行绩效奖励挂钩办法，多渠道吸引资金，增加对农业机械化的资金投入。

二、加大农村公共事业投入，提高农村公共服务能力

（1）安排支持社会主义新农村建设专项资金。从2006年起，省财政安排专项补助资金1亿元，重点用于农村基础设施建设，支持农村公益事业发展，改善农村公共服务。（2）加大农村各项事业投入。妥善安排和落实用于农村的各项支出，确保新增教育、卫生、文化、计划生育等事业经费主要用于农村。2005年，省财政拨付资金2.5亿元，支持农村中小学布局调整、危房改造和实施扶贫助学工程，对全省44万名农村贫困学生实施“两免一补”政策。支持扩大新型农村合作医疗试点，2006年，全省新型农村合作医疗试点的县（市）达到24个，覆盖农业人口624.7万人，占全省农业人口的74.4%。支持县乡计划生育卫生站（所）建设，在部分县市开展了农村计划生育家庭奖励扶助试点。（3）增加农村公共产品供给。筹措落实资金，积极支持全省乡村道路“村村通”改造工程。安排专项资金，支持农村生态环境保护和整治，改善农村、农民生产、生活条件。

三、落实各项补贴政策，促进农民增收

（1）实施对种粮农民的直接补贴。按照“大稳定、小调整”的原则，丰富和完善粮食直补改革方案，补贴品种和资金规模不断扩大。在对大豆、玉米和水稻等三个粮食品种补贴的基础上，把杂粮杂豆也纳入直补范围。落实粮食直补资金19.2亿元，达到粮食风险基金的50%，增加了农民收入。（2）增加良种、增产技术补贴。省财政从2004年起，安排测土配方施肥、生物防治玉

米螟、农田统一灭鼠等三项增产技术补贴2500万元，促进粮食综合生产能力提高。（3）积极支持农村合作组织等新生事物发展。筹措落实资金，支持农民专业合作社、专业协会等新型农村专业合作组织发展，促进提高农业组织化程度和农民应对市场风险的能力。继续实施农村劳动力转移培训“阳光工程”，加大对农民就业的培训和指导，促进农村富余劳动力转移。

四、推进各项综合改革，促进农村经济全面发展

（1）深入推进乡镇机构改革。结合撤乡并镇，清理财政供给范围，精简富余人员。吉林省乡镇总数由改革前的915个撤并为624个，乡镇行政机构精简了35%，乡镇事业编制精简了25%。（2）积极推进县乡财政管理体制改革，在全省范围内实行“乡财县管乡用”财政管理试点，规范了乡镇财政管理。（3）启动农村义务教育经费保障机制改革。按照分步实施的原则，从2006年春季学期开学起，延边州农村义务教育阶段中小学生全部免收学杂费。2007年起，对全省农村义务教育阶段中小学生全部免收学杂费。（4）安排资金1亿元，支持国有农场税费改革，巩固农村税费改革成果，防止农民负担反弹。（5）支持粮食流通体制改革。筹措资金，支持解决粮食购销企业“三老”问题，促进建立现代企业制度，增强企业活力和竞争力。（6）支持农村信用社改革，推进农业政策性保险，不断增强农村资金供给能力和农业抗风险能力，充分发挥金融服务体系对社会主义新农村建设的支持作用。

（原载《中国财政》2006年第4期）

把握好公共财政支持新农村建设的着力点

（2006年7月）

公共财政作为政府履行职能的重要工具和资源配置的重要手段，在社会主义新农村建设中肩负着重要职责。做好新形势下财政支农工作，必须深刻理解中央关于社会主义新农村建设的重大决策精神，按照省委、省政府对我省新农村建设的总体部署和要求，立足全局，认清责任，明确任务，破解难题，准确把握公共财政支持新农村建设的着力点。

一、充分发挥公共财政作用，着力构建多渠道筹措支持新农村建设资金的有效机制

建设社会主义新农村，必须充分发挥农民的主体作用，依靠农民辛勤劳动、国家扶持和社会力量的广泛参与。财政部门要切实履行公共财政职责，按照工业反哺农业、城市支持农村和“多予少取放活”的方针，努力筹措资金，进一步加大财政支农资金投入，积极运用财政政策手段，引导信贷资金、社会资金，使多渠道资金投向新农村建设。

（一）调整财政支出结构，进一步加大财政支农资金投入

随着财政支出结构的优化和财政实力的增强，要将财政资金的分配更多地向“三农”倾斜，提高支农支出占财政支出的比重，扩大公共财政覆盖农村的范围。（1）保证支农资金稳定增长。按照存量适度调整、增量重点倾斜的原则，进一步压缩财政支出存量中的一般性支出，腾出财力用于增加“三农”

投入；进一步扩大新增财力中用于“三农”的份额，新增教育、科技、卫生、文化等事业经费用于县以下的比例不低于70%；在预算安排上，根据有关法律规定，支农支出预算要高于经常性财力增长。2006年，按照国家财政支农资金增量要高于上年的要求，省内新增财力用于“三农”方面的支出7.6亿元，比上年增量高20.6%。(2)拓宽支农资金渠道。按照2006年中央1号文件要求，提高耕地占用税税率新增加的税收主要用于“三农”；土地出让金中提取15%用于农业土地开发的规定要认真落实到位；新增建设用地有偿使用费安排的土地开发整理项目，要向小型农田水利设施和标准农田建设倾斜；增加我省水利建设基金用于农村防洪设施建设的比重。(3)争取国家资金支持。我省作为粮食主产区，为国家的粮食安全作出了重要贡献。要充分抓住国家加快粮食主产区发展的政策机遇，积极争取国家在农业基础设施建设、农业综合开发，以及其他各项支农专项资金对我省给予大力支持。(4)提高资金使用效益。2005年，我省用于“三农”方面的财政性投入共计151.4亿元，今后还将有较大幅度增长。在努力扩大投入的同时，提高现有支农资金的使用效益至关重要。要加强部门之间的协调配合，根据国家的有关要求，逐步改变目前存在的支农资金使用比较分散、效益不高等问题，整合各类支农专项资金，将预算内资金和预算外资金统筹使用，切实发挥支农资金的整体效益。加强财政支农资金监管，开展支农资金使用绩效评价，实施激励约束并重的考核机制，提高支农资金的安全性、规范性和有效性。

(二)充分运用财政政策工具，吸引信贷资金加大“三农”投入

建设社会主义新农村离不开金融的大力支持。2006年中央1号文件对加快推进农村金融改革进行了全面部署，这些改革措施的逐步到位，对健全和完善农村金融服务体系，促进新农村建设具有重要意义。财政要利用特有的功能和优势，在完善农村金融服务体系过程中发挥应有作用，吸引更多的信贷资金加大“三农”投入。(1)运用贴息手段。通过对农畜产品加工、种养植业项目的贷款给予财政贴息支持，发挥财政资金“四两拨千斤”的作用。2005年，省财政安排农业产业化贴息资金5000万元，吸引金融机构用于农业贷款32.4亿元。2006年，省财政安排的农业产业化贴息资金达到1亿元，2007年将增加到2亿元。市县财政也应充分运用财政贴息手段，积极吸引信贷资金投入新农村建设。(2)发挥融资平台作用。财政部门要适应农业发展银行调整职能定位、拓宽业务范围和资金来源，国家开发银行支持农村基础设施建设和农业

资源开发的新形势，利用财政融资平台优势，进一步加强与政策性金融机构的合作。目前，长春、松原、辽源等地与省农业发展银行已经开展了支持农畜产品加工、农业产业化龙头企业的贷款融资业务。同时，要积极争取和利用世界银行、亚洲开发银行等国际金融组织的优惠贷款，用于我省新农村建设。(3) 支持农村信用担保体系建设。目前，我省县（市）中小企业信用担保机构已达40多家，应充分发挥这些担保机构的作用，积极开展面向农村的担保业务，切实解决农户和农村中小企业贷款抵押担保难的问题。各级财政可以通过增加资本金投入，建立代偿损失核销制度等方式，给予适当扶持。(4) 进一步支持农村信用社改革与发展。近几年，我省农村信用社改革取得了显著成效，目前，全省农业贷款80%以上来源于农村信用社。为支持农村信用社改革与发展，省财政采取了注入资本金、减免营业税和所得税、争取国家保值贴补息资金等扶持措施。今后，要继续落实好这些扶持政策，进一步争取国家支持，不断壮大农村信用社实力，使其在新农村建设中发挥更大作用。

（三）创新财政支农方式，引导和鼓励社会资金增加“三农”投入

新农村建设需要大量的资金投入，除了要加大财政和信贷资金投入外，还必须引导社会资金广泛进入，特别是农民的自身积累和自我发展。农村税费改革以后，农村基层组织筹措公益性建设资金的能力减弱，如何调动农民、企业和社会力量增加“三农”投入的积极性，是公共财政需要认真研究和探索的新课题。为此，需要打破长期以来形成的财政支农的传统方式，切实发挥公共财政的功能，创新支农方式，引导和鼓励各种社会资源向新农村建设积聚。(1) 积极探索“民办公助”方式。对小型农田水利基础设施，可以采取“以奖代补、以奖代投、先建后补”等多种形式，鼓励农民投资，政府适当补助，引导农民自愿筹资、投工投劳。认真落实国家关于大型农机具购置，财政按比例给予适当补助的规定，鼓励农民自筹资金改善生产条件，提高农业机械化水平。(2) 鼓励民间资本投向“三农”。对民营企业和个体工商户到农村从事产业经营，或出资发展农村公益事业的，财政要在项目立项、资金补助、贴息等方面，按有关规定给予优先支持。积极探索在农业综合开发项目上实行投资参股经营方式，支持提高产业化龙头企业综合竞争力和带动社会资金的能力。(3) 支持开展农业政策性保险试点。2005年，我省开展了农业政策性保险试点工作，财政补助农民保费补贴资金1200万元，覆盖农户10.2万个，2.1万个受灾农户得到理赔，取得较好的效果。各级财政要继续支持农业政策性保险

试点工作，研究补贴资金的筹措渠道，积极向国家争取政策和资金支持。

二、明确公共财政扶持重点，着力解决新农村建设中最迫切的实际问题

建设社会主义新农村是一项艰巨复杂的系统工程。公共财政在支持新农村建设中，必须找准切入点，从现阶段农村经济社会发展的客观实际出发，紧紧围绕发展农村生产力和增加农民收入这一核心任务，按照“生产发展、生活宽裕、乡风文明、村容整洁、管理民主”目标要求，统筹兼顾，突出重点，以人为本，着力解决好当前农民最关心、最直接、最现实的利益问题。

（一）支持提高农业综合生产能力，促进现代农业建设

发展农业生产是新农村建设的物质基础，必须进一步强化和完善提高农业综合生产能力的财政政策，增强新农村建设的产业支撑，促进现代农业建设。（1）大力支持农业基础设施建设。目前，我省农业基础设施建设相对滞后，与国家重要商品粮基地的地位不相适应，需要给予高度重视，进一步加大投入力度。2006 年，省财政新增加安排 4.5 亿元资金，专项用于支持引嫩入白、中部城市引水、引嫩入月、哈达山水利枢纽等重点水利工程建设；筹措安排资金 4 亿元，比上年增加 3000 万元，专项用于中低产田改造；筹措安排 10 亿元资金，用于天然林保护、退耕还林（草）、生态效益补偿和生态省建设。（2）大力支持农业产业化经营。农业产业化是提高农村生产力的必由之路。2006 年，全省各级财政共筹措安排扶持农业产业化专项资金 3 亿元，比上年增加 7000 万元，重点支持有竞争力、带动农户作用强的产业化龙头企业发展和农产品基地建设，着力促进农畜产品加工业做大、做强。同时，要积极支持发展农民各类专业合作经济组织加快发展，充分发挥其连接农产品加工企业和农户的桥梁纽带作用。（3）大力支持农业科技推广和应用。加快推进农业科技创新和农业技术推广体系建设，是转变农业增长方式，提高农业综合效益的重要措施，是促进现代农业建设的主要推动力。财政部门要通过增加预算安排，调整现有科技资金和支农资金投向，不断加大对农业科技方面的投入。2006 年，全省各级财政共筹措安排用于农业科技方面的资金 3 亿元，比上年增加 5000 万元，重点用于支持农业技术推广、科技成果转化和示范基地建设等。

（二）认真落实各项支农惠农政策，促进农民持续增收

增加农民收入的根本途径是要大力发展农业生产，充分挖掘农业内部的增收潜力，拓宽来自农业外部的增收渠道，艰苦创业，勤劳致富。近年来，中央和省委、省政府为了促进农业增产和农民增收，制定出台了一系列支农惠农政策，扶持“三农”的力度不断加大，得到了农民的广泛拥护。各级财政要继续做好工作，将这些政策措施逐项落实到位。（1）落实好促进农业生产发展的各项补贴政策。进一步扩大良种补贴、农机具购置补贴和生物防螟、农田灭鼠、测土施肥等三项重大增产技术补贴的范围和规模。2006 年，全省财政用于上述各项补贴的资金预计达到 3.5 亿元，比上年增加 1 亿元。（2）落实好保障农民工权益的各项政策措施。继续实施好对农村劳动力转移培训阳光工程，各级财政要把农村劳动力培训经费列入预算，完善补贴办法，重点支持农村富余劳动力就业技能培训和先进实用技术培训，促进农村剩余劳动力转移，培养新型农民的增收技能。清理和取消针对农民工进城就业的行政事业性收费。研究探索逐步建立务工农民社会保障制度，解决好农民工工伤保险、大病医疗保障和养老保险等问题。（3）继续落实好对种粮农民的直补政策。2006 年，省财政筹措安排粮食直补资金 19.2 亿元，比上年增加 7000 万元，达到粮食风险基金的 50.1%，现已全额拨付到县（市）。最近，国家为了稳定农民种粮收益，针对农用柴油、化肥、农药、农膜等主要农业生产资料市场价格变动的实际情况，对种粮农民实行了综合直补政策。目前，国家下达我省综合直补资金 7.5 亿元，省财政已全额拨付到县（市）。这两项直补资金都将很快兑现到农民手中。

（三）增加农村公共产品供给，促进农村社会事业协调发展

发展农村公共事业是新农村建设的重要内容，也是农村发展一个亟待解决的薄弱环节。近几年，财政对农村社会事业的投入不断增加，但相对于城市而言，对农村的保障水平仍然偏低，需要进一步统筹城乡发展，增加农村公共产品供给，让公共财政的阳光越来越多地照向农村。（1）支持发展农村教育事业。健全完善农村义务教育经费保障机制，加大农村义务教育投入，落实好“两免一补”政策。2006 年在延边州率先免除农村中小学学杂费，2007 年在全省农村中小学全面实行。提高农村中小学公用经费保障水平，继续改善农村中小学办学条件，优化教育资源配置。（2）支持农村公共卫生和医疗服务体

系建设。扩大新型农村合作医疗试点，2006年全省试点县（市）达到24个，财政补助标准由每个农民每年20元提高到35元；2007年力争在全省全部推开，财政补助标准提高到40元。支持开展农村疾病预防控制、医疗救治和乡镇卫生院改建，对乡村医生给予适当补贴，实行“一村一名医疗卫生专业大学生”工程。(3) 促进农村文化、体育、计划生育等事业发展。支持乡村文化站（室）、体育设施和计划生育服务站建设，扩大农村部分计划生育家庭实行奖励扶助制度试点。(4) 支持加快乡村基础设施建设。改善农民生产、生活条件，加强村庄规划和人居环境治理，对改水改厕和沼气、秸秆燃气的推广给予适当扶持，促进乡风文明和村容整洁。(5) 支持建立完善农村社会保障制度。支持完善农村“五保户”供养、特困户生活救助和灾民补助等社会救助体系建设，切实解决好农村五保户、农村低保对象的基本生活问题，保证农村重点优抚救济对象各项待遇得到落实。(6) 支持做好扶贫开发工作。2006年，各级财政筹措安排扶贫开发资金2.6亿元，比上年增加2000万元，重点支持整村推进、产业化扶贫和兴边富民，帮助贫困农户尽快脱贫致富。(7) 支持开展新农村建设试点。

三、完善公共财政体系，着力为支持新农村建设提供制度保障

公共财政支持社会主义新农村建设，不仅仅是筹措资金，增加投入，而且要从制度建设入手，通过深化财政改革，健全和完善公共财政体系，不断壮大县乡经济和财政实力，提高基层政府履行公共服务职能的能力，促进农村各项改革，增强农村自主发展的活力和动力，为新农村建设提供制度保障。

（一）进一步实施扩权强县财政措施，壮大县域经济和财政实力

2005年，按照省委、省政府扩大县（市）经济社会管理权限的部署，省里先后两次下放了876项经济社会管理权限，激发了县域经济发展的活力。省财政从7月1日起实行了省管县的财政管理体制，下放了部分省级财政收支，对县（市）上划省的共享收入实行增量返还，建立增收节支激励约束机制，有力地促进了县域经济发展，缓解了县乡财政困难。2005年，我省县（市）一般预算全口径财政收入比上年增长42.8%，比全省平均增长高15.6个百分点，实现了历史性突破。2006年，进一步完善扩权强县财政措施，对实行超基数返还政策的18个县（市）上划省的共享收入，2006~2007年全部下放，

全省41个县（市）原财政体制规定上划省的共享收入全部留归县（市）；对省级以上开发区实行新一轮的财政优惠政策，在税收和土地出让金返还以及县（市）之间招商引资税收分享方面，给予重点扶持，县（市）工业集中区比照执行。利用财政融资平台使用开发银行软贷款8.4亿元，用于工业集中区基础设施建设。随着这些政策措施效应的不断显现，必将对县（市）的项目建设、招商引资、工业提速增效等，发挥重要的助推作用。2006年一季度，我省县（市）地方级财政收入比上年同期增长36.6%，比全省平均增长6.4%高出30.2个百分点。

（二）深化县乡财政体制改革，巩固农村税费改革成果

（1）进一步完善县乡财政管理体制。按照公共财政改革方向，合理划分县、乡事权和财权，明确各级财政支出责任，努力增加农村公共产品和服务支出比重。继续完善“乡财县管乡用”和“村账乡管”制度，不断提高县乡财政管理水平。同时，调动乡（镇）发展经济、增收节支的积极性。（2）支持推进乡镇机构改革。目前我省乡镇总数撤并比例达到31.8%，乡镇行政机构精简比例达到35%，事业编制精简了25%。财政部门要结合乡镇机构改革，合理界定财政供给范围，在支付必要改革成本妥善安排好分流人员的同时，进一步增加经费投入，支持农村社会化服务体系建设，强化社会管理和公共服务功能。要继续支持农村基层组织建设。2003年以来，全省各级财政筹措资金3200万元，对4000多个村部维修和重建给予补助。今后，要继续给予适当经费支持，改善村部办公条件，更好地发挥基层组织的作用。（3）支持农村义务教育体制改革。积极支持建立各级政府责任明确、财政分级投入、经费稳定增长、管理以县为主的农村义务教育管理体制，进一步完善农村教师工资保障机制，努力提高农村教育质量。（4）积极支持化解乡村债务。与有关部门密切配合，认真做好乡村债务的清理审核工作，探索化解乡村债务的有效办法。努力争取国家支持，选择部分县、乡、村开展化解乡村债务试点。（5）进一步清理各种涉农收费，停止审批新的涉农收费项目，防止农民负担反弹。（6）支持深化国有农（林）场税费改革，逐步剥离国有农（林）场办社会职能，促进转变经营机制。（7）进一步盘活用好粮食风险基金，支持深化粮食流通体制改革。

发挥财政职能　助推更好更快

（2007 年 8 月）

实现经济社会更好更快发展是落实科学发展观和构建社会主义和谐社会的必然要求。财政政策是政府调节经济和履行公共服务职能的重要手段。助推经济持续快速健康发展，促进社会和谐进步是财政部门的重要责任。当前和今后一段时期，财政工作要紧紧围绕振兴老工业基地和构建和谐社会中心任务，进一步发挥公共财政的职能作用，深化财政改革，增强财政保障能力，努力为推动经济社会更好更快发展作出新的贡献。

一、进一步发挥财政“四两拨千斤”作用，大力促进经济持续快速健康发展

近两年来，我省着力实施了国企改革攻坚、投资拉动、扩权强县、工业提速增效等一系列重大举措，取得了显著成效，全省经济正在步入快速发展的轨道。2006 年，在经济加快发展的基础上，财政总收入和总支出规模已分别跃上 500 亿元和 700 亿元的新台阶。但同时我们也要清醒地认识到，目前我省财政收支规模仍然不大，经济增长对财政收入的贡献率仍然有待提高。扩大总量、优化结构、提高效益仍是我省当前最紧迫的任务。因此，省委、省政府提出实现更好更快发展的目标要求，非常符合我省实际，也非常符合财政工作实际。财政部门要切实履行职能，综合运用各种财税政策手段，进一步增强调节和引导作用，积极促进经济实现更好更快发展。（1）大力促进经济结构优化。财政收入主要来自于第二产业和第三产业，目前我省第二、三产业比重较低，

是造成财政收入占GDP比重偏低的主要原因。因此，财政在支持经济加快发展的同时，要把着力点切实转移到促进经济结构优化、提高经济整体运行质量和效益上来。要继续增加企业技术改造、产品研发和科技成果转化等方面的投入，认真落实增值税转型、豁免企业历史欠税等振兴东北老工业基地的税收扶持政策，推进厂办大集体改革试点、企业政策性破产和分离办社会职能工作，支持工业企业发展。要进一步研究制定支持服务业发展的财税扶持政策，2007年要新增安排服务业发展引导资金3000万元，促进服务业实现跨越式发展。(2) 大力促进民营经济发展。民营经济发展滞后，是我省经济动力不足、机制不活、发展不快的症结。财政部门要按照省委、省政府关于实施民营经济腾飞计划的要求，把扶持发展民营经济摆在更加突出的位置，在2006年安排民营经济发展专项资金5000万元的基础上，2007年新增3000万元支持创业孵化基地建设。同时，降低创业门槛，实行创业补贴和创业资助，加强中小企业融资平台建设，落实鼓励中小企业技术创新、人才发展方面的财税政策，推动民营经济腾飞。(3) 大力促进县域经济发展。县域经济是我省经济发展的薄弱环节，近两年呈现出快速发展的良好势头，发展空间和潜力很大。要继续认真落实好对县（市）上划省的共享收入全部下放、工业集中区享受省级开发区财税优惠政策等扩权强县的各项措施，进一步加大对县（市）的转移支付力度，全面提升县域经济实力。

二、进一步优化财政资源配置，不断加大事关民生方面的投入

财政资源是社会公共资源的主体，是构建社会主义和谐社会的重要物质基础。适应新形势和新任务的要求，需要进一步调整财政支出结构，不断优化财政资源配置，加大各项社会事业投入，着力改善公共服务，加强薄弱环节，切实解决好人民群众最关心、最直接、最现实的利益问题。（1）向农村倾斜。建设社会主义新农村是构建社会主义和谐社会的重要内容。必须扎实贯彻“多予少取搞活”的方针，坚持把解决“三农”问题作为财政工作的重中之重。要进一步加大农业综合开发、农业科技推广和农业产业化资金投入，大力发展现代农业。继续落实新增教育、卫生、文化支出主要用于农村的政策，土地出让收入重点向农村倾斜。2007年，省财政继续安排专项资金，解决农村120万人饮用高氟高砷水和30万人饮用苦咸水问题。努力争取国家支持，落实好地方配套资金，推进农业政策性保险试点。2007年新农村建设试点启动

补助资金要达到2亿元，比2006年增加1倍。积极筹措安排资金，保证粮食直补、良种补贴等各项惠农补贴政策的有效落实。深化农村综合改革，推进国有农场税费改革，积极稳妥做好化解乡村不良债务试点工作。（2）向困难群众倾斜。要把坚持“以人为本”、解决人民群众切身利益问题，作为财政工作的出发点和落脚点。增加安排城市棚户区改造专项资金，启动县（市）和国有煤矿棚户区改造工程。加大社会保障资金投入，城市低保月均补差水平提高到85元，农村低保年均补差水平由240元提高到360元。完善城乡社会救助体系，落实财政补助政策，努力实现城乡低保、城乡基本医疗保障和城乡社区基础服务平台“三个全覆盖”。积极筹措安排就业再就业资金，拓宽政策扶持范围；提高个体工商户增值税起征点，促进下岗职工再就业和小规模个体工商户发展；增加安排政府开发公益性岗位专项资金，完成三年出资购买10万个公益性岗位目标任务。（3）向公共事业倾斜。2007年要筹措资金8.6亿元，全面实施农村义务教育经费保障机制改革，免除全省232万名农村义务教育阶段学生学杂费，逐步提高公用经费保障水平。进一步加大科技投入，省财政新增安排专项资金支持重大科技基础平台建设，加快科技成果转化，确保科技支出预算明显高于经常性财政收入增长。提高县（市）政法机关公用经费水平，县（市）公安机关公用经费保障标准到2007年底要全部达标。继续增加文化、广电、体育等事业发展投入，支持文化体制改革。继续加大生态、环保、政法办案、安全生产、信访和应急管理等资金投入。

三、进一步健全公共财政制度，着力提高财政保障能力和管理水平

落实科学发展观，构建和谐社会，促进经济社会实现更好更快发展，需要有坚实的物质基础和财力支撑。千方百计提高财政保障能力，是财政部门长期而艰巨的任务。必须以高度的责任感和创新精神，全面谋划好财政改革与发展。（1）加快推进公共财政体制改革。以公共化为取向，以均等化为主线，以规范化为原则，不断健全公共财政制度。省级上报人代会审查的部门预算达到100个，市县部门预算改革试点全面推开。市（州）国库集中支付制度改革全面实施，县（市）全部开展试点。完善政府采购制度，扩大采购范围和规模，采购额力争比2006年增长30%以上。深化收支两条线改革。积极推进行政事业单位国有资产管理改革。逐步完善“乡财县管乡用”财政管理方式

改革。全面实施政府收支分类改革。（2）狠抓增收节支。要依法加强收入征管，提高收入质量，做到应收尽收，但不收“过头税”。按照“两个务必”和建立节约型社会要求，严格控制一般性支出的增长，规范职务消费，改革完善公务接待制度，严肃财经纪律，反对铺张浪费，厉行节约，勤俭办事业。(3)要坚持依法理财和科学理财。要按照依法治国基本方略的要求，深入贯彻国务院《全面推进依法行政实施纲要》，完善和健全财政法规体系，并严格执法，规范执法，把依法理财贯穿财政工作的始终。要自觉接受监督，努力打造“阳光财政”。同时，进一步加强财政管理，增强财政资金分配使用的科学性和规范性，把有限的资金用在刀刃上，管好纳税人的钱，办好老百姓的事。

（原载《吉林日报》2007 年 8 月 16 日）

切实把思想解放转化为促进振兴发展的具体行动

（2008 年 6 月）

财政部门要认真贯彻落实省九届五次全会精神，在新一轮思想解放中，认清形势，找准差距，进一步增强改革创新意识，不断优化财政资源配置，加快促进吉林老工业基地全面振兴。

一、着力做大蛋糕，实现财政收支新突破

省九次党代会确定，2011 年全省地方级财政收入和一般预算全口径财政收入分别达到 600 亿元和 1200 亿元。目前分析，根据我省经济快速发展的趋势，同时加大税收和规范非税收入征管，提前实现这一目标是有可能的。为此，2008 年要确保完成或超额完成省委、省政府提出的“四八十”目标任务，在此基础上，力争提前一年实现省九次党代会提出的收入奋斗目标，前移财政收入在全国的位次。继续优化财政支出结构，坚持有保有压，2008 年在行政事业编制和行政公用经费两个“零增长”基础上，省直单位行政公用经费再力争压缩 5%，各地也要采取多种措施，压缩行政经费支出。省直机关车辆购置、维修和办公用房大修费再分别压缩 10%。节约的资金用于支援地震灾区恢复重建。抓住国家加大对中西部地区和粮食主产区支持力度的有利机遇，结合我省特殊情况，积极争取国家在转移支付和专项补助上给予更大支持。

二、着力发挥“四两拨千斤”作用，促进经济更好更快发展

2008 年，省财政安排资金 32.6 亿元，支持引嫩入白、哈达山水利枢纽、长吉城际铁路、长春科技文化中心等重大基础设施建设。积极利用国家开行和世行、亚行及外国政府贷款，支持城市基础设施和农产品安全体系建设等，同时加强政府债务管理，防范债务风险。省财政新增信用担保机构资本金 1 亿元和中小企业流动资金贷款贴息 2000 万元，支持服务业跨越式发展和民营经济腾飞。从下半年起，陆续取消 16 项省级收费项目，暂停 8 项国家级收费项目，涉企收费标准降低 5%。深化综合配套改革，逐步解决“收费养人”问题。继续落实好开发区、工业集中区财税扶持政策，为招商引资和对外开放创造良好环境。省财政安排资金 3.3 亿元，支持企业技术创新、产品研发、节能减排、资源综合利用等，促进产业结构优化升级和可持续发展。

三、着力加大民生投入，保障社会和谐稳定

从 2008 年起，新增财力 70% 用于改善民生。2008 年，继续加大就业资金投入，保持 10 万个公益性岗位开发规模，重点安置大龄、“零就业”家庭成员、低保家庭成员、有劳动能力的残疾人，对低保家庭子女实行免费技能培训。企业养老金、城乡低保补助标准均有较大幅度提高。新型农村合作医疗和城镇居民基本医疗保险补贴标准由 40 元提高到 70 元，2009 年提高到 80 元。加大“三农”投入，目前，我省已筹措拨付粮食直补、农资综合直补、良种补贴、农机具购置补贴等各项惠农补贴资金 67.3 亿元，比 2007 年增加 23 亿元，其中农资综合直补 39.7 亿元，比上年增加 20.6 亿元。较大幅度地增加了产粮大县奖励资金。完善义务教育经费保障机制，落实农村贫困寄宿生生活费补助、免费教科书、提高农村中小学公用经费保障水平、免除城市义务教育阶段学生学杂费等补助政策。支持科学、文化、卫生、计生等各项社会事业协调发展。2008 年，省财政安排和在执行中筹措资金 29.4 亿元，支持农村泥草房改造、城市廉租房制度、县（市）棚户区改造和农村安全饮水工程，启动实施煤矿棚户区改造工程。

四、着力深化财政改革，推进科学化、精细化管理

完善省以下财政体制，重点推进县乡财政体制改革，年内基本实现乡财县管全覆盖。推进预算管理制度改革，增强预算编制科学性和透明度。2008 年县（市）部门预算改革试点面达到 50% 以上，2009 年全面推开。进一步提前省直部门预算的编制时间。2008 年市（州）全面开展国库集中支付制度改革，县（市）试点面达到 100%。在省直 10 个预算单位开展公务卡管理改革试点。2008 年省直收支脱钩试点面达到 50%，2009 年全面实行。继续推进政府采购制度改革，落实好自主创新和节能产品政府采购政策，2008 年政府采购额要比上年增长 20% 以上。加强财政法制建设，继续探索财政支出绩效考评制度，不断完善公共财政体系。

（原载《吉林日报》2008 年 6 月 13 日）

创新财政支农方式 推动现代农业建设

（2008 年 4 月）

吉林省是产粮大省，近五年中有四年粮食总产超过 500 亿斤。在当前既要保障国家粮仓安全，又要促进地方经济发展方面，如何做好粮仓这篇大文章，进一步促进“三农”问题的解决？关键是要用工业化思维谋划农业发展。

在相当长的一段时间，卖粮难成为吉林农业、农村经济乃至全省国民经济发展的一个瓶颈性问题。增产不难增收难、产量不低效益低、收入不高成本高、产粮大县财政穷县成为吉林的突出矛盾，农民种植和干部抓粮食生产的积极性受到一定影响。20 世纪 80 年代中后期开始，吉林首先尝试了通过发展畜牧业，实施“过腹转化”来解决卖粮难和农民增收难问题，效果非常明显。结束了全省肉类不能自给的历史，带动了饲料工业和粮食综合生产能力的稳步提高，但粮食卖难和农民增收难的问题并未从根本上得到解决。经过认真反思，省委、省政府逐渐认识到，解决农业问题，尤其走解决卖粮难和农民增收问题，只靠农业内部自我循环几乎已无路可走，必须跳出农业发展农业、跳出农村发展农村、减少农民富裕农民。为此，吉林省在继续抓好粮食“过腹转化”发展畜牧业的同时，积极探索，大力推进农村经济结构战略调整，把发展农业产业化经营和农产品加工业上升到统领农业和农村经济工作全局的重要位置来抓，并逐步形成用工业化思维谋划农业、用农业产业化经营统领和带动农业和农村发展的工作思路。经过十五到二十年的努力，基本走出了一条具有吉林特色的农业发展之路。传统意义上的农业大省开始向畜牧业大省、农产品加工大省和农村经济强省迈进。

党的十七大提出，要加强农业基础地位，走中国特色农业现代化道路，建立以工促农、以城带乡的长效机制，形成城乡经济社会发展一体化新格局。这是党中央站在新的历史起点上对“三农”工作作出的新的重大战略部署。吉林作为农业大省和国家重要商品粮基地，深入贯彻落实十七大精神，必须在保障国家粮食安全上发挥更为重要的作用，在发展现代农业上走在全国前列。基于这样的考虑，财政部门要进一步调整和明确支持农业和农村工作的思路：以新农村建设为统领，以发展现代农业、繁荣农村经济为主题，以粮食增产、农业增效、农民增收、农村繁荣为目标，坚持用工业化思维谋划农业，进一步加大财政投入，探索建立以工促农、以城带乡长效机制，形成城乡经济社会统筹推进、一体发展新格局，加快促进全面建设小康社会步伐。

按照这样的任务目标，最核心的是做好粮食这篇大文章，即：在粮食增产的基础上，大力发展畜牧业和农产品加工业，进而实现农业和农村经济强省目标。具体规划是：在满足省内畜牧用粮和加工用粮的同时，继续为保障国家粮食安全作出贡献。即 2008 年粮食总产量正常年景下实现 530 亿斤，力争突破历史最好水平达到 550 亿斤；农产品加工业销售收入实现 1900 亿元，增长 21%；农民人均纯收入达到 4500 元，增长 8%。2012 年粮食综合生产能力达到 600 亿斤阶段性水平；农产品加工业销售收入实现 4000 亿元，年递增 15% 以上；农民人均纯收入突破 6000 元，年递增 6% 以上。

（原载《中国财政》2008 年第 7 期）

财政促发展要在四个方面下功夫

（2009 年 12 月）

按照省委、省政府对 2010 年全省经济工作的部署，财政部门要围绕实现科学发展、加快振兴、富民强省的目标要求，紧紧抓住国家实施新一轮振兴东北政策、建设长吉图开发开放先导区和谋划“十二五”发展等机遇，聚精会神在谋发展上动脑筋、想办法，坚定不移在促发展上下功夫、求实效，促进我省经济社会实现新发展。

一、围绕促进经济平稳较快发展，在进一步发挥财政“四两拨千斤”作用上下功夫

继续认真贯彻落实积极的财政政策，努力增加财政支持经济发展资金投入，大力推进重大项目建设，促进投资拉动、结构调整和发展方式转变。要着重改进和完善财政支持经济发展的方式方法，更多地运用财政贴息、以奖代补和资本金注入等手段，支持政府投融资平台和信用担保体系建设，拓宽政府投融资渠道，发挥财政政策资金的乘数效应，“四两拨千斤”，最大限度地吸引信贷资金和民营、社会、域外资本的投入。适当增加省金融业发展专项资金规模，积极研究探索创新财政资金引导市场化运作的有效途径和办法，支持我省金融业和资本市场加快发展。

二、围绕保障和改善民生，在进一步增加城乡居民收入上下功夫

适应扩大国内消费需求、进一步改善民生需要，2010 年财政预算安排，要继续将新增财力的 70% 用于民生，确保省政府确定的民生实事所需资金落实到位。认真落实促进就业的各项财税扶持政策，进一步提高企业退休人员养老金待遇，支持开展新型农村社会养老保险试点，提高城乡低保补助水平，提高城镇居民医疗保险和新型农村合作医疗补助标准及待遇水平，继续大力支持保障性安居工程和农村饮水安全工程建设，进一步加大农业、教育、科技、卫生、文化等事业投入。

三、围绕提高财政保障能力，在进一步抓好增收节支上下功夫

2009 年，财政在困境中实现预期目标，财政收支均实现两位数增长。2010 年要继续加大工作力度，在认真落实好结构性减免税费等税收优惠政策的前提下，努力做到应收尽收，保持财政收入持续较快增长。继续大力调整和优化财政支出结构，坚持有保有压，牢固树立过紧日子思想，控制和压缩一般性支出，努力降低行政成本，集中财力保重点、办大事。要认真研究、及时了解掌握国家的政策取向，紧密结合我省发展实际，积极主动，超前谋划，力争得到国家更多支持。

四、围绕推进科学化精细化管理，在进一步深化财政改革上下功夫

进一步完善县以下财政管理体制，规范财政转移支付制度，建立基层财力保障机制，努力提高基层政府公共服务保障水平；进一步深化部门预算、国库集中收付、政府采购和收支两条线等预算管理制度改革，逐步健全由公共财政预算、政府性基金预算、国有资本经营预算、社会保障预算组成的政府预算体系；进一步建立健全财政支出绩效考评机制，不断提高财政资金使用绩效。

发挥财政职能作用
促进经济发展方式转变

（2010 年 9 月）

近些年，在省委省政府的正确领导下，我省经济实现了持续较快发展，但长期形成的总量不大、结构不优的问题尚未从根本上得到解决。财政是经济的综合反映。2009 年我省一般预算全口径财政收入占 GDP 的比重比全国平均水平低 6.8 个百分点，也低于辽宁和黑龙江省的占比。我省财政收入占 GDP 比重偏低的原因，主要是经济结构和产业结构不尽合理。（1）第一产业直接提供的财政收入很少。2009 年我省第一产业占 GDP 的比重达到 13.6%，比全国平均水平高 3 个百分点，但贡献的财政收入只占一般预算全口径财政收入的 0.1%。（2）工业企业中部分行业对财政收入贡献有限。近年来，国家的税收扶持政策直接推动了我省农产品加工业快速增长，但提供财政收入的增速大大低于产值的增速。2009 年，全省农副食品加工业实现增加值 498.2 亿元，占全省 GDP 的 6.7%；贡献财政收入只占一般预算全口径财政收入的 0.5%。（3）第三产业财政收入贡献率低。2009 年，我省三产占全省 GDP 的比重为 37.9%，低于全国平均水平 4.7 个百分点。2008 年，我省第三产业提供营业税收入 94 亿元，占全省 GDP 的 1.5%，比全国平均水平低 1 个百分点，如按全国平均水平 2.5% 计算，我省第三产业少提供营业税 63 亿元。因此，必须把加快经济发展方式转变放在更加突出的战略地位，从我省发展的阶段性特征出发，充分运用国家新一轮振兴东北老工业基地政策、长吉图开发开放先导区纳入国家战略的机遇，在加快发展的同时，更加注重经济发展的质量和效益，在发展中促转变，在转变中谋发展。

当前和今后一个时期，我省财政促进经济发展方式转变的基本思路是：以科学发展观为统领，紧紧围绕“解放思想、改革创新、转变方式、科学发展”主题，立足全局，突出重点，加大财政政策资金扶持力度，努力提高资金使用绩效，大力支持投资拉动、项目带动、创新驱动，促进工业化、城镇化、农业现代化统筹发展，在保发展、促转变、调结构和惠民生方面，更好地发挥财政职能作用，努力促进全省经济社会又好又快发展。为此，（1）要狠抓增收节支，着力提高保障能力。通过大力培植财源，加强收入征管，压缩一般性支出和积极争取中央财政支持等措施，增强财政实力，努力为保发展促转变提供财力支撑。（2）要发挥“四两拨千斤”作用，着力提高引导能力。充分发挥财政政策资金的引导作用，不断研究财政资金引导市场化运作的有效途径，进一步完善财政促转变的方式方法，最大限度地吸引信贷资金和民间、社会、域外等资本进入。（3）要完善体制机制，着力提高创新能力。进一步完善省以下财政体制，规范转移支付制度，建立县级基本财力保障机制。深化预算管理制度改革，推进政府预算体系建设，健全完善公共财政体系，逐步形成有利于科学发展的财政体制机制。（4）要强化资金使用绩效，着力提高管理能力。加强政府债务管理，有效防范和及时化解潜在财政风险。全面推进财政科学化精细化管理，推进财政信息公开，健全完善财政支出绩效考评机制，最大限度地发挥财政政策资金的效益。

按照上述思路，拟重点采取以下十项措施：

第一，积极落实结构性减免税费政策。认真落实好增值税转型、企业所得税“两法”合并、扩大出口、发展循环经济、扶持高新技术企业发展等税收优惠政策，以及取消、停征部分行政事业性收费项目和降低收费标准等政策。同时，认真贯彻执行国家新出台的中小企业所得税优惠政策，妥善处理好支持企业发展和财政增收的关系，不折不扣地将各项优惠政策落到实处，为企业加快技术改造、扩大投资和全民创业创造良好的环境。预计2010年将减轻企业和社会负担70亿元左右。

第二，设立战略性新兴产业发展专项资金。2010年，省财政新增设立能源发展、新能源汽车、人参等特色产业发展和林业产业发展专项资金1亿元，安排招商引资、生态省建设、节能减排、循环经济、信息产业、生物医药等专项资金2.6亿元。在此基础上，今后要继续加大财政投入力度，支持战略性新兴产业、低碳经济和特色产业不断发展壮大。

第三，支持推动城镇化建设。继续实行开发区税收返还等财税优惠政策，支持特大城市、中心城市加快发展。省对县（市）下放共享收入政策执行期限延续到“十二五”，对县（市）工业集中区建设继续实行奖补政策，支持县域经济发展壮大。增加财政转移支付规模，建立县级基本财力保障机制。加大城镇基础设施建设投入，积极研究农民进城后的社会保障筹资渠道，促进基本公共服务均等化。

第四，支持发展现代农业。大力增加农业投入，重点围绕新增百亿斤商品粮能力建设，加快现代农业发展，支持农田水利基础设施建设、农业综合开发和农业产业化发展，支持农业科技创新，落实好粮食直补、农资综合直补、良种补贴政策，促进农业发展方式转变。

第五、加大自主创新投入力度。安排企业技术改造和结构调整、科技创新和成果转化、重大科技及重大攻关项目专项补助、科技基地条件平台建设、高新技术产业配套资金，增加安排技术研究与开发专项资金，新增设立自然科学基金。2010 年，省财政用于科技投入资金总规模达到 11 亿元，重点用于科技重大项目“双十”工程、科技创新基础条件建设、具有自主知识产权的关键核心技术研发及产业化、各项基础和应用科学研究等，推动传统产业优化升级。

第六，积极扶持金融业发展。在继续安排农业政策性保险补助、中小企业担保机构资本金的基础上，增加安排金融业发展、中小企业贷款风险补偿等专项资金，2010 年，省财政安排资金达到 4 亿元；认真落实好降低金融保险营业税税率优惠政策，对吉林银行、安华保险公司和村镇银行等地方金融机构继续实行财税扶持政策，积极促进我省金融市场加快发展，健全金融服务体系，增强融资能力。

第七，大力支持文化产业加快发展。2010 年，省财政安排资金 2.5 亿元，设立文化产业投资引导资金和动漫产业发展配套资金，增加安排文化产业发展专项资金、长影集团和广电网络集团上市扶持资金，进一步加大文化基础设施投入。认真落实好扶持文化转制企业、广播影视和文教企业发展的各项税收优惠政策，支持文化产业园区、文化产业创业孵化基地和信息服务平台建设，妥善解决好转制前离退休人员社会保障问题，推动我省文化产业加快发展和文化体制改革创新。

第八，支持民营经济和服务业发展。2010 年，省财政增加安排支持中小企业、民营经济、旅游发展和服务业发展扶持资金 0.5 亿元，专项资金总额达到2.9亿元。同时，认真落实好支持中小企业和民营经济发展的各项税费减免政策，支持孵化基地建设，改善中小企业融资环境和公共服务环境，促进旅游业软硬件水平提升，引导服务业加快发展。

第九，促进扩大和引导消费需求。进一步提高城乡居民特别是低收入群体收入水平。筹措资金18亿元，补贴家电、汽车摩托车下乡和家电、汽车以旧换新，加大农机具购置补贴力度，进一步扩大城乡消费市场，引导消费需求，促进消费结构升级。

第十，进一步加大民生投入。不断优化财政支出结构，坚持新增财力的70%以上用于民生，确保省委、省政府确定的民生实事所需资金落实到位。在继续加大城乡低保、养老、保障性住房等生存性民生投入的基础上，不断增加用于扩大就业、教育、文化、医疗等发展性民生建设，促进社会和谐进步。

三、保障改善民生

解决民生问题的理论思考

（2010 年 11 月）

高度重视和解决民生问题，是以人为本的科学发展观的本质要求。当前，我国即将进入制定和实施“十二五”规划的关键历史时期，如何更好地保障和改善民生，既是践行党的宗旨和执政为民理念的必然选择，也是实现经济社会又好又快发展目标的根本要求。通过认真研读《科学发展观重要论述摘编》和《深入学习实践科学发展观活动领导干部学习文件选编》等文献，对民生问题有了新的理解和认识，对解决民生的实践有了新的思考和体会。

一、我们党民生思想的传承与发展

“国以民为本，民以食为天”是我国古代朴素的民生思想。20 世纪 20 年代，孙中山给民生注入了新的内涵，指出民生就是人民的生活。现代意义上的民生主要是指民众的基本生存和生活状态，以及民众的基本发展机会、基本发展能力和基本权益保护的状况等。关注民生，注重解决民生问题，是我们党一贯的优良传统，也是我们党夺取革命、建设和改革胜利的法宝。党的几代领导集体在批判地吸收中国传统民本思想的同时，创造性地继承和发展了马克思人本主义理论，形成了具有鲜明中国特色和显著时代特征的民生思想。

（一）毛泽东的民生思想

毛泽东同志认为民生问题关系到党的命运，关系到革命事业的成败。1937年5月指出：我们认为，共产党、国民党、全国人民，应当共同一致为民族独立、民权自由、民生幸福这三大目标而奋斗。1949年3月，在党的七届二中全会上的报告中提出：如果我们不能使生产事业尽可能迅速地恢复和发展，获得确实的成绩，首先使工人生活有所改善，并使一般人民的生活有所改善，那我们就不能维持政权，我们就会站不住脚，我们就会要失败。毛泽东强调，我们应该不惜风霜劳苦，夜以继日，勤勤恳恳，切切实实地去研究人民中间的生活问题，生产问题……并帮助人民具体地而不是讲空话地去解决这些问题，这是我们党的根本路线，根本政策，每个同志都要好好地去研究。他还把能否代表人民利益作为衡量党的一切路线、方针和政策是否正确的主要依据，作为衡量领导干部政绩的一个标准，要求党员干部一刻也不脱离群众，一切从人民的利益出发，而不是从个人或小集团利益出发，应该使每个同志明了，共产党人的一切言论行动，必须以合乎最广大人民群众的最大利益，为最广大人民群众所拥护为最高标准。

（二）邓小平的民生思想

邓小平进一步丰富和发展了毛泽东的民生思想，他提出的“三步走”战略包含了解决人民温饱问题——人民生活达到小康水平——人民生活比较富裕的民生目标。把发展生产力，不断满足人民群众的物质和文化需要作为中国特色社会主义的首要任务。指出：在社会主义国家，一个真正的马克思主义政党在执政以后，一定要致力于发展生产力，并在这个基础上逐步提高人民的生活水平。始终把是否有利于提高人民生活水平作为衡量一切工作做得好与坏、对与错的一个根本标准。搞社会主义，中心任务是发展社会生产力。贫穷不是社会主义，社会主义要消灭贫穷。不仅要改善人生存发展的物质条件，也要实现人自身的解放和发展，把社会的发展和人的发展统一起来。提出了在注意建设物质文明的同时，还要建设社会主义的精神文明，最根本的是要使广大人民有共产主义的理想，有道德，有文化，守纪律。指出：我们要在大幅度提高社会生产力的同时，改革和完善社会主义经济制度和政治制度，发展高度的社会主义民主和完备的社会主义法制。通过体制改革和机制创新，来不断完善中国特色社会主义各项制度，从而从根本上保障和实现人民当家作主，调动广大人民群众的积极性、主动性和创造性。

（三）“三个代表”中的民生思想

“三个代表”重要思想作为与毛泽东思想、邓小平理论一脉相承的理论体系，从物质文明、精神文明与政治文明的高度进一步丰富了民生思想的根本基础、必然要求与制度保证。（1）代表先进生产力的发展要求就是要通过不断解放和发展生产力来提高人民群众的物质生活水平，为人的全面发展创造物质前提，这是确立民生思想的根本基础。江泽民指出：提高人民的生活水平，是改革开放和发展经济的根本目的，不断提高人民生活水平，是我们党一切工作的根本出发点和归宿。（2）代表先进文化的前进方向就是要创造高度发展的精神文明，不断提高人民群众的文明程度，这是坚持民生思想的必然要求。江泽民指出：物质贫乏不是社会主义，精神空虚也不是社会主义。社会主义不仅要使人民物质生活丰富，而且要使人民精神生活充实。（3）代表最广大人民群众的根本利益，就是要坚持全心全意为人民服务的宗旨，发展先进的政治文明，为贯彻民生思想提供制度保证。江泽民要求各级领导干部要处处以党和人民的利益为重，以人民群众为本。指出：在整个社会生产和建设发展的基础上，不断使全体人民得到并日益增加看得见的利益，始终是我们中国共产党人的神圣职责。全党同志心中始终都要装着人民群众，关心人民群众，千方百计地为他们谋利益，带领他们艰苦奋斗，创造幸福生活。

（四）科学发展观中的民生思想

将以人为本作为科学发展观的核心。（1）把民生上升到实现人的自由全面发展的理论高度。胡锦涛指出：以人为本就是要以实现人的全面发展为目标，从人民群众的根本利益出发，谋发展、促发展，不断满足群众日益增长的物质文化需要，切实保障人民群众的经济、政治和文化权益，让发展成果惠及全体人民。（2）将改善民生作为一切工作的出发点和落脚点。保障和改善民生，是我们搞革命、搞建设、搞改革的出发点和落脚点，也是坚持党的全心全意为人民服务宗旨的根本要求，目前我国仍处于并将长期处于社会主义初级阶段的基本国情没有变，人民日益增长的物质文化需要同落后的社会生产之间的矛盾这一社会主要矛盾没有变，部分群众因为各种原因生活还有一些困难。因此，在经济发展的基础上，努力保障和改善民生是化解社会矛盾，保持社会和谐稳定的一个根本之策。（3）将改善民生作为以人为本的重要体现。我们坚持立党为公、执政为民，坚持权为民所用、情为民所系、利为民所谋，必须体现在不断满足人民群众经济、政治、文化利益上，体现在为人民群众办实事、办好事上。

二、高度重视和解决民生问题体现了我们党的根本宗旨和经济社会发展的根本目的

建党八十多年来，我们党的民生思想随着革命和社会主义建设进程而深化，随着中国特色社会主义理论的发展而丰富，集中体现了我们党的根本宗旨和经济社会发展的根本目的。

（一）解决民生问题是立党为公、执政为民的集中体现

胡锦涛总书记深刻指出：相信谁、依靠谁、为了谁，是否始终站在最广大人民的立场上，是区分唯物史观和唯心史观的分水岭，也是判断马克思主义政党的试金石。对于马克思主义政党来说，坚持立党为公、执政为民，实现好、维护好、发展好最广大人民的根本利益，充分发挥全体人民的积极性，来发展生产力和先进文化，始终是最重要的。中国共产党是马克思主义政党，始终坚持人民利益高于一切，党除了最广大人民群众的根本利益，没有自己的特殊利益。保障和改善民生与我们党全心全意为人民服务的宗旨和立党为公、执政为民的理念本质要求是完全一致的。（1）体现了马克思主义政党的本质特征。马克思主义是无产阶级政党的指导思想，我们党始终坚持把马克思主义作为指导思想，把坚持马克思主义基本原理同推进马克思主义中国化结合起来，作为自己的重要历史任务。马克思主义政党的一切理论和奋斗都是致力于实现最广大人民的根本利益，保障和改善民生，维护好、实现好、发展好最广大人民群众的根本利益，从根本上反映了马克思主义政党的性质和宗旨，是马克思主义政党坚持唯物史观的集中体现。（2）坚持了我们党执政的根本目标。判断一个政党是否立党为公、执政为民，关键是看党的一切工作，能否最终体现和实现最广大人民的根本利益。邓小平反复强调要把人民群众拥不拥护、赞不赞成、高不高兴、答不答应作为衡量方针政策是否可行，是否正确的标准。胡锦

涛指出：我们党要始终代表中国最广大人民的根本利益，就是党的理论、路线、纲领、方针、政策和各项工作必须坚持把人民的根本利益作为出发点和归宿。在社会不断发展进步的基础上，使人民群众不断获得切实的经济政治文化利益。我们党80多年的奋斗历程就是一部全心全意为人民服务、为人民谋福祉的历史。(3) 提高我们党执政能力的必然选择。我们党的全部任务和责任就是带领广大人民实现他们的利益。能不能把人民群众的利益实现好、发展好、维护好，能不能把人民群众最关心、最直接、最现实的利益问题解决好，是对我们党执政能力的重要检验。胡锦涛同志指出：人心向背，是决定一个政党、一个政权盛衰的根本因素。马克思主义政党的理论路线和方针政策以及全部工作，只有顺民意、谋民利、得民心才能得到人民群众的支持和拥护，才能永远立于不败之地。所以说，作为执政党就必须大幅度改善民生，切实让人民群众得到实惠，党的执政基础才能稳固和不断增强。

（二）解决民生问题是中国特色社会主义的本质要求

邓小平同志指出：社会主义的本质是解放生产力，发展生产力，消灭剥削，消除两极分化，最终达到共同富裕。这一论述体现了生产力和生产关系的统一。解决民生问题符合实现共同富裕的社会主义本质要求，从生产力和生产关系的视角来理解，(1) 发展生产力是改善民生的物质基础和条件。生产力的发展是人类社会发展的最终决定力量。只有坚持以经济建设为中心，不断解放和发展生产力，才能为社会的全面进步和人的全面发展奠定坚实的物质基础。也就是说人要生活必须进行生产，必须发展社会生产力。在社会主义初级阶段，发展是解决问题的总抓手，是解决民生问题，最终实现共同富裕的根本途径和保障。(2) 保障和改善民生是促进生产力发展的重要动力。温家宝指出：发展社会事业和改善民生是贯彻落实科学发展观的重要任务，是全面建设小康社会的重要内容，是加快转变经济发展方式、扩大国内需求的重要途径。解决民生问题可以为经济发展方式转变提供最有效的动力，特别是对于刺激消费需求、拉动内需有着直接重要的影响。随着民生的改善，群众收入水平的提高，社会成员购买力显著增强，就会对经济发展产生持续有效地拉动作用。(3) 完善生产关系是实现共同富裕的重要保障。中共十六大以来，党中央审时度势，针对我国现阶段存在的城乡差距拉大、区域发展不平衡、经济社会发展不协调、资源消耗大、环境污染严重、国内发展与对外开放不平衡等诸多关系到人民群众切身利益的具体问题，提出科学发展观，实现统筹区域发展、统筹经济社会发展、统筹人与自然发展、统筹国内发展和对外开放。所有这些举措，都是着眼于协调生产关系，通过先富带动后富，局部富裕带动全局富裕，最终达到共同富裕，逐步实现人的全面发展，这既是对我国现阶段国情的准确把握，也是对社会主义共同富裕目标的进一步完善。

（三）解决民生问题是构建和谐社会的重要基础

构建社会主义和谐社会，加快推进以改善民生为重点的社会建设是一项艰巨复杂的系统工程，而解决民生问题则是建设和谐社会的根基。第一，改善民生是构建和谐社会的重点任务。党的十七大报告指出："社会建设与人民幸福安康息息相关。必须在经济发展的基础上，更加注重社会建设，着力保障和改善民生，推进社会体制改革，扩大公共服务，完善社会管理，促进社会公平正义，努力使全体人民学有所教、劳有所得、病有所医、老有所养、住有所居，推动建设和谐社会。构建和谐社会的重点就是要解决人民最关心、最直接、最现实的利益问题，着力保障和改善民生，促进社会公平正义。第二，改善民生是构建和谐社会的基本原则。构建社会主义和谐社会，必须坚持以人为本，始终把最广大人民的利益作为党和国家工作的根本出发点和落脚点，在经济发展的基础上，不断满足人民群众日益增长的物质文化需要；必须注重社会公平，妥善协调各方面利益关系；必须正确处理改革发展稳定的关系，使改革发展稳定相互协调、相互促进，确保人民安居乐业，确保社会政治稳定和国家长治久安。第三，改善民生是化解矛盾，促进社会和谐的有效措施。人分成不同的利益群体，只有当不同利益群体的利益都得到相对满足时，整个社会才可能处于稳定和谐状态。要坚持把改善人民生活作为正确处理改革发展稳定关系的结合点，正确把握最广大人民的根本利益、现阶段群众的共同利益和不同群体的特殊利益关系，统筹兼顾各方面群众的关切。同时，只有民生得到逐步改善，才能满足各方面的利益诉求，更加积极主动地正视矛盾、化解矛盾，最大限度的增加和谐因素，最大限度地减少不和谐因素，不断促进社会和谐。

三、解决当前民生问题的对策

新中国成立以来，特别是改革开放以后，城乡居民生活发生了翻天覆地的变化，人均 GDP 突破3000 美元，城镇居民收入实际增长近 20 倍，从基本消除贫困，到解决温饱，再到实现总体小康，正在向全面建设小康社会新目标迈进。目前，中国已进入以工促农、以城带乡的发展阶段，进入着力破除城乡二元结构、形成城乡经济社会发展一体化新格局的重要时期。这一时期的民生问题已经不再是简单的衣食之忧，而是包括就业、教育、收入分配、社会保障乃至公平正义、民主法制等多方面内容，是全方位、多层次的民生问题。通过梳理民生思想发展脉络，研究民生思想的深刻内涵，我体会，解决当前民生问题，要突出以下几个方面。

（一）保持经济又好又快发展，为保障和改善民生提供物资保障

解决民生问题离不开物质基础，实现经济的又好又快发展是保障和改善民生的前提和条件。当前，我国经济发展正面临着诸多困难和问题，突出表现在：经济增长的资源环境代价过大；城乡、区域、经济社会发展仍然不平衡；农业稳定发展和农民持续增收难度加大；劳动就业、社会保障、收入分配、教育卫生、居民住房、安全生产、司法和社会治安等方面关系群众切身利益的问题仍然较多，部分低收入群众生活比较困难。在这种情况下，更好地保障和改善民生就必须坚持以经济建设为中心，把发展作为执政兴国的第一要务，特别是要把加快经济发展方式转变，贯穿于经济社会发展的全过程和各领域，提高发展的全面性、协调性、可持续性，推进经济结构战略性调整，提高自主创新能力，注重资源能源节约和生态环境保护，加快推动我国经济增长由主要依靠投资、出口拉动向依靠消费、投资、出口协调拉动转变，由主要依靠第二产业带动向依靠第一、第二、第三产业协同带动转变，由主要依靠增加物质资源消耗向主要依靠科技进步、劳动者素质提高、管理创新转变，实现经济社会又好又快发展。

（二）深化分配制度改革，不断提高城乡居民收入水平

合理的收入分配制度是社会公平的重要体现。改革开放以来，随着国民经济的持续快速健康发展，城乡居民收入实现较大幅度地增长，困难群众的基本生活保障水平明显提高。与此同时，收入分配领域也存在一些不容忽视的问题，城乡之间、地区之间、行业之间的差距不断扩大。按照联合国的贫困标准，中国至少还有1亿多人生活在贫困线下，描述贫困差距的基尼系数已超过0.4的国际警戒线，达到0.47。为此，必须加快分配制度改革步伐，进一步理顺分配关系。按照“初次分配和再分配都要处理好效率和公平的关系，再分配更加注重公平”的原则，逐步提高居民收入占整个国民收入的比重，提高劳动报酬在初次分配中的比重。当前，调节收入分配的关键是要提高中低收入者的收入水平，应严格执行劳动合同法，逐步提高企业最低工资标准，建立企业职工工资正常增长机制和支付保障机制，强化工会地位，提高劳动者集体谈判能力，确保工资总额占 GDP 的比例逐年上升。同时，要加大税收对收入分配的调节作用，深化垄断行业收入分配制度改革，进一步规范收入分配秩序。通过建立合理的收入分配制度，把“蛋糕”分好，逐步扭转收入差距扩大的趋势。

（三）完善社会保障体系，努力保障低收入群体基本生活

社会保障制度是社会的“稳定器”和“安全网”。近年来，党和国家高度重视社会保障建设，做出了一系列重大决策，初步形成了与社会主义市场经济体制相适应的社会保障制度框架。但我国的社会保障制度体系尚不完善，城乡社会保障发展不平衡，广大农村地区严重滞后；一些基本保障制度覆盖面比较窄，基金统筹层次低，保障水平不高。尤其是农民、农民工、被征地农民、城市无业人员和城乡残疾人等群体的社会保障问题比较突出。这些都要求我们必须加快社会保障体系建设的步伐，按照以社会保险、社会救助、社会福利为基础，以基本养老、基本医疗、最低生活保障制度为重点，以慈善事业、商业保险为补充，加快完善社会保障体系。当前，最为迫切的任务就是要加快制度整合，加强农村社会保障体系建设，逐步实现基本社会保障制度的统一和城乡衔接。要继续完善城镇基本养老保险制度，逐步做实个人账户，加快覆盖包括农民工在内的城镇各类劳动者。健全城乡居民最低生活保障制度，做到应保尽保，努力扩大覆盖面，稳步提高保障标准。加大社会保障投入，稳步增加财政性社会保障支出占国家财政支出的比重，重点向特殊困难人群倾斜。

（四）加强社会事业建设，促进基本公共服务均等化

发展社会事业是改善民生的重要内容。改革开放以来，党和国家在注重发展经济的同时，更加注重经济和社会的协调发展，大力发展各项社会事业，城乡免费义务教育全面实现，就业规模日益扩大，公共卫生体系和基本医疗服务不断健全等。但总地来讲，人民群众上学难、看病难、就业压力大的问题还没有从根本上得到解决，基本公共服务包括医疗卫生、教育、信息、文化、公共交通、供水、供电、供气、环保等领域，在我国仍是一个突出的薄弱环节，城乡社会事业发展还很不均衡。要按照城乡经济社会发展一体化的要求，把社会

事业和公共服务发展的重点放在农村，使城乡居民逐步享受到大体均等的基本公共服务。为此，必须加快推进社会事业领域改革，把维护社会事业的公益性，保障人民群众的基本公共需求，作为政府的主要职责。同时，要进一步放宽准入，调动全社会参与社会事业发展的积极性，鼓励各类社会机构和企业参与基本公共服务，有效动员和综合利用社会资源共同参加社会事业建设，不断提高服务的质量和效率。

建立和完善城镇居民最低生活保障线制度的研究

（1997 年 9 月）

社会保障制度是社会稳定机制的重要组成部分，也是社会发展与进步的重要尺度。建立和完善城镇居民最低生活保障线制度，作为建立现代社会保障制度的重要内容，对于合理调节社会分配关系，维护社会稳定，促进计划经济向社会主义市场经济体制的转变，具有重要的现实意义。

一、建立城镇居民最低生活保障线制度是形势发展的迫切要求

最低生活保障线是指一个人或一个家庭的生活水平达不到保障其基本生存权利的最低标准，国家和社会为了保证他们最基本和起码的生存条件而制定的资金（或食物）供应的量化标准。城镇居民最低生活保障线制度是以保障城镇贫困居民基本生存权利为目标的社会救济制度。我国现行的社会救济制度，适合于原来的经济体制，在市场经济的新形势下，日益显现出它的局限性，难以适应社会主义市场经济体制的要求，迫切需要改革创新。主要表现在：

（一）社会上出现了大量的低收入居民

特别是近年来，在我国经济体制由传统的计划经济体制向社会主义市场经济转变的过程中，随着建立现代企业制度的深入和产业结构的调整，城镇中产生了大量低收入居民。（1）一些企业出现了亏损、半停产、停产甚至破产的

现象，导致一部分职工下岗、待业、失业，收入减少或中断，处于贫困状态。(2) 在通货膨胀情况下，一些居民收入较少而实际生活水平下降，如退休年代较早的老职工；(3) 有的因意外事故而陷入贫困，如遭遇疾病、自然灾害等。据有关部门初步统计，1994 年全国约有 1250 万城镇居民处于相对贫困状况，占城镇居民总数的 5%。以上这些新产生的低收入社会群体，特别是亏损企业，双停企业以及破产企业职工，由于不能按时足额领取基本工资或生活费，生活上遇到了许多困难，思想情绪波动，上访请愿事件时有发生，影响了正常的社会秩序，成为社会不稳定因素。

(二) 现行救济制度不适应

第一，救济范围不适应。目前城镇社会救济对象主要有四类：(1) 无依无靠、无劳动能力、无生活来源的孤老残幼；(2) 20 世纪 60 年代精简退职老职工；(3) 生活困难户居民；(4) 特殊救济对象，如国民党宽释人员、生活无依靠的台胞和归侨等。上述人员占城镇人口的比例很小，而且呈逐年下降的趋势。第二，救济标准不适应。(1) 救济标准偏低。社会救济标准是按 20 世纪五六十年代的物价水平、居民收入和消费状况等因素制定的。虽然近年来随着经济和社会发展，救济标准已屡次提高，但相对不断上涨的物价水平及消费水平而言，仍然偏低，难以保证被救济对象的基本生活。(2) 救济标准的调整缺乏科学规范的机制，调整幅度、调整频率、调整方式等均没有明确的制度规定。

以上情况说明，改革现行的社会救济制度，建立城镇居民最低生活保障线制度，既是建立社会主义市场经济体制的需要，也是调节社会分配关系，维护社会稳定的迫切要求。

二、建立最低生活保障线制度的基本原则

建立最低生活保障线制度，应从中国国情出发，明确以下原则：

(一) 既积极又稳妥的原则

最低生活保障线制度是典型的政府行为，国家应积极支持并制定切实可行的政策、法规加以引导和规范。由于目前我国各地情况差别很大，还不具备在城乡统一建立最低生活保障线的条件。因此，应首先在具备条件的大中城市试

行，由各城市根据各地经济发展水平，制定具体的最低生活保障线制度。暂不具备条件的城市和中小城镇，应搞好调查研究，待条件成熟后再实行，不能盲目而上。

（二）因地制宜，量力而行的原则

我国城乡之间城市与城市之间以及城市与城镇之间社会经济状况存在很大差异，因此国家不可能制定出一个适合每个城市的最低生活保障线制度，只能从宏观政策方面作出原则性规定，由各地结合自身情况，自行制定。各地建立最低生活保障线制度，起步阶段起点宜低不宜高。应考虑到保障标准的两个特征：（1）刚性效应，即保障标准一旦确立，只会上升难以下降；（2）预计不足，即实际支出往往会大幅度超出原来的预计，国外经验一般达到预计的 3～4 倍。因此，制定最低生活保障线标准时，必须兼顾需要与可能，首先综合考虑消费水平及收入水平，以确定基本生活需求指标；其次要全面测算保障范围、受保人数、费用支出规模等，再结合本地财力可能，确定当地的最低生活保障标准。

（三）公平和效率兼顾的原则

保障贫困者的基本生活、追求社会公平是最低生活保障的直接目标，因此保障标准不能过低，否则就难以起到保障作用；但保障标准也不能过高，过高则会加重财政负担，鼓励惰性、滋养懒汉，损害劳动者的积极性。因此必须兼顾公平与效率，合理地确定最低保障标准。

（四）多渠道筹措资金的原则

我国经济发展水平不高，财政比较困难，承受能力有限，同时，企业和社会各界在国家政策的指导下，对生活困难的职工进行补助有较长的历史，积累了丰富的经验，如许多企业建立了内部职工互济会等组织。从世界各国的经验来看，社会慈善机构的捐助也是最低生活保障资金的重要来源。因此，为了尽快建立起适合我国国情的最低生活保障线制度，应充分调动各方面积极因素，广泛开拓资金渠道，实现“国家、企业、社会”多方筹集资金的有效机制。

（五）规范管理的原则

建立最低生活保障线制度，必须在当地政府的统一领导下，加强财政、民政、劳动、卫生、物价、统计、工会、街道等部门、单位之间的协调配合。一是各有关部门应当共同参与最低生活保障线方案的论证、调研和制定工作。日常业务工作由民政、街道负责。二是资金筹集由财政及相关部门负责，资金的使用管理和监督工作由财政、审计等部门负责。只有各负其责、分工协作，并建立行之有效的相互制约机制，才能保证最低生活保障线制度的正常实施。

三、建立最低生活保障线制度需要处理好的几个问题

（一）最低生活保障对象和标准的确定

对保障对象的保障标准，需要采取科学的方法加以确定。结合我国国情，应采取调查家庭综合收入的方法来确定保障对象，用市场菜篮法和食物营养分析法确定最低生活保障标准。

第一，家庭综合收入包括所有家庭成员不同时期以及不同职业所得的全部收入，以收入水平来界定贫困群体及其贫困程度。准确认定和评估保障对象的家庭综合收入，是确定保障对象的关键。如果综合收入不能维持家庭成员应有所需热量和基本营养，这样的家庭或个人即可作为保障的对象。

第二，市场菜篮法，是根据社会认定的维持居民最起码生活水平所需物品的种类和数量，再按照不同时期的市场物价水平，计算所需支付的现实数量，以此形成最低生活标准线。按这种方法确定的保障标准线，符合维持保障对象基本生存需要的保障目标，实际工作中便于掌握和操作，便于适时调整保障标准。

（二）资金的筹集

各地在建立城镇居民最低生活保障线制度时，应根据自身的生产力水平和财力状况选择不同的筹资方式。

第一，“单位、财政分别负担”方式。凡保障对象家庭中有在职（包括离退休）成员的，保障资金由所在单位负担；保障对象家庭中无在职（包括离退休）成员的，保障资金由财政负担。

第二，“单位、财政分别负担，财政补助”方式。在实行单位、财政分别负担的同时，如果单位确实无力承担或无力全部承担，由财政予以适当补助。

第三，“财政全部负担”方式。无论保障对象家庭中是否有在职人员（包

括离退休人员），保障资金都由财政负担。采取这一方式的只能是生产力发展水平较高、财政状况较好的城市。

与此同时，要广泛动员社会力量，鼓励社会各界捐助，兴办慈善事业，多渠道筹措资金，扩大资金来源。

（三）资金的管理

最低生活保障线制度覆盖面宽，政策性强，保障资金的使用范围、标准等都体现了国家政策。保障资金的支出直接关系到保障对象的生活，关系到人民群众的切身利益，甚至是“养命钱”“救命钱”，因此，加强最低生活保障资金的管理，是十分重要的问题。财政部门作为政府理财的主管部门，必须参与最低生活保障资金的管理与监督，充分发挥在最低生活保障资金管理中的重要作用。凡是用于城镇最低生活保障的各类财政性资金，均要由财政部门负责各项社会保障资金的职能机构专项管理，建立健全各项财务规章制度，完善相应的配套措施，保证资金有效地发挥作用。

（四）建立最低生活保障线制度与有关制度的衔接

最低生活保障线是社会保障体系中最后一道“防线”，这一制度的完善以职工最低工资标准、养老保险、失业保险等社会保障制度的逐步完善为前提。因此，建立城市居民最低生活保障线制度要与其他社会保障制度搞好衔接。

第一，与职工最低工资标准制度的衔接。凡是申请最低生活保障金的家庭，如果有在职人员，应按在职人员按规定领取的最低工资标准计算其家庭成员人均收入。家庭人均收入低于生活保障标准线的，其差额由最低生活保障金支付。

第二，与养老保险制度的衔接。凡是申请最低生活保障金的家庭，如有离退休人员，应按离退休人员按规定领取的最低离退休费计算其家庭成员人均收入，家庭人均收入低于最低生活保障标准线的，其差额由最低生活保障金支付。

第三，与失业保险制度的衔接。失业者在失业期间要按规定领取失业保险金，其家庭成员如申请救济的，要按家庭失业人员领取的失业保险金计算家庭人均收入。家庭人均收入最低生活保障标准线的，其差额由最低生活保障金支付。

倾斜财力 改善民生
努力促进经济社会和谐发展

（2007年3月）

关注民生，是我们党践行全心全意为人民服务宗旨的要求，也是政府的基本职责和构建和谐社会的关键所在。如何发挥职能作用，着力改善民生、促进经济社会和谐发展，是财政部门应该重点研究解决的问题。

温家宝总理在第十一届全国人民代表大会第一次会议上所作的《政府工作报告》，对“十五”时期我国经济发展和社会进步等各个方面取得的巨大成就进行了实事求是、全面客观的回顾和总结，对国际、国内形势进行了深刻透彻、准确精辟的分析，对未来五年工作主要任务、政策措施作出部署和安排。尤其是《政府工作报告》将民生问题提到了一个前所未有的高度，并将关注民生、重视民生、保障民生、改善民生，作为本届政府工作的重中之重，作出了全面的部署，措施有力，操作性强。比如对全面免除城市义务教育学杂费、加大农民最低生活保障、新型合作医疗保险及住房等方面，都做出了明确的安排。经济发展和改革开放的成果由人民群众共同分享，并在全社会广泛覆盖，是贯彻落实以人为本科学发展观的重要体现，是执政为民的重要体现。“群众利益无小事，民生问题大于天”，解决民生问题，是促进社会和谐，全面建设小康社会的重要保证。今后，更重要的职责就是要结合自身的工作，落实好两会精神，在推动科学发展的同时，着力改善民生，认真解决好劳动就业、社会保障、医疗卫生、教育、住房等人民群众最关心、最直接、最现实的利益问题。从我省的实际情况看，就是要进一步按照公共财政的要求，找准切入点，不断倾斜财力，努力改善民生。

公共财政作为政府履行公共服务职能的重要手段，在改善民生和构建和谐社会方面担负着重要职责。从吉林省来看，就是要充分发挥财政政策资金的导向作用，支持经济又好又快发展，不断提高民生保障能力。发展是基础，民生是核心，只有经济实力增强了，才能有更充沛的社会资源用于改善民生，让广大人民群众更好地享受改革发展的成果。具体到财政工作，就是要紧紧围绕我省加快发展中的关键问题，综合运用预算、贴息、转移支付、税收、政府性债务和政府采购等措施和手段，切实发挥财政政策资金“四两拨千斤”的作用，促进经济加快发展。(1) 支持重点项目建设。在落实好增值税转型、企业所得税“两法合并”、节能减排等财税优惠政策的同时，努力筹措安排资金，使用好开发银行、国际金融组织和外国政府贷款，大力支持水利、交通、农村泥草房改造、城市廉租住房等重点项目和基础设施建设。(2) 支持工业提速增效。积极筹措安排资金，落实好相关政策，继续支持企业实施关闭破产，帮助国有改制企业和分离办社会职能后的企业处理好遗留问题。在白山等3个市开展厂办大集体改革试点的基础上，适时在其他地区启动扩大试点工作。(3) 支持转变经济发展方式。发挥财政政策和资金的引导作用，支持企业技术改造、科技创新、产品研发、节能减排和资源综合利用等，促进经济发展方式转变。(4) 继续支持服务业跨越式发展和民营经济腾飞。认真落实好财税扶持政策，现有支持经济发展专项资金，重点向服务业和民营经济倾斜。支持信用担保机构和地方金融体系建设，帮助中小企业和民营经济解决融资难问题。(5) 继续增加支农投入。认真落实国家“三个明显高于”的政策，依法安排农业支出预算，确保支农投入增量明显高于上年。支持发展现代农业，加大农业综合开发、产业化经营和农业科技推广资金投入，继续安排农业产业化贴息资金、新农村建设专项资金，新增建设用地土地有偿使用费主要用于西部土地开发整理项目建设，提高粮食综合生产能力。(6) 支持扩大对外开放。继续安排招商引资专项资金，保证重大招商引资活动开展和举办第四届东博会。认真落实开发区和工业集中区扶持政策，搞好清费治乱，为招商引资营造良好条件。(7) 继续支持县域经济发展。落实好扩权强县财政扶持政策措施，加大省向县（市）下放共享收入力度，支持县域经济加快发展。

在大力支持经济加快发展的同时，还必须把保障和改善民生放在头等重要位置，逐条逐件落实好改善民生的各项政策措施。近年来，全省财政部门按照“集中财力办大事、办关系民生的事、办建立机制制度的事”的原则，调整结构，创新思路，强化措施，着力提高民生的保障水平，着力将财政资源向公共服务领域倾斜，向解决关系群众利益重点问题倾斜。按照上述原则和思路，过去五年，财政部门在健全完善公共财政政策制度的同时，逐步加大了对就业和社会保障、医疗卫生、文化教育、城乡社区事务、农林水事务等涉及民生的资金投入力度。(1) 支持就业。累计拨付就业补助资金45.1亿元，促进实现新增就业208万人，完成了政府出资三年开发10万个公益型岗位的任务。(2) 支持完善社会保障体系改革试点。累计拨付补助资金58.1亿元，使130万下岗失业人员实现了向失业保险制度并轨；逐步做实企业基本养老保险个人账户，归集做实企业基本养老保险个人账户资金52.5亿元。(3) 支持完善企业养老保险制度。累计拨付企业基本养老保险补助资金191.7亿元，确保了企业离退休人员养老金的及时足额发放，其中先后5次调整企业养老金待遇水平，企业离退休人员月平均养老金水平由610元提高到835元。(4) 支持建立城乡最低生活保障制度。累计拨付资金55.8亿元，使130万城市低保对象、80万农村低保对象享受低保补助，城市低保对象月人均补差水平由2002年的41元提高到2007年的85元，增长1.1倍；农村低保对象年人均补差标准由2005年的180元提高到2007年的360元，增长1倍。(5) 支持建立城乡居民医疗保险制度。累计拨付资金22.8亿元，全省新型农村合作医疗试点扩大到所有市县，率先实现了城镇居民基本医疗保险制度的全覆盖。(6) 支持解决重点民生课题。制定出台13项财税扶持政策，累计拨付资金39.4亿元，促进完成2600万平方米城市棚户区改造任务，为151.5万农村人口解决了饮水安全问题。累计拨付资金32.4亿元，用于扶贫救灾和解决优抚救济对象、企业军转干部生活困难问题。累计拨付资金18亿元，免除全省232万名农村义务教育阶段学生学杂费，提高农村中小学公用经费保障水平，改造农村中小学危房267万平方米，对农村中小学校进行了布局调整和发展农村现代远程教育。

同时，围绕省政府提出的“围绕改善民生，集中力量办好八件实事”的要求，就是从2007年起，每年新增财力的70%以上都要用于民生。(1) 支持就业再就业。通过调整结构，争取国家支持等办法，积极筹措安排就业再就业资金，支持实现全省城镇新增就业42万人的目标。安排专项资金，继续保持10万个公益型岗位开发规模，全面消除零就业家庭，对城乡低保家庭1.2万名适龄子女实行免费技能培训。(2) 支持完善社会保障体系建设。统筹财力，落实好配套资金，继续提高企业退休人员养老金、城乡低保、新型农村合作医疗和城镇居民基本医疗保险财政补助标准。其中，企业基本养老金月人均水平由上年的835元提高到930元；农村低保年人均补助水平和城市低保月人均补助水平要在上年基础上有较大幅度提高。(3) 支持改善群众居住和生活条件。加大财政政策资金扶持力度，促进农村泥草房改造，实行廉租住房补贴制度，对煤矿和县（市）棚户区进行改造。同时，解决农村60万人饮水困难和饮用苦咸水问题。(4) 加大公共卫生事业投入。积极筹措安排资金，提高新型农村合作医疗和城镇居民基本医疗保险财政普惠制补助标准。支持完成列入规划的乡镇卫生院改造和城市社区卫生服务中心标准化建设任务，切实提高城乡公共卫生服务能力。(5) 依法优先保证教育事业投入。继续完善义务教育经费保障机制，优化教育支出结构，新增教育支出重点向农村倾斜，促进教育公平发展。按照国家要求，认真落实好农村贫困寄宿学生生活费补助、免费提供教科书、提高农村中小学公用经费保障水平、免除城市义务教育阶段54万名学生学杂费和对中等职业教育家庭经济困难学生给予补助等政策，支持完成30所农村初中学校标准化改造。增加职业教育经费投入，重点支持县级职教中心建设。六是支持做好扶贫救灾和优抚救济工作。统筹安排落实好扶贫救灾、医疗救助和优抚救济资金，确保困难群体和受灾群众基本生活需要。

（原载《吉林党校报》2007年3月20日）

让公共财政的阳光普照农村义务教育

（2007 年 9 月）

农村义务教育在全面建设小康社会，构建社会主义和谐社会进程中，具有基础性、先导性和全局性的重要作用。普及和巩固农村义务教育，是坚持科学发展观、深入实施科教兴省战略、推进农村综合改革、建设社会主义新农村的有力保证；是贯彻“工业反哺农业、城市支持农村”方针，推进教育公平和社会公平，使广大人民共享改革发展成果的重要举措；也是强化政府对农村的公共服务，扩大公共财政覆盖农村范围的必然要求，是一件功在当代、利在千秋的大事。公共财政是国家和各级政府履行职能的重要物质基础、政策工具、体制保障和管理手段，把农村义务教育纳入公共财政保障范围，让每一个农村孩子都能享受平等的教育权利和教育机会，是各级财政部门义不容辞的责任，也是公共财政的重要目标之一。

近年来，省委、省政府高度重视教育工作，尤其是农村教育工作。随着各项改革的不断深入和财政状况的整体改善，各级财政部门逐步扩大公共财政的保障范围，为加快农村教育事业发展做了大量工作，使公共财政的阳光逐步照耀到广大农村。（1）不断加大对基础教育特别是农村基础教育的投入力度。2006 年，全省预算内基础教育教育支出 75.9 亿元，比 2001 年增长 172%；省级财政认真落实国家关于新增教育经费主要用于农村的要求，不断增加对农村基础教育的扶持力度，省级预算安排的农村基础教育的专项资金从 2001 年的 0.7 亿元增加到 2006 年的 2.5 亿元，增长 257%，高于同期省级财力增长幅度，也高于省级教育经费增长幅度。此外，省财政与有关部门积极争取中央支持，五年来累计争取中央专项资金 12.5 亿元。（2）会同有关部门采取一系列措施，着力解决农村义务教育发展中的突出问题。完善了农村中小学教师工资保障机制，通过加大转移支付力度、实行县级统一发放等措施，基本保证了农村中小学教师国家规定的工资及时足额发放；启动了农村中小学危房改造、布局调整、寄宿制学校建设和现代远程教育等一系列工程，五年间共消除农村中小学校危房252万平方米，撤并农村中小学校1490所，新建寄宿制学校158所，在5568所农村中小学校（含教学点）进行了现代远程教育联片试点，改善了农村中小学校的办学条件；建立了农村义务教育阶段贫困家庭学生资助体系，通过实施“两免一补”政策，对贫困家庭学生实行免杂费、免教科书费、补助寄宿生生活费，使317万人次农村学生受益，保证了贫困家庭学生都能够接受义务教育。

这些政策的实施，使得我省农村学校办学条件得到了很大的改善，农村中小学布局结构进一步优化，农村教育质量有所提高。但是，我们必须清醒地看到，吉林省是一个农业大省、经济不够发达，“三农”问题十分突出。农村义务教育办学还存在相当大的困难。其中突出表现在农村义务教育经费保障机制方面，仍然存在着各级政府投入责任不明确、总体经费保障水平偏低、教育资源配置不尽合理、农民教育负担较重等问题。这些问题的存在不仅影响到农村教育的发展，而且直接影响到我省“三农”问题的解决和社会主义新农村建设。

按照国家制定的政策，从2007年起，我省农村义务教育将全面实施新的经费保障机制，在农村首次实现了真正意义上的义务教育。这是党中央、国务院总揽全局、高瞻远瞩所作出的战略部署；是践行“三个代表”重要思想和执政为民的重要举措；是构建和谐社会、建设社会主义新农村的有力保证；是进一步减轻农民负担，巩固和发展农村税费改革成果，推进农村综合改革的重要内容；是贯彻落实科学发展观、实现教育均衡发展的有效手段；是进一步巩固、提高“普九”成果，促进农村义务教育持续健康发展的可靠保障；同时更是完善以人为本的公共财政支出体系，扩大公共财政覆盖农村范围，强化政府对农村的公共服务，推进基本公共服务均等化的必然要求。

我省各级财政部门将统一思想，提高认识，切实按照国务院和省政府的部署，扎扎实实把各项改革政策贯彻落实到位。

第一，全部免除农村（包括县镇）义务教育阶段学生学杂费，对贫困家庭学生免费提供教科书并补助寄宿生生活费。国家免收农村义务教育阶段学杂费，是通过补助学校的方式减轻农民负担，并且总体上提高了对学校经费的保障水平。免收学杂费是从根本上杜绝学校乱收费的一项重要措施，免收学杂费政策实施后，各地将对农村中小学的各种收费进行清理，农村中小学除可代收课本费、作业本费两项代收费和寄宿生住宿费外，不允许向学生收取其他任何费用。2007年全省实施农村义务教育经费保障机制改革可惠及农村中小学生232万名，减轻农民负担5.5亿元。免收学杂费的资金，各级财政部门将在开学前拨付到学校，确保学校的正常运转，不允许出现先交后返等现象。省政府站在全局和战略的高度，决定扩大政策范围，将义务教育阶段的县城所在地的非贫困学生和各市辖区的农村学生全部纳入改革范围；享受城市居民最低生活保障政策家庭的义务教育阶段学生也要纳入保障范围，进城务工农民子女在城市义务教育阶段学校就读的，与所在城市义务教育阶段学生享受同等政策，经费由所在城市负担；农垦、林场办义务教育阶段中小学经费保障机制改革，与所在地区农村同步实施，所需经费按照现行体制予以保障。

第二，提高农村义务教育阶段中小学公用经费保障水平。目前，在农村中小学经费投入中，公用经费不足的问题比较突出。虽然前两年我省出台了农村中小学生均公用经费基本标准和预算内拨款标准，但相当一部分地区农村中小学的公用经费支出仍然靠收取学杂费维持运转，区域之间公用经费支出水平差异很大，不利于促进教育公平。这次改革，国务院和省政府把提高公用经费保障水平作为一项十分重要的内容，提出了分步实施方案。2007年，我省农村中小学生生均公用经费将达到小学280元，初中360元，大大高于全国平均水平。可以预计，今后几年我省农村中小学公用经费支出水平将会明显提高，特别是执行中央即将出台的公用经费基准定额后，城乡之间、区域之间的差距将会逐步缩小，教育公平的格局将会逐步形成。

第三，建立农村义务教育阶段中小学校舍维修改造长效机制。2001年以来，在中央财政的大力支持下，我省已经连续实施两期农村中小学危房改造工程，改造各类危房约164万平方米，对于保障学校安全，改善办学条件发挥了积极作用。但现行的危房改造办法仅是一种临时性、应急性的措施，组织管理方式也有待改进。国务院在总结两期“危改”工程经验的基础上，提出建立农村中小学校舍维修改造长效机制，通过建立“长效机制”，将使农村中小学校舍维修改造纳入经常性、制度性轨道，保证了稳定的资金投入。我省建立校舍维修改造长效机制所需资金由中央和省财政按5∶5比例承担。各市（州）、县（市）要按照国务院及省政府的要求，明确责任、完善制度、强化管理，在新的机制下，把这项工作做好。

第四，巩固和完善农村中小学教师工资保障机制。按照现行体制，教师工资应由各地政府承担，各地政府要进一步落实义务教育管理责任，及时足额发放教师工资，同时要对教师津贴、补贴项目进行清理规范和分类处理，按照国家规定，由各地政府解决教师应享受的地方津贴、补贴，制止学校乱发财物的行为，全部取消学校自行出台的补贴项目，严格杜绝用公用经费乱发津贴、补贴的行为。

建立农村义务教育经费保障新机制，是党中央、国务院从构建社会主义和谐社会和建设社会主义新农村的大局出发所作出的重大决策，是惠及亿万农民群众的民心工程，是促进农村义务教育持续健康发展的治本之策。举国关注，关系重大，必须全力以赴地把好事办好，不能有任何闪失。

完善工作机制，搞好协调配合。财政部门作为资金筹集和管理的职能部门，在深化农村义务教育经费保障机制改革中负有义不容辞的职责。各级财政部门将按照国务院和省政府关于深化农村义务教育经费保障机制改革的要求，认真学习《吉林省农村义务教育经费保障机制改革方案》和领导讲话精神，在当地党委、政府的领导下，切实负起责任。切实加强组织领导，建立“一把手”负总责，分管领导全力抓落实的工作机制。把农村义务教育经费保障机制改革作为2007年财政工作的一项重要任务，深入实际，深入学校，广泛开展调查研究，针对改革中出现的新情况、新问题及时提出解决办法，及时向党委、政府汇报实施方案和进展情况。要主动与教育部门建立有效的工作联系机制，及时沟通情况，分析解决问题。提高农村义务教育经费筹集管理工作的透明度，及时将各级的经费投入情况向同级人民代表大会报告，并向社会公布，接受社会监督。认真配合教育、物价、审计、监察等有关部门，把农村义务教育经费保障作为财政监督工作的重点内容。积极协助有关部门制订切实可行的宣传方案，广泛利用电视、广播、报刊、网络等各种宣传媒介，向全社会进行深入宣传，为改革营造良好的外围环境。

足额安排预算，加大财政资金投入。2007年，各级财政部门对应承担的改革资金在预算中已足额安排。原来已经安排的教育资金不能撤出，并按照法定的要求继续增长，新增的教育经费重点用于寄宿生的生活补助和改善学校办学条件。农村义务教育经费保障机制改革资金要按规定在各级财政预算中单列。2007年，省财政在继续支持农村中小学危房改造、布局调整的基础上，将针对当前学校建设中的薄弱环节，加大对农村中小学课桌椅、“老三室”、厕所、食堂及饮水设施改造的支持力度。

细化预算编制，完善中小学预算管理制度。各地将按照农村义务教育以县为主的管理要求，建立健全农村中小学预算编制和预算管理制度。农村中小学的各项收支统一编入县级财政预算，并由县级财政部门按照县级财政国库管理制度的要求一并办理资金的支付。2007 年起，各县（市、区）将试编农村中小学预算，2008 年起正式编制规范的农村中小学预算。农村中小学预算将清晰地反映农村中小学的各项收支项目，完整、准确、公开、透明。

农村义务教育经费保障机制改革，是农村义务教育发展史上具有里程碑意义的重大改革，是促进农村义务教育持续健康发展的一项重大举措，是惠及广大农村家庭和孩子的德政之举、民心工程和阳光工程。我省各级财政部门将按照党中央、国务院和省委、省政府的决策部署，充分发挥职能作用，精心组织，统筹安排，扎实工作，不折不扣地把这项利国利民的大事办实办好，确保我省农村义务教育保障机制改革收到实效。

（原载《吉林日报》2007 年 9 月 9 日）

硕果累累惠民生

（2008年7月）

沐浴着改革开放春风，伴随着市场经济大潮，我省财政事业走过了辉煌灿烂的三十年发展历程。三十年来，全省各级财政部门始终坚持以邓小平理论和“三个代表”重要思想为指导，坚持科学发展观，在省委、省政府的正确领导下，认真贯彻落实国家财政政策，深入推进财政改革，加强财政收入征管，强化财政资金管理，发挥公共财政职能，助经济、保民生、促和谐，财政工作取得了令人瞩目的成就，为吉林经济社会的可持续发展描绘了浓墨重彩的一笔。

科学生财聚财，做大做优“蛋糕”，是提升财政公共服务能力、确保各项社会事业发展的物质基础和前提条件。财政作为政府履行职能的财力基础和政府宏观调控的重要工具，在我省全面、协调、可持续发展过程中担负着重要使命。我省是传统的农业省份，基础差、底子薄、财力规模小，各方面对财政资金需求大。改革开放以来，各级财政部门着力培养后续财源，坚持依法治税，强化收入征管，为改革发展稳定提供了强有力的财力支撑。

1977年，全省财政收入仅为12.3亿元，2007年一般预算全口径财政收入达到649.3亿元，增长51.8倍，年均递增14.1%。1977年，全省财政支出为13.4亿元，2007年达到883.8亿元，增长65倍，年均递增15%。随着财政体制改革的不断深化，特别是1994年实行分税制财政体制改革后，政府间财政分配关系逐步理顺，极大调动了地方增收节支的积极性，全省的财政总收入更是一年迈上一个新台阶。1999年，全省地方级财政收入规模突破百亿元大关，2005年超过200亿元，2007年突破300亿元，达到320.5亿元，比2006年增长30.7%。

改革是活力之源，是财政工作持续健康发展的不竭动力。改革开放三十年来，我省按照国家构建公共财政体系框架的目标要求，从实际出发，不断加大工作力度，统筹推进各项财政改革，积极构建完善的财政制度体系，初步建立了符合吉林实际的公共财政体制框架，财政管理效益稳步提高。

1978~1993年，我省财政体制虽几经变革，但主要是以“统收统支”和“包干制”为内容。1994年，国家实行分税制财政管理体制改革，打破了“统收统支”和“包干”体制下形成的弊端，促进了企业开展平等竞争和全国统一市场的发育和形成。分税制实行十五年来，我省财政体制运行平稳，省与市县间分配关系逐步规范，调动了各级政府发展经济、组织收入的积极性。全省地方级财政收入占GDP的比重由1994年的5.46%提高到2007年的6.13%。

2000年以来，我省着力推进“阳光财政”建设，让公共财政的运作阳光化，提高公开性和透明度。实行国库集中支付，堵塞可能的漏洞，让财政资金“中转”变“直达”；实施政府收支分类改革，进一步细化预算，让人民群众能够看明白财政收支的来龙去脉。从1999年起，我省开始建立政府采购制度。近十年来，政府采购制度建设已覆盖采购计划编制、运行操作和资金结算等政府采购全过程，形成了比较规范的政府采购管理制度体系。

我省在深化预算管理制度改革，推进财政制度创新方面也取得了重要进展。部门预算改革逐步深化。从2002年全面编制部门预算开始，到2007年，省级上报人代会审查的部门预算已经增加到100个。9个市（州）本级全部编制了部门预算，27个县（市）开展试点。“收支两条线”改革成效显著。1998年，我省开始全面推行“收支两条线”改革。截至2007年，累计将220项行政事业性收费和政府性基金纳入财政预算管理；全面推行了“单位开票、银行代收、财政统管”的收缴方式改革，执收执罚行为逐步规范。

为政之道，重在以人为本；理财之道，重在用之于民。全省各级财政部门牢固树立“为民理财”的观念，服从服务于全省改革发展稳定大局，在制定政策、预算安排和资金分配上，始终把事关人民群众切身利益的问题放在第一位，对涉及民生及维护社会和谐稳定方面的资金需求予以全力保障。

努力构建就业再就业政策资金扶持体系。2003年，国家开始实行积极的就业再就业政策，我省各级财政部门认真落实促进就业再就业的各项财税扶持政策，妥善安排就业再就业资金，简化就业服务补贴兑现手续，放宽小额担保贷款享受范围，提高“4050”灵活就业人员社会保险补贴比例等措施，支持开展“十百千创业促就业成功项目”“万名国企员工进民企”等全民创业促就业活动，政府出资三年购买10万个公益性岗位，实施了“零就业家庭”就业援助机制和“城乡低保家庭适龄子女免费技能培训”计划等，多渠道开发就业岗位。到2007年末，全省财政五年累计筹措拨付就业再就业资金52.8亿元，城镇实现新增就业208万人、再就业174.1万人。

积极支持建立完善城乡社会保障体系。1999年我省全面建立城市低保制度，2003年在全国率先开展新型农村合作医疗试点，2004年建立农村贫困家庭大病医疗救助制度，2005年实施农村居民最低生活保障制度，启动城市居民医疗救助制度。2004～2005年，我省开展完善城镇社会保障体系改革试点，130万人实现“并轨”，按规定比例做实了养老保险个人账户。2006年对1439个城市社区和668所农村社会福利中心进行了全面建设改造。2007年，率先建立了城镇居民基本医疗保险制度。目前，我省基本实现了城乡低保、城乡基本医疗保障和城乡基础服务平台“三个全覆盖”。

大力促进各项社会事业加快发展。三十年来，财政部门在教育、科学、文化、卫生等社会事业方面，投入了大量资金，较好地促进了各项社会事业健康发展。2006年，我省实施农村义务教育经费保障机制改革，提高农村中小学生均公用经费标准，开展农村中小学危房改造和布局调整。2007年免除全省232万名农村义务教育阶段学生学杂费，为家庭困难学生免费提供教科书，对家庭困难寄宿生给予生活补助。2008年，在国家要求免除城市中小学生学杂费的基础上，将县城学生纳入了免费范围。2002～2006年，全省财政累计投入资金36.7亿元，重点支持了光电子、生物工程、科技创新和成果转化等。同时，自2003年起，全省财政累计投入资金7.1亿元，支持城乡公共卫生服务体系建设、农村卫生院改造，启动“一村一名医疗专业大学生”培养项目等，公共卫生服务和应对突发公共卫生事件的能力显著增强。

着力支持改善城乡群众基本生活条件。2003以来，全省各级财政筹措资金52.5亿元，支持完成全省2670万平方米城市棚户区改造拆迁任务，回迁居民41.7万户；累计投入资金9亿元，解决了150万人饮用高氟、高砷水和苦咸水问题。从2007年开始，利用五年时间完成全省74万户农村泥草房改造任务。

三十年风华正茂，三十年成就辉煌。站在新的历史起点上，财政工作面临新的任务和挑战。面对新形势、新任务和新要求，全省财政人正以“三十而立”的朝气和睿智，坚持以科学发展观统领财政工作全局，服务于全省改革发展稳定大局，开拓进取，扎实工作，谱写吉林财政更加壮丽的新篇章。

（原载《吉林日报》2008年7月26日）

提高财政保障能力　全力保民生促增长

（2009年4月）

国际金融危机爆发以来，中央出台了一系列政策措施，提出把保持经济平稳较快发展作为首要任务。财政作为政府综合经济部门，一定要紧紧围绕国家和省扩内需、保增长的重点任务，切实发挥好职能作用，落实好积极的财政政策，提高保障能力。

一、落实好国家扩大内需、刺激经济增长的各项政策措施

据初步测算，2009年吉林省全面实行增值税转型政策全年须抵退税款30亿元左右，落实降低住房交易税费、提高出口退税率、暂免征收储蓄存款和证券交易结算资全利息所得税等结构性减税，以及取消和暂停行政事业性收费105项将减收30多亿元。全年减收60多亿元对于经济欠发达、财政实力软弱的吉林来说的确不是个小数目，我们必须从全局出发，克服困难，千方百计确保政策落实到位，帮助企业渡过难关，为经济发展创造良好条件。同时，要认真落实好扩大内需、改善民生、扶持“三农”等促进经济发展的各项增支措施，通过采取调整优化财政支出结构、大力压缩一般性支出等措施，积极支持科技创新、成果转化、节能减排、环境保护，加大中小企业、民营经济、服务业等专项资金投人，促进产业结构调整和优化升级。

二、继续加大政府公共投资

吉林省从2005年开始实施投资拉动战略，多年的实践证明这是促进经济持续快速发展的有效手段。在当前扩内需、保增长的新形势下，更要毫不动摇地实施投资拉动战略。2009年吉林省提出GDP和固定资产投资要实现两个7500亿元，任务很艰巨，财政部门必须付出艰苦努力。（1）要集中财力，支持省政府确定的铁路、公路、水利、电力、民生、生态环保和城市公共基础设施等八大重点工程建设，保证项目所需前期工作经费，并进一步加大重点项目补助力度。（2）在努力争取国家预算内基本建设资金、国债资金，使用好国家开发银行、世界银行、亚洲开发银行和外国政府贷款的同时，继续改善财政支持经济发展方式，切实发挥“四两拨千斤”作用，采取贴息、补助、以奖代补等多种方式，广泛吸引信贷资金、域外资金和民间资本参与项目建设，拓宽融资渠道。（3）要管好用好中央代理发行的地方政府债券资金，做好跟踪问效，确保债券资金安全运行、有效使用、及时还款付息。

三、着力保障和改善民生

2009年是省政府连续第三年承诺办好“八件民生实事”，落实这些实事都需要财政给予政策和资金保障。2008年，全省财政新增支出用于民生方面占了73.9%；超收用于民生的支出占81%。2009年仍要保证新增财力的70%以上用于民生。（1）大幅度增加粮食直补、农资综合直补、良种、增产技术和农机具购置等惠农补贴，其中玉米、水稻良种补贴要实现全覆盖；支持“家电下乡”和“汽车下乡”，对购买产品的农民给予补贴，带动和引导农村消费需求。（2）落实好积极的就业政策，增加财政投入，促进就业目标的实现；进一步提高企业养老金、城乡低保和城乡基本医疗保险等社会保障水平。（3）加大政策资金扶持力度，支持城市棚户区、危旧房、农村泥草房、城市廉租住房和农村安全饮水工程建设，继续改善群众居住生活条件。（4）增加投入支持教育、科技、文化、卫生等各项社会事业加快发展，满足人民群众日益增长的物质文化需求。

四、进一步提高财政保障能力

2009年是财政比较困难的一年，扩大内需、刺激经济增长等各方面都需要大量的资金投入，财政收支矛盾十分突出。在这种情况下，狠抓增收节支，提高财政保障能力，更具有特殊意义。（1）抓好增收。严格按税法办事，到期的税收优惠政策及时恢复征税，对越权减免缓税行为坚决予以制止和查处。搞好税源调查和监控，强化征管措施，规范非税收入管理，做到依法依规，应收尽收。（2）狠抓节支。2009年全省行政事业编制和行政公用经费继续实行“零增长”，严格控制“楼堂馆所”和信息网络重复建设拨款，大力压缩公车、接待、会议等一般性支出。省级机关出国经费纳入预算管理，实行“零增长”。推进机关节能降耗，降低行政成本。确保扩大内需、教育、农业、社保、就业、医疗卫生、节能减排和对口援建地震灾区等重点支出的需要。（3）进一步加强财政管理。深化各项预算管理制度改革，不断提高财政管理科学化和精细化水平。增强预算的严肃性，经人大批准的预算一定要严格执行，预算执行中必须增加的支出要在年度部门预算内调剂解决。省级财政除应对自然灾害等特殊情况外，上半年不再追加预算。强化财政支出管理，重点是加强对扩大内需投入资金以及其他各种专项资金的监管，避免损失浪费和产生腐败行为。

（原载《中国财政》2009年第7期）

让更多的财力向民生倾斜

（2010 年 4 月）

省委、省政府对民生问题高度重视，特别是近几年，改善民生的工作力度不断加大，已连续三年承诺办好并兑现八件民生实事。按照省委、省政府统一部署，财政部门围绕中心，立足全局，不断健全完善公共财政体制，积极建设“民生财政”，在制定政策、预算安排和资金分配上，始终把事关人民群众切身利益的问题放在第一位，连续三年将新增财力的 70% 用于民生，努力保障民生资金需求。2009 年，尽管受国际金融危机影响，财政面临很大困难，收支矛盾十分突出，但财政用于民生方面的支出仍然比上年增长了 27.5%。

一、在促进就业方面

进一步拓宽了财政政策资金的扶持范围，制定完善了税费减免、小额担保贷款、职业培训、社会保险补贴等一系列创业、就业扶持政策，加大资金投入，2009 年，全省各级财政共筹措拨付就业专项资金 22.2 亿元，比上年增加 4.6 亿元，增长了 26.1%。重点支持了就业困难人员、高校毕业生、返乡农民工等特殊群体就业，稳定了 10 万个公益性岗位开发规模，促进了全省各项就业再就业工作目标的圆满完成。

二、在提高社会保障水平方面

（1）全面落实企业养老金调整政策。筹措拨付养老保险补助资金 71.2 亿元，比上年增加7.4亿元，增长11.6%，企业离退休人员养老金月平均水平由925元提高到1025元，确保了150多万企业离退休人员养老金及时足额发放。(2) 进一步提高城乡低保补助水平。筹措拨付城乡低保补助资金35.2亿元，比上年增加9.5亿元，增长37%，城市低保月人均补助水平由130元提高到170元，农村低保年人均补助水平由540元提高到760元。(3) 筹措拨付资金2.5亿元，为全省248万城乡低保对象和低保边缘家庭发放了庆祝建国六十周年一次性补助。(4) 进一步提高了优抚对象抚恤和生活补助标准，筹措拨付优抚补助资金6.4亿元，比上年增加1.1亿元，增长19.8%。

三、在落实强农惠农政策方面

2009年，全省财政用于三农方面的资金达到523.8亿元，比上年增加116.3亿元，增长28.5%。(1) 筹措拨付资金117.2亿元，重点支持了增产百亿斤商品粮能力建设工程、农业基础设施、农业综合开发、科技推广和开展深松深翻等，促进了现代农业发展。(2) 筹措拨付资金76.9亿元，比上年增长9.5%。认真落实粮食直补、农资综合直补、良种、农机具购置补贴政策，大幅度增加了良种补贴和农机具购置补贴，全年筹措拨付良种补贴7.3亿元，比上年增长63.7%；筹措拨付农机具购置补贴9.5亿元，比上年增长171.4%。(3) 筹措拨付资金6亿元，支持开展"家电下乡"和"汽车摩托车下乡"，对购买相关产品的农民给予财政补贴。2009年，全省销售"家电下乡"产品42.9万台，销售额达到8.7亿元；销售"汽车摩托车下乡"产品18.5万辆，销售额达到39.7亿元。这两项政策的实施，对于改善农民生产生活条件，拉动农村消费发挥了积极的作用。(4) 筹措安排专项资金6.9亿元，用于支持解决全省118.5万人的农村饮水安全问题。五是累计投入扶贫资金11.7亿元，重点支持1200个贫困村实施整村推进规划。

四、在促进教育文化等社会事业发展方面

(1) 继续提高农村义务教育中小学公用经费保障水平。拨付农村义务教育中小学公用经费9.8亿元，将农村义务教育中小学公用经费保障水平从年生均小学290元、初中430元分别提高到300元、500元。(2) 启动实施中小学校舍安全工程。筹措拨付中小学校舍安全工程资金7.2亿元，重建和加固改造

校舍面积100万平方米，提高了中小学校舍抗震设防能力和安全保障能力。(3) 解决好拖欠中小学教师工资问题。在2008年补发拖欠中小学教师工资的基础上，2009年又按计划补发拖欠中小学教师工资6.8亿元，直接惠及在职教师23.4万人，离退休教师1.7万人。2010年将全面完成补发拖欠中小学教师工资工作任务，比原计划提前一年。(4) 积极开展清理化解农村义务教育债务试点。筹措拨付资金10亿元，圆满完成了国家规定的阶段性工作任务，切实减轻了农村义务教育学校的债务包袱。(5) 不断丰富农村群众文化生活。筹措拨付资金5592万元，支持乡镇综合文化站、农村文化大院、农家书屋建设和开展“送戏下乡”活动。

五、在推进医药卫生体制改革方面

(1) 进一步扩大基本医疗保障制度覆盖范围。2009年，全省各级财政投入资金17.8亿元，将16万符合条件的关闭破产国有企业退休人员纳入了基本医疗保障体系；进一步加大对城乡困难群众参保支持力度，资助181万城乡困难居民参加基本医疗保险。(2) 不断提高基本医疗保障水平。筹措拨付资金15亿元，进一步提高城镇居民基本医疗保险和新型农村合作医疗补助标准。筹措拨付医疗救助资金3.5亿元，使城乡医疗救助制度中的住院救助水平和门诊救助水平分别比上年提高了48%和45%。(3) 切实增强基层医疗卫生服务能力。筹措拨付资金1亿元，支持改善城市社区卫生服务条件，提高乡镇卫生院设备配备水平；继续实施一村一名卫生医疗大学生培养计划和万名医师支援农村等活动，各项基层卫生服务能力和服务水平得到明显提高。(4) 筹措拨付资金1.5亿元，努力保障甲型H1N1流感和手足口病防治等重大突发公共卫生事件经费需要。

六、在支持保障性住房建设方面

大力支持城市、林业、煤矿棚户区和农村泥草房改造，城市廉租住房建设“五路安居”工程。(1) 加大资金投入力度。2009年，省财政筹措安排保障性住房资金63亿元，比上年增加34.8亿元，增长123.4%，是前三年投入总和的1.5倍。(2) 扩大覆盖范围。2009年新增了农村危倒房改造和边境地区农村泥草房改造项目，保障性安居工程已从点扩展到面，从城市扩展到农村，基本实现从城到乡的全面覆盖。（3）增加受益人群。2009 年，省政府决定将城镇低收入住房特殊困难家庭纳入城市廉租住房租赁补贴范围，使更多的住房困难群体受益。2009 年，全省“五路安居”工程建设面积达 2949.5 万平方米，发放廉租补贴户数由上年的 23 万户增加到 33 万户。城乡困难群众居住条件得到明显改善。

（原载《吉林日报》2010 年 4 月 7 日）

切实加大教育投入 促进教育优先发展

（2010 年 11 月）

多年来，省委、省政府高度重视教育发展，不断增加教育经费投入，特别是“十一五”以来，随着我省财力的增加和财政支出结构的调整优化，大幅度增加了教育经费投入。2006 ~ 2009 年，我省预算内教育拨款平均增长 25.9%，高于同期经常性财政收入平均增幅 7.5 个百分点，2008 年各类生均预算内教育事业费居全国前 10 位左右（按小学、初中、高中、中职、大学排位的算术平均计算，下同），比 2005 年约提高 4 位，为全省教育事业优先发展提供了坚实的财力保障。

一、财政教育经费投入情况

按照国家规定的统计口径，教育经费主要包括预算内教育拨款、事业收入和其他收入。预算内教育拨款主要指预算内教育事业费拨款、科研经费拨款、基建经费拨款和其他经费拨款。事业收入主要指学校和单位开展教学及辅助活动依法取得的、经财政部门核准留用的预算外资金，以及经财政专户核拨回的预算外资金。其他收入主要指除上述各项收入以外的其他各项收入。我省 2006 ~ 2009 年教育经费的投入情况是：

（一）预算内教育拨款实现大幅度增长

2009 年全省教育经费总量达到 300.7 亿元，比 2005 年增加 162.3 亿元，增长 1.2 倍，平均增长 21.4%；预算内教育拨款达到 228.2 亿元，比 2005 年增加137.3亿元，增长1.5倍，平均增长25.9%。

1. 基础教育。2009年，全省基础教育经费达到182.8亿元，比2005年增加100亿元，增长1.2倍，平均增长21.9%；预算内教育拨款达到160.7亿元，比2005年增加99亿元，增长1.6倍，平均增长27%。

2. 中职教育。2009年，全省中职教育经费达到20.3亿元，比2005年增加5.9亿元，增长0.4倍，平均增长9%；预算内教育拨款达到14.9亿元，比2005年增加6.4亿元，增长0.8倍，平均增长15.1%。

3. 高等教育。2009年，全省高等教育经费达到76.2亿元，比2005年增加42.4亿元，增长1.3倍，平均增长22.5%；预算内教育拨款达到34.7亿元，比2005年增加19.4亿元，增长1.4倍，平均增长22.8%。

（二）预算内教育拨款实现了"三个增长"

按照《中华人民共和国教育法》规定，财政教育经费投入要做到"三个增长"，即：预算内教育拨款高于经常性财政收入增长，生均预算内教育事业费逐年增长，生均预算内公用经费逐年增长。2006～2009年，我省财政教育经费投入均实现了"三个增长"。

1. 预算内教育拨款。2006～2009年，全省预算内教育拨款增幅分别为20.1%、35.3%、34.6%、13.8%，经常性财政收入增幅分别为7.7%、31.5%、27.5%、7.4%，预算内教育拨款增幅分别高于经常性财政收入增幅12.4、3.8、7.1、6.4个百分点。

2. 生均预算内教育事业费。2006～2009年，全省生均预算内教育事业费，小学由2114元增加到4709元，初中由2130元增加到5316元，高中由1924元增加到4012元，中职由2405元增加到5827元，大学由4025元增加到6197元。上述指标中，剔除2008年部分省属高校使用集中处置国有资产一次性收入安排支出的特殊因素后，均实现了逐年增长。

3. 生均预算内公用经费。2006～2009年，全省生均预算内公用经费，小学由330元增加到1209元，初中由399元增加到1749元，高中由419元增加到1160元，中职由636元增加到1514元，大学由2104元增加到2344元。上述指标中，剔除2008年部分省属高校使用集中处置国有资产一次性收入安排支出的特殊因素后，均实现了逐年增长。

"十一五"以来，随着财政教育投入力度的不断加大，我省财政教育经费保障水平逐年提高，生均预算内教育事业费在全国排位靠前。

二、财政支持教育发展的工作情况

几年来，在省委、省政府的正确领导下，各级财政在大幅度增加教育经费投入的同时，注重体制机制创新，着力构建教育经费保障长效机制，加大解决历史遗留问题的力度，在促进教育优先发展中发挥了重要作用。突出表现在以下三个方面：

（一）构建教育经费保障长效机制

各级财政在促进教育事业发展的方式上，针对不同类型的教育产品属性，健全完善以财政拨款为主、其他多种渠道筹措教育经费为辅的体制，通过调整优化财政支出结构，不断加大教育经费投入，有力支持教育事业健康快速发展。

1. 深化农村义务教育经费保障机制改革。按照国家统一部署，我省从2007年春季学期开始，实施农村义务教育经费保障机制改革。这项改革主要包括五项内容：免除农村义务教育阶段学生学杂费，提高农村中小学公用经费保障水平；免费提供教科书；对农村义务教育阶段家庭经济困难寄宿生补助生活费；实施农村中小学校舍维修改造长效机制；巩固和完善农村中小学教师工资保障机制。

（1）免除农村义务教育阶段学生学杂费，提高农村中小学公用经费保障水平。免除学杂费后的财政补助资金标准为小学年生均220元、初中年生均280元。在免除学杂费的同时，安排资金同步提高农村中小学公用经费保障水平。2009年，我省农村中小学公用经费保障水平提高到小学300元、初中500元（不含专项经费），达到国家规定的基准定额。为实施此项改革，2007～2009年各级财政累计投入27.2亿元，所需资金由中央和地方按6:4比例分担，减轻学生家庭负担16.5亿元，每年有200多万中小学生受益。（2）向农村义务教育阶段学生免费提供教科书。免费提供国家课程教科书所需资金由中央财政负担，标准为每年每生小学90元、初中180元；免费提供地方课程教科书所需资金由省级财政负担，标准为每年每生小学13元、初中16元。2007～2009年，财政累计投入6.2亿元。（3）对农村义务教育阶段家庭经济困难寄宿生补助生活费。家庭经济困难寄宿生生活费补助标准为小学每年每生500元、初中750元。2007～2009年，财政累计投入1亿元，每年有6.9万名家庭经济困难学生受到资助。(4) 建立农村中小学校舍维修改造长效机制。2006~2009年，财政累计投入9.1亿元，所需资金由中央和省按5:5比例分担，支持全省2800多所中小学维修改造校舍380多万平方米。(5) 巩固和完善农村中小学教师工资保障机制。根据国家规定精神，我省从2004年起，将农村中小学教师工资全部上收到县（市）管理发放，并按规定由县（市）设立“工资资金专户”，教师工资性支出由财政部门通过银行直接拨入教师的个人账户，使农村中小学教师工资得到有效保障。

为实施好这项改革，在国家规定之外，我省将县城所在地的中小学生纳入改革范围，三年来我省各级财政多安排配套资金3亿多元。

2. 全部免除城市义务教育阶段学生学杂费。从2008年秋季学期开始，按省政府规定的“一费制”收费标准，全部免除城市义务教育阶段学生学杂费，免除的学杂费由财政全额补助给学校，免学杂费标准年生均小学290元、初中340元。2009年，我省城市中小学公用经费保障水平达到小学400元、初中600元（不含专项经费）。两年来，全省各级财政累计投入2.2亿元，2008年惠及54万名中小学生，2009年惠及49万名中小学生。此外，省财政拨付奖补资金，支持400多所接受进城务工农民子女的城市中小学校改善办学条件，每年有6万多进城务工农民随迁子女从中受益。

3. 建立普通高校和中等职业学校家庭经济困难学生资助政策体系。按照国家统一部署，从2007年秋季学期开始，逐步建立健全了普通本科高校、高等职业学校和中等职业学校家庭经济困难学生资助政策体系，逐步实施中等职业学校农村家庭经济困难学生和涉农专业学生免学费政策，从制度上基本解决家庭经济困难学生的就学问题。(1) 高等教育，形成了以国家奖学金、国家励志奖学金、国家助学金、国家助学贷款等多种方式并举的资助体系。国家奖学金由中央政府出资设立，用于奖励特别优秀的大学生；国家励志奖学金由中央和地方政府按6:4的分担比例共同出资设立，用于奖励资助全日制本专科在校生中品学兼优的家庭经济困难学生；国家助学金由中央和地方政府按6:4的分担比例共同出资设立，用于资助家庭经济困难的全日制本专科在校学生；国家助学贷款是由政府主导、财政贴息、财政和高校共同给予银行一定风险补偿金，用于帮助高校家庭经济困难学生支付在校学习期间所需的学费、住宿费及生活费的银行信用贷款。实行上述政策，资助学生约57.2万名。(2) 中等职业教育，形成了以国家助学金为主，以校内奖学金、工学结合、顶岗实习等为辅的资助政策体系，并逐步实施农村家庭经济困难学生和涉农专业学生免学费政策。从2007年秋季学期开始，由中央和地方财政按6:4的分担比例出资设立中职国家助学金，用于资助全日制正式学籍的一二年级农村学生和城市家庭经济困难学生，资助约17万名学生。从2009年秋季学期开始，对农村家庭经济困难学生和涉农专业学生免学费，所需资金由中央和地方财政按6：4比例分担，惠及约5万名学生。

4. 提高教师津贴补贴水平。从2006年开始，我省先后两次规范机关津贴补贴，在当时国家尚未出台事业单位绩效工资政策的情况下，同步同水平提高在职教师绩效工资额度和学校离退休人员的生活补贴标准。2009年，全省教师津贴补贴，高校月人均比2005年提高600元；中小学月人均比2005年提高755元。2006～2009年，惠及在职教师和学校离退休人员37.6万人。

（二）学校办学条件显著改善

在财政资金的大力支持下，农村中小学各项重点工程成效显著，中等职业教育基础能力建设不断增强，高校办学实力稳步提升。

1. 大力支持农村中小学重大项目建设。（1）支持实施中小学校舍安全工程。从2009年开始，国家计划利用三年时间，实施中小学校舍安全工程，共实施626个项目，加固和重建校舍100万平方米。（2）支持农村初中“四室装备项目”。按照省政府统一部署，从2009年开始用两年时间，支持乡镇中学物理、化学、生物实验室和微机教学室标准化建设，装备859所农村初中，当年装备了587所农村初中。（3）支持实施“特岗教师计划”。为促进义务教育均衡发展和高校毕业生就业，在国家政策资金的大力支持下，从2009年开始，我省组织实施了农村义务教育阶段学校教师特设岗位计划，省财政筹措资金支持32个县（市、区）的770所农村中小学校招聘特岗教师2801名。四是支持新建寄宿制学校158所，改造农村初中125所，撤并1173所农村中小学校。

2. 大力支持中等职业教育加强基础能力建设。为支持中等职业教育发展，省财政设立了中等职业教育发展专项资金。2006～2009年，围绕中等职业学校“百强校”建设计划，重点支持了41个县级职教中心和35个职业教育实训基地建设，新建校舍20多万平方米，购置教学实训设备1000多台套；支持实施中等职业学校教师培训和素质提高计划，对2500名中等职业学校教师进行“双师型”教师（既具有教师资格证书又具有专业技术职务证书的教师）培训。截至2009年末，全省中等职业教育校舍产权面积282万平方米，比2005年增长1.5倍；藏书708万册，增长2.4倍；教学仪器设备资产原值6亿元，增长 50%。

3. 大力支持高校提升办学实力。（1）支持高校房屋修缮、基础设施维修改造、仪器设备购置以及网络、图书信息资源平台等公共服务体系建设。基础设施修缮面积 42.6 万平方米，更新管网 1000 多千米，完成供配电增容 7225 千伏安，更新锅炉 16 台，翻新道路约 40 千米，全部高校建有光纤计算机校园网，建成了连接高校和主管部门的高速教育城域网。（2）支持高校建设一批高水平、特色鲜明的学科、专业及实验室。目前，省属高校已建成省级重点学科 99 个，其中国家级重点学科 3 个；有博士学位授权一级学科 6 个、硕士学位授权一级学科 43 个、博士后流动站 17 个；有省级特色专业 127 个，其中国家级特色专业 83 个；有国家重点实验室 2 个、国防科工委重点实验室 1 个、国家级工程实验室 1 个、教育部重点实验室 6 个。（3）支持 18 所本科高校通过国家本科教学水平评估。四是支持吉林大学省部共建和延边大学“211”工程建设。

（三）妥善解决历史遗留问题

在积极支持教育改革发展的同时，各级财政努力加大投入，妥善解决历史遗留问题。

1. 化解“普九”债务。20 世纪 90 年代以来，国家在农村推行普及九年义务教育，并由此形成了一定规模的债务。我省作为全国化解农村义务教育“普九”债务试点省，从 2007 年底，启动了农村义务教育债务化债工作，对乡村债务进行全面清理，积极筹措化债资金，到 2009 年底，全部完成了国家核定的阶段性债务化解任务，将 41767 笔债务直接兑付到 32280 个债权人手中。

2. 补发拖欠中小学教师工资。根据调查统计，1993～2004 年 10 月，全省共有 9 个市、34 个县（市）共拖欠中小学教师工资，涉及教师 31 万人。其中，涉及在职教师 23.4 万人，离退休教师 7.6 万人。省委、省政府对拖欠中小学教师工资问题高度重视，把补发拖欠中小学教师工资列入重点民生实事。2008 年，根据国家有关要求，结合我省的实际情况，省政府研究制定了《解决拖欠中小学教师工资问题工作方案》，明确了分级负责，以市县为主；有补有借，分年实施；专户管理，直补到人的补发原则。根据市县的拖欠数额和财力状况确定了解决拖欠中小学教师工资时限表，决定用三年时间全部解决拖欠中小学教师工资问题（原计划四年，后调整为三年）。2008～2009 年，有 7 个市和17个县（市）全部完成了补发任务，解决了11.5万教师的拖欠工资问题。2010年年初，省委、省政府决定将2011年计划补发的中小学教师工资提前到2010年补发，这样，2010年教师节前需要完成2个市和17个县（市）19.5万教师的工资补发任务，以彻底解决工资拖欠问题。

三、教育经费投入和管理方面的主要问题

几年来，我省认真执行国家政策和法律法规，大幅度增加教育投入，但与教育事业发展的需求相比，财政投入供求矛盾仍然比较突出，同时也存在教育经费管理工作比较薄弱，经费使用效益不高的问题。目前面临的突出问题是：

（一）高校银行债务负担沉重

1999年以来，高校大规模增加招生人数，许多高校以预期的财政投入和学费收入为还贷来源，利用银行贷款解决扩招建设所需资金，形成了大量银行债务。高校银行债务产生的主要原因：（1）高等教育扩招速度超越同期经济和财政收入增长速度。截至2009年底，我省高校在校生人数已经达到49.3万人，比1999年增长6.3倍，而同期我省GDP增长2.2倍，经常性财政收入增长2.6倍。高等教育扩招速度与财政经济发展水平不相适应，于是高校采取银行贷款的方式，解决扩招带来的资金不足问题。（2）部分高校建设标准偏高。其中最高的三所省属高校生均校园面积分别为103、77和71平方米，分别高于国家规定标准44、18和12平方米，生均建筑面积分别为33、53和28平方米，分别高于国家规定标准11、31和6平方米。（3）一些高校缺乏债务风险意识。教育部、财政部规定：贷款风险指数（累计未偿还贷款余额/学校2年事业收入）超过1即不能再增加任何新的贷款。2009年，全省仍有10所省属高校在贷款风险指数超过1（其中某高校达到了2.4）的情况下，仍新增贷款。（4）银行降低贷款门槛。1999年第三次全国教育工作会议后，银校合作的模式在全国高校得到迅速推广，高校成为金融机构亟待开发的市场。此外，目前我国尚没有专门针对公办高等教育机构的破产法规，对于银行而言，高校这一贷款发放对象几乎不存在破产清算的风险，因此，很多银行愿意放宽贷款条件限制，向其发放贷款。鉴于上述情况，高校还本付息压力较大。为偿付贷款本息，除“倒贷”和事业收入外，高校挤占科研经费、教学经费和教职工福利费的现象时有发生。

（二）高校编制不足与大量聘用编外人员

现行的高校编制是1989年编制部门根据当时在校生规模核定的，近二十年来没有与高校在校生的增长同步调整。按照教育部《普通高等学校基本办学条件指标（试行）》（教发［2004］2号）规定的各类院校生师比（医学类院校16、艺术类院校11、其他本科院校18），根据2009年末高校在校生人数测算，省教育厅26所高校与现行编制数相比，存在较大缺口，编制不足问题较为明显。但同时各高校又大量使用编外人员，截至2009年底，编外人员已经占到实有人数的13%，存在大量空编和编外人员共存的问题。主要原因是，2005~2007年，省直事业单位人事制度改革期间，编制冻结，人员只出不进，出现了大量空编，部分高校为维持正常运转，自行聘用大量编外人员。2008年7月以后，事业单位新进人员都要通过公开招聘才能进编，由于担心编外人员参加公开招聘考试存在不确定性，多数高校采取观望态度，不向人事部门申报招聘计划，想等待省政府出台增编政策后再统筹解决，造成了空编与大量编外人员同时存在的状况。

（三）中职学校校均规模小、教育资源分散

从我省职业教育发展现状看，学校规模小，教育资源分散，集约度不高的问题比较突出，制约了职业教育的健康发展。2008年，全省中等职业学校（未含技工学校，下同）319所，校均在校生规模727人，比全国平均规模1437人少710人；3000人以上规模的学校仅占学校总数的3%。通过对238所学校调查，在校生500人以下的有116所，占49%；在校生200人以下的有53所，占22%。近年来，尽管各级财政大幅度增加职业教育投入，但由于学校规模小，布局分散，导致资金投入效益受到影响，办学条件改善受到限制。多数中等职业学校小而弱，竞争能力差，抗冲击能力不强。未来几年，我省高中阶段适龄人口的数量将以每年2~3万人的数量递减，生源不足的问题将更加严重，没有特色、没有质量、没有规模的学校将难以生存，中等职业教育的发展面临严峻挑战。

（四）农村中小学布局不尽合理

近年来，在国家和省相关政策的支持下，我省各市县结合当地地理环境、交通条件和人口密度，积极开展农村中小学布局调整。2006~2009年，全省

撤并农村中小学校1173所，农村中小学布局得到相应调整。随着计划生育政策效果的逐步显现，农村适龄入学人口大幅度减少。农村中小学布局分散，学生人数少，校均规模小，教育资源配置不合理的问题日益突出。

（五）学校财务管理比较薄弱

尽管教育经费投入力度不断加大，但由于部分学校缺乏对财务和资产的有效管理，影响了财政资金的使用效益。

1. 高校财务管理薄弱。（1）部分高校内控制度不够健全，没有将学校所有收支纳入财务统管，风险防范措施弱化。例如，近年来个别省属高校教材管理人员在订购教材过程中收受回扣，甚至采购盗版教材以次充好，从中赚取高额差价，最终受到查处。（2）部分高校资产管理观念淡薄，资产配置不合理，教育资源浪费严重。（3）部分高校财务人员业务素质不高，管理意识薄弱，导致财务管理难以深入。

2. 中职助学金管理存在隐患。2007年，国家设立了中等职业学校国家助学金，规定享受助学金的范围是中等职业学校一、二年级全日制正式学籍在校生。享受助学金学生人数是由中等职业教育行政管理部门统计审核并逐级上报到国家，财政部门根据中等职业教育行政管理部门提供的人数下达拨付国家助学金。通过调查发现，我省中等职业学校学生学籍管理不规范，全日制在校生和非全日制在校生相混淆，一些学校有意将非全日制学生视同全日制学生，虚报冒领国家助学金。不但使国家助学政策得不到有效落实，而且一定程度上影响了国家财政资金的安全。

3. 农村中小学财务管理不规范。（1）财会人员素质亟待提高。农村中小学财会人员大部分是从文化课教师转任的，没有学过财会专业知识，不能适应财会工作规范管理的需要。（2）支出管理不规范。一些学校预算管理意识淡化，在支出方面还存在较大随意性，超范围开支、白条入账、突击花钱和公款私存等问题都不同程度存在。（3）会计核算不规范。多数农村中小学校的开支只有流水账，没有按项目内容、支出科目进行会计核算，导致会计信息失真，影响财会工作质量。

四、加大教育投入和加强经费管理的建议

按照省委、省政府的决策部署，各级财政将继续把教育作为财政投入的重

点予以优先保障，努力提高财政资金科学化、精细化管理水平，促进教育事业又好又快发展。

（一）在国家政策指导下统筹解决省属高校债务问题

高校债务问题成因复杂，涉及面较广，在全国属于共性问题。因此，应在国家统一政策指导下逐步加以解决。在国家具体政策出台之前，建议省教育厅等高校行政主管部门积极采取措施，提前做好各项准备工作。（1）省教育厅、审计厅和财政厅要全面调查高校贷款情况，摸清底数，分清责任。（2）省教育厅、财政厅要加强监管，指导高校建立起科学的投资决策机制和规范的内部财务内控制度，完善各项经济决策程序，努力形成比较完备的财务预警机制。（3）省教育厅、财政厅要尽快出台《新增贷款审核办法》，从严控制新增贷款，严格把握建设标准，倡导勤俭办学，制止超标准建设。

当前，高校应强化责任意识，采取有效措施，主动偿还银行贷款，政府相关部门也要积极研究扶持政策，鼓励和帮助高校化解债务。（1）加快处置高校闲置资产。目前部分高校存在的一定规模的闲置资产，可以作为还贷的重要资金来源。建议有关部门积极帮助，支持这些高校通过处置土地、老校区等资产偿还贷款。（2）加大用自有资金还本付息的力度。高校要适当提高事业收入偿付贷款本息的比例，避免贷款规模越滚越大。（3）给予适当的财政资金支持。由省财政在教育经费增量中安排一部分资金，支持解决高校银行债务问题。四是继续采取“倒贷”办法。使用上述办法仍难以偿还到期贷款本息的，可继续采取“倒贷”的办法，确保不出现资金链断裂，影响学校正常运转。

（二）逐步解决高校编制问题

1. 适当调增编制。高校编制问题由来已久，非常复杂。必须用创新的思维、改革的办法来妥善解决。既要考虑到教育部的规定，也要考虑到高校发展的实际需求。为此，建议编制部门：（1）充分利用现有编制资源，重新统筹核定高校编制。（2）按照循序渐进的原则，以解决编外人员编制问题为阶段目标，适当核增编制。（3）合理确定高校编制结构。参照部分省份的做法，将各类人员占编制总量的比重确定为：专任教师不低于65%，管理人员、教辅人员各按15%左右，不再为工勤人员核编。

2. 优化人员结构。高校要严格按照核定的编制调整各类人员结构，提高教学科研人员的比例，削减和压缩其他人员的比重。保证将新增编制优先用于编外人员中的专任教师。同时，建议人力资源部门研究政策，妥善消化解决多余的行政管理人员、教辅人员和工勤人员，保证退出的人员编制全部用于补充师资队伍和急需人才。

3. 完善财政预算拨款办法。目前，省财政对省属高校按照教师编制核定人员经费，按照在校生人数核定公用经费。为激发高校对精简编制、提高用人效益的积极性，借鉴财政部及其他部分省份的做法，建议从2011年起，依据目前高校办学需求和我省财力可能，将原高校部门预算中的教师编制定额和学生定额调整合并为学生综合定额，将高校的经费与编制脱钩，为早日解决高校编制问题创造条件。同时，细化学生综合定额拨款标准，充分体现专业间办学成本差异和国家宏观政策导向，并随着财力的增长逐步提高财政拨款标准。

（三）积极支持中等职业教育集约化发展

（1）加强宏观管理，整合中等职业教育资源。建议在省政府统一领导下，由中等职业教育行政管理部门牵头，相关部门配合，根据我省经济发展和城镇化建设的要求，对中等职业学校布局进行深入调研，作出科学规划，为各地中等职业教育资源整合和健康发展提供指导和依据。（2）建议由中等职业教育行政管理部门会同相关部门制定我省中等职业学校基本办学标准，对中等职业学校办学严格审批，加强办学督导，规范办学行为，落实监管责任。同时，完善中等职业教育质量评估体系，形成优胜劣汰的机制。（3）集中资金，重点支持中等职业示范校建设。国家将在近期启动建设1000所中等职业示范学校，建议我省要抓住这一有利时机，整合中等职业教育资源，加快优质学校建设，壮大职业学校规模。在我省实施“百强校”建设计划基础上，省财政拟集中省级中等职业教育专项资金的60%，重点支持20所左右基础较好的学校，加强重点专业实训能力建设和开展教师实践技能培训，提升办学实力，力争进入全国中等职业示范校行列。

（四）积极支持农村中小学布局调整

（1）建议省级教育行政管理部门根据我省农村中小学生流动变化趋势，结合实施中小学校舍安全工程，总结部分县（市）布局调整经验，科学统筹，做好农村中小学布局调整规划。（2）建议相关部门，研究制定促进农村中小学布局调整激励机制，鼓励具备条件、有积极性的市县，通过寄宿制学校建设，加快农村中小学布局调整步伐。（3）建议各市县政府高度重视农村中小学布局调整，加大资金投入力度，统筹使用，提高资金使用效益。（4）做好布局调整的相关配套工作，防止因简单盲目撤并而出现学生上学难、农民负担加重等问题，避免导致产生不稳定因素。

（五）不断提高教育经费财务管理水平

教育行政管理部门和学校要不断加强财务管理工作，努力提高教育经费使用效益。（1）高度重视财会队伍建设，把财会岗位作为重要的专业技术岗位，把财会队伍建设纳入学校人才队伍建设的整体规划，着力改善财会队伍结构，提高财会队伍的整体水平。（2）完善各项财务管理制度，强化内部控制，严格预算编制和预算执行，改善学校财务状况，有效防范财务风险。（3）切实提高资产管理水平，优化资源配置，提高资产使用效率，推进资产管理与预算管理相结合、资产管理与财务管理相结合、实物管理与价值管理相结合。（4）建立中等职业学校学生学籍动态管理机制，对全日制学生与非全日制学生实行分类管理，规范中职助学金申报、审核、发放等行为。

财政部门要充分发挥职能作用，不断提高监管水平，确保资金安全、规范和有效运行。（1）加强基础性工作。做好基本数据的收集、整理和审核，制定完善专项资金管理办法，开展经常性的调查研究，有针对性地解决重点、难点问题。（2）加强预算编制。严格预算编制程序，完善预算定员定额标准体系，细化预算编制内容，逐步建立项目库，提高预算编制的科学性和合理性。（3）加强预算执行。建立完善教育经费执行情况的调度分析机制，注重预算执行的均衡性，努力提高资金的使用效益。（4）加强监督检查。运用自查、检查、重点调查等手段，加强对教育资金的监督检查，健全监督通报制度和整改落实情况反馈制度，强化责任追究。（5）开展项目支出绩效评价。采取先试点后逐步推开的办法，启动实施项目支出绩效评价工作，并将评价结果作为部门规范资金管理和下一年度预算安排的重要参考依据。

加强社会建设　创新社会管理

（2011 年 5 月）

加强社会建设、创新社会管理，是贯彻落实科学发展观、构建和谐社会的本质要求，是以人为本、执政为民的重要体现。财政部门要进一步增强责任感和紧迫感，按照省委、省政府的决策部署，大力调整财政支出结构，健全完善公共财政体系，进一步优化财政资源配置，努力为加强社会建设和创新社会管理提供政策资金支持。

一、充分认识财政在加强社会建设和管理中的重要责任

财政作为党和政府履行职能的物质基础和政策工具，促进社会建设和管理，责无旁贷，也大有可为。一方面，促进社会建设和管理是公共财政的基本职责。社会建设的重点是保障和改善民生，社会管理是政府的基本职能之一。公共财政的基本职责主要是向全体社会成员提供公共产品和公共服务，满足社会公共需要，促进基本公共服务均等化，为政府履行社会管理职责提供财力保障。因此，促进社会建设和管理是公共财政的题中之意。近年来，在省委省政府的正确领导下，全省各级财政部门积极筹措资金，大力调整优化支出结构，努力将财力向民生等公共服务领域倾斜，连续五年将新增财力的 70% 以上用于民生，大幅度增加了教育、就业、社会保障、医疗卫生、生态环境、公共基础设施、社会治安等方面的投入，为加强社会建设和管理发挥了重要作用。另一方面，加强社会建设和管理是加快构建有利于科学发展的财税体制机制的内在要求。近年来，全省各级财政部门围绕健全完善公共财政体系，推进基本公

共服务均等化，立足全局，攻坚克难，大力推进各项财政改革，在健全政府预算体系、完善省以下财政体制、深化预算管理制度等方面取得了重大进展。但受多种因素制约，目前财政保障范围仍不尽合理，保障范围还过于宽泛，一些应由市场解决的问题，仍靠财政投入，而一些主要应由公共财政承担的支出，如公共基础设施建设、公共事业发展等投入还不足。这种财政资源配置的“越位”和“缺位”等问题还没有得到彻底解决。同时，受体制机制的影响，一些领域还不同程度地存在低水平重复建设、损失浪费等问题。有效破解这些难题，不仅需要加快发展、科学发展，不断提升财政实力，增加社会财富，做大分配蛋糕；还需要加快构建有利于科学发展的财税体制机制，不断优化财政资源配置，提高资金使用绩效，更好地发挥财政在促进社会建设和管理中的职能作用。

二、进一步明晰财政促进社会建设和管理的基本思路

贯彻落实中央和省委、省政府的决策部署，当前和今后一段时期，财政促进社会建设和创新社会管理的基本思路是：深入贯彻落实科学发展观，牢牢抓住科学发展、加快发展的主题和主线，充分发挥财政职能作用，健全完善公共财政体系，调整优化财政支出结构，着力提高财政保障能力，切实保障和改善民生，加强社会事业建设，促进社会和谐稳定，让城乡居民生活得更加美好。要着重处理好以下四个关系。(1) 处理好促发展和保民生的关系。发展是第一要务，只有加快经济发展，做大蛋糕、做好蛋糕，才能为以保障和改善民生为重点的社会建设奠定物质基础，提供重要保障。民生是第一目标，是发展的最终目的，同时改善民生也有利于拉动消费需求，促进经济可持续发展。因此，财政在预算安排、资金分配、政策制定中必须妥善处理好促进经济发展和改善民生的关系。一方面，要继续发挥财政在促发展中的重要作用，努力为实施投资拉动、项目带动、创新驱动战略，统筹推进工业化、城镇化、农业现代化发展提供政策和资金支持；另一方面，要把以改善民生为重点的社会建设放在更加重要的位置，优先选择，优先安排。(2) 处理好提增量和调存量的关系。财政促进社会建设和管理，主要还是如何进一步加大投入的问题。随着财力的增长，要继续将更多的资金用于社会建设，提高民生等社会事业支出占财政支出的比重。在增量倾斜的同时，要更加注重调整存量，坚持有保有压，不断优化财政支出结构，加大专项资金整合力度，集中财力保重点、办大事。

(3) 处理好讲投入和重绩效的关系。近年来，随着我省经济的持续快速发展，财政实力明显增强，2010 年全省财政支出规模达到 1787.2 亿元，比 2005 年增长了 1.9 倍，用于支持民生等社会事业发展方面的资金比 2005 年增长了 2.7 倍，财政保障水平明显提高。但在资金使用管理上，还存在专项资金使用分散，重投入、轻管理，重使用、轻绩效等问题，需要引起高度重视，妥善处理好增加投入和提升资金使用绩效的关系。一方面，要继续壮大财政实力，进一步增加财政用于民生等社会事业建设方面的投入，提高保障水平；另一方面，要更加注重资金使用的绩效，不断完善体制机制，切实加强财政科学化精细化管理，调动方方面面的积极性，最大限度地发挥财政资金使用效益。(4) 处理好量力而行和尽力而为的关系。社会事业建设是一个长期任务，动态过程，受经济发展水平和财力的制约需要量力而行。同时各项社会事业发展直接关系社会公众利益和人民群众福祉，事关社会和谐稳定，必须尽力而为。重点是要尽力而为。要进一步深化财政管理改革，加大财政支出结构调整力度，不断增强各级政府提供公共产品和公共服务的财政保障能力，集中财力，着力解决人民群众最关心、最现实、最直接的利益问题，优先保障基本公共服务需求，尽最大努力推动经济社会协调发展，民生持续改善，社会和谐稳定。

三、切实加大财政促进社会建设和管理工作力度

按照上述思路，财政在加强社会建设、创新社会管理方面，要重点采取以下五项措施：(1) 狠抓增收节支，着力提高财政保障能力。要用足用好国家和省促进产业发展的各项财税扶持政策，创新财政支持经济发展方式方法，努力提高经济运行的质量和效益，大力培植后续财源，依法加强税收征管，规范非税收入管理，充分挖掘各项增收潜力，提高财政收入质量，努力实现财政收入持续快速增长。同时，要从严控制一般性支出，压缩业务招待费、公务用车购置及运行维护费、因公出国（境）经费，严格控制党政机关办公楼等楼堂馆所建设、网络建设以及会议费支出，严禁超标准装修办公用房，努力降低行政运行成本，将节省下来的资金用于支持社会事业发展。(2) 加大政策资金支持，着力保障和改善民生。深入贯彻落实“富民工程”各项政策措施，加大创业就业扶持力度，按照“两个同步增长”的要求，逐步提高居民收入在国民收入中的比重，提高劳动报酬在初次分配中的比重。多渠道筹集社会保障资金，加快推进覆盖城乡居民的社会保障体系建设。支持深化医药卫生体制改

革，健全公共卫生和基本医疗服务体系，逐步提高基本医疗保障水平。认真落实各项强农惠农补贴政策，加大保障性住房建设，努力增加城乡居民转移性和财产性收入。(3) 充分发挥财政政策资金引导作用，着力支持各项社会事业协调发展。研究探索有效的财政保障方式，加快推进城乡、区域基本公共服务均等化进程。加大政府公共投入，推进重点基础设施项目建设。支持教育优先发展，逐步提高财政性教育支出占财政支出的比例。支持科技创新、节能减排和环境保护等，促进可持续发展。支持构建公共文化服务体系，深化文化体制改革，促进公益性文化事业和经营性文化产业共同繁荣发展。支持政法经费保障体制改革，加大公共安全、基层政权和社会组织建设投入，维护社会稳定。(4) 深化财政体制改革，健全完善公共财政体系。进一步理顺政府间的财政分配关系，加大财政转移支付力度，完善县级基本财力保障机制，增强基层政府提供基本公共服务的能力。深入推进部门预算、国库集中收付、政府采购、收支两条线等预算管理制度改革。健全政府预算体系，提高公共财政预算编制质量，强化政府性基金预算和国有资本经营预算管理，扩大社会保险基金预算编报范围，增强政府财力资源的统筹调控能力。(5) 推进科学化精细化管理，着力提高财政资金使用绩效。扩大财政支出绩效考评范围，逐步建立绩效评价结构与预算安排有机结合的管理机制，向管理要效益。探索建立多元投入机制，在加大政府投入的同时，积极引导和带动市场主体和社会组织增加对社会建设和社会管理领域的投入，不断拓宽支持加强和社会建设和管理的筹资渠道。

四、深化财政改革

分税制财政管理体制改革综述

（2005 年 8 月）

在我国，财政管理体制有广义和狭义之分。广义的财政管理体制主要包括预算管理体制、税收管理体制和公共部门财务管理体制等。狭义的财政管理体制是指政府预算管理体制。政府预算管理体制是财政管理体制的中心环节，它划分着各级政府间的财力，规定了预算资金使用的范围、方向和权限。通常所说的财政管理体制指的就是政府预算管理体制，它是处理政府间财政分配关系的基本制度。建国以来到现在，我国财政管理体制大体上经历了三个阶段。从建国到改革开放前实行的是“统收统支”体制，改革开放初期到 1993 年，实行的是“包干”体制，从 1994 年开始到现在，实行的是分税制财政管理体制。

一、国家实行分税制财政体制改革的有关情况

分税制是根据市场经济的原则和公共财政理论确立的一种分级财政管理制

度。分税制在严格划分各级政府之间事权的基础上，确定各级政府的支出范围；通过税种划分确定各级政府相对独立的收入来源，以确保各级政府的正常运行。同时，通过建立上级政府对下级政府的转移支付制度来缓解甚至是消除地区之间由于经济发展不平衡而产生的公共服务水平差异。分税制是迄今为止公认的较为规范、科学的财政管理体制，也是世界上发达的市场经济国家普遍实行的一种财政管理体制。

（一）我国实行分税制财政体制改革的重要意义

我国的分税制财政体制改革是与工商税制改革同步进行的。1994 年，按照“统一税政、公平税负、简化税制、合理分权、理顺分配关系和保证财政收入”的指导思想，国家对原有税制进行了一次全面的、结构性的改革。通过这次税制改革，初步建立了适应市场经济要求的，以增值税、消费税、营业税等流转税和所得税为主体，其他税种相互配合、多税种、多层次、多环节调节的具有中国特色的工商税制。在此基础上，借鉴西方发达国家实行分税制体制的成功经验，1994 年国家对财政管理体制进行了新的构建，改变了过去实行的以“包干”为主要特征的财政管理体制，对地方实行了分税制财政体制改革。这是我国财政发展史上一次具有里程碑意义的重大改革。同我国过去实行的“统收统支”和“包干”体制相比，分税制财政体制比较清晰地确立了中央与地方政府、地方各级政府之间的分配关系，既有效地解决了原体制中央与地方政府间的争争讲讲，又充分地调动了地方各级政府发展经济的积极性。打破了“统收统支”和“包干”体制下形成的地区经济封锁和重复建设局面，促进了企业平等竞争和全国统一市场的发育和完善，有利于国家产业政策的贯彻和实施。

（二）1994 年分税制财政体制改革的主要内容

这次分税制财政体制改革的主要内容：（1）中央与地方事权与支出的划分；（2）中央与地方收入的划分；（3）中央财政对地方税收返还数额的确定；（4）原体制中央补助、地方上解及有关结算事项的处理；（5）确立了新的预算编制和资金调度规则。总的可以简要概括为分事、分税、分管。

1. 分事，就是按照一定时期政治体制和经济体制的要求，在各级政府间划分经济和社会管理权限，并以此为依据确定各级政府的预算支出范围。中央财政主要承担国家安全、外交和中央国家机关运转所需经费，调整国民经济结构、协调地区发展、实施宏观调控所必需的支出，以及由中央直接管理的事业发展支出。地方财政主要承担本地区政权机关运转所需支出，以及本地区经济和社会事业发展所需支出。

2. 分税，是在划分事权和支出范围的基础上，按照财权与事权相统一的原则，按税种划分中央与地方的收入。将维护国家权益、实施宏观调控所必需的税种划为中央税；将同经济发展直接相关的主要税种划为中央与地方共享税；将适合地方征管的税种划为地方税。中央固定收入主要包括关税，海关代征的消费税和增值税，消费税，中央企业所得税等。地方固定收入主要包括营业税，城镇土地使用税，城市维护建设税，房产税，耕地占用税和契税，地方企业所得税，个人所得税等。中央与地方共享收入主要包括增值税，资源税，证券交易税。增值税中央分享75%，地方分享25%。资源税按不同的资源品种划分，大部分资源税作为地方收入，海洋石油资源税划为中央收入。证券交易税中央与地方各分享50%（目前尚未开征）。

为了保持地方既得利益格局，中央财政对地方税收返还数额以1993年为基期年核定。按照1993年地方实际收入以及税制改革和中央与地方收入划分情况，核定1993年中央从地方净上划的收入数额（即消费税+75%的增值税-中央下划收入）。1993年中央净上划收入，全额返还地方，并以此作为以后中央对地方税收返还基数。1994年以后，税收返还额在1993年基数上逐年递增，递增率按本地区增值税和消费税的平均增长率的1:0.3系数确定，即上述“两税”本地区每增长1%，中央财政对地方的税收返还增长0.3%。由于中央对地方的税收返还额是用地方上一年税收返还额和当年上划中央“两税”增长率乘以0.3系数（即返还递增率）计算，随着上划中央的“两税”与税收返还额两者总量之间的差距越拉越大，“两税”增量返还占上划“两税”增量的比重也将逐年向小于0.3的方向发展，只要上划中央的“两税”有增长，1:0.3系数增量返还所占比重就会介于0.3~0之间，并趋向无穷小。

3. 分管，是在分事和分税的基础上实行分级财政管理，建立中央与地方两级税收征管体系，设置中央和地方两套税收征管机构，分别负责中央税和地方税的征收管理和收入入库工作。

（三）分税制财政体制的调整完善情况

实行分税制财政体制改革以来，根据分税制运行情况和宏观调控的需要，国家对分税制财政体制进行了几次比较大的调整和完善。

1. 建立转移支付制度。转移支付制度，就是以各级政府之间所存在的财政能力差异为基础，以实现各地公共服务的均等化为主旨，而实行的一种财政资金或财政平衡制度。转移支付制度是分税制财政体制的重要组成部分，是确保分税财政体制平稳运行的关键。1995 年国家出台了过渡期转移支付办法，之后，通过不断调整完善，到目前已初步建立了比较规范的转移支付制度。转移支付办法主要是，由中央财政安排一部分资金，对中西部地区给予转移支付补助，并向民族地区适度倾斜。按照影响财政支出的因素，核定各地的标准支出，同时考虑各地的财力水平与收入努力程度，计算各地的财力缺口，作为确定转移支付的依据。随着中央财政实力的不断增强，中央对地方的转移支付力度不断加大。到 2004 年，中央对地方转移支付总规模达到 10222 亿元，其中一般性转移支付 600 多亿元。2004 年国家对我省转移支付补助总额 351 亿元，我省是从 1996 年开始列入国家一般性转移支付补助范围，当年转移支付补助 4000 多万元，到 2004 年已增加到 33.8 亿元。

2. 所得税分享改革。1994 年实行分税制财政管理体制改革时，中央和地方所得税收入是按照企业隶属关系划分的。随着我国市场经济体制的不断发展，所得税收入的这种划分办法弊端日益显现。主要是制约了国有企业改革的逐步深化和现代企业制度的建立，不利于促进区域经济协调发展和市场公平竞争。为此，国家决定从 2002 年起实施所得税收入分享改革，除国家七大银行、铁路、邮政，以及石油化工（我省为吉化和吉林油田）等少数特殊行业或企业，上缴的企业所得税继续全部作为中央收入外，对其他各类企业所得税和个人所得税收入，实行中央与地方共同分享，中央分享 50%，地方分享 50%。一年后，国家又调整为中央分享 60%，地方分享 40%。

3. 出口退税负担机制改革。分税制财政体制改革后，随着我国外贸出口的迅猛发展，中央财政负担的出口退税数额越来越大，再加上出口退税缺乏稳定的资金来源，企业出口欠退税问题十分严重。到 2003 年底，中央财政已累计欠退税 3837 亿元，影响了企业正常经营和外贸发展。为此，2004 年国家改革了出口退税负担机制。自 2004 年起，以 2003 年出口退税实退指标为基数，对超基数部分的应退税额，由中央和地方共同负担，中央财政负担 75%，地方财政负担 25%。2003 年底以前累计欠企业的出口退税全部由中央财政负担。但运行一年后，发现这一负担体制对口岸城市及部分东部地区的负担压力较大。为此，国家 2005 年又出台了完善出口退税负担机制的新办法，将出口退税增量原来中央与地方 75:25 的负担比例，调整为中央财政负担 92.5%，地方财政负担7.5%，大大缓解了地方财政的负担。2003年国家核定我省出口退税基数14.1亿元，2004年实际完成8.7亿元，没有完成国家核定的出口退税基数，主要原因是我省出口的玉米占出口总额的61.3%，国家对粮食出口实行限制政策，玉米出口量减少较多。

二、我省实行分税制财政体制改革有关情况

按照国家的统一部署和要求，结合我省实际，从1994年起，我省也同步实行了分税制财政体制改革。

（一）省对下分税制财政体制改革主要内容

1. 财政支出的划分。按照事权划分各级政府的支出责任，不仅是分税制财政管理体制改革的重要构成要素，而且也是分税制财政管理体制改革中其他改革内容的前提。因此，省对下分税制财政管理体制改革首先根据省与市县政府的事权划分情况，对各级政府的支出责任进行了初步界定。省级财政主要负责承担省级政权机关运转所需经费，调整全省经济结构、协调地区发展、实施宏观调控所需支出；市县政府主要承担本地区政权机关运转及本地区经济社会发展所需支出。

2. 财政收入的划分。根据事权与财权相统一的原则，按税种划分省与市县财政收入。省级固定收入主要包括省及省以下各银行、保险公司和非银行金融机构上缴的金融保险营业税。市县固定收入主要包括城镇土地使用税，城市维护建设税，房产税，耕地占用税和契税等。省与市县共享收入包括增值税（25%部分），营业税，企业所得税和个人所得税。增值税（25%部分）和营业税省与市县按5∶5比例分享，企业所得税（40%部分）和个人所得税（40%部分）省与市县按4∶6比例分享。为加快和促进县域经济发展，缓解县乡财政困难，对人均财力低于全省县（市）级平均水平的粮食主产县（市）、以煤炭和森工为主的资源型县（市）和少数民族县（市），省的共享收入全部下放县（市）。

3. 税收返还基数的核定。按照分税制财政管理体制规定，对市县上划中央增值税和消费税实行基数加增量返还的办法，即以1993年市县净上划中央的收入数为基数，增量省按1∶0.3系数返还给市县。对市县上划省的共享收入实行基数加增量分成的办法，即以2003年市县实际上划省共享收入为基数

（其中企业所得税与个人所得税以所得税分享改革时省核定数为基数），增量省按各税种的分享比例与市县分成。

4. 建立转移支付制度。为有效地调节市县之间的财力差异，缓解市县财政困难，省对市县建立了转移支付制度。（1）一般性转移支付补助。主要依据市县标准财政收入和标准财政支出测算分配给市县。（2）专项转移支付。主要包括民族地区转移支付，农村税费改革转移支付，社会保障转移支付，调整工资及艰苦边远地区津贴转移支付，以及免征农业税及取消除烟叶外农业特产税、停征固定资产投资方向调节税、实施天然林保护工程、退耕还林还草、铁矿石资源税税率调整等减少地方财政收入专项转移支付。（3）专项拨款。2004 年，省对下各项财政转移支付资金占市县财政支出 341 亿元的 64.5%。

5. 国库资金调度。实行分税制财政管理体制后，考虑到市、县收入均衡缴库的差异，财政资金供需矛盾突出的实际情况，省对市、县实行核定国库资金按比例留解的办法。2005 年实行省管县财政体制后，各市中心支库、县（市）支库按照财政体制规定，分别向中央金库、省分金库报解库款。省财政重新确定了各市县财政的资金留解比例，由省按月核拨；省下达给市县的特殊专项补助，根据用款进度拨给市县。

6. 建立增收激励机制和节支鼓励机制。为提高市县增收节支的积极性，加快缓解县乡财政困难工作的进程，2004 年省财政建立了增收激励机制和节支鼓励机制。（1）对市州本级上划省的共享收入，当年增长幅度超出市州本级财政收入增长幅度部分，省财政按超出数额的 30% 给予返还；（2）对县（市）上划省的共享收入，当年增长幅度超出县（市）财政收入增长幅度部分，省财政按超出数额的 40% 给予返还。（3）对控制和压缩财政供养人员做出成绩的市县政府给予奖励。（4）对省级专项支出中的支农服务体系建设、农村基础教育、政法装备等实行绩效奖励办法。

（二）2005 年省对下财政体制进行了重大调整

2005 年以来，按照国家关于进一步完善省以下分税制财政管理体制的要求，和省委、省政府《关于加快推进县（市）经济社会发展的意见》的精神，省对下财政体制进行了比较大的调整和完善：

1. 对县（市）进一步下放财权。一是加大资金支持力度。（1）增加转移支付。从 2005 年起，在预算安排上，逐年加大对县（市）的支持力度，力争每年增加一个百分点，连续支持五年。（2）对县（市）2005～2007 年上划省的共享收入，以2004年为基数，超基数部分由省财政全额返还。（3）对县（市）通过招商引资新建企业增加的企业所得税收入，省分享40%部分全部返还给县（市）。（4）省财政从县（市）分成的土地出让金，扣除15%集中用于农业土地开发后的部分，2005～2007年全额返还给县（市）。（5）从2005年起，省财政从县（市）分成的40%水利建设基金不再上缴。（6）省财政将军转干部经费、政法部门增人经费、计划生育经费、乡镇财政经费、基层卫生机构建设和计划免疫经费、少数民族乡镇补助费等，全部下放给县（市），相应增加县（市）财政支出基数。（7）省级财政安排用于支持经济发展的专项资金，在使用上向县（市）倾斜。除国家另有规定外，省对下安排的专款，一律不要求县（市）配套。

二是建立奖励机制。（1）从2005年起，省财政每年从一般性转移支付补助中集中5亿元，与县（市）地方级财政收入增长直接挂钩，以奖代补。（2）对进入国家经济百强县的县（市），省财政奖励1000万元。（3）根据全省县域经济考评办法，省财政每年安排600万元专项资金，对发展较快县（市）给予奖励。

三是下放行政审批权限。（1）将社会集团购买专控车辆审批权，由省级直接下放到市、县（市），实行分级管理，减少审批层次和环节。（2）已由省财政下放到市财政的划拨用地免交出让金的审批权，建议由市下放到县（市）。

2. 实行“省管县”财政体制。为深入实施“县域突破”战略，扩大县（市）经济社会管理权限，推动县域经济社会加快发展，从2005年7日1日起，我省将原省管市，市管县的财政体制改为省管市，同时管县的财政体制。省管县财政体制概括讲就是“三个不变”“十个到县”。“三个不变”就是市县既得利益不变，收支范围划分不变，市财政对县（市）财政指导、支持和监督的职责不变。“十个到县”就是财政收支划分到县，体制补助（上解）基数核定到县，税收返还补助计算到县，专项拨款下达到县，转移支付补助分配到县，财政各项结算办理到县，预算资金调度到县，财政决算批复到县，政府债务管理到县，财政工作部署到县。

应该说，省管县在我省并不是新事物，1950～2004年，我省共有三十五年实行省管县的体制，有二十年实行市管县体制。实行省管县也好，市管县也好，都是根据当时的客观需要作出的决定。这次由市管县改为省管县，主要基于以下几方面的考虑：（1）促进县域经济社会更快更好地发展，必须扩大县市经济社会管理权限。财政管理体制上，也需要赋予县市财政更充分、更直接的管理权限。(2) 国家积极倡导有条件的地方实行省管县财政体制。国务院《关于做好2005年深化农村税费改革试点工作的通知》中明确提出：具备条件的地区，在财政管理体制上可以进行“省直管县”的改革试点。(3) 实行省管县财政体制已逐渐成为一种趋势。从全国情况看，除浙江省最早实行省管县财政体制外，近几年又有海南、宁夏、福建、安徽、湖北等5个省（自治区）实行了省管县财政体制。另有山西、江西、河北、河南等4个省对省内的贫困县实行了省管县财政体制。目前，辽宁、黑龙江等省也正在研究探索实行省管县财政体制问题。四是我省有省管县财政体制的工作基础。特别是自改革开放以来（1979~2004年）的二十六年间，我省有十七年实行省管县财政体制。

3. 实行“乡财县管乡用”的财政管理方式改革。我省1986年以来全面建立了乡镇财政。乡镇财政的建立，对乡镇政府履行职能，促进农村经济和各项社会事业发展，巩固和加强农村基层政权建设起到了重要作用。但由于多方面的原因，乡镇财政运行中面临的矛盾和问题也比较突出。主要表现在：乡镇财政收入增长较慢，收支矛盾突出；乡镇财政供养人员过多，负担沉重；乡镇政府债务积累多，财政风险较大。2004年我省全面实行免征农业税改革试点后，乡镇财政又面临一些新情况、新问题。(1) 乡镇财政收入大幅度减少。今后乡镇财政收入来源，将在更大程度上依赖上级财政的转移支付补助。(2) 随着农村中小学教师工资、农村卫生院、乡镇公安派出所、司法所、基层法庭等经费陆续上划县（市）管理，乡镇行政事业费支出范围明显缩小。(3) 乡镇专项支出大量增加，资金管理任务日趋繁重（农村税费改革是党中央、国务院在新时期为解决“三农”问题作出的一项重大决策，是新中国成立以来，继土地改革和家庭承包经营后的又一次重大改革。总体上看，自2001年以来实行的农村税费改革试点，大体分为两步。第一步，就是“三取消、两调整、一改革”。“三取消”就是取消乡统筹费，农村教育集资等专门向农民征收的行政事业性收费和政府性基金、集资；取消屠宰税；取消统一规定的劳动积累工和义务工。“两调整”就是调整农业税和农业特产税政策。“一改革”就是改革村提留征收使用办法。第二步，就是从2004年起，实行免征农业税改革试点。2004年中央决定在我省和黑龙江省进行免征农业税改革试点，同时，取消除烟叶外的农业特产税。对地方因减免农业税、取消除烟叶外的农业特产税减少的收入，由中央财政给予补助。为巩固农村税费改革成果，国家决定在实行免征农业税改革试点的同时，进行以乡镇机构改革、农村义务教育体制改革和县乡财政体制改革为主要内容的综合配套改革。2004 年，我省在公主岭市、敦化市、洮南市和双阳区先行进行了综合配套改革试点，2005 年已在全省全面推开）。

为适应免征农业税和取消除烟叶外的农业特产税后的新形势、新要求，根据国家关于积极稳妥地推行“乡财县管乡用”管理方式的精神，结合我省实际，从2005 年起，在坚持一级政府一级预算（按照《中华人民共和国宪法》和《中华人民共和国预算法》等法律法规的有关规定，在确保乡镇作为一级财政的法律地位不变的前提下，积极稳妥的推进乡镇财政管理方式改革），坚持保护和调动乡镇发展经济和增收节支的积极性（实行“乡财县管”，既要加强对乡镇财政的监督管理，又要通过完善和规范县对乡镇的财政管理体制，保护和调动乡镇政府发展经济和增收节支的积极性），坚持“三权”不变（乡镇预算管理权不变，乡镇财政资金所有权和使用权不变，乡镇财务审批权不变），坚持区别对待（各县〈市〉全面实行“乡财县管”有困难的，可以先选择部分乡镇进行试点，然后全面推开；对少数经济较发达、收入规模较大的乡镇，是否实行“乡财县管”，由各县〈市〉政府结合本地实际情况自行确定，不搞“一刀切”）的原则下，在全省范围内实行了“乡财县管乡用”的财政管理方式改革。其主要内容是以乡镇财政为主体，由县财政部门管理并监督乡镇财政收支，实行“预算共编、账户统设、收入统管、支出统拨、工资统发、采购统办”。

4. 拟对市州进一步下放财权。对县市下放经济社会管理权限后，按照省委、省政府关于进一步支持中心城市加快发展的要求，省财政初步拟定了支持中心城市加快发展的政策措施。（1）市州上划省共享收入实行超基数返还。（2）市级上划中央“两税”返还的增量全部留给市。（3）市州新建企业投产后实现的企业所得税省分享部分全额返还市州，专项用于市州招商引资及重大项目贷款贴息。（4）鼓励支持市州在招商引资和项目建设上开展互利合作。（5）扩大市州标准财政支出计算范围，增加对市州的转移支付补助。（6）除国家另有规定外，今后省里新出台的各项政策，一律不要求市为所辖县（市）安排配套资金。（7）建立支持市州发展奖励资金。

此外，省财政还将继续加大对省级以上开发区和县（市）工业集中区的支持力度，促进开发区和工业集中区加快发展。

三、分税制财政体制改革取得的主要成效及下一步调整完善的重点

（一）分税制财政体制改革取得的主要成效

从分税制财政体制运行十年多的实践看，改革取得了显著成效。

1. 基本建立了适应社会主义市场经济发展要求的财政体制和运行机制。由于分税制框架的建立，稳定了中央与地方、地方各级政府之间的财政分配关系，充分调动了各级政府的积极性。

2. 逐步形成了财政收入稳定增长机制。2004 年，全国财政收入 26744 亿元，是 1993 年收入 4349 亿元的 6.1 倍，年均增长 18%。2004 年收入的增量比 1993 年收入总量还多 680 亿元。由于财政收入实现了快速增长，使财政收入占 GDP 的比重明显提高，全国财政收入占 GDP 的比重也从 1993 年的 12.6% 提高到 2004 年的 19.5%。从我省来看，2004 年，全省一般预算全口径财政收入 329 亿元，是 1993 年的 4.1 倍，年均增长 14%。

3. 中央财政调控能力明显增强。实行分税制财政体制以来，中央财政收入占全国财政收入的比重已从 1993 年的 22%，提高到 2004 年的 54.2%。应该说，国家实施西部大开发和振兴东北老工业基地战略，投资建设的三峡工程，南水北调工程，应对亚洲金融危机，实行农村税费改革试点，等等，分税制财政体制改革功不可没。

4. 促进了产业结构调整。分税制改革通过利益机制调整，促使各地眼睛向内，调整生财、聚财思路，结合本地实际寻找新的经济增长点，积极培育新的税源，促进了产业结构调整和资源的优化配置。从我省来看，三次产业结构已由 1994 年的 26.8∶44.5∶28.7 调整为 2004 年的 19∶46.6∶34.4。

5. 强化了地方预算约束，提高了地方坚持财政平衡，注重收支管理的主动性和自主性。

目前，对分税制财政体制改革的评价也不尽一致。但从中西部地区来看，分税制财政体制还是比较有利的。虽然实行分税制体制，中央财政也从中西部地区拿走了很多收入，但国家按照统一的体制从东部发达地区集中了更多财力，通过转移支付补助，不仅将从中西部地区拿走的收入又补了回来，同时，还将从东部发达地区集中的财力又补给了中西部一大块，有效地缓解了中西部地区的财政困难。从我省来看，2004 年上划中央收入 191 亿元，中央对我省

的补助总额351亿元，我省上划中央收入和中央对我省补助相抵后，中央财政净补助我省收入160亿元。

（二）分税制财政体制改革存在需要解决的问题

总的看，分税制财政体制改革是很成功的，但受多种因素的影响和制约，现行分税制体制本身也存在一些需要解决的问题。

1. 财权与事权不够统一。（1）国家出台的对财政支出增长有明确要求的政策法规越来越多，地方政府财政支出缺乏自主权。如农业、科技、教育、卫生、计划生育、文化等，都要求支出增长要达到或高于经常性财政收入增幅或财政支出增幅，而增加支出所需要的财力却由地方自己安排，这就远远超出了地方财政的实际承受能力。（2）一些属于中央的事权支出却要求地方承担一块。如边防建设、军事设施、武警保障等支出，按道理应由中央全部承担，但实际上却规定地方要承担一块。（3）中央要求地方安排配套资金的项目过多。如粮食风险基金、天保工程，以及一些中直部门安排给地方的专项资金，要求地方按一定比例或数额匹配等，给地方财政带来巨大压力。2004年国家要求我省配套项目40个，应配套资金30.4亿元，而2003年我省地方级收入只增加12亿元左右，即使全部用于安排配套资金缺口仍然非常大。

2. 政府间转移支付制度不规范。（1）中央对地方一般性转移支付规模小，比重低，专项转移支付比重大。从我省来看，2004年中央给予我省的一般性转移支付补助仅占转移支付总额的9.6%，其余基本都是具有专项用途的专项转移支付补助。（2）除财政部外，其他部委还管理着一部分专项资金，没有统一纳入中央对地方转移支付范畴。如预算内基本建设资金、技术改造资金、科技三项费用等。

3. 地方税体系不健全，缺乏主体税种，地方税收入规模过小。

（三）分税制财政体制改革今后的主要任务

按照党的十六届三中全会精神，针对上述存在的问题，下一步分税制财政体制改革的主要任务是：

1. 进一步明确各级政府财政支出责任。（1）要合理划分中央和地方经济社会事务的管理责权，明确中央和地方政府之间对经济调节、市场监管、社会管理、公共服务方面的管理权限。根据中央与地方政府间事权的划分，进一步明确各级政府的支出责任，真正做到财权与事权相统一。同时，对政府间的事权与财权的划分，应以法律法规的形式确定下来，并严格执行，规范管理。（2）要坚持公平优先、兼顾效率。按照逐步实现地方公共服务均等化的目标，在中央与地方财力分配关系的处理上，应更多地体现公平优先，兼顾效率，在不断完善分税制财政体制的基础上，进一步加大中央对地方的转移支付力度，保证县乡基层政府正常运转和行使职能。（3）要坚持统一政令与分级负责相结合。搞好法律法规之间的协调，解决一些法律法规与预算法之间存在的矛盾，赋予地方政府预算安排应有的自主权。

2. 进一步完善转移支付制度。（1）随着经济体制改革的不断深化和中央财力的逐年增强，逐步建立起规范的一般性财政转移支付制度，尽快制定出台转移支付法。（2）处理好一般性转移支付和专项转移支付的关系，逐步加大一般性转移支付规模，提高一般性转移支付占转移支付总额的比重。同时建立规范的专项转移支付制度，严格按规定用途使用专项拨款。（3）要逐步将除财政部门外其他部门分配的预算内基本建设投资、技术改造拨款等，纳入到政府间财政转移支付体系。

3. 进一步完善税制。一方面，要健全地方税体系，赋予地方一定的税政权。（1）对于税源较为普遍、税基不易转移、且对宏观经济影响较小的税种，以及涉及维护地方基础设施的税种，明确为地方主体税种，在中央统一立法的基础上，赋予省级人民政府对地方主体税种税目税率调整权、减免税权，落实全国统一的税收制度授权规定，制定具体的实施办法。（2）在保证国家宏观社会经济政策政令畅通，不挤占中央税、共享税税源，不影响周边地区经济利益的前提下，经过中央政府批准，通过立法程序，允许省级人民政府对具有区域性特征的税源开征新的税种。（3）对国家只负责制定统一税收条例的地方税种，允许省级人民政府制定实施细则。

另一方面，按照“简税制、宽税基、低税率、严征管”的原则，稳步推进税收制度改革。（1）完善增值税制度，由生产型增值税改为消费型增值税。从2004年下半年开始，国家已先行在东北地区进行了增值税转型改革试点，即对装备制造业等八大行业（石油化工业、冶金工业、船舶制造业、汽车制造业、农产品加工业、军品工业和高新技术企业）购进的机器设备所含增值税给予抵扣。2003年，落实此项政策共为我省企业减负3.2亿元。按照改革设想，增值税转型将在全国全面推开。（2）建立统一的现代企业所得税制度，统一内外资企业所得税税率（统一后，内资企业的税负要降低，外资企业的税负要适当提高），适当提高企业所得税税前扣除标准，增强企业竞争能力。

(3) 改革个人所得税，建立综合与分类征税相结合的个人所得税制。同时适当提高个人所得税费用扣除标准（习惯上叫提高个人所得税起征点）。

从我省来说，近几年，我省从振兴老工业基地和促进县域经济加快发展等大局出发，对省以下财政体制进行了几次大的调整和完善。每一次调整和完善都向下倾斜了较多财力，尤其是2005年力度较大。可以说，在国家分税制财政体制总体框架未变的情况下，省财政已经尽了最大的努力。下一步，总的想法是：要按照国家的改革思路和总体部署，结合我省实际，重点抓好以下工作。

第一，进一步明确省以下各级政府的财政支出责任。凡属应有本级政府承担的财政支出，本级财政应积极筹措资金加以保障；凡属共同的事务，应根据受益程度，并考虑基层财政的承受能力，确定合理的负担比例。县（市）应继续把保证行政事业单位按国家规定工资标准足额发放，作为首要任务抓紧抓好。并结合即将进行的事业单位改革，按公共财政要求，将经营性事业单位从财政供给范围中划出去，做到“不越位”；对行政管理、国家安全、公安司法、监察、公益性事业、大型基础设施、科技教育、公共卫生、环境保护等社会公共支出，财政要给予重点保障，努力做到“不缺位”。针对我省财政供养人员多、财政负担重的实际情况，积极研究探索压缩财政供养人口的有效措施和办法，把财政供养人员压下来，缓解财政供给矛盾。

第二，进一步完善省对下转移支付办法。(1) 引入激励与约束机制。过去转移支付制度的设计将各地财政的困难状况作为重点因素，用公式计算补助资金，目的是均衡各地财力差异，实现均等化。2004年，省财政在一般性转移支付中，首次增加了县（市）自行努力足额发放国标工资奖励性转移支付因素，对18个县（市）实施了奖励性转移支付。2005年，按照省委省政府要求，将转移支付与工作绩效挂钩，实行以奖代补，充分调动县（市）发展经济、增收节支的积极性。今后，将注重发挥财政分配机制的导向作用，把如何激发市县的动力和活力，增强“造血”功能作为核定转移支付资金的重点指标。(2) 适当增加一般性转移支付资金规模。近几年，省对市县转移支付资金虽然增加较多，增长较快，但与市县财政困难状况和各项事业发展对资金的需求相比，还有较大的差距。因此，省财政将继续把筹措资金作为今后工作的重点，构建稳定的转移支付资金渠道。(3) 进一步加强对转移支付资金的监管。

第三，逐步建立完善财政支出绩效评价体系。随着财政收入规模的逐步增大和公共财政框架体系的逐步确立，财政管理改革已进入以支出改革为重点的新阶段。近几年，以部门预算、国库集中收付、政府采购和“收支两条线”等为主要内容的预算管理制度改革不断深化，取得了显著成效。但目前财政支出的管理仍比较薄弱，财政资金损失浪费，使用效益不高的问题比较突出。因此，研究探索建立科学合理，行之有效的财政支出评价指标、办法和评价标准非常必要。对财政支出实行绩效考评，有助于支出部门、单位强化“花钱”的责任意识，改变“花钱”不计成本的错误观念。从财政部门来看，对于强化财政资金监管，提高资金使用效益意义重大。因此，在进一步深化各项财政预算管理制度改革的同时，对支出绩效评价体系改革进行探索和尝试。积极推进绩效考评工作，完善办法，扩大范围，提高财政资金的安全性、规范性和有效性。

完善省以下财政体制 缓解基层财政困难

（2004 年 11 月）

为进一步调动市县加快发展、增收节支的积极性，缓解基层财政困难，促进我省老工业基地调整改造和振兴，根据《国务院批转财政部关于完善省以下财政管理体制有关问题意见的通知》（国发［2002］26 号）精神，给合我省实际，经过近一年的调研和准备，2004 年制订出台了《吉林省人民政府关于调整完善省以下财政管理体制的通知》（吉政发［2004］14 号），决定从 2004 年 1 月 1 日起，调整完善省以下财政管理体制。

一、原省以下财政管理体制的内容及运行情况

1994 年，国家对地方实行了分税制财政管理体制。按照国家的统一部署和要求，我省对下也实行了分税制财政管理体制。主要内容：第一，按税种划分省与市（州）、县（市）的收入。（1）省级固定收入包括：省级企业所得税、金融保险营业税和其他收入等。（2）市（州）、县（市）固定收入包括：市（州）、县（市）级企业所得税、城市维护建设税、房产税、契税、农业税、农业特产税、耕地占用税和其他收入等。（3）省与市（州）、县（市）共享收入包括：增值税（地方分享 25% 部分）、营业税、资源税、城镇土地使用税、固定资产投资方向调节税、个人所得税。除个人所得税省与市（州）、县（市）按 2∶8 比例分享外，其他共享税种省与市（州）、县（市）按 6∶4 比例分享。第二，对中央和省从市（州）、县（市）净上划的共享收入，以 1993 年为基期年给予税收返还，并以此作为中央和省对市（州）、县（市）

的税收返还基数。1994 年以后，税收返还额在 1993 年基数上逐年递增，递增率按 1:0.3 系数确定。第三，实行省管市（州）、同时管县（市）的财政管理体制（延边州除外）。

1996 年以来，我省对省以下财政管理体制进行了调整：（1）将资源税和固定资产投资方向调节税下放市（州）、县（市），作为市（州）、县（市）的固定收入，并将自求平衡有困难的 33 个市（州）、县（市）的省共享收入下放市（州）、县（市）。（2）从 2000 年起，改省管市（州）、同时管县（市）的财政管理体制为省管市（州）、市（州）管县（市）。三是 2002 年，按照国家所得税分享改革的统一要求，在国家实行所得税收入中央与地方按 5:5比例分享的基础上，我省对中直企业所得税和个人所得税地方分享部分实行省与市（州）按 5:5 比例分享，地方企业所得税地方分享部分仍按隶属关系划分，省与市（州）互不分享。

从近十年来的运行情况看，省以下财政管理体制较好地调动了市（州）、县（市）政府发展经济、增收节支的积极性，财政收入稳定增长，财政实力不断增强，促进了全省经济和社会各项事业的发展。但随着客观情况的不断变化和新形势、新任务对财政发展的要求，也反映出一些需要解决的问题：（1）共享收入市（州）分享比例略低。我省分税制改革确定的省与市（州）共享收入分享比例总体上是合理的，较好地处理了省与市（州）、县（市）的利益关系，调动了各级、各部门的积极性，在促进经济发展、支持各项改革和维护社会稳定等方面发挥了重要作用。但受我省经济和产业结构所决定，消费税、增值税是我省财政收入的主要来源，其中增值税又是省与市（州）共享收入的主体税种，在中央集中 75% 的情况下，省与市（州）按 6:4 比例分享，使市（州）、县（市）分得的增量财力有限。（2）地方企业所得税收入的划分，没有完全打破企业隶属关系的限制。原体制中，我省地方企业所得税地方分享部分，省与市（州）是按企业隶属关系来划分的。按照党的十六届三中全会精神，为适应多种所有制经济尤其是混合所有制经济不断发展变化的新形势，我省地方企业所得税地方分享部分按企业隶属关系划分收入归属的办法应予打破，以利于加快我省企业间的改组、改制、联合和兼并，促进产业结构调整和区域经济协调发展。（3）市管县的作用发挥得不够。2000 年起我省实行省管市（州）、市（州）管县（市）财政管理体制，主要目的是充分发挥中心城市的辐射带动作用，促进县域经济突破战略的实施。从四年来的运行情况看，各市（州）基本上承担起了管理县（市）的职责。长春、吉林、延边等财力较好的市（州），发挥市管县的作用较大。但受财力不足等多方面因素影响，有的市对所属县（市）的问题和困难考虑得少，市管县的作用没有得到充分发挥。

二、调整完善省以下财政管理体制的主要内容

（一）调整完善省以下财政管理体制的指导思想和原则

调整完善省以下财政管理体制的指导思想：以“三个代表”重要思想为指导，按照完善社会主义市场经济体制的要求，坚持以人为本，树立全面、协调和可持续的发展观，体现“五个统筹”的要求，积极推进我省老工业基地调整改造和振兴，加快粮食主产区“三农”问题的解决，进一步调动各级政府生财、聚财、理财的积极性，促进国民经济及各项事业全面协调健康发展。

调整完善省以下财政管理体制遵循的原则：（1）有利于促进我省老工业基地的调整改造和振兴。通过完善财政体制，进一步推动国有企业改制、改组、改造和经济结构的战略性调整，大力发展民营经济、股份制经济和混合所有制经济，扩大对外开放，加快工业省、科教省和生态省建设。（2）有利于促进实施县域突破战略。通过提高市（州）共享收入分享比例、下放省共享收入，加大对粮食主产区、以煤炭和森工为主的资源型地区和少数民族地区的扶持力度，加快县域经济发展。（3）有利于增强市（州）财政实力，提高自我保障和发展能力。在保证省与市（州）财政既得利益的前提下，适当向市（州）倾斜增量财力，充分发挥市管县作用，缓解基层财政困难，提高市（州）、县（市）自我保障和发展能力。（4）有利于调动市（州）、县（市）政府增收节支的积极性。通过建立增收激励机制、节支鼓励机制、对部分专项支出实行绩效奖励办法，以及规范转移支付制度等措施，进一步调动市（州）、县（市）政府培植财源、增收节支的积极性。（5）力求简单透明，统一规范，便于操作。

（二）省以下财政管理体制调整完善的主要内容

第一，省与市（州）共享的城镇土地使用税下放市（州），全部作为市（州）的固定收入。

第二，增值税（地方分享25%部分）、营业税（不含金融保险营业税）

省与市（州）的分享比例由6:4调整为5:5。

第三，地方分享的企业所得税收入，全部实行省与市（州）共享，省与市（州）分享比例为4:6。

第四，地方分享的个人所得税收入（含个人储蓄存款利息所得税），省与市（州）的分享比例由5:5调整为4:6。

第五，市（州）上划省的共享收入增量不再实行1:0.3系数返还。

第六，对人均财力低于全省县（市）级平均水平的粮食主产县（市）、以煤炭和森工为主的资源型县（市）和少数民族县（市），省的共享收入全部下放县（市）。延边州所属县（市）及少数民族自治县人均财力水平按全省县（市）级平均水平的120%计算。

第七，建立增收激励机制。对市（州）本级上划省的共享收入，当年增长幅度超出市（州）本级财政收入增长幅度部分，省财政按超出数额的30%给予返还；对县（市）上划省的共享收入，当年增长幅度超出县（市）财政收入增长幅度部分，省财政按超出数额的40%给予返还。

第八，建立节支鼓励机制。针对我省财政供养人口多、财政负担重的问题，建立省政府节支奖励资金，对控制和压缩财政供养人员做出显著成绩的市（州）、县（市）政府给予重奖。

第九，省级部分专项支出实行绩效奖励办法。对省级专项支出中的支农服务体系建设、农村基础教育、计划生育、政法装备、乡镇卫生院改造、矿产资源补助支出等，除按规定需定向使用部分外，实行绩效奖励办法。

第十，进一步规范省对下转移支付制度。转移支付资金的分配力求公平、公正、合理，转移支付的计算办法力求简化。

初步测算，我省这次省以下财政管理体制调整完善后，2004~2010年，省级将从增量财力中累计让给市（州）财力19.5亿元，平均每年2.8亿元。应该说，在国家现行分税制财政管理体制框架内，地方体制调整空间有限，我省在省级财政比较困难的情况下，直接向市（州）倾斜这么多财力，已经尽了最大的努力。

（三）调整完善省以下财政管理体制的配套措施

省对市（州）财政管理体制调整完善以2003年为基期年，保证各级财政的既得利益。财政管理体制调整完善后，税收返还数额省核定到市（州），不再直接核定到县（市），县（市）的税收返还数额由市（州）负责核定。共享收入资金留解比例省核定到市（州），市（州）负责核定到县（市），并调度资金。省对下实施转移支付补助时，原则上以市（州）为单位进行测算核定，下达到市（州），市（州）分配下达到县（市），国家有明确要求直接测算核定到县（市）的，按国家要求执行。省一般性转移支付补助仍以县（市）为单位进行测算核定，并统一下达到市（州），由市（州）分配下达到县（市）。省按照新体制确定的办法给予市（州）、县（市）的奖励，由省下达到市（州），市（州）下达到县（市）。

三、下一步打算及建议

从2004年一季度预算执行情况看，全省一般预算全口径财政收入同比增长24.7%，收入进度达到28.2%，超过序时平均进度3.2个百分点，是1994年实行分税制以来收入进度最快的年份；9个市（州）财政收入平均进度和增幅均好于往年。新体制对于调动市（州）增收积极性和对财政收入增长的拉动效应已初步显现。按照现行省管市（州）、市（州）管县（市）的财政管理体制，我省省以下财政管理体制改革到目前只能说完成了一部分，下一步还将重点抓好以下工作：

第一，指导市（州）对县（市）以及县（市）以下财政管理体制的调整和完善，切实把体制调整带来的好处落实到基层。要求市（州）要参照省对市（州）的财政管理体制，本着适当向县（市）倾斜，确保县（市）有稳定收入来源的原则，合理划分与所属县（市）的收入范围。市（州）政府要切实承担起市管县的职责，明确市（州）与县（市）政府支出责任，确保本地区机关事业单位职工工资和社会保障等支出需要。市（州）对县（市）财政管理体制调整完善后，县（市）要根据所属乡（镇）的经济状况，从实际出发，合理确定县（市）对乡（镇）的财政管理体制。

第二，充分发挥财政体制的激励约束作用，调动市（州）、县（市）增收节支的积极性。按照调整后省对下财政体制的要求，结合基层实际情况，有针对性地研究制定具体实施办法，最大限度地发挥财政体制的激励约束作用，充分调动市（州）、县（市）努力增加财政收入，节约财政开支，控制和压缩财政供养人员的积极性。

第三，进一步加大转移支付力度，缓解基层财政困难。对现行的省对下转移支付办法进行完善，进一步加大省对下转移支付力度。同时，督促市（州）

财政建立和规范市（州）对县（市）转移支付制度，并且要从此次调整完善财政管理体制增加的财力中拿出一部分，增加对所属县（市）特别是财政困难县（市）的转移支付补助，提高基层财政的保障能力。

在调整完善省以下财政管理体制的同时，我们还将进一步研究采取有效措施，加快和促进县域经济发展，努力壮大财源，不断增强基层财政实力，从根本上缓解基层财政的困难状况。同时，也希望国家能够继续给予更多的支持。

第一，建议中央进一步加大一般性转移支付补助力度。我省作为老工业基地和粮食主产区，经济结构调整改造和解决“三农”问题的任务非常艰巨，特别是落实国家实施东北老工业基地振兴战略和加大对粮食主产区扶持力度等政策，财政减收增支压力较大。对此，希望中央能够进一步加大转移支付补助力度，不断提高一般性转移支付补助的比例，增加财力性转移支付补助，增强地方可调控余地，缓解基层财政的困难。同时，简化转移支付形式，按照国家有关政策对现有转移支付项目进行归并调整，并保持相对稳定。

第二，建议中央对乡镇财政管理体制提出指导性意见。对中西部地区而言，随着乡镇教育、公安等经费上划县管，农业税、农业特产税等收入取消，乡镇财政的收支范围发生了较大变化，原有的职能有些已不存在。新的形势下，乡镇财政的职能作用和主要任务应重新定位。以什么方式存在，建议中央能够提出一个指导性意见。

第三，建议中央在地方化解债务方面给予政策支持。县乡级政府债务已成为县乡财政的沉重包袱。在全部债务中，政府主权外债、国债转贷资金、专项借款等均已到了还款高峰期，地方如不能按期还款，中央财政通过扣款的方式强制归还，影响了地方财政的正常运转。化解县乡债务，除地方政府采取措施，努力归还外，还请中央给予必要的扶持，帮助县乡财政尽快走出困境。第一，对一些债务给予豁免，如社会保障借款、国债转贷资金中用于水利基础设施建设等没有经济效益的借款，应给予豁免；第二，对因汇率调整增加的债务应给予减免；第三，允许地方政府适当举借债务，以缓解偿债集中、中央扣款额加大所带来的压力，给一个缓冲期。

依法科学理财 不断革故鼎新

(2007 年 6 月)

与发展较快的省份相比，吉林财政比较困难，收支矛盾相当突出，财政保障能力需要进一步提高。因此，在着力保持财政收入持续快速增长的同时，进一步加强支出管理，提高财政资金使用效益显得尤为重要。做好新形势下财政支出管理工作，财政部门要切实转变重收入轻支出、重投入轻监管、重分配轻效益的旧观念，从理财思想到预算执行全过程都要深刻体现科学发展观的要求，取之于民，用之于民，努力为百姓增加福祉。

一、理财观念：法治为本，突出公共、效益

依法理财、科学理财是做好财政工作的关键，也是公平、效率原则的体现方式，财政部门在工作中要紧紧把握和贯彻这一理财思想。(1) 充分体现法治原则。近年来，吉林省在坚持依法理财、依法治财上采取了一些措施，制定出台了财政监督管理条例、罚没和扣押财物管理条例及非税收入管理办法等一批法律规章，对进一步加强收支管理发挥了较好作用。但按照依法治国基本方略的要求，做得还不够，需要进一步完善和健全财政法规体系，从制度上保证依法理财的实施，严格执法，规范执法，自觉接受监督，把依法理财贯穿财政工作的始终。(2) 充分体现公共原则。在财政支出安排和使用上，要坚持以人为本，不断优化财政资源配置，把有限的财力重点用于公共领域和经济发展的基础性环节，切实解决好人民群众最关心、最直接、最现实的利益问题。2006 年，吉林省各级财政用于新农村建设、城市棚户区改造、就业和社会保

障及调整收入分配政策等事关群众切身利益方面的投入增幅达26%。2007年前7个月，全省新增支出的85.7%用于改善民生。（3）充分体现效益原则。着力建立财政资金使用评价体系，对各项财政支出的安排使用，进行深入的科学测算，合理配置有限财力。通过财政监督、财政评审等方式，减少损失浪费，着力提高财政资金使用效益。吉林省从2004年起，开始尝试建立财政支出绩效评价制度，选择支农资金、农村义务教育资金开展以奖代补、绩效考评试点，2007年，又对省级35项专项资金的使用情况开展绩效评价，取得了比较好的效果。

二、支出安排：精打细算，统筹民生、发展

目前，各方面对财政资金需求的剧增，是财政紧张的主要原因。缓解财政收支矛盾，关键是要按照量入为出的原则，统筹兼顾，有保有压，使有限的财政资金用当其时。（1）坚持厉行节约、勤俭办事，强化法定预算观念，从源头上科学安排分配资金，严格控制支出。近年来，全省通过推行部门预算制度，完善部门预算定额定员标准体系，减少执行中预算追加，增强预算编制的科学性。同时，对财政投资项目，坚持“先评审，后编制”的原则，坚决剔除不合理支出，最大限度地节约财政性资金。（2）在保工资、保运转、保稳定的基础上，着眼于改善民生、促进发展，有效整合各类财政专项资金并充分发挥其“四两拨千斤”的作用，引导社会资金共同发挥作用，达到集中财力办实事、办大事、办好事的目的。2007年的预算安排上，在就业、社保、新农村建设、医疗卫生和农村义务教育等方面，不断加大资金和政策支持力度，将“4050”灵活就业人员社会保险补贴比例由30%提高到50%，全省城市低保对象月人均补差标准由68元提高到85元、分类施保对象月人均补差标准由92元提高到115元，农村低保对象年均补差标准提高到360元。省财政新农村建设试点资金由1亿元增加到2亿元，参加新型农村合作医疗的农民财政补助标准由每人每年35元提高到40元；农村中小学生均公用经费标准小学达到280元，初中达到360元。（3）运筹财力，积极支持省委、省政府实施的国企改革攻坚、投资拉动、扩权强县、工业提速增效、服务业跨越式发展和民营经济腾飞等重大举措，主要有：向县（市）大幅倾斜财力、制定出台了22项支持国企改革攻坚和工业提速增效财政政策，设立了支持服务业、中小企业和民营经济发展的专项资金等。2006年，全省用于经济发展方面的支出达到173

亿元。

三、预算执行：不折不扣，用好存量、增量

吉林省税收来源比较依赖大企业，受政策、市场等因素影响较大，给预算执行带来了较大的不确定性，更需强化预算约束，规范完善财政支出制度，提高对预算执行的预见能力。（1）严格执行预算。按照保工资、保运转、保稳定、保改革、保发展的要求，进一步规范支出秩序，不折不扣地落实预算。对预算安排的专项经费和正常公用经费及时拨付，严格管理，规范使用。对一切非正常财政支出、无预算或超预算的财政支出项目或借款项目，一律不予审批，严禁突破预算。在执行中，严格控制“人、车、会、话、招”等支出，制定了一系列节支措施，对省直机关事业单位小汽车实行计划管理和购置经费包干办法，对会议费实行计划管理和经费包干办法，对移动通讯和领导干部住宅电话费实行了货币化改革，并结合乡镇机构改革和事业单位改革，精简人员，压缩编制，节约、积聚资金，支持经济社会事业发展。（2）加强预算执行分析。建立预算执行分析预见制度，未雨绸缪，对可能出现短收和减少财力的因素，提早分析预见，及时研究应对措施，压减支出，弥补缺口，确保预算顺利执行。（3）依法使用超收。近年来，随着吉林经济结构的优化和经济效益的提高，财政收入实现了持续快速增长，每年都会有一部分超收收入。在超收收入的使用上，坚持科学安排，合理使用，在逐步消化历史遗留问题的基础上，主要用于解决经济社会发展中迫切需要的方面。2005 年以来，全省 90% 超收收入用在了解决民生问题、促进改革稳定和支持县城经济发展，缓解县（市）财政困难等方面。

四、制度创新：完善机制，突出科学、规范

随着财政收人的持续快速增长、财政实力的不断壮大和中央财政的大力支持，吉林省财政支出规模将不断扩大，因此，继续推进财政管理体制改革和制度创新，提高财政资金的安全性、规范性和有效性，至关重要。（1）建立财政支出责任制度体系。结合行政管理体制改革，进一步划分政府间的职责范围和相关支出责任，着重明确各级政府在义务教育、公共卫生、社会保障等基本公共服务领域支出责任和管理权限。凡由省级承担的财政支出，不向下转嫁；

应由市县承担的财政支出，省级不包揽；由省与市县共同承担的支出责任，合理确定分担比例，有效避免财政支出越位和缺位问题。（2）进一步调整完善省、市、县政府间财政分配关系。在国家加大转移支付力度、实行“三奖一补”等扶持政策的同时，吉林也实行了省管县财政体制，通过下放省共享收入、制定实施激励奖励政策等措施，县乡财政困难状况明显缓解。2005 和 2006 年，全省县域经济增幅、县（市）级财政收入增幅连续两年超过全省平均水平，这在吉林省是前所未有的。下一步，将继续完善省对市县转移支付制度，继续向县乡倾斜财力，增强基层政府公共服务能力。（3）加快推进公共财政制度建设。以公共化为取向，以均等化为主线，以规范化为原则，不断深化部门预算、国库集中收付、政府采购和收支两条线等预算管理制度改革，积极推进行政事业单位国有资产管理改革，全面实施政府收支分类改革，加快“金财工程”建设步伐。2007 年，省本级和 9 个市（州）本级全面实行了部门预算，11 个县（市）开展了试点，省级上报人代会审查的部门预算 100 个，省级国库集中支付制度改革试点面达到 100%，市县财政部门局域网建设顺利完成，省市县三级财政系统广域网建成并投入运行，其他各项改革也都取得了重要进展。公共财政制度体系的逐步建立，对进一步规范财政收支管理，增强财政收支透明度，提高财政资金使用效益发挥了重要作用。

（原载《中国财政》2007 年第 12 期）

促进开发区发展财政扶持政策研究

（2005 年 10 月）

“十五”时期，省委、省政府为支持开发区（包括国家级开发区和省级开发区，下同）建设，促进开发区加快发展，制定实施了一系列财政扶持政策。五年来，财政扶持政策实施情况怎样？效果如何？对此，我们课题组深入 20 个开发区，通过座谈、实地考察等方式，对“十五”时期开发区财政扶持政策执行等情况进行了专题调研。

一、“十五”时期省对开发区的财政扶持政策实施情况

2005 年底，全省共有 49 个开发区，分布在全省 31 个市县。其中国家级开发区 4 个（长春经济技术开发区、长春高新技术产业开发区、吉林高新技术产业开发区和珲春边境合作区），省级开发区 45 个。“十五”时期，省对开发区的财政扶持政策，主要集中在省共享收入税收返还和土地出让金省级分成给予返还等方面。具体扶持政策如表 1。

表 1

年　　度	财政扶持政策主要内容
2001 ~ 2002 年	除长春经济技术开发区以 2001 年上划省共享收入实际返还额为基数（低于返还基数的按实际数计算），2002 年再补助 1 年外，其他开发区以 2000 年上划省共享收入返还额为基数（低于返还基数的按实际数计算），2001 年、2002 年分别按照 75%、50% 的比例予以返还，执行至 2002 年底。

续表

年　　度	财政扶持政策主要内容
2003～2005年	1. 从2003年起，对省级经济开发区以2002年实际上划省的共享收入为基数（低于返还基数的按实际数计算），按照75%、50%、25%的返还比例再递减补助三年，执行至2005年底。
	2. 对贸易、旅游、农业等类型的省级开发区，以2002年上划省的共享收入为基数（低于返还基数的按实际数计算），按每年递增10%包干上缴省，超出部分给予返还，执行至2005年底。
	3. 从2002年起，新批准设立的省级开发区，其区内已有的企业上缴的税收省分享部分，无论是存量还是增量均不予以返还。开发区新建企业，省共享收入返还的优惠政策是：以上年实际上划省的共享收入为基数，按每年递增10%包干上缴省，超出部分省财政给予返还，执行至2005年底。
2001～2005年	土地出让金省级分成部分全部返还开发区。

落实上述政策，2001～2005年，省财政共给予开发区税收返还补助和土地出让金省分成返还补助94830万元。其中上划省共享收入返还补助47472万元，土地出让金省分成返还补助47358万元；按级次划分，给予国家级开发区收入返还补助34592万元，给予省级开发区收入返还补助60238万元（其中给予中心城市省级开发区收入返还补助45855万元，给予县〈市〉省级开发区收入返还补助14383万元）。从省给予开发区的收入返还扶持政策受益情况看，在中心城市的开发区，由于起步较早，发展较快，扶持政策受益较大。2001～2005年，省共给予中心城市开发区税收返还补助和土地出让金省分成返还补助80447万元，占省给予开发区收入返还补助总额的84.8%；在县（市）的开发区，由于起步较晚，经济总量不大，扶持政策受益较小。2001～2005年，省给予县（市）开发区税收返还补助和土地出让金省分成返还补助14383万元，占省给予开发区收入返还补助总额的15.2%。

总的看，省给予开发区的财政扶持政策增加了开发区可用财力，增强了开发区建设能力。各开发区将省返还的收入主要用于开发区基础设施建设，改善招商引资环境，对于促进开发区加快发展发挥了重要作用。（1）促进了开发区经济快速发展，经济结构不断优化。“十五”时期，全省开发区累计实现区域生产总值4066亿元，年均增长28.3%，占全省累计区域生产总值的30.4%；开发区累计实现一般预算全口径财政收入200.5亿元，年均增长

33.4%。开发区非公有制经济发展迅速，民营企业占各类企业总数的80%以上。(2)促进了开发区投资环境进一步改善。“十五”时期，全省开发区累计完成固定资产投资1456亿元，年均增长36.8%。其中累计完成基础设施建设投资232亿元，占全部固定资产投资总额的16%，提高了项目入区的承载能力。(3)促进了招商引资和项目建设。“十五”时期，开发区累计吸引区外资金1404亿元，年均增长33%。其中累计利用外资42亿美元。全省开发区的“三资”企业已达1440户，有31个国家和地区的外商到开发区投资创业。世界500强企业有35家落户开发区。四是开发区空间布局日趋合理。目前，全省开发区已由2000年的22个增至2005年的49个，分布在全省31个市县。

“十五”时期开发区发展建设虽然取得了很大成绩，但也存在一些不容忽视的问题。(1)发展水平差异较大。有些后设立的开发区发展速度较快，但有些设立比较早的开发区仍然没有大的起色，开发区之间发展的差距越拉越大。2005年，地区生产总值超过20亿元的省级开发区仅有10个，有9个省级开发区地区生产总值不足2亿元。(2)相当一部分开发区没有形成自身特色的产业链。有的开发区虽聚集了一些企业，但缺少龙头项目，没有形成以核心项目为主的产业链。(3)开发区利用外资的总量不大，质量还不够高，实际利用外资仍主要集中在少数开发区。2005年长春高新技术产业开发区、长春经济技术开发区和长春净月潭旅游经济开发区实际利用外资9.6亿美元，占全省开发区实际利用外资总额的70%，其余46个开发区利用外资总额仅占30%。(4)开发区竞争实力不强。由于财力较弱，市场化运作不充分，造成基础设施建设滞后，竞争实力不强，影响招商引资和项目入区。

二、“十一五”时期省财政支持开发区和工业集中区发展的政策建议

“十一五”时期，为进一步提升开发区和工业集中区产业集聚和发展能力，使其上规模、上水平、上台阶，促进我省经济更快更好地发展，本着促强扶弱、区别对待的原则，省财政将进一步加大政策扶持力度，支持开发区和工业集中区加快发展。

(一) 实行新一轮税收返还优惠政策

(1)中心城市国家级开发区上划省的共享收入，以2005年实际上划省的

共享收入为基数，每年递增超过10%部分全部返还补助给开发区；中心城市省级开发区和工业集中区上划省的共享收入，以2005年为基数，每年递增超过8%部分全部返还补助给开发区和工业集中区。(2) 县（市）国家级开发区、省级开发区和工业集中区上划省的共享收入，以2004年为基数，超出部分全部返还补助给开发区和工业集中区。

（二）继续实行土地出让金省分成返还政策

省级以上开发区和县（市）工业集中区土地出让金省级分成全部给予返还。

以上两项扶持政策省返还补助给开发区和工业集中区的收入，全部用于建立开发区和工业集中区基础设施建设专项资金，专项用于基础设施建设和支付基础设施建设贷款利息，不得截留、挤占或挪用。

（三）市县招商引资合作项目实行税收分享

市县通过招商引资争取来的但不适宜在本地“摆放”的项目，“推介”给异地开发区或工业集中区的，本着互惠互利的原则，对开发区或工业集中区承接的项目投产后实际上缴的税收（市县本级可支配部分），省财政依据双方达成的税收分配协议，通过财政结算方式在相关市县之间进行税收分享。

（四）筹措资金支持工业集中区启动建设

通过省综合融资平台，按照确定的额度争取并尽快拨付国家开发银行软贷款，专项用于工业集中区启动建设，推动工业集中区快速发展。

（五）指导市县调整完善对开发区的财政管理体制

市县要进一步理顺和完善对所属开发区的财政管理体制，向开发区倾斜财力，建立鼓励开发区加快发展的激励机制，进一步调动开发区增收节支，加快发展的积极性。开发区要严格控制财政供养人员，规范债务行为，增强发展能力。

“乡财县管”财政管理方式改革的思考

（2006年9月）

为加强乡镇财政管理，规范乡镇收支行为，防范和化解乡镇债务风险，从2005年一季度起，在全省范围内推行了以“预算共编、账户统设、工资统发、采购统办、票据统管”为主要内容的“乡财县管”财政管理方式改革。

一、改革运行情况

目前，全省40个县（市）中有39个县（市）实行了“乡财县管”改革。改革的乡镇503个，占县（市）所属乡镇总数的88%。总体上看，这项改革初步取得了较好成效：（1）推进了依法理财，规范了乡镇财政管理。增强了乡镇预算的约束力，严格了财政财务收支审批程序，从源头上杜绝了截留、挪用、坐支等问题的发生，增强了乡镇理财的合法性和规范性，提高了财政资金的使用效益和财政收支的透明度。（2）保证了工资的及时足额发放，维护了基层政权的稳定。按照“量入为出”和“保工资、保运转、保重点、保稳定”的原则，合理编制乡镇财政预算，对工资性支出予以足额安排，并实行财政集中统一发放，一律“直达”到个人账户。同时，按照统一的定额和标准核定公用支出预算，较好保障了乡镇机构的正常运转。在此基础上，兼顾了重点支出的需要，促进了乡镇经济社会的发展。（3）遏制了乡镇债务的进一步膨胀，防范和降低了财政风险。九台、公主岭等乡财县管改革进展较快的县（市）加强了乡镇债务的管理，原来存在的“有钱就花，没钱就借，寅吃卯粮，大手大脚”的问题得到有效遏制。同时，按照“先刹车、后消肿”的思路，随着经济的发展和财政保障能力的增强，还对原有债务进行了逐步消化，在一定程度上减轻了乡镇债务包袱。(4) 促进了乡镇政府职能转变，增强了依法行政意识。规范了乡镇政府的行政行为，提高了乡镇政府决策的科学性、合法性，将有限的财力更多地投向公共服务领域，有效遏制了“形象工程”和“政绩工程”。(5) 县乡财政管理体制得到进一步完善。部分县（市）在改革过程中，进一步规范和细化了县乡各自的事权和财权，并通过向乡镇倾斜财力和实行增收激励政策，调动了乡镇增收节支的积极性。

总的看，我省实施“乡财县管”改革以来，在规范乡镇财政财务管理，缓解乡镇财政困难等方面，取得了较大的成效，这项改革也得到了大多数县乡政府的认可和拥护。但在推进改革过程中也存在一些不容忽视的问题：

第一，部分县乡领导对改革的重视程度不够，改革进展不平衡。一方面，部分县（市）政府和财政部门对改革认识不足，甚至出现思想误区，担心困难和矛盾上移，使乡镇产生依赖心里，增加工作难度。另一方面，一些乡镇领导担心县（市）干预约束过多，特别是一部分较为富裕的乡镇担心财政收入被县（市）统一平衡预算。正是由于存在这些认识上的误区，导致改革进展不平衡的问题比较突出，一部分县（市）虽然也制定了改革方案及相关配套办法，但实际工作中并没有严格按照规范的程序操作，使改革流于形式。

第二，县乡财政体制不规范，乡镇财政保障水平较低。目前，大部分县乡之间事权划分仍不十分明确，造成体制的随意性较大，多数县（市）对乡镇的财力倾斜不够，缺乏有效调动乡镇增收节支的激励机制，乡镇财政保障水平较低，影响了“乡财县管”改革的顺利推进。

第三，县乡财政结算网络建设滞后，影响了改革的效果。按照改革要求，乡镇财政收支要由县（市）财政统一核算和审批，大量的资金调拨和票据传送等业务，需要以完善的县乡之间计算机网络系统为依托。目前，绝大多数县乡之间没有实现联网，也没有配备必要的硬件设施和核算软件，影响了改革效果的发挥，制约了改革的推进。

第四，管理不到位，人员业务素质需进一步提高。目前，只有少数县（市）财政部门设置了乡镇财政管理专门机构，多数县（市）甚至没有专人负责。同时，大部分基层财政干部的办公自动化应用水平不高，与“乡财县管”改革的要求还存在较大差距，难以适应工作需要。

二、对策建议

针对当前改革中存在的问题，从我省实际出发，就进一步推进“乡财县管”改革，提出以下对策建议。

（一）加大工作督导和政策宣传力度，提高对改革重要性的认识

积极推行改革进展较快的县（市）的先进经验和作法，召开全省县乡政府和财政部门参加的“乡财县管”改革工作座谈会，进一步明确预算管理权、资金所有权和使用权、财务审批权“三权”不变的原则，消除县乡政府和有关部门存在的各种思想疑虑，使各地对改革重要意义有全面的认识和正确的理解，增强改革的主动性和紧迫感。同时，省财政进一步加大督查和指导力度，加强工作调度和信息交流，督促各地结合自身实际情况，妥善制定完善改革方案和相关配套措施，并认真抓好落实。

（二）进一步完善县乡财政管理体制，为改革创造有利条件

督促各地结合深化农村综合改革，合理划分县（市）和乡镇的事权，明确乡镇财政收支范围，分类制定乡镇支出标准，按照“保工资、保运转、保重点、保稳定”的原则，明确乡镇财政支出顺序。县（市）政府要努力向乡镇倾斜财力，建立乡镇财政收入稳定增长激励机制和科学、规范的县乡财政体制，严禁县（市）在体制之外随意调用乡镇财力。从2007年起，对乡镇财政收入增长较快的县（市），省财政在计算分配激励性转移支付补助时给予适当倾斜。

（三）遏制乡镇新增债务，努力化解原有债务

通过实施“乡财县管”改革，严格收支审批程序，遏制乡镇政府举借新债，杜绝为企业贷款提供各种形式的担保。同时，结合财力状况逐步化解原有债务。有条件的乡镇，每年要有计划地在预算中安排一部分资金用于偿还债务，县（市）政府也要拿出一块资金，帮助乡镇化解债务。要将化解旧债、制止新债工作情况列入对县乡政府政绩考核内容，逐步建立偿债奖励机制。从2007年起，对化解乡镇债务较多的县（市），省财政在测算分配县（市）一般性转移支付补助时，将把化解债务数额作为一项因素给予考虑。

（四）加快县乡财政结算网络建设，为改革提供技术支撑

从2007年起，结合“金财工程”建设，争取利用1～2年时间建成覆盖全省的县乡财政结算网络系统，推广使用财政部指定的“乡财县管”软件，配备必要的办公设备，做到乡镇财政财务收支实现“网上申报、网上审批、网上结算、网上查询”，提高工作效率。所需资金主要由县（市）财政负担，省里给予适当补助。

（五）加大培训力度，提高基层干部业务素质

按照分级负责的原则，省和县（市）两级财政要争取用1～2年时间，完成全省基层财政干部财政业务和计算机应用技能的培训，提高政策水平和业务素质，尽快适应“乡财县管”改革的需要。同时，有条件的县（市）财政部门要设置或指定专门机构负责“乡财县管”工作，暂不具备条件的也要有专人负责。

（六）综合采取各项措施，促进乡镇经济社会全面发展

结合农村综合改革，加快乡镇机构改革步伐，精简乡镇财政供养人员。对必须由政府提供的服务，采取政府“花钱买服务”、“养事不养人”的办法，用市场化的方式组织生产和供应，减轻乡镇财政负担。今后，省财政安排的各类专项资金，以及预算内基本建设投资等，除国家有明确规定外，在分配使用上要逐步向乡镇倾斜，改善乡镇生产生活条件，促进农村教育、卫生、文化等各项社会公共事业加快发展。

加快推进部门预算编制改革

（2009 年 7 月）

做好部门预算编制工作对我省经济社会发展的全局具有重要意义。如何编制、执行好部门预算是各级财政部门都应该高度重视的大事。各级财政部门一定要按照财政部关于完善和推进地方部门预算改革的意见和省委、省政府关于加快省级预算管理改革工作的总体要求，与各部门之间进一步加强沟通协调，及时研究解决预算编制工作中出现的情况和问题，密切配合，共同努力，抓紧推进工作进程，确保取得工作实效。

一、省直部门预算改革工作简要回顾

按照国家关于预算管理制度改革的总体要求和省委、省政府的统一部署，2001 年，我省在省直开始先行部门预算改革试点，选择教育厅、科技厅、农委、劳动和社会保障厅四个部门作为编制部门预算的改革试点单位，从 2002 年起在省直部门全面推开。几年来，在省直各部门、各单位的共同努力下，部门预算改革进展比较顺利，取得了显著成效。

（一）建立了部门预算框架，增强了预算编制的统一性

省直部门预算改革，改变了过去财政资金按性质多头管理并分别编制预算的做法，财政将各类不同性质的财政性资金统一编制到使用这些资金的部门，使财政性资金在部门得到了比较完整的体现。同时，按照部门预算的基本要求，将直接与省级财政发生经费领拨关系的一级预算单位均作为预算部门，所

属各级单位预算由这些部门审核、汇总和上报，使部门作为预算编制的责任主体更为明确。在预算批复阶段，财政将预算直接批复到部门，不仅有利于预算的执行，也减少了许多中间环节，提高了资金的使用效率。通过预算基本组织形式的改变，以部门为依托，构建新的预算管理体系，实现了“一个部门一本预算”，确立了部门预算的框架。

（二）改变预算编制方法，增强了预算的科学性

在部门预算编制方法上，改变过去基数加增长的传统做法，初步采用零基预算的方法编制预算，根据部门的不同性质和所承担的职责任务，按照预算年度的具体因素逐项核定支出预算。对部门预算中的基本支出试行了定员定额管理的方法，性质相同的预算单位适用同一类档的定额标准，基本保证了部门单位之间支出水平的相对公平。在项目预算的编制上，制定了项目支出预算管理的相关办法，建立了省直部门项目库，按照项目重要程度，分别轻重缓急进行排序，使项目预算的安排与部门事业发展和年度工作重点紧密结合。同时，初步建立了项目预算评审机制，对一些大型基建和维修项目等进行了评审论证，作为编制项目支出预算的依据。通过改进和完善预算编制方法，使预算分配更加科学、合理。

（三）编制综合财政收支预算，增强了预算的完整性

在全面编制部门预算的基础上，按照综合预算的原则，将行政事业单位的各项收支统一纳入部门预算中进行编制，实现了预算内外资金的统筹安排，提高了部门财力资源的配置效率。按照国家和我省的有关要求，不断深化“收支两条线”改革。2006 年，本着“分步实施，逐步推进”的原则，选择省工商局和药监局进行了非税收入“收支脱钩”改革试点；2008 年“收支脱钩”改革覆盖面达到 50%。通过“收支脱钩”改革，一方面，通过建立和实行收入监督制约机制，基本保证了非税收入的规范征收和及时足额入库；另一方面，使得预算单位的基本支出得到有效保障，财务管理水平不断提高。

（四）细化预算编制内容，增强了预算的透明度和公开性

细化预算是部门预算改革的重要内容，是增强预算透明度的前提和基础。几年来，省财政厅和各部门在细化预算方面做了许多工作。一是细化了基本支出预算。其中，人员支出和公用支出编制到目级科目，分别由原来的 1 项细化到22项和20项，使支出项目得到更加明确、清晰的反映。二是细化了项目支出预算。由过去只笼统地明确使用方向，细化到具体的项目使用单位和用途，对涉及政府采购的项目，编制了政府采购预算。三是增加上报省人代会审查的部门预算数量。按照省人大的要求，从2001年起，将省教育厅、科技厅、农委、劳动和社会保障厅四个部门的部门预算上报省人代会审查，到2007年，部门预算上报人代会审查的部门数量增加到100个，占省直一级预算部门的80%，进一步增强了省级部门预算的透明度和公开性。

（五）加强制度和信息化建设，增强了预算编制的规范性

在实施和推进部门预算改革中，先后制定了《关于加快省级预算管理改革的实施意见》《吉林省省级项目支出预算管理办法（试行）》《吉林省省级项目库管理规定（试行）》等一系列部门预算管理制度和办法，对部门预算编制的依据、方法、程序等做了详细规定，从政策规章和操作办法等方面为推进部门预算改革提供了良好的制度保障。在信息化建设方面，采用了功能先进的部门预算管理系统，实现了预算编制的数据库管理；与省人事信息系统搭建了接口平台，建立了人员基础信息库，与预算编制有关的人员、工资等信息从省人事信息系统直接导入，保证了预算编制的准确性。通过人员信息的网络连接，实现了部门间信息资源共享和动态管理，为深化部门预算改革提供了技术支撑。

总的看，我省部门预算改革不断推进，预算编制工作逐步走向规范化、制度化和科学化，逐步建立了符合公共财政要求的预算编制体系和运行机制的框架。这些成效的取得，与省委、省政府的正确领导，与各部门的积极参与、配合和大力支持是分不开的。特别是具体从事预算编制工作的各部门财会人员，尽职尽责，做了大量基础工作，保证了部门预算编制工作的顺利进行。

通过认真总结，省直部门预算编制和管理中还存在需要调整和完善的问题。如，部门预算编制内容还不够完整，还不能全面真实地反映一个部门、一个单位所有收支活动；支出预算的编制尚不能同部门占有的公共资源有机地结合，实物费用定额制度还有待进一步建立和完善；项目支出预算编制仍比较粗放，从项目的可研和论证，到项目的申报和审核等各个环节的工作还比较薄弱；部分有预算资金分配职能的部门，一些应安排给部门的预算支出，还未完全做到与部门预算同步安排，年初部门预算到位率有待进一步提高。这些问题还需要通过继续深化部门预算改革，统筹研究，加以解决。

今后一个时期，我省部门预算改革的总体思路是：适应转变政府职能和建立公共财政体系的要求，进一步理顺预算分配关系，逐步建立科学的定员定额标准体系，完善项目预算审核机制；强化“收支两条线”管理，加大预算内外资金统筹管理力度，不断增强财政经费保障能力；立足公共财政职能，进一步规范财政供给政策，不断优化财政支出结构；探索建立预算绩效考评体系，促进部门预算管理的精细化、科学化，确保财政资金使用的规范、安全、有效。

二、工作中要把握好以下几个问题

（一）关于提高基本支出财政保障水平问题

初步考虑，（1）适当提高规范津贴补贴财政补助水平。2004 年省直出台统一规范津贴补贴政策时，省财政根据相关部门清理核查各单位原自行发放津贴补贴额度和自筹资金能力，确定了财政补助数额，一定三年不变，目前该政策已执行到期。同年，公务移动通讯补贴政策出台时，按照规定，行政单位（参照公务员管理事业单位）公务移动通讯费用补贴支出财政补助 90%，事业单位所需资金自行解决，财政不予补助。2006 年 12 月，按照国家规范公务员津贴补贴的统一部署和要求，我省实施了规范津贴补贴工作，将此前出台的统一规范津贴补贴和公务移动通讯费用补贴纳入规范津贴补贴项目之中。同时，近年来，由于人员及职务、职级变动等因素的影响，一些单位消化上述补贴自筹部分的能力有所减弱。为提高省直单位经费保障水平，2009 年省直部门预算，将结合各单位非税收入情况，适当提高统一规范津贴补贴和公务移动通讯费用补贴财政补助水平。（2）适当提高医疗保险、住房公积金支出财政补助水平。近年来，国家及我省陆续出台调整工资、提高津贴补贴政策，相应增加医疗保险、住房公积金缴费基数，虽然省财政在安排上述两项支出时已将国家调整工资部分纳入缴费基数，但受财力等方面影响，对于省直单位规范后提高津贴补贴标准增加的支出，以及以前按规定发放的津贴补贴没有同步纳入缴费基数。2009 年省直部门预算，将根据财力可能，对上述未纳入缴费基数的部分予以适当考虑，据此计提核定医疗保险和住房公积金补助经费。对于以上提高基本支出财政保障水平的具体意见，需报请省政府批准后实施。按照部门预算编制通知的要求，各部门在部门预算编报“一上”阶段，不需填报基本支出财政补助数，由财政部门在“二下”阶段根据相关政策核定下达。

（二）关于调整部分参照公务员管理事业单位经费供给政策问题

近期，省政府对省直政府系统事业单位参照公务员法管理范围进行了重新确认，61 家省直政府系统事业单位列入参照《中华人民共和国公务员法》管理范围进行管理，对原批准依照，但未列入此次参照管理范围的事业单位，要求按一般事业单位人事制度进行管理。按照此项规定，2009 年省直部门预算编制政策将相应作出调整，对省直政府系统列入此次参照管理范围的事业单位，按一般行政单位支出标准编制部门预算；对原批准依照，但未列入此次参照管理范围的事业单位，改按一般事业单位支出标准编制部门预算。对省委直属事业单位、群团组织及所属事业单位，其他机关、部门所属事业单位暂不作调整，待批准参照范围后，相应调整财政供给政策。

（三）关于推进非税收入“收支脱钩”改革问题

按照财政部和省政府的相关要求，在总结非税收入“收支脱钩”改革试点经验的基础上，2009 年，继续扩大改革范围，除省属学校及差额、定额管理、自收自支事业单位外，对有行政事业性收费及罚没收入的行政单位、全额拨款事业单位力争全面推开。在收支预算的安排上，严格实行“收”“支”分离，严禁“以收定支”和“按比例返还”。部门按规定取得的非税收入全部上缴财政，所需经费由财政部门按照统一的定额标准核定，确保部门和单位履行职能和正常工作的需要。目前，省直部门非税收入“收支脱钩”改革工作虽然取得了一定成效，但下一步改革任务还很重，特别是要与深化事业单位改革相配套，协调推进，并随着事业单位等各项改革的不断深化，从体制、机制上解决乱收费、乱罚款和收费养人等问题，为经济社会发展创造良好环境。

（四）关于进一步规范项目支出预算编报问题

（1）项目支出预算要提早准备。省直各部门要按照编制部门预算的时间要求，结合本部门的职责任务和预算年度事业发展的需要，提早做好项目支出预算的编报工作。（2）项目支出预算要报全，特别是对省委、省政府已经确定的项目、一些连续性的项目等，不要遗漏。为了增强预算的严肃性，凡是“一上”时没有上报和应报未报的项目预算，不予安排，预算执行中也不予追加。（3）项目支出预算编制要细化，凡能够落实到具体项目和使用单位的，都要逐一细化，反映项目的具体内容。四是对需要进行论证的项目要科学地分析和测算，对项目立项的必要性、实施的可行性、支出预算的合理性以及项目的预期效益等情况，组织做好项目的评审论证工作。

（五）关于完善政府采购预算编制问题

编制政府采购预算是细化省直部门预算的一项重要内容。从近几年政府采购预算编制情况看，仍然存在漏报以及未如实填报等问题。因此，各部门在编制2009年政府采购预算时，要严格按照国家和省制定的相关政策执行，在编报范围上，凡属于政府采购目录中的项目，无论是用财政拨款还是用自有资金安排的，都要编报政府采购预算。在编报时间上，政府采购预算编制工作要提早准备，以保证在规定的时间内与部门预算同步编报和批复。同时，省直各预算单位要按照自主创新产品政府采购预算管理办法的规定，对于采购自主创新产品的，在编制部门预算时，应当标明自主创新产品。

（六）关于收支预算编报的完整性和真实性问题

近几年，部分预算单位年初编报的预算外资金等非税收入预算与实际收入差距过大，造成预算执行中追加过多的问题，省人大和审计部门已多次提出并要求采取措施解决。对此，省直各部门在编报明年部门预算时，一定要本着实事求是的原则，合理准确地预测各项收支，对每一个数据都要仔细测算，认真审核，既不能应列不列、少列，也不能人为虚列。收入预算要打实，支出预算要从实际出发，确保预算真实、准确、具体。在预算执行中，对非税收入实际完成数超过列入年初部门预算收入计划10%以上的部分，省财政当年不安排追加支出预算，结转到下年安排使用。

（七）关于部门预算编报时间和程序问题

2009年，省直部门预算要实行“三上三下”的编报程序，从6月份开始就要着手编制明年预算，从编报时间提前、程序细化等基础环节做起，进一步细化编制内容。按照《关于编制2009年省直部门预算的通知》要求，“一上”阶段：8月15日前，省直各部门要将汇总编制的2009年部门预算数据、人员及资产信息变更依据、项目支出预算审核论证材料等报送省财政厅；“一下”阶段：9月30日前，省财政厅对省直各部门上报的项目进行审核后，向省直各部门下达项目支出预算初步安排意见；“二上”阶段：10月20日前，省直各部门对省财政厅初步下达的项目支出预算进行核对、细化和补充，并将有关情况报送省财政厅；“二下阶段”：12 月 15 日前，省财政厅根据省级财力状况，综合平衡后下达部门预算控制数，各预算单位据此对预算数据进行调整；“三上阶段”：12 月 25 日前，省直各部门在省财政厅下达的预算控制数内，编制本部门预算，并向省财政厅报送调整后的部门预算正式文本；“三下阶段”：12 月 31 日前，省财政厅编制完成部门预算草案，并在省人代会审查批准政府预算后一个月内，批复省直各部门预算。我厅及省直各部门要严格执行“三上三下”的编报程序，并把每一阶段的编报工作及时向分管省领导汇报，便于领导全面掌握分管部门预算安排情况，统筹事业发展。

依法规范政府采购管理

（2003 年 4 月）

《中华人民共和国政府采购法》（以下简称《政府采购法》）于 2002 年 6 月 29 日经全国人大常委会第 28 次会议通过，并于 2003 年 1 月 1 日起正式实施，这是我国政府采购事业的一个里程碑，标志着我国政府采购步入了法制化的轨道，这必将极大地促进政府采购事业健康、快速发展，使之在调控宏观经济、加强财政支出管理、保证公共需要及反腐倡廉等方面发挥更加积极的作用。吉林省推行政府采购制度工作，在省委、省政府的正确领导下，在各级政府采购管理机构、执行机构的努力和各部门的支持配合下，取得了一定的成绩。《政府采购法》的出台，为我省政府采购事业的进一步发展提供了难得的契机，我们要深入学习、提高认识，审视和总结过去的经验、教训，对照《政府采购法》查找不足，调整思路，踏实工作，抓住机遇，使我省政府采购工作跃上一个新台阶。

一、《政府采购法》颁布实施的意义和作用

政府采购制度在国外已有二百多年的历史，是当代发达国家普遍采用的公共支出管理形式，其制度特征是依法采购。我国是最大的发展中国家，改革开放二十多年来的实践证明，经济要发展，必须走市场经济道路，而社会主义市场经济是法制经济，《政府采购法》的颁布实施，以法律形式规范了国内最大的消费市场——政府采购市场，这对于发展和完善社会主义市场经济将起到非常重要的作用。此外，从当前的政府采购工作实践看，《政府采购法》的出台

也是必要的、及时的。这主要表现在：

（一）提升了制度层次，增强了约束力

《政府采购法》出台前，政府采购工作的开展主要依据财政部自 1999 年以来颁布的一系列规章制度，但是，随着政府采购事业的迅速发展，尤其是在政府采购业务涉及特殊部门、特殊领域时，这些部门规章的局限性逐渐显现出来。政府采购立法的完成，既完善了政府采购的制度体系，又使政府采购制度超越部门规章，上升到法的高度，其权威性和严肃性适应了政府采购工作深入开展的迫切需要。

（二）对政府采购工作进行了全面规范

目前我国的政府采购工作在摸索中前进，各地关于政府采购的制度和规定明显地呈现多样性。《政府采购法》对政府采购的概念、范围、体制、程序等进行了明确规定，这对于结束政府采购各自为战的局面，统一政府采购的规范管理无疑是非常必要的。

（三）实事求是地兼顾了地区差异

《政府采购法》是一部程序法，它在对大的、必要的方面进行科学规定的同时，又考虑了各地的差别，为政府采购工作依法在开展中结合本地实际留下了空间。

二、吉林省推行政府采购制度的基本情况

吉林省从 1999 年正式开始推行政府采购制度以来，按照省政府“开好头、起好步、打好基础、树好形象”的指导思想和“稳健起步，积极推进”的指示精神，从政府采购制度建设入手，研究探索科学、合理的政府采购程序和方法，通过加强管理和监督，规范政府采购行为，政府采购工作稳步推进，政府采购范围不断扩大，采购额逐年增长，政府采购的积极作用初步显现出来。据统计，政府采购的实施范围从 1999 年的几类通用项目扩大到目前的 18 项 90 多个品种，年度采购额从 1999 年的 7692 万元增长到 2002 年的 111800 万元，增长了 14.5 倍。从 1999 年到 2002 年底，全省累计共完成政府采购额 239728 万元。按市场价格计算，节约资金 29342 万元，节支率 10.9%。

（一）着力实施制度建设，规范政府采购行为

吉林省开始推行政府征购制度时，国家有关政府采购方面的一些法规制度尚未出台，为保证吉林省政府采购工作的顺利开展，吉林省财政厅制定了一些政府采购规章制度。报经省政时批准，制定了1999~2002年四个年度的政府采购目录、《吉林省省级政府采购计划编报暂行规定》《吉林省省级政府采购资金使用管理暂行规定》《吉林省省级政府采购运行规程暂行规定》《政府采购咨询评审专家管理暂行办法》和《吉林省省级政府采购供应商资格认定暂行办法》等文件，抓住政府采购的几个重点环节作出规定，使政府采购工作初步实现了有章可循。全省各地结合本地的实际情况，加强了制度建设。据统计，到2002年底，全省共出台地方性法规1个、规范性文件96个。通过加强制度建设，规范了政府采购行为，使全省政府采购工作逐步走上了规范化、制度化的管理轨道。

（二）夯实基础工作，按规范的程序和方法操作采购业务

（1）为强化政府采购计划管理，建立了省级政府采购预算和计划编制制度，为实现批量采购、提高采购规模效益打下了基础。（2）按照国库集中支付制度的要求，省本级设立了“政府采购资金专户”，实行了政府采购资金国库集中支付，有效地规避了资金风险。（3）开展政府采购专家信息库建设。目前，已有来自18个行业的200多位专家录入了专家库，并颁发了聘书；聘请专家150多人次参加了政府采购咨询和招标评审工作，为政府采购活动的公平进行和采购质量提供了保证。（4）开展了政府采购供应商数据库建设。为了规范政府采购供应商准入政府采购市场的管理，积极开展了省本级供应商资质认证工作。目前，已有800家供应商提出了准入申请。其中333家通过审查成为政府采购登记供应商，使得一批优秀供应商进入了政府采购市场。（5）加强了政府采购合同管理。对政府采购合同实行统一编号，明确专人负责合同专用章、合同号、招标文件的管理，规定了编号、用印程序等，落实了管理责任制。（6）认真遵循公开、公正、公平的基本原则实施政府采购。凡招标采购都坚持公开开标，组织评标委员会集体评标，请省公证处现场公证，重要项目还请省监察厅现场监督评标全过程。

（三）搞好机构和队伍建设，为提高政府采购工作质量提供了组织保证

按照1998年吉林省政府第十次常务会议决定，吉林省财政厅组建了省政府采购中心，于1999年1月25日挂牌成立，正式开展政府采购工作。2000年机构改革后，省财政厅设立了政府采购管理工作办公室，负责政府采购的行政管理。新设省直机关事务管理局政府采购中心，原省政府采购中心更名为省财政厅政府采购中心，分别负责省直机关和事业单位政府集中采购工作。各市（州）、县（市）也积极组建政府采购管理和采购执行机构。目前，全省各市（州）、县（市）都设立了政府采购中心，绝大多数市（州）、县（市）成立了政府采购管理机构。在做好机构建设的同时，还着重开展了政府采购队伍建设。针对政府采购工作的特点，加强了政府采购业务学习，先后选派30多人参加国家有关部门举办的政府采购和招标业务培训班、研讨班。省里也举办了多期政府采购业务培训班，聘请专家讲课，各地采购管理机构和采购中心以及省直部门共500多人参加了培训。

（四）积极开展政府采购专项检查，强化政府采购监督管理

为促进我省政府采购工作的健康开展，严肃财经纪律，从源头上抑制腐败现象的发生，2000年，各级财政与监察、审计部门共同配合，在全省范围内开展了政府采购专项检查、通过检查发现，有462个单位违反了政府采购纪律。省本级对违反政府采购纪律的28个单位给予了通报批评。检查活动结束后，向省政府呈报了《关于开展政府采购和控购工作专项检查情况的报告》。2002年又组织开展了对2001年全省政府采购的专项检查工作。总的来看，全省推行政府采购制度四年来，政府采购工作取得了明显成效，但也存在着一些问题：（1）有些部门和单位的领导对政府采购工作重视程度不够，使政府采购工作得不到很好的贯彻落实。（2）政府采购工作的规章制度还需要进一步健全和完善。（3）对政府采购制度的贯彻执行情况缺乏有效的监督手段，逃避政府采购的行为还一定程度的存在。（4）集中采购机构设置不够合理。目前省本级设置两个采购中心，增加了工作环节和采购成本，不利于集中统一管理。各地政府采购工作开展的也不够平衡，有的市（州）、县（市）尚未成立政府采购管理机构，没有做到管理与执行相分离；有的工作力度不够，政府采购进展缓慢。

三、依法加强全省政府采购工作的思路和措施

全省进一步推行政府采购制度的总体思路是：以“三个代表”重要思想为指导，认真执行《政府采购法》，坚决贯彻落实省政府的部署和决定，加强政府采购的监督管理，完善法规制度，充分发挥政府采购在宏观经济中的调控作用。努力扩大政府采购规模，促进全省经济和建设事业快速发展。

（一）认真贯彻落实《政府采购法》，继续加强政府采购制度建设

（1）要加强对《政府采购法》的宣传。充分利用新闻媒体，采取各种有效形式，全面宣传《政府采购法》的主要内容、意义以及近年来政府采购工作取得的重要成果，通过加强宣传。使采购单位、供应商以及社会各界知法、懂法、守法，取得他们的理解、支持和积极参与，为政府采购事业的健康发展创造条件。（2）依照《政府采购法》，对过去发布的政府采购规章制度进行一次全面清理，修订和完善各项制度。（3）依法理顺政府采购管理体制。全省都要按照《政府采购法》要求，实行政府采购监督管理机构和集中采购机构分设，做到监管与执行相分离。财政部门负责政府采购监督管理事务；集中采购机构依法开展政府采购活动，不行使政府采购的行政管理职能。（4）积极探索加强外部约束和内部控制的方法，逐步健全和完善政府采购监督管理机制。如主动取得监察和审计部门的支持，对违反政府采购纪律的行为做出相应的处罚规定，强化对政府采购单位、管理部门和执行机构的纪律约束：在政府采购过程中贯彻廉政规定和《中华人民共和国会计法》《内部会计控制规范》关于建立健全会计监督和内部控制的规定，防范采购风险；建立供应商投诉机制，明确供应商投诉的条件和要求，制定受理和处理供应商投诉程序，保护供应商合法权益，维护公平竞争以及开辟社会监督渠道，发挥媒体和社会公众的监督作用等。五是依据《政府采购法》并结合全省实际研究制定简便高效的政府采购方式和程序，提高采购效率。可以考虑从以下三个方面入手：（1）强化预算约束，完善采购计划，实现批量采购。（2）对通用的货物（如办公设备等）实行定点采购，采购单位根据集中采购机构公开招标确定的价格优惠幅度直接在定点供货商处提货，减少手续，缩短采购时间。（3）对特殊部门有特殊要求的采购项目，试行部门集中采购，由各部门按政府采购的有关规定组织实施采购。

（二）建设一只高效廉洁的政府采购队伍

加强政府采购队伍建设，提高采购工作人员素质，是做好政府采购工作的一项重要基础性工作。因此，一方面要加强政府采购队伍思想政治建设和廉政建设；另一方面切实提高政府采购工作人员的专业素质、岗位技能。要制定政府采购岗位技能标准，通过培训、考试，实行持证上岗；要使政府采购管理人员和集中采购机构工作人员全面了解和准确掌握《政府采购法》的各项规定，依法行政；要建立和实行定期轮岗制和回避制。努力建立一支德才兼备的政府采购队伍，保证政府采购事业的健康发展。

（三）努力扩大政府采购规模，拉动经济增长

以贯彻实施《政府采购法》为契机，拟将省级基本建设工程、国债项目（包括国债转贷项目）逐步纳入政府采购范围。各市（州）、县（市）应按照省政府发布的《2003 年吉林省政府采购目录》，结合本地实际，拓展政府采购项目实施范围，对水利工程、市政工程、绿化工程以及环保工程等也要实施政府采购，扩大政府采购规模。

（原载《吉林财税》2003 年第 4 期）

五、加强财政管理

强化财政监管　提高理财水平

（2003 年 3 月）

在全面建设小康社会的新的历史时期，财政监督作为经济监督体系的重要组成部分，正发挥着越来越重要的作用。国内外的财政经济理论和实践反复证明，市场经济越发展，财政监督越重要。如何正确认识财政监督在服务财政改革、促进财政管理、维护财经秩序中的地位和作用，创新财政监督机制，推动经济跨越式发展，已成为摆在我们面前的新课题。

一、财政监督是促进全省经济跨越式发展的重要保障

党的“十六大”提出了全面建设小康社会的宏伟目标，省委、省政府不失时机地提出了建设“工业省、科教省、生态省”的总体战略，这对加快我省经济发展提出了更高的要求。在加快经济发展的进程中，强化财政监督的保障作用，应引起我们的高度重视。

（一）强化财政监督有利于确保国家财政经济政策的贯彻落实

市场经济是法制经济，不能简单地理解为自由经济。社会主义市场经济有着与资本主义市场经济不同的本质和内容，要保证国民经济持续、快速、健康发展，就要通过国家的财政经济政策进行有效的宏观调控，而财政经济政策的正确贯彻执行，离不开财政监督职能作用的充分发挥。近年来财政改革的实践表明，财政监督是保证国家财政经济政策得以正确贯彻实施的重要手段。

（二）财政监督对国民经济的运行能起到“预警器”的作用

随着财政监督工作的不断深入，财政监督绝不仅仅是对既成事实的事后检查，或作“亡羊补牢”式的损失弥补。新时期的财政监督应更大程度地突出管理的特色，要真正深入经济运行中的各个环节，根据各部门、各行业的发展状况，有针对性地开展监督检查，及时反映新情况、新问题，提出新措施，为财政经济政策的制定和国民经济跨越式发展提供决策依据。

（三）财政监督是维护各经济主体利益的重要保障

市场经济的发展，带来了各种经济成份的多样性和复杂性，形成了利益主体多元化的格局。在这种复杂多变、矛盾丛生的市场经济环境中，作为履行国民收入分配职能的财政部门，如何兼顾公平和效益，为各经济利益主体创造公平竞争的环境，是一个关系经济整体繁荣的重大课题。财政监督工作大有可为，是创造良好经济环境的重要保障。

二、财政监督是全面推进财政改革、提高财政管理水平的重要手段

坚定不移地推进财政改革，是做好新时期财政工作的迫切要求。我省当前和今后一个时期要抓好财政八项改革，即改革预算管理制度，加快推进部门预算；改革财政资金支付办法，建立国库集中支付制度；改革财政资金分配方式，加快推进政府采购制度；改革收缴制度，强化“收支两条线”管理；继续深化农村税费改革试点；搞好粮食补贴直补农民改革试点，深化粮食流通体制改革；搞好国有资产管理制度改革；结合事业单位体制改革，探索减轻财政负担的途径。无疑，这些财政改革是建立和完善公共财政体制的根本措施。然而，现实情况告诉我们，每项改革都面临着重重困难和阻力，财力不足、利益

格局的重新分配等，都制约着财政改革的顺利进行。如不注意加强财政监督，不注意及时处理矛盾，不严肃纠正各种违规违纪问题，各项改革措施在实施过程中就有可能走样、变形。加强财政监督是顺利推进各项财政改革的重要保证。我们要充分发挥财政监督的作用，对事关财政改革大局的各项举措，要积极介入，对改革目标、改革措施和改革成效等要进行适时监控，强化跟踪检查，及时反馈政策执行过程中暴露出的矛盾或问题，确保各项财政改革顺利进行。

财政监督是实现财政职能的重要手段，加强财政监督对于规范财政管理、提高财政管理水平发挥了重要作用。从这个角度上讲，监督与管理密不可分，只有加强监督，才能实现科学的管理。近几年，虽然我省财政收入有了较快的增长，财政实力明显增强，但我们应清醒地看到，财政收支的压力仍很大，各级财政的形势仍不容乐观。如何强化财政监管，实现财政预算分配、资金支付，监督监控的三位一体，是财政工作的重要任务。财政监督工作应与日常管理有机结合，在收入方面，加大对税收的监督力度，严格控制税收优惠，堵塞跑冒滴漏，做到应收尽收，同时要加强对预算外收入、政府性基金等非税收入征管的监督检查；在支出方面，加强对财政转移支付资金、政府采购及财政专项资金使用情况的跟踪问效，通过严格预算执行和加强支出监管，压缩、控制财政支出，查处挤占挪用和挥霍浪费财政资金的问题，做到事前调查审核、事中跟踪监控、事后监督检查的有机结合，确保财政资金的安全性、完整性和有效性，进一步提高财政资金的使用效益，提高财政管理水平。

三、加强财政监督是整顿和规范财经秩序、依法理财的重要推动力量

近年来，市场经济秩序尤其是财经秩序混乱的问题已经成为制约国民经济健康发展的严重障碍，诚信缺失、会计造假和信息失真问题很严重，随意减税、偷税、漏税、骗税、逃税、抗税等现象时有发生，大量存在着损失浪费国家资财、截留挪用财政资金的现象，私设“小金库”等严重违法违纪问题屡禁不止，社会中介机构执业质量参差不齐等等。这些已成为败坏社会风气、滋生腐败的温床。针对这种情况，党中央、国务院十分重视，及时作出了整顿和规范市场经济秩序的重大决定。为此，财政部门做了大量的工作，财政监督成为整顿和规范财经秩序的一支重要力量。通过开展会计信息质量检查，查处了

大量的违反财经法规的案件，清理了各种形式的“小金库”，规范了财政财务管理，加强了会计监督，为财经秩序的进一步好转做出了努力。仅2002年，我省通过开展会计信息质量检查和专项检查，查处各种违纪金额数十亿元。

四、开拓创新，探索建立财政监督运行的新机制

在全面建设小康社会的新时期，财政监督工作同其他各项工作一样，要按照“三个代表”的重要思想，紧紧围绕财政经济工作，在监督内容、监督重点、监督方式方法等方面不断创新，实现“三个转变”、“六个结合”，积极探索建立适应新形势发展需要的财政监督新机制。

（一）丰富监督内涵，拓展监督领域，改进监督方式，提升监督层次

财政监督要更好地为财政改革和财政管理服务，就要适应不断深化的财政改革和不断强化的财政管理的需要，开拓创新，丰富监督内涵，拓展监督领域，使监督与管理的联系更为密切，把握财政监督检查工作的重点；财政监督方式实现由年终突击性的大检查向日常性监督和专项检查相结合的转变；由事后检查向事前审核、事中监控、事后检查相结合转变；由主要直接检查向间接审查调控的转变。建立财政部门内部监督与对外监督相结合，检查处理与跟踪问效相结合，事前调查审核、事中跟踪监控与事后检查相结合，日常监管与专项检查相结合，财政监督与财政管理相结合的多层次、全方位、贯穿财政资金运行全过程的财政监督新机制。从而全面提升财政监督的层次，发挥财政监督更大的效能。

（二）建立财政收支监督保障新机制

财政收入的稳定增长是加强国家宏观调控的物质基础，是顺利推进各项财政改革的重要保证。因此，必须抓好财政收入的监管工作。（1）加强对税收征管质量的监督检查，加强对“收支两条线”执行情况的监督检查；（2）配合日常监管，重点加强对纳税大户的动态监控；（3）加强对国家重大财税政策执行情况的监督检查，如对所得税分享改革政策执行情况的检查等。

当前财政支出管理中的漏洞较多，造成财政资金被大量挤占、挪用，财政资金使用效益低下，甚至严重地损失、浪费。有效地解决这些问题，最根本的一条是要从源头抓起，深化部门预算改革和国库集中支付改革，加强对财政支

出的日常监管。一是从制度建设入手，建立一套规范的财政资金支出管理制度和程序；二是重点抓好财政专项资金的检查，根据财政管理的需要，采取灵活多样的方式方法，既可以是预算执行后的跟踪问效式的检查，也可以是预算执行过程中的跟踪监控式的检查，还可以是预算编制过程中的事前审核式的检查，着重对资金效果、项目完成情况进行科学分析，以提高财政资金使用效益。

（三）围绕整顿和规范财经秩序，切实强化会计监督

会计监督是财政监督的重要组成部分，整顿和规范财经秩序是财政部门参与整顿和规范市场经济秩序工作的重要内容。（1）要进一步贯彻落实《中华人民共和国会计法》有关会计监督的规定，强化企业会计信息质量检查。通过科学地选择一些有代表性、有影响的行业、系统和重点企业作为检查对象，改进检查方式方法，以规范管理、整改落实为主，重点打击会计造假、严重违反财经纪律的行为。同时，要适应部门预算改革的需要，重视开展对本级行政部门和事业单位的会计信息质量检查。通过检查，整顿和规范行政事业单位的会计管理工作，摸清行政事业单位财务收支家底，为编制部门预算提供有效依据。（2）要按照《中华人民共和国注册会计师法》和《违反注册会计师法处罚办法》的规定，切实加强对注册会计师行业的监管，理顺注册会计师行业行政管理职能，切实加强政府对注册会计师行业的监管，充分行使好对注册会计师和会计师事务所的监督检查和行政处罚职能。通过对会计师事务所出具的年度审计报告进行审查，检查其执业质量，延伸核查被审计企业的会计信息质量，科学区分审计责任和会计责任。（3）要加大会计信息质量检查的处罚、处理力度，对典型案例利用各种媒体发布公告，扩大会计监督的社会影响。

（四）深化财政内部监督检查，提高依法理财水平

开展财政部门内部的监督检查工作，是建立内部约束机制、强化内部管理的需要，更是财政部门勤政廉政建设、树立良好部门形象的需要。财政监督内审工作，决不仅限于对内部所属单位财务收支情况的检查，更重要的是形成对于财政资金分配权力的制衡机制。这种系统内部权力制衡机制需要监督作保障，没有监督，权力就无法制衡，没有制衡的权力就可能产生腐败。因此，必须高度重视财政部门的内审工作，建立经常性的监督检查制度，及时发现问题，堵塞漏洞，对检查出的问题进行认真的整改，全面提高财政管理水平。

总之，全省财政监督工作必须坚持为财政改革和财政管理服务，坚持监督检查与调查研究相结合，贯彻“全方位工作法”，牢固树立“精品意识”。要与时俱进，不断改进工作方式方法，严格执法，严肃查处各项重大违法违纪案件，规范监督行为，突显监督效果，建设一支素质较高、作风过硬、勤政廉洁的监督检查队伍，为促进全省经济跨越式发展作出贡献。

（原载《财政监察》2003 年第 3 期）

处理好四个关系 努力构建公共财政体制

（2003 年 7 月）

近些年来，我国财税体制改革取得了显著成效，财政实力不断增强，财政在支持各项改革、促进经济和社会事业发展、维护社会稳定等方面发挥了重要作用。当前，财政面临的任务更加繁重和艰巨。要完成好新形势下财政肩负的历史使命，必须以邓小平理论、“三个代表”重要思想和科学发展观为指导，进一步推进和深化财税改革，创新财政机制，健全财政职能，大力支持经济和社会协调发展，做大“蛋糕”，为实现全面建设小康社会目标提供强大的财力支持。在当前的财政改革与发展中，需要着重处理好以下几个关系：

第一，处理好建立公共财政与支持经济发展的关系。解决当前的财政收支矛盾，经济是基础，发展是关键。财政部门要把促进和发展生产力作为财政工作始终坚持的方针，为促进经济的跨越式发展做贡献。公共财政理论要求财政逐步退出竞争性和经营性领域，但不能简单地理解为财政要退出经济领域。要转变对经济发展的支持方式，从加强公共管理、提供公共服务出发，为经济发展创造宽松的环境；充分发挥财政资金的导向作用，采取符合市场规律的资金投入方式，重点支持第三产业、非公经济及高科技、高附加值的优势产业，大力培育有利于地方财政收入增长的财源、税源，并切实加强税收征管，逐步改变收入结构不合理的现状，大力增加可用财力，提高财政保障能力。

第二，处理好保证重点支出与兼顾一般支出的关系。今后还将继续贯彻“一要吃饭，二要建设”的方针，切实把保运转、保稳定、保救济支出摆在支出预算安排的首位，大力调整和优化财政支出结构，采取有效的措施，解决“越位”和“缺位”问题，逐步削减与市场经济条件下政府职能不相适应的支出，把节省下来的资金用于维护社会稳定，使财政资金的配置逐步趋于合理。

第三，处理好加快财政改革与外部环境条件相协调的关系。财政要摆脱困境和获得发展，客观上需要加快财政改革，建立适应社会主义市场经济要求的财政运行机制。但财政改革的许多方面并不单是财政自身问题，更重要的是外部环境改善，相关改革的适时配套，否则财政改革将难以推进。如压缩财政供养人口、调整财政支出结构、推进重点支出改革、减轻粮食经营负担等方面的改革，有的受国家现行政策制约，有的涉及社会承载能力和社会稳定问题，有的涉及其他部门支持配合及改革配套问题，这些改革都不是财政部门自身所能决定的。因此，应把财政改革放在经济和社会的大环境下来考虑，根据建立社会主义市场经济体制的要求和客观实际情况，统筹规划，循序渐进，分步实施，重点突破，平稳推进。

第四，处理好财政资金配置成本和提高效益的关系。要做好财政工作，必须抓增收节支，特别是要树立财政资金使用的成本和效益观念，发扬艰苦奋斗、勤俭节约的优良传统，努力降低行政成本，把有限的资金用在刀刃上，切实提高财政资金使用效益。要坚持行之有效的支出控制办法，建立起支出控制的硬约束机制，把有限的资金花得更有效，更符合实际，以求取得事半功倍的效果，逐步实现科学理财、依法理财、以法治财的财政管理目标。

（原载《经济研究参考》2003 年第 47 期）

加强重点项目新增税源征管

（2007 年 8 月）

2007 年以来，吉林省各地争先恐后、竞相发展、大上项目，目前项目建设相继进入了收获期，经济活力显著增强，税源集群正在兴起，为财政收入的持续快速增长提供了新的稳定税源。随着各地经济的快速发展，财政收入持续稳步快速增长，依法强化收入征管，着力提高财政收入征管质量，已成为衡量各地、各部门行政执行力的重要指标。为此，按照年初确定的目标收入任务，各级收入征管部门应加强对新增税源的分析预测，强化对重点行业和重点税源企业的动态监控，确保新增税源依法应收尽收。

一、投产见效重点项目基本情况

2007 年吉林省投产见效重点项目共计 486 个，总投资额 668.6 亿元，预计可实现产值 662.8 亿元、销售收入 550.4 亿元、利润 61.7 亿元、缴纳税收 36.9 亿元（一般预算全口径税收收入，下同）。具体情况如下：

（一）从项目行业类型看

主要包括石油化工，农产品加工，食品，医药，采掘业，建材业，汽车零部件制造，基础设施建设及房地产开发，其他等 9 类项目。项目个数、投资额、缴纳税收情况详见表 1。

表 1　　2007 年全省投产见效重点项目行业分类情况表

项目类型	项　目		投　资		缴纳税收	
	个数	占总数（%）	数额（亿元）	占总额（%）	数额（万元）	占总额（%）
合　　计	486	100	668.6	100	368988	100
石油化工	48	9.9	94.8	14.2	64441	17.5
农产品加工	26	5.3	47.6	7.1	17752	4.8
食品	61	12.6	63.1	9.4	17967	4.9
医药	34	7	34.3	5.2	28994	7.9
采掘业	41	8.4	56.8	8.5	16362	4.4
建材业	71	14.6	66.4	9.9	36129	9.8
汽车零部件制造	21	4.3	33.1	5	56883	15.4
基础设施建设及房地产开发	136	28	234.3	35	87829	23.8
其他	48	9.9	38.2	5.7	42631	11.6

在 9 个行业中，基础设施建设及房地产开发类项目的个数、投资额、缴纳税收数明显高于其他 8 个类型产业，说明基础设施建设及房地产开发业对我省经济总量扩张、财政实力增强拉动作用明显。石油化工、采掘业、食品、建材业、汽车零部件制造等传统支柱产业项目在项目个数、投资额、缴纳税收等方面继续保持较高比重，对我省经济增长、财政增收都具有举足轻重的作用。

（二）从项目投资规模看

可将项目投资规模划分为 5 个档次：5 亿元以上特大项目，1 ~ 5 亿元大项目，5000 万元 ~ 1 亿元中型项目，1000 ~ 5000 万元中小项目和 1000 万元以下的小项目。项目个数、投资数额和缴纳税收情况见表 2。

表 2 2007 年全省投产见效重点项目投资规模情况表

档　次	项目个数	占项目总数（%）	投资总额（亿元）	占投资总额（%）	缴纳税收（万元）	占缴纳税收总额（%）
合　计	486	100	668.6	100	368988	100
特大项目（5 亿元以上）	27	5.6	266.2	39.8	49306	13.4
大项目（1～5 亿元）	148	30.5	297.6	44.5	216066	58.6
中型项目（5000 万元～1 亿元）	95	19.5	61.5	9.2	37534	10.2
中小项目（1000～5000 万元）	169	34.8	41.4	6.2	38683	10.5
小项目（1000 万元以下）	47	9.7	19.9	0.3	27399	7.4

在 5 个档次的投资规模中，投资额 1 亿元以下的项目个数最多，为 311 个，占项目总数的 64%，缴纳税收 10.4 亿元，占税收总数的 28.1%。其中，投资额在 1000～5000 万元的中小项目个数为 169 个，占项目总数的 34.8%，缴纳税收约 3.9 亿元，仅占税收总数的 10.5%，说明在我省 2007 年投产见效的重点项目中，是以中小项目为主体，对财政的贡献率较低。1 亿元以上的大项目为 175 个，仅占项目总数的 36%，虽然个数较少，但缴纳税收数额最多，为 26.5 亿元，占税收总数的 71.9%。其中，投资额在 1～5 亿元的大项目 148 个，占总数的 30.5%，缴纳税收 21.6 亿元，占总额的 58.6%，说明投资亿元以上大项目是拉动我省 2007 年经济和税收增长的决定性因素，应作为我省今后投资和项目建设的重点。

（三）从项目缴纳税收情况看

可将项目缴税情况划分为 1000 万元以上重点骨干税源，500～1000 万元骨干税源，100～500 万元一般税源，100 万元以下散小税源等 4 个档次。项目个数、投资数额和缴纳税收情况见表 3。

表 3　　　　2007 年投资见效重点项目缴纳税收情况表

档次	项目个数	占项目总数（%）	投资额（亿元）	占投资总额（%）	缴纳税收（万元）							占缴纳税收总额（%）
					小计	增值税	消费税	营业税	企业所得税	个人所得税	其他各税	
合　计	486	100	668.6	100	368988	207112	13418	57687	57884	2149	30738	100
重点骨干税源（1000 万元以上）	85	17.5	252.2	37.7	274336	162222	10062	37781	42629	1051	20591	74.3
骨干税源（500～1000 万元）	75	15.4	109.3	16.3	49150	24198	2744	9626	6919	662	5001	13.3
一般税源（100～500 万元）	155	31.9	149	22.3	39549	18443	612	8581	7211	351	4351	10.7
散小税源（100 万元以下）	171	35.2	158.1	23.6	5953	2249		1699	1125	85	795	1.6

可以看出，缴纳税收在 100 万元以下的散小税源项目 171 个，占项目总数的 1/3 以上，投资额占总数近 1/4，虽然项目个数和投资额不少，但缴纳税收不多，仅为 5953 万元，占总数的 1.6%。缴纳税收在 1000 万元以上的重点骨干税源项目 85 个，占总数的 17.5%，投资额 252.2 亿元，占总数的 37.7%，缴纳税收 27.4 亿元，占税收总额的 74.3%。说明 2007 年投产见效的项目中，绝大部分是重点骨干税源项目。这就要求我们，必须把培育重点骨干税源产业继续作为今后财政增收的主攻方向。

（四）从项目区域分布看

可将项目区域分布划分为 80 个以上项目密集区，40～80 个项目相对集中区，40 个以下项目偏少区等 3 种项目区。项目个数、投资数额和缴纳税收情况见表 4。

表 4　　2007 年投资见效重点项目分布情况表

地区别	项目个数	项目投资（亿元）	缴纳税收（万元）
合　计	486	668.6	368988
一、项目密集区（85 个以上）	189	303.2	242237
长春地区	85	191.4	172072
吉林地区	104	111.8	70165
二、项目相对集中区（40～85 个）	206	269.7	79884
白山地区	67	89	17243
通化地区	55	94.5	30423
松原地区	43	40.5	8584
辽源地区	41	45.7	23634
三、项目偏少区（40 个以下）	91	95.7	46867
白城地区	31	36.2	14658
延边州	29	24.9	19048
四平地区	19	26.9	11160
长白山管委会	12	7.7	2001

在 3 种项目区中，长春、吉林两个地区的项目个数、投资额和缴纳税收数额，分别为 189 个、303.2 亿元和 24.2 亿元，在 10 个市州（含长白山管委会）中均居前两位，成为我省项目密集区、投资密集区和税源密集区，继续保持全省经济领跑地位。白山、通化、松原、辽源四个地区投产见效项目的个数也都在 40 个以上，项目投资额和缴纳税收数额，均处于中上游的位置，属于经济增长的第二极，四个地区投产见效项目的个数、投资额和缴纳税收数额占总数的比重分别为 42.3%、40.3% 和 21.6%，在全省 2007 年经济增长和税收增量中发挥着重要的支撑作用。白城、延边、四平三个地区和长白山管委会虽然在项目个数、投资额和缴纳税收等方面暂时落后，但招商引资力度较大，在资源、环境等方面具有一定的后发优势。现在看，在全省经济提速增效的大格局中，以长、吉为代表的中部经济隆起带初步形成，具有资源、环境比较优势的山区、半山区市县快速崛起，延边、白城作为东西两翼也在积极跟进，我

省经济开始呈现出多极发展的趋势。

（五）从2008、2009年投产见效重点项目发展走势看

项目将呈现个数不断增加、质量进一步优化、投资额增势不减、缴纳税收稳步增长四个良好态势。根据此次调研汇总整理的情况和近现两年项目建设的发展趋势预测，2008年和2009年预计投产见效重点项目分别为583个和700个，投资额分别为971.2亿元和1410.7亿元，缴纳税收数额分别为44.3亿元、53.1亿元。与2007年相比，2008～2009年投产见效重点项目个数、投资额和缴纳税收数两年平均增幅分别为20%、45.3%和20%（见表5）。这说明，我省引进项目的数量和质量在逐年提高，投资额较大的骨干税源项目相继进入投产见效行列，大项目对经济和财政增长的拉动作用进一步增强。

表5　2008～2009年投产见效重点项目情况汇总表

年度	项目个数	项目投资（亿元）	单个项目投资额（亿元/个）	缴纳税收（亿元）	单个项目缴纳税收（万元/个）
2008年	583	971.2	1.67	44.3	759.9
2009年	700	1410.7	2.02	53.1	758.6

综合上述对投产见效重点项目个数、投资额和缴纳税收等情况进行的分析，可以进一步证明，省委省政府确立的投资拉动、县域突破、提速增效等战略决策是非常正确的，完全符合我省省情，成效显著。全省经济发展在项目建设上率先突破，财政收入增收前景令人振奋。

二、投产见效重点项目新增税源的分析和预测

经过汇总整理，市县上报2007～2009年投产见效重点项目缴纳税收所实现的一般预算全口径财政收入分别为36.9亿元、36.5亿元和35.4亿元。其中，地方级财政收入分别为16.2亿元、15.7亿元和15.3亿元。那么，近几年我省招商引资的重点项目在今年陆续投产见效，新形成的税收到底有多少？在今后几年对全省财政收入增长拉动作用到底有多大？对此，根据近两年和2007年前9个月全省财政的运行情况及此次调研的有关数据，采取不同的测

算分析方法，从多个角度进行了前瞻性预测。

（一）对2007年分析预测情况

第一种方法：根据2006年投产见效重点项目缴纳税收的数额和增幅测算，2006年投产见效重点项目缴纳一般预算全口径财政收入29.1亿元，其中地方级财政收入11.3亿元，占当年全省一般预算全口径财政收入和地方级财政收入增加额的比重分别为32.6%和29.8%。我们认为，目前各地项目建设的力度不断加大，投产见效重点项目对财政收入增收的拉动越来越强。在这种趋势作用下，上述两个比重将逐步提高，我们暂按35%和30%测算，如果2007年全省一般预算全口径财政收入和地方级财政收入分别达到600亿元和300亿元，投产见效重点项目缴纳的一般预算全口径财政收入和地方级财政收入也将分别达到32.3亿元和16.5亿元。

第二种方法：根据2007年前10个月财政运行情况测算，2007年前10个月全省一般预算全口径财政收入543.5亿元，同比增长33.3%。其中，地方级财政收入247.8亿元，同比增长36.2%，按此比例推算，2007年投产见效重点项目缴纳的一般预算全口径财政收入和地方级财政收入分别为38.8亿元和15.4亿元。按照全年完成省政府提出的奋斗目标测算，占全年增收总额的比重分别达到42%和28%，分别超过或接近35%和30%的水平。

第三种方法：根据2007年投产见效重点项目生产、销售和利润等指标完成情况测算，2007年投产见效的486个重点项目预计实现销售收入550亿元，按现行17%的增值税率，综合考虑进项税抵扣、各地出台的税收优惠政策及国家实行振兴东北老工业基地政策关于扩大增值税抵扣范围等因素，增值税实际征收税率约为8%左右，预计可缴纳增值税44亿元，形成地方级收入11亿元；预计实现利润62亿元，按企业所得税占企业利润26%的比例测算（我省平均水平在25%～27%），预计可缴纳企业所得税16.1亿元，形成地方级收入6.4亿元。加上2007年预期缴纳消费税1.5亿元和其他地方各税8.8亿元后，可缴纳一般预算全口径财政收入和地方级收入分别为70.4亿元和26.2亿元。按全省一般预算全口径财政收入和地方级财政收入分别完成600亿元和300亿元测算，投产见效重点项目缴纳税收占全年增收总额的比重分别为76.4%和47.6%。

需要进一步说明的是，全省各地都把推动项目建设作为经济发展的头等大事，以重大项目的突破带动经济总量的扩张、产业层次的提升、财政收入的增长，辛勤的付出终于得到了回报。2007 年前 10 个月，市、县地方级财政收入 184.3 亿元，比上年同期增长 34.2%，实施县域突破和投资拉动战略，重点税源项目不仅是主要载体，也是地方级财政收入增长的重要支撑。增长较快的长春、吉林、辽源、白山等四个地区 2007 年前 10 个月地方级财政收入 123.8 亿元，比上年同期增加 36.5 亿元，占全省地方级财政收入增长总额的 55.5%，同比增长 41.8%，比全省平均增幅高 5.6 个百分点。目前，全省上下齐心协力项目、千方百计促增收，孕育着新的发展高潮。这种势头将极大地推进我省重点项目建设进程，进而为财政收入增长提供更加坚实的税源基础。

通过上述三种不同方法和因素，对 2007 年投产见效重点项目缴纳税收情况进行测算和分析，前两种方法的结果基本接近，第三种方法的结果则高于前两种方法，主要原因是测算时依据的生产、销售、利润等指标是市县按项目设计能力填报的，设计指标一般要高于项目实际投产后实现的指标。如考虑这一因素，第三种方法的结果与前两种方法结果的差距将会缩小。根据上述三种不同方法测算和因素分析的结果推断，2007 年全省一般预算全口径财政收入和地方级财政收入将分别超过 600 亿元和 300 亿元。其中，投产见效重点项目缴纳的一般预算全口径财政收入和地方级财政收入将分别超过 36.9 亿元和 16.5 亿元，占当年全省增收总额的比重分别在 35% 和 30% 以上，随着投产见效重点项目的增加，重点项目缴纳税收也将增多，占增加额的比重将逐年提高（见表 6）。

表 6　按不同方法测算 2007 年投产见效重点项目缴纳税收情况比较　单位：亿元

项目	投产见效重点项目缴纳税收				全省财政收入预计完成	
	数额		占增收比重（%）			
	一般预算全口径	地方级	一般预算全口径	地方级	一般预算全口径	地方级
市县自报	36.9	16.2	40	29.5		
第一种方法	32.3	16.5	35	30	600 以上	300 以上
第二种方法	36.9 以上	16.2 以上	40	29.5	600 以上	300 以上
第三种方法	70.4	26.2	76.4	47.6	600 以上	300 以上
调研结果	36.9 以上	16.5 以上	35 以上	30 以上	600 以上	300 以上

（二）对 2008 年和 2009 年分析预测情况

第一种方法：根据前两年财政收入增幅测算，2005～2006 年全省一般预算全口径财政收入和地方级财政收入平均增幅分别为 24.2% 和 21.3%，据此测算，如果 2007 年投产见效重点项目缴纳的一般预算全口径财政收入和地方级财政收入分别为 36.9 亿元和 16.5 亿元，2008 年将分别缴纳 45.8 亿元和 20 亿元，再按 35% 和 30% 的比例分别折算，2008 年全省一般预算全口径财政收入和地方级财政收入将分别达到 730.9 亿元和 366.7 亿元，比上年分别增长 21.8% 和 22.2%。按此推算，2009 年投产见效重点项目缴纳的一般预算全口径财政收入和地方级财政收入将分别为 56.9 亿元和 24.3 亿元，全省一般预算全口径财政收入和地方级财政收入将分别达到 893.5 亿元和 447.6 亿元，比上年分别增长 22.2% 和 22%。

第二种方法：根据市县按投产见效重点项目设计能力填报的生产、销售和利润等指标测算，2008 年投产见效重点项目预期实现一般预算全口径财政收入和地方级财政收入分别为 74.6 亿元和 26.9 亿元；按 35% 和 30% 的比例折算，2008 年全省一般预算全口径财政收入和地方级财政收入分别为 813.1 亿元和 389.7 亿元，比上年分别增长 35.5% 和 29.9%。2009 年投产见效重点项目预期实现一般预算全口径财政收入和地方级财政收入分别为 52 亿元和 20.7 亿元；按 35% 和 30% 的比例折算，2009 年全省一般预算全口径财政收入和地方级财政收入分别为 961.7 亿元和 458.7 亿元，比上年分别增长 18.2% 和 18.7%。

综合上述分析预测，正是由于近两年省委省政府实施的招商引资、投资拉动等一系列政策，极大地提升了全省的产业结构，带来了丰厚的税源基础，在“十一五”规划的初期取得了良好的开局。2008 年和 2009 年，全省财政收入增幅将继续保持在 20% 以上，2008 年一般预算全口径财政收入将达到 720 亿元以上，地方级财政收入将达到 360 亿元以上；2009 年一般预算全口径财政收入将达到 860 亿元以上，地方级财政收入将达到 430 亿元以上；在 2010 年全省一般预算全口径财政收入将突破千亿元，地方级财政收入将突破 500 亿元，为完成省九次党代会确定的到 2011 年，一般预算全口径财政收入达到 1200 亿元，地方级财政收入达到 600 亿元的奋斗目标奠定了坚实的基础（见表 7）。

表 7　2008～2011 年全省财政收入预计完成情况　单位：亿元

项目		2008 年		2009 年		2010 年		2011 年	
		数额	增幅（%）	数额	增幅（%）	数额	增幅（%）	数额	增幅（%）
第一种方法	一般预算全口径	730.9	21.8	893.5	22.2				
	地方级	366.7	22.2	447.6	22				
第二种方法	一般预算全口径	813.1	35.5	961.7	18.3				
	地方级	389.7	29.9	458.7	17.7				
调研结果	一般预算全口径	720	20	860	20	1032	20	1238	20
	地方级	360	20	432	20	518	20	622	20

三、几点启示

近两年，我省的招商引资和项目建设工作已呈现出在项目选择上更趋向优化合理、在项目时空分布上更加注重接续性、在项目拉动经济的取向上更加关注税收增长和产业结构提升等特点。项目建设、社会经济、财政收入相互促进、相互拉动、共同发展。但由于项目建设是“双刃剑”，存在着一定的风险，如果脱离实际，反而会事倍功半，欲速则不达。结合调研中我省各地项目建设工作的实际，我们感悟出以下几点启示：

（一）要扩大财政收入总量，必须坚持抓大不放小，紧紧扭住税源项目建设这个“牛鼻子”

经济发展决定财政状况，财政收入反作用于经济增长，两者是相辅相成的统一体。投资作为拉动经济增长的“三驾马车”之一，对于我们这样经济总量偏小、投资热度不够的欠发达省份来说，具有不可替代的决定性作用。而项目是实施投资拉动的主要载体，抓住项目就等于抓住了加大投入的关键。沿海发达省份之所以经济总量大、财政实力强、发展速度快，就是以大项目、大投入为重点，抓住不放，持之以恒，这个经验值得我们借鉴。近几年我省将招商引资、项目建设、环境整治、扩权强县、全民创业作为经济工作的重点，就是抓住了提速增效、加快发展的关键环节。目前，上项目、上大项目、上税源项目，抓工业集中区建设已经深入人心，市、县领导和社会各界对此已形成共识。据发改委等负责项目的主管部门介绍，2007年新开工和正在引进或洽谈的项目比历年都多，投资增长势头非常迅猛。省委、省政府关于全民创业、三年腾飞的决策和部署得到认真贯彻落实，在各地争上大项目的同时，中小项目也集中连片，税源企业群体蓬勃兴起，在地域和时空分布上呈现出城乡连动、统筹发展、长短线结合、近中远期紧密衔接的良好势头。这些项目达产达效后，必将成为我省经济发展的重要支柱、财政收入的骨干财源。

（二）要保持财政收入持续快速增长，必须坚持项目拉动，靠“优质”项目提升经济结构和税源产业布局

结构决定功能，经济结构的优劣左右财政增长的快慢。要改变我省经济总量不大、结构不优、产出功能不强的状况，要在大上项目的基础上，选准高新技术和高附加值的“优质”项目，走内涵式增长路子，在延长项目企业的市场景气周期上下功夫，促进经济增长方式的根本性转变。在调研过程中我们发现，各地的招商引资、项目建设工作，正在走出偏重项目数量、对项目质量效益重视不足的误区，立足于当地的特色产业和优势资源，把招商引资重点放在国内外知名度高、在科技研发领域处于前沿的大企业、大公司上。通过引进“优质”项目，既引进了资本、技术、人才、管理，又优化了本地的产业结构，壮大了地方财政增收的税基税源。在市、县上报的2007年投产见效的项目中，医药业等“优质”项目34个，占项目总数7%，投资额34.3亿元，占投资总额的5.2%，预计缴纳税收2.9亿元，占缴纳税收总额的7.9%。尽管这些“优质”项目个数不多，投资额和可缴纳税收比例不大，但表现出的活力和发展后劲不容小视。在当今市场竞争国际化的新形势下，高科技含量的“优质”项目不仅承载了我省经济快速发展的重任，而且对于促进我省财政收入持续快速增长也具有重大的现实意义。作为财政收入增长的基本要素，高科技项目正由量的积累向质的飞跃转变，将成为我省财政收入持续增长的稳定来源。

（三）要提高项目对财政增长的贡献率，必须坚持科学规划、合理布局，防止低水平重复建设

我省与南方沿海发达省份相比，不具备商贸流通的区位优势，域外资本来我省投资创业，主要看重的是土地、矿产等稀缺资源和优质绿色农产品、特产品等巨大的市场开发潜力，投资项目多以采掘、农产品加工、建材等产业为主。由于缺少科学合理的规划布局，在市、县之间容易形成内耗式的无序竞争，往往是同一层次、同类产业项目在某一个区域相对集中，给土地、水、能源造成了很大压力。而且，项目投产后，同一层次水平的同类产品在市场争夺中又容易形成相互压价、自相残杀。连锁反应是各项目叠加 GDP 总量可能不少，但销售收入、企业利润和缴纳税金数额不大，两者形成强烈反差，相对于资源和环境代价而言，在很大程度上是得不偿失的。调查中我们发现，农产品加工、建材等类型的项目在中西部地区的部分县（市）相对集中，采掘、木材加工等类型的项目在东部地区的部分县（市）相对集中。虽然这些项目都依托了当地资源，但加工的深度大体都在一个层次上。我们感到，拉长产业链条，发展精深加工，提升产业层次，实现资源的多层次转化增值是今后各地重点项目建设的发展方向。否则，将会造成同类项目重复建设、同业竞争、产能过剩、消耗过大、资源浪费等不良后果，项目效益不大，对财政的贡献率较低。为此，我们认为，在当前招商引资、项目建设竞争激烈的大环境下，加强宏观调控，防止市场失灵，应作为项目建设的一个重要原则。有关部门应进一步加强对引进项目科学规划、合理布局，避免各自为战、重复建设、倾轧内耗，保证项目的满负荷生产和高投资回报，不断提高对财政增收的贡献率，这是需要我们清醒面对和认真解决的紧迫课题。

（四）要保持税源产业项目的长久后劲，必须坚持政府主导支持、企业市场运作的原则

调查中我们发现，有的地方在招商引资、项目开发上，存在以拼政策、牺牲财政收入为代价搞项目引进的行为，干扰了市场经济的正常运行秩序，给地方经济发展带来了一定隐患。有的投资者面对各种优惠政策，往往把精力放在比较哪个地方的政策更优惠，什么地方可以减免更多的税费上，“打一枪换一个地方”，政策期满就走人，贪图一时之利，忽视自主创新，缺乏长期发展的经营理念，难以把企业做大做强。地方财政企盼从项目开发中培植财源的初衷，也成了一厢情愿的单相思。国内外的成功经验表明，努力营造和优化投资软环境，栽下梧桐树，引得凤凰来。这无疑是“借水行船”，发展区域经济的正确选择。但也决不能不计成本，搞赔了资源无回报的项目建设。我们感到，招商引资上项目既是经济发展提速增效的当务之急，也是聚集资本、吸纳技术和人才等资源要素，积蓄发展后劲的长远大计。要本着政府主导、社会参与、企业运作的方针，把投资者、项目所在地方政府等积极因素充分调动起来，围绕优化发展环境、提高服务质量、保障投资者和地方财政权益等方面的基础性工作，把工作做细、做实，把项目建设纳入政府、投资者和地方财政相互依存、互为促进的良性轨道，形成项目建设融入地方经济、政府服务企业、投资者和地方财政各得其所、利益连结、和谐发展的多赢局面。

（五）要建好重点项目、广辟财源，必须坚持用经济手段管理经济，切实履行好财政职能

财政和税收是撬动经济运行的两大杠杆，充分运用好财政税收等经济手段推动重点项目建设，既是财政职能的内在要求，也是经济管理工作的重要内容，还是建立财政增收长效机制的有效途径。作为财政部门，必须充分利用好财税政策手段，不断增强调节和引导功能，搞好系列化配套服务。要切实加大重点项目前期投入，支持项目谋划、前期准备和基础建设。综合运用好预算、国债、税收、贴息等多种经济管理手段，支持重点项目建设，支持企业技术改造，用有限的财政投入引导集聚社会资金和其他资源要素。继续发挥好财政的融资优势，积极利用和使用好开发银行等政策性银行和商业银行贷款，广泛吸引民间资本，参与到重点项目开发建设上来，发挥出财政资金“四两拨千斤”的导向作用，真正把项目建设作为财政税源建设的基础性工程，抓紧抓实，抓出成效。

规范完善财政转移支付制度

（2008 年 11 月）

财政转移支付制度是落实科学发展观、优化经济社会结构、促进基本公共服务均等化和区域协调发展的重要制度安排。近年来，在省委、省政府的高度重视和正确领导下，随着中央对地方财政转移支付力度的加大和转移支付制度的不断完善，以及各项财政改革的深入推进，经过全省各地、各部门的共同努力，我省财政转移支付体系不断完善，转移支付的作用得到较好发挥。

一、中央对我省转移支付情况

1994 年实施分税制财政管理体制改革后，中央政府为了均衡地区间财力差距，促进基本公共服务均等化，在保留改革前财政结算及专项补助等转移支付项目的同时，逐步建立和完善了政府间财政转移支付制度。目前，中央对地方财政转移支付制度体系由财力性转移支付和专项转移支付两部分构成。

（一）财力性转移支付

财力性转移支付是指为弥补财力薄弱地区的财力缺口，均衡地区间财力差距，实现地区间基本公共服务能力的均等化，中央政府按照规范的办法给予地方政府的补助。财力性转移支付资金由地方统筹安排，不需地方财政配套。目前财力性转移支付包括一般性转移支付、民族地区转移支付、缓解县乡财政困难奖励和补助资金、调整工资转移支付、农村税费改革转移支付等。2007 年，中央给予我省财力性转移支付比上年增长 31.6%。具体情况是：

1. 一般性转移支付占财力性转移支付的39%。按照公平、公正，循序渐进和适当照顾老少边地区的原则，主要参照各地标准财政收入和标准财政支出的差额及可用于转移支付的资金规模等客观因素，按照统一公式计算确定中央财政对各地的转移支付数额。转移支付资金主要用于保障行政事业单位职工工资发放、机构正常运转、社会保障等基本公共支出及偿还到期债务，严禁用于搞“形象工程”和“政绩工程”。

2. 民族地区转移支付占1.7%。从2000年起，中央财政对少数民族地区实施了民族地区转移支付制度。目前转移支付的范围包括民族省区、非民族省区的民族自治州、非民族省区及非民族自治州管辖的民族自治县。从2000年起，我省延边州享受中央财政民族地区转移支付补助政策，从2006年起，国家将我省长白、伊通、前郭等3个民族自治县也列入补助范围。

3. 调整工资转移支付占32%。1999~2006年，中央五次增加机关事业单位职工工资和离退休人员离退休费，出台发放年终一次性奖金和实施艰苦边远地区津贴政策，对财政困难的老工业基地和中西部地区，由中央财政给予适当补助。

4. 农村税费改革转移支付占8.8%。包括两项：（1）从2002年起，中央财政对我省农村税费改革取消乡镇统筹、降低农业特产税税率、调整村提留办法等减收，每年给予转移支付。（2）从2004年起，中央财政对我省免征农业税和取消除烟叶外的农业特产税减收，每年给予转移支付。

5. 缓解县乡财政困难转移支付占8.3%。2005年，针对县乡财政的困难状况，中央财政出台了缓解县乡财政困难奖补政策，建立了缓解县乡财政困难的激励约束机制。2006年和2007年，中央又对此项政策进行了完善，对部分奖补项目做了适当调整。这项政策的主要内容是：对调节县级财力差距进行奖励，对县乡政府精简机构、人员以及提高重点支出保障水平给予奖励，对产粮大县给予奖励，对以前缓解县乡财政困难工作做得好的地区给予补助（即“三奖一补”）。

6. 其他各项财力性转移支付占10.1%。主要包括中央实施某些宏观调控政策后，中央对地方减收所给予的财力性补助，包括固定资产投资方向调节税暂停征收财政减收补助、实施天然林保护工程地方减收补助、退耕还林还草减收补助，以及农村义务教育补助等。

（二）专项转移支付

专项转移支付是指中央财政为实现特定的宏观政策及事业发展战略目标，

以及对委托地方政府代理的一些事务进行补偿而设立的补助资金。地方财政需按规定用途使用资金。专项转移支付重点用于教育、医疗卫生、社会保障、支农等公共服务领域。

2007 年，中央对我省专项转移支付比上年增长 37.4%。其中：社会保障方面转移支付占 35%；“三农”方面转移支付占 23.8%；教育方面转移支付占 2.5%；医疗卫生方面转移支付占 2.8%；环境保护方面转移支付占 9.2%；交通运输方面转移支付占 4.3%；公共安全、文化、体育、科学和工商金融等其他各项专项转移支付占 22.4%。

二、省对下转移支付情况

我省对下转移支付也包括财力性转移支付和专项转移支付两部分，其中财力性转移支付主要来源是中央财力性转移支付。专项转移支付的来源主要有三部分：一是中央财政专项转移支付，约占省对下专项转移支付总额的 70%（2007 年数据，下同）；二是用中央一般性转移支付资金安排的专项转移支付，约占 10%；三是省级自有财力历年安排形成的专项转移支付，约占 20%。

（一）省对下转移支付补助情况

2007 年，省对市、县转移支付 401.3 亿元（不含按规定在省本级直接列支、用于市县的支出 81 亿元，如粮食直补、农资综合直补、农业保险保费补贴、农机具购置补贴等），比上年增加 74.1 亿元，增长 22.6%；比 2002 年增加 305.4 亿元，5 年年均递增 33.2%。

1. 财力性转移支付 221.8 亿元，比上年增长 21.7%，占省对下转移支付总额的 55.3%，比 2002 年提高 5.9 个百分点。其中：一般性转移支付 55.6 亿元（含激励性转移支付 6 亿元），民族地区转移支付 4.3 亿元，调整工资转移支付 70.9 亿元，农村税费改革转移支付 22.7 亿元，缓解县乡财政困难转移支付 21.6 亿元，其他各项财力性转移支付 46.7 亿元。

2. 专项转移支付 179.5 亿元，比上年增长 23.9%，占省对下转移支付总额的 44.7%，比 2002 年下降 5.9 个百分点。其中：社会保障方面转移支付 78.7 亿元，比上年增长 17.3%；“三农”方面转移支付 31 亿元（不含直接列省级支出的粮食直补等资金 38.3 亿元），比上年增长 47.6%；教育方面转移支付 6.3 亿元（不含列入财力性转移支付的农村义务教育补助 6.4 亿元），比上年增长28.6%；医疗卫生方面转移支付7.3亿元，比上年增长2.3倍；其他各项专项转移支付56.2亿元，比上年增长13.1%。

此外，我省从2005年7月1日起，下放了41个县（市，含江源区）上划省的共享收入，2005~2007年的三年间县（市）多得财力21.2亿元，实际上也是省对下的一种转移支付。

（二）省对下转移支付的确定办法和政策依据

1. 财力性转移支付。财力性转移支付根据相关因素，采取规范的公式化方法计算对各市县的补助数额。其中：

一般性转移支付：参照中央对地方补助分配办法，计算标准收入和标准支出之差，按照一定补助系数，对市县分配补助资金，力求公平、公正。

民族地区转移支付：参照中央对地方补助分配办法，对延边州及所属县（市）和伊通、前郭、长白等3个民族自治县，从两个方面测算分配转移支付资金。（1）按照其上划中央增值税环比增量的80%测算分配一部分；（2）比照一般性转移支付计算标准收支差的办法测算分配一部分。

调整工资转移支付：按照国家确定的补助范围和补助标准，对市县计算分配中央调资转移支付资金。

农村税费改革转移支付：（1）2002年农村税费改革转移支付资金，主要依据改革后各市县所属乡镇收支缺口和村级组织基本支出需求缺口，确定补助数额。（2）2004年免征农业税和取消除烟叶外的农业特产税转移支付资金，以各市县2002年农村税费改革后正常年景农业税及附加收入数和农业特产税及附加实际缴库数，扣除当年烟叶特产税实际缴库数为基数计算核定。

缓解县乡财政困难转移支付：中央财政在测算此项转移支付时，对县乡政府精简机构和人员以及提高重点支出保障水平奖励、产粮大县奖励、以前年度缓解县乡财政困难工作奖励，已经测算分配到县，省财政如数下达；对调节县级财力差距奖励，比照中央分配办法，结合我省实际，按照统一公式计算分配给市县；对缓解县乡财政困难绩效考评奖励，根据各地工作开展情况，采取因素法测算分配给市县。

2. 专项转移支付。主要采取按照因素进行分配和按照项目进行分配的办法。其中：

按照因素进行分配，主要是根据专项转移支付资金的不同性质，选取关联度较高的客观因素，按照一定权重通过公式计算分配资金，力求资金分配科学、合理、公平、公正。比如，对边境地区转移支付资金、粮食直补及农资综合直补资金、分离企业办社会资金以及新型农村合作医疗补助资金等，均采取因素法计算分配。

按照项目进行分配，主要是按照国家和全省经济社会发展的总体规划及有关政策规定，对省和市县共同事权范围内的支出，根据市县项目申报情况，结合财力可能确定补助项目及额度。对部分不属于省级事权的支出，为引导市县贯彻落实好国家和省的有关方针政策，省财政按照有关规定也适当予以补助。近年来，为提高项目分配的科学性和计划性，对一些专项转移支付资金逐步建立了项目库，实行三年滚动项目管理等方式。

（三）我省规范转移支付采取的主要措施

1. 不断完善一般性转移支付管理和分配办法，提高资金分配的科学性。参照国家补助办法，不断改进标准财政收入、标准财政支出、标准财政供养人员数等测算方法，综合考虑影响市县收入支出的各项因素，科学、全面地引入测算因素，使省对下一般性转移支付办法更加完善。例如，根据我省的实际情况，将供热体制改革增支、偿还到期债务等因素引入一般性转移支付中进行测算，缓解了这些特殊因素给市县形成的支出压力。此外，为充分调动市县发展经济、增加财政收入的积极性，省财政每年从一般性转移支付资金中集中一部分资金，建立财政分配激励机制，与市县地方级财政收入完成情况挂钩，实行以奖代补。

2. 积极探索专项转移支付资金分配和管理的有效方式，提高资金使用效益。（1）改革资金审批机制。为科学、合理分配专项转移支付资金，发挥专项转移支付资金的规模效益，2006 年省政府成立了省级支持经济发展专项资金审核委员会（以下简称“审委会”），专门负责对省级支持经济发展的各项专项资金统一管理、集中审批。2007 年，有 21 项专项资金列入审委会审批。（2）逐步实行项目库管理。为避免项目安排、下达的随意性，对专项转移支付资金逐步建立项目库，实行三年滚动项目管理，优先安排重点项目和符合国家政策导向的项目。目前，已有边境地区转移支付、基层政权建设、中央政法补助专款等专项转移支付资金实行项目库管理。（3）整合支农资金。从 2005 年起，选择了德惠、安图、梨树、长岭、临江等 5 个县（市）进行支农资金整合试点。2006 年，德惠、临江两市共计整合资金 4.5 亿元。

3. 将中央转移支付中财力性转移支付和相对固定的专项补助列入预算，

增强地方预算编制完整性。近几年，为使省级和各市县向同级人大报送的预算内容更加完整，缩小预算、决算之间的差距，根据国家有关精神，我省将中央转移支付中财力性转移支付和相对固定的专项补助逐步列入了年初预算。其中：中央一般性转移支付补助和“三奖一补”资金，根据上年实际补助数额并考虑适当增长列入预算；中央其他财力性补助，按照上年实际补助数列入预算。2007 年和 2008 年将相对固定的中央专项补助分别列入全省预算 109.6 亿元和 168 亿元。同时，省对市县补助相对固定的项目，也要求市县相应编入本级预算。

4. 加强资金监管，提高资金使用效益。2002 年省九届人大常委会第 28 次会议审查通过《吉林省财政监督条例》以来，财政监督职能进一步强化，共查处违规使用转移支付资金 37.5 亿元，收缴国库 7.4 亿元，维护了财政转移支付资金使用的严肃性。近年来，为进一步提高资金使用效益，对边境地区转移支付资金、财政扶贫专项转移支付资金等实行了绩效考核评价，并将资金的管理使用情况与资金分配挂钩。

（四）省对下转移支付取得的成效

1. 在提高市、县财力保障水平方面。通过实施财力性转移支付和下放财力，我省市、县财力水平显著提高，财政困难状况明显改善。按照财政供养人员计算，2007 年我省市县人均财力比 2002 年增加 2.5 万元。2003～2007 年的五年间，我省县（市）级财政支出年均增长 25.9%，比上一个五年快 11.8 个百分点，高于同期全省财政支出增幅 6.4 个百分点。从 2004 年 11 月份起，我省全部市、县实现了当年国标工资不拖欠。

2. 在均衡市、县间财力差距方面。通过实行财政转移支付制度，市县间财力差距水平不断缩小，促进了公共服务均等化。2007 年，按财政供养人员计算，全省 40 个县（市）人均一般预算收入为 11959 元，最高的延吉市为 51880 元，是最低的长岭县 3690 元的 14.1 倍，在通过转移支付实施收入再分配后，全省县（市）人均财力为 31358 元，最高的延吉市 63382 元，是最低的长岭县 23069 元的 2.7 倍，与人均一般预算收入相比，高低差距明显缩小。

3. 在支持经济发展方面。2003 年以来，省财政累计补助市县支持企业改革与发展资金 8.9 亿元，支持 3228 户国有企业顺利完成了改制任务，155 户企业实施了政策性关闭破产和分离办社会职能；补助市县重点项目建设资金 185.3 亿元，有力地支持了基础设施建设，促进了投资拉动；补助市县支持中小企业、民营经济和服务业发展资金1.6亿元，促进了非公经济的加快发展；补助市县开发区和工业集中区建设资金20.5亿元，支持了汽车、石化、玉米深加工等支柱产业和特色产业园区的发展。通过采取上述措施，有力促进了我省经济的快速发展。2003～2007年，全省GDP年均递增13.2%，规模以上工业企业增加值年均递增17.3%，规模以上工业企业净利润年均递增31.5%；地方级财政收入占GDP的比重，由2003年的5.8%提高到2007年的6.1%。

4. 在支农方面。2007年，省财政补助市、县新农村建设资金、农业产业化贴息资金、农业综合开发资金、粮食直补资金、农资综合直补资金、良种补贴资金、农机具购置补贴资金、农业生产技术补贴资金等各项支农资金69.3亿元（含按规定由省级直接列支的粮食直补等资金38.3亿元），比2002年增加53.7亿元，年均增长34.7%，按同口径计算，占专项转移支付总额的比重由2002年的32.2%，提高到2007年38.6%，有力地促进了新农村建设和“三农”问题的逐步解决。

5. 在支持改善民生方面。（1）2007年全部免除了全省232万名农村义务教育阶段学生学杂费，提高农村中小学公用经费保障水平，改造农村中小学危房44万平方米。省对市、县教育专项转移支付达到12.7亿元（含列入财力性转移支付的农村义务教育补助6.4亿元），比2002年增加10.9亿元，年均增长47.8%，占专项转移支付总额比重由2002年的3.7%提高到7.1%。（2）2007年在全国率先实现了城乡居民医疗保障制度的全覆盖。新型农村合作医疗制度惠及全省1163万农民，参合率达到80.2%；城镇居民基本医疗保险覆盖418万城镇居民。省对市、县卫生专项转移支付达到7.3亿元，比2002年增加6.8亿元，年均增长71%，占专项转移支付总额比重由2002年的1%提高到4.1%。（3）2003年以来，支持完成了完善社会保障体系改革试点工作；先后5次调整企业养老金待遇水平，完善了企业养老保险制度；支持建立了城乡最低生活保障制度，使130万城市低保对象、80万农村低保对象享受低保补助；支持完成了政府出资开发10万个公益型岗位的任务，促进实现新增就业48万人。2007年，省对市县社会保障专项转移支付达到78.7亿元，比2002年增加49.7亿元，年均增长22.1%。（4）2005～2007年，省对市县专项转移支付6.5亿元，促进完成了2600万平方米城市棚户区改造任务；对市县专项转移支付6.2亿元，支持解决了151.5万农村人口饮水安全问题。

财政转移支付不断规范的同时，我们在调研中也发现，在转移支付资金管理方面，特别是专项转移支付管理方面还存在一些问题，亟待解决。比如：专项转移支付项目设置过多、有的交叉重复；资金多头审批，使用分散，造成部分市、县多头申请、重复要钱；资金使用上过多考虑市县具体事务支出缺口，需要市县配套的项目较多，一些部门自行出台配套要求，超出了市、县财力可能；部分资金拨付不及时，形成较多的跨年结转，影响资金使用效益；资金损失浪费，挤占挪用等现象还不同程度存在，专项转移支付的监管水平还有待进一步提高；市、县间财政经济发展不平衡状况仍比较突出等等。上述问题，有的是政府职能转变不到位、政府之间支出责任划分不清晰等体制性因素造成的，有的是由于中央专项转移支付下拨较晚造成的，有的是制度不健全和执行制度不严格造成的。这些问题，需要在国家转移支付体系和转移支付法规制度不断健全完善、行政管理体制改革不断深化的基础上，通过进一步完善制度、加强监管，逐步认真解决。

三、进一步规范财政转移支付工作的思路和对策

（一）进一步优化转移支付结构，完善资金分配办法

一方面，不断提高财力性转移支付的规模和比例，特别是增加一般性转移支付所占比重。另一方面，加大对三农、教育、科技、文化等社会事业领域的专项转移支付力度。根据不同市县的经济发展水平和收入差距，以及影响财政收支的客观因素，科学测算各市县标准收入和标准支出，不断调整完善一般性转移支付测算中选取的因素，合理确定对各市县的转移支付规模，进一步缩小市县间财力差距，加快基本公共服务均等化步伐。同时，积极研究按照不同的主体功能区定位分配转移支付资金和对资源枯竭型城市的转移支付扶持政策。

（二）研究规范专项转移支付的配套政策，提高市县财政的统筹能力

规范配套政策出台程序，将市县配套的总体负担控制在可承受的范围之内。今后，除中央有明确规定外，省里应严格控制新的要求市县配套的政策。对属于省级事权的项目，由省全额负担，不再要求市县配套；对属于省与市县共同事权的项目，区别不同情况制定不同的配套政策；对属于市县事权的项目，为了鼓励市县推进工作，可逐步采取按地方实绩予以奖励或适当补助的办法。

（三）提高专项转移支付管理的科学性和透明度

进一步完善专项转移支付资金管理办法，提高专项转移支付分配的科学性，能够采取因素法分配的尽量采取因素分配办法，逐步将具备条件的专项资金由现行的项目审批制改为项目备案制；提前项目审核，加快资金拨付进度；增强专项转移支付分配的透明度，对面向企业及个人等涉及社会各方面的专项资金，应积极创造条件，逐步向社会公开项目申报的条件和要求、资金分配标准、采用的基础数据以及资金分配的结果，自觉接受社会监督。

（四）规范专项资金设置，清理整合省级部门管理的专项资金

对按规定为中央专项转移支付资金配套的资金项目，继续予以保留；对同一个部门管理的性质和用途相近的专项资金进行整合，减少资金项目个数，增加资金规模，发挥资金使用的规模效益；清理取消设立时间较长、已经没有实际意义的专项资金。今后，除国家有特殊规定和要求外，应严格控制新增设专项资金。

（五）完善县乡财政管理体制，规范县对乡转移支付

明晰县乡政府的事权和支出责任，规范县乡间的财力分配关系，健全完善县对乡的转移支付制度，扩大财力性转移支付规模，增强基层政府公共服务能力。继续深化乡财县管财政管理方式改革，规范乡镇财政收支行为，促进乡镇政府依法理财和依法行政，维护基层政权的稳定。

（六）进一步加强转移支付资金的监管

积极探索转移支付资金的监管模式，逐步建立健全转移支付的绩效评价制度，强化激励约束机制，扩大纳入绩效评价范围的专项转移支付项目。将专项转移支付资金的绩效评价结果，作为资金分配的重要因素。同时，进一步加强对转移支付资金的监督，提高转移支付资金使用的合法性、规范性和有效性。

调整优化财政收入结构
切实提高财政收入质量

（2009 年 12 月）

财政收入占 GDP 的比重，反映了政府集中财力的程度，是一个综合性的效益、质量指标，是国际上较为普遍的衡量方法。这里仅就我省财政收入占 GDP 比重的现状，同全国平均水平及相近省份进行比较，分析产生现状的主要原因，并就如何提高比重提出建议。需要说明的是，由于 GDP 是按照不变价计算的，财政收入是按现价计算的，因而财政收入的增长与 GDP 的增长并不是完全的对应关系。

一、我省财政收入占 GDP 比重的现状

2008 年，全省一般预算全口径财政收入 845.2 亿元，增长 30.2%；地方级财政收入 422.8 亿元，增长 31.8%。2008 年，全省 GDP 实现 6424 亿元，增长 16.1%。经调整计算，我省一般预算全口径财政收入占 GDP 的比重为 12.6%（我省 2008 年一般预算全口径财政收入为 845.2 亿元，占 GDP 的比重为 13.2%，为便于同其他省市比较，剔除中央企业所得税和车购税后，占 GDP 的比重为 12.6%，下同）；地方级财政收入占 GDP 的比重为 6.6%。

近几年，随着经济的快速健康发展，我省财政收入大幅度增长，占 GDP 的比重也在逐步提高。2008 年一般预算全口径财政收入占 GDP 的比重为 12.6%，比 2004 年的 11.4% 提高 1.2 个百分点。但总体上仍然偏低：一是低

于全国地方平均水平，2008年我省一般预算全口径财政收入占GDP的比重12.6%，比全国地方平均水平17.6%低5个百分点；地方级财政收入占GDP的比重为6.6%，比全国地方平均水平9.5%低2.9个百分点。二是低于辽黑两省，2008年辽黑两省一般预算全口径财政收入占GDP比重分别为16.8%和13.3%，我省占比分别低于辽黑两省4.2和0.7个百分点。三是低于GDP在全国的排位，2008年我省GDP居全国第21位，而一般预算全口径财政收入占GDP的比重居第24位，错后3个位次。

二、财政收入占GDP比重低的原因

财政收入占GDP比重高低是经济结构、产业结构、经济运行质量和效益共同作用的结果。我省财政收入占GDP比重较低，主要是受以下三方面因素的影响：

（一）产业构成中第一产业比重偏高

2008年，我省第一产业实现增加值917亿元，占全省GDP的14.3%，高于全国平均水平3个百分点。一产提供的财政收入只有3亿元，仅占一般预算全口径财政收入的0.4%。因此，一产占GDP的比重越高，财政收入占GDP的比重越低。在GDP总量不变的前提下，我省一产占比每降低1个百分点，二、三产业每增加1个百分点，将增加一般预算全口径财政收入9.4亿元，提高一般预算全口径财政收入占GDP比重0.15个百分点。如果我省一产占比达到全国平均水平，将增加一般预算全口径财政收入28.2亿元，提高一般预算全口径财政收入占GDP比重0.4个百分点。

（二）第三产业财政收入贡献率偏低

2008年，我省第三产业实现增加值2443亿元，占全省GDP的38%。第三产业提供财政收入271.6亿元，占一般预算全口径财政收入的33.6%，低于其GDP占比4.4个百分点。第三产业中，除金融业和房地产业外，其他行业提供财政收入占一般预算全口径财政收入的比例普遍低于其增加值占GDP的比例。我省金融业和房地产业增加值占GDP的比例分别为2.3%和2.8%，提供财政收入占一般预算全口径财政收入的比例分别为3.9%和8.7%，远远高于三产中其他行业。但这两个行业的发展滞后于全国平均发展水平。2008年，两行业增加值占GDP的比例分别低于全国平均水平3.3个和1.4个百分点。如果这两个行业增加值占 GDP 的比例都能够达到全国平均水平，将增加一般预算全口径财政收入 93.4 亿元，提高一般预算全口径财政收入占 GDP 比重 1.5 个百分点。再从税种上分析，由于三产提供的主体税种是营业税，所以营业税占 GDP 的比重在一定程度上可以反映三产的发展水平。2008 年，我省营业税收入 94 亿元，占全省 GDP 的 1.5%，低于全国平均水平 1 个百分点。三产财政收入贡献率偏低，主要还是由于我省三产仍以传统服务业为主，能够带来较高财政收入的新兴服务业，如金融、物流、旅游业发展不足，消费层次还不够高。整个三产既需要扩大规模，又需要提高发展水平。

（三）工业企业中部分行业对财政收入贡献有限

作为农业大省和老工业基地，我省的工业企业结构也充分体现这一区域特征。近年来，我省农产品加工业发展迅猛。2008 年全省农产品加工业实现产值 1344 亿元，比 2003 年增加 1090 亿元，增长 4.3 倍；实现增加值 399 亿元，比 2003 年增加 321 亿元，增长 4.1 倍。由于国家对农产品加工业采取扶持政策，给予很多税收优惠。如对农业生产者销售的自产农业产品免征增值税，征增值税的农产品大多适用 13% 的低税率，提高农产品进项税抵扣率，农产品初加工业免征企业所得税，农业科研单位取得的技术转让收入免征营业税。国家的扶持政策直接推动了农产品加工业高速增长，但提供的财政收入增速大大低于产值的增速。农产品加工业中的农副食品加工业体现得尤为明显。2008 年全省农副食品加工业实现产值 903 亿元，比 2003 年增加 738 亿元，增长 4.5 倍；实现增加值 253 亿元，占全省 GDP 的 3.9%；提供财政收入 4 亿元，只占一般预算全口径财政收入的 0.5%。此外，我省工业企业中高科技产品比重不大，名牌产品较少，产品附加值低，整体效益不高。2008 年全省规模以上工业企业总资产贡献率 11.6%，低于全国平均水平 2.4 个百分点；盈亏相抵后利润总额比上年下降 17.9%；亏损企业亏损额比上年增长 4.6 倍。从直接反映企业效益的增值税和企业所得税来看，2008 年全省企业上缴增值税 254.3 亿元、企业所得税 106.4 亿元，分别占 GDP 的 4% 和 1.7%，比全国地方平均水平分别低 2 个和 1.6 个百分点。

三、对策

解决我省财政收入占 GDP 比重偏低的问题，应在扩大总量、优化结构、提高效益、增强活力上下功夫。

（一）加快发展速度，扩大经济总量

抓住国家振兴东北老工业基地和设立长吉图开发开放先导区的机遇，迅速提升经济总量，实现经济跨越式发展。(1) 要注重发挥财政政策的导向作用。抓住国家实施积极财政政策的有利机遇，运用好政策杠杆，通过落实扩内需、保增长、促消费的各项政策，进一步清费减负，改善经济发展软环境，着力促进经济实现又好又快发展。(2) 要充分发挥财政资金的带动作用。统筹使用预算内外资金，综合运用预算、贴息、补助、资本金注入等方式，积极吸引民间、社会、域外等资本投入，发挥财政资金的乘数效应。增加安排专门用于项目建设启动方面的资金投入，设立长吉图专项扶持资金。进一步争取国家各类专项资金扶持。(3) 要注重发挥财政与金融联动作用。支持各级政府投融资平台建设，加强信用担保体系建设，增强投融资平台的融资能力，为金融机构增加贷款投放创造条件。积极扶持，进一步发展和活跃我省资本市场，鼓励企业通过主板、中小板、创业板和境外上市及发行企业债券等方式，不断扩大直接融资的比重，广泛利用社会资金参与资本市场。

（二）推进产业结构优化和升级，提高经济运行质量

认真落实各项财税扶持政策，支持重点产业、发展特色产业、培育新兴产业，在做大经济总量的同时，优化产业结构，增加财政收入。(1) 要大力培育高新技术企业，改造传统工业，加快科技成果转化，推进企业技术进步，全面提升自主创新能力，增强企业发展后劲。(2) 要加大资金投入和政策支持，促进现代服务业与制造业的融合。加快培育现代金融业、物流业、旅游业和文化产业，提升我省服务业的层次，增加财政收入。(3) 要鼓励各地因地制宜，结合各自历史文化传统、地域特性资源等方面的差异发展本地特色产业和优势产业。瞄准国际市场，借助国家扶持，大力发展风电、核电等清洁能源和新兴产业。(4) 要延伸产业链条，提高产品附加值。推动机械工业产业链向前拓展，石化工业产业链向后延伸，医药产业向高新方向发展，农产品加工业产业链向终端产品领域发展。

（三）强化税收征管，堵塞收入漏洞

(1) 要抓好重点税种、重点行业和重点地区的税源管理。切实做好税源

的调查、摸底、分析和预测工作。（2）要抓好清欠工作。坚持依法治税，切实维护税法的统一性、权威性和严肃性，力争不发生新的拖欠。（3）要抓好执法检查。加强对减免缓税收是否符合政策的检查，加强对优惠政策到期是否及时恢复征税的检查，加强对税款均衡缴库情况的检查，形成以查促管，以查促收的良好局面。（4）要建立协调机制。加强财政、税务和金融部门的联系，加强协税护税网络建设，加快财税库银联网进程，形成征管工作合力。

加快推进财政科学化精细化管理

（2010 年 7 月）

近年来，全省各级财政部门不断健全完善财政管理体制，着力深化预算管理制度改革，切实加强财政监督检查，积极推进财政绩效评价，财政管理水平显著提高。但目前仍存在预算体系不健全、预算约束性不强、预算编制不够精细、预算执行不均衡、部分资金管理不够规范、使用效益不高等问题。财政管理贯穿于预算编制、执行和监督的全过程，管理水平的高低，直接影响到财政职能作用的发挥和财政资金的使用绩效。当前，推进财政科学化精细化管理是深入实践科学发展观的必然要求，是调结构、促转变、谋发展和惠民生的现实需要，是新形势下做好财政工作的重要举措。

财政科学化管理，是指从实际出发，实事求是，积极探索和掌握财政管理的客观规律，按照财政法律法规要求，建立健全管理制度和运行机制，运用现代管理方法和信息技术，发挥管理人员积极作用，把握加强管理的方向和途径。财政精细化管理，是指树立精益思想和治理理念，运用信息化、专业化和系统化管理技术，建立健全工作规范、责任制度和评价机制，明确职责分工，完善岗责体系，加强协调配合，按照精确、细致、深入的要求实施管理，避免大而化之粗放式的管理，抓住管理的薄弱环节，有针对性地采取措施，增强执行力，不断提高财政管理的效能。科学化管理和精细化管理是一个有机整体，科学化是精细化前提，精细化是科学化的实现手段。

财政科学化精细化管理的指导思想，就是以科学发展观为统领，认真贯彻落实国家和省委、省政府的部署和要求，坚持依法理财、科学理财、民主理财，牢固树立全局观念、法治观念、创新观念、效率观念、服务观念、责任观念，把握财政管理的系统工程特征，按照突出重点、统筹兼顾、远近结合、分步实施的原则，建立完整的政府预算体系，完善预算编制制度，加强预算执行管理，强化预算监督，健全预算编制、预算执行、预算监督相互制衡和有机衔接的运行机制，提高财政管理绩效，保障财政职能作用充分发挥，为促进全省经济社会又好又快发展作出新贡献。

推行财政科学化精细化管理，基本要求是：（1）坚持依法理财。按照法律法规行使权力、履行职责，做到依法行政、合理行政、程序正当、高效便民、诚实守信、权责统一。（2）注重流程设计。根据精简程序、理清环节、分清责任、明确标准的要求，健全和优化财政管理工作流程，使预算编制、预算执行、预算监督、绩效评价等各项工作均依流程运行。（3）完善岗责体系。从机制上保证权责一致，促进责任落实，做到分工明确、各司其职、各负其责、协调配合。（4）加强绩效考核。遵循奖优、治庸、罚劣原则，合理确定考核标准，坚持定性与定量考核相结合，强化考核结果运用。（5）健全配套制度。在执行好已有行之有效的工作制度的基础上，进一步健全各项工作规范，做到反映财政工作规律，符合财政工作实际，可操作、可检查。（6）运用科技手段。运用先进科学技术，大力推进财政管理信息化建设，以信息化推动科学化精细化，提高财政工作质量和效率。（7）突出以人为本。以科学的人才观、正确的政绩观为统领，以实现人的全面发展为目标，加强财政干部队伍建设，充分调动财政干部的积极性和创造性，为加强财政科学化精细化管理提供组织保障和智力支持。

一、推进财政科学化精细化管理的内容

今后一段时期，推进财政科学化精细化管理要重点围绕以下几个方面，努力取得突破：

（一）健全政府预算体系，着力规范政府收支行为

按照完善社会主义市场经济体制要求，建立由公共财政预算、国有资本经营预算、政府性基金预算和社会保险基金预算有机衔接的政府预算制度体系。全面反映政府收支总量、结构和管理活动。按照各自功能和定位，科学设置政府预算。将应当统筹安排使用的财政资金统一纳入公共财政预算，将具有专款专用性质的政府性基金纳入政府性基金预算。社会保险基金预算相对独立，公共财政预算要支持社会保险基金预算，国有资本经营预算部分收入可用于安排公

共预算和弥补社会保障支出。根据经济社会发展和政府宏观调控的需要，加大对政府性基金预算和国有资本经营预算的统筹调配力度，通过预算编制形成资金合力。

（二）加强预算编制管理，着力提高预算科学性和准确性

根据国民经济和社会发展规划相关指标预期增长情况，综合考虑政策调整等增减收因素，科学准确地编制收入预算。调整优化财政支出结构，合理配置政府资源，增加对公共服务领域投入，重点加大教育、科技、文化、就业、社会保障、医疗卫生、住房保障、生态环境等民生方面投入；按照国家和省有关规定，严格控制人、车、会、网、招等一般性支出和党政机关楼堂馆所建设，有效建立控制行政运行成本长效机制。细化预算编制，加快推进项目库建设，逐步减少代编预算规模，提高预算年初到位率。加强部门预算专项结转和净结余资金统筹使用。推进资产管理与预算编制的有机结合。

（三）强化预算执行管理，着力增强预算约束力和均衡性

依法强化税收收入和非税收入征管，严格执行各项税收政策，继续清理取消不合理收费，规范政府非税收入管理，努力做到应收尽收，不收过头税。全面推行财税库银横向联网，健全完善收入均衡入库机制。建立预算支出执行责任制度，推进预算执行和预算编制有机结合，充分发挥预算单位加强预算支出执行管理的主动性和积极性。加快转移支付执行进度，努力提高预算支出执行的均衡性。推进预算支出绩效评价工作。建立健全一体化的预算执行动态监控机制。完善财政资金安全管理保障机制。深化财政国库管理制度改革。推进政府采购管理制度改革。加强政府性债务管理。

（四）严格财政监督，着力建立覆盖所有政府性资金和财政运行全过程的监督机制

强化事前和事中监督，促进监督和管理的有机融合。积极推进监督关口前移，加强部门预算编制抽查和重大支出项目评审。利用财政管理信息系统，加快监督检查网络平台建设和信息化检查手段的推广和应用，为财政监督检查提供信息技术支撑。发挥内部监督的预警和防范作用，进一步建立健全预算编制、执行和监督相互协调、相互制衡的机制。发挥中介机构独立审计监督作用，健全监督通报制度和整改落实情况反馈制度，督促部门建立完善符合财政资金管理原则和要求的内控制度。强化财政违法责任追究，加大对违规问题的

处理处罚和信息披露力度。自觉依法接受人大、审计监督。增强预算透明度。

（五）推进财政法制建设，着力提高依法理财水平

完善地方财政管理法规体系，加强地方财政立法调研，将经过实践检验、条件成熟的财政规章上升为地方法规。严格财政规章和规范性文件制定管理，全面清理现有财政规范性文件，建立健全财政规章、规范性文件立改废工作机制，提高财政规范性文件的质量。加强普法教育和执法监督，创新财政法制宣传教育方式，大力普及法律法规知识，提高财政干部法律意识和法制观念。完善财政行政审批程序，切实提高行政效能。规范财政法律事务的范围和办理程序，研究制定财政法律事务管理办法，健全财政行政处罚、行政复议、行政应诉工作制度，保证财政法律事务的合法性和有效性。

（六）加快信息化建设，着力为财政改革发展提供技术支撑

紧紧围绕财政改革与发展，加快推进金财工程建设，以标准和规范体系建设为基础，以建设和推广应用支撑平台为重点，以网络、安全及运行维护体系为保障，逐步建成全省各级财政内部、财政与同级相关部门、上下级财政部门互联互通的一体化财政管理信息系统，全面加强各级财政部门对财政资金和资产的规范化管理，尽快实现全省预算自动汇编、收支执行数和决算数及时汇总，支撑和促进财政科学化精细化管理。

（七）加强基础工作和基层建设，着力夯实财政管理基础

做好基本数据的收集整理，建立部门基础信息数据库。完善基本支出定员定额标准体系，推动项目支出预算滚动管理。加强行政事业单位国有资产管理，强化会计人员培训和监管。加强财政统计分析工作，建立健全政府财政统计报告制度。立足基层加强财政管理，合理界定和充实乡镇财政职能，充分发挥县乡基层财政就地和就近实施监管的优势。结合建立县级基本财力保障机制，加强收入征管，优化支出结构，提高乡镇财政提供基本公共服务，以及落实各项民生政策的财政保障能力。

二、推进财政科学化精细化管理的措施

当前，推进财政科学化精细化管理要着力强化以下措施：

（一）完善公共财政预算

优化财政收入结构，努力提高公共财政收入质量，进一步壮大可用财力规模，力争“十二五”期间，全省税收收入占财政收入和财政收入占 GDP 两个比重有明显提高，切实提高公共财政保障能力。继续调整和优化财政支出结构，不断加大对基本公共服务领域的投入力度，优先保障和改善民生，省本级继续将新增财力的 70% 用于民生。在完善年度预算的基础上，试行中期预算管理，积极探索采用滚动方式编制预算。

（二）健全国有资本经营预算制度

建立财政部门与国资监管部门协调互动的工作机制。完善国有资本收益收取办法，科学确定国有企业利润收缴基数和上缴比例，规范国有资本经营预算支出范围，合理安排国有资本经营预算支出。研究提出《吉林省试行国有资本经营预算意见》，2011 年省本级选择省国资委监管企业和省财政厅监管的部分企业先行开展国有资本经营预算编制试点；有条件的市县要适时开展试点，逐步将省直各部门、各市、县管理的国有企业全部纳入国有资本经营预算编制范围。

（三）全面编制政府性基金预算

从 2010 年起，省和市、县要全面编制政府性基金预算，并与公共预算编制同步进行，报同级人代会审议。完善政府性基金预算编制内容，项目支出要细化到具体事项，保证政府性基金预算编制的完整性和准确性。规范编制程序，明确工作规程，省级政府性基金预算编制要与部门预算编制紧密结合，实行“三上三下”的编报程序。健全完善基金预算编报、审核、汇总、指标管理和信息公开制度，提高政府性基金预算编制和执行的科学性和透明度。

（四）加快建立社会保障预算

从 2010 年起，在全省范围内先行试编企业养老保险、失业保险、城镇职工基本医疗保险、工伤保险、生育保险为内容的社会保险基金预算。根据国家有关法律法规建立的其他社会保险基金，也要逐步纳入社会保险基金预算管理和监督范围。收入预算要综合考虑统筹地区上一年度基金预算执行情况、本年度经济社会发展指标预测以及社会保险工作计划等因素，支出预算要综合考虑社会保险享受对象人数增减变动情况、统筹地区经济社会发展状况以及社会保险对象待遇水平变动幅度等因素。明确财政部门与社会保险主管部门的职责分工，规范编制流程，强化预算执行，为逐步过渡到编制社会保障预算奠定基础。

（五）细化预算编制

从编制2011年预算起，省级上报人代会审议的总预算草案，教育、医疗卫生等涉及民生方面的支出细化到功能支出“款级”科目；启用新版“项目库”管理软件，项目支出全部实行“项目库”管理，编制滚动的项目支出预算。从编制2012年预算起，省级部门预算编制时间延长到8个月，继续实行“三上三下”的编制程序。逐步减少代编预算规模，对有预算分配权的省级主管部门管理的专项资金，要提前落实到具体项目，逐步实现与部门预算同步审核、编制、批复。市县财政也要比照省级做法逐步细化预算编制。结合全省机构编制实名制管理的目标要求，健全经费预算与机构人员编制的衔接机制，在编制2013年部门预算时实现基本支出全部落实到人。

（六）加强部门预算结转和结余资金管理

有基本支出结余的部门，优先将基本支出结余用于下年度增人增编等人员经费支出和日常公用经费支出，人员经费和公用经费之间不能挪用，不得用于自行提高经费开支标准。预算部门在编制下一年度支出预算时，如要求新增基本支出，应优先动用基本支出净结余资金。对累计基本支出专项结转和净结余资金规模较大的部门，其结余资金要按一定比例统筹，作为安排该部门下一年度基本支出预算的资金来源，相应调整部门相关支出或适当压缩对该部门财政拨款预算额度。有项目支出净结余资金的部门，在申报下一年度预算时，应将净结余资金全部作为该部门下一年度部门预算的首要来源，统筹用于重点项目支出。延续项目结转较多的部门，在下一年度结合项目进展情况，适当减少相关项目支出预算。部门基本建设项目净结余资金的70%上缴国库。

（七）推进资产管理与预算编制有机结合

各级财政部门要结合实际，研究制定本级行政事业单位资产配置、更新标准，逐步建立健全行政事业单位资产管理标准体系和配套制度。按照资产管理与预算管理相结合的原则，建立健全工作机制和流程，在编制部门预算时，要充分考虑部门占有资产及其收益情况。切实加强新增资产配置专项审核，逐步扩大审核范围，未经审核不安排相关经费预算。加强行政事业单位国有资产处置收入及有偿使用收益管理，行政单位的资产处置收入和出租出借收入、事业单位资产处置收入要上缴同级财政，纳入预算，实行“收支两条线”管理，收入优先用于行政事业单位新增资产配置，促进资产配置和处置管理的有效衔接。

（八）增强市县预算编制完整性

各地要结合经济社会发展水平，科学、准确、全面地编制财政收入计划，按照统筹兼顾、有保有压、突出重点的原则编制年度支出预算。对按规定应列入预算的税收收入及非税收入，要足额列入预算。省对市县的返还性收入、一般性转移支付收入和专项转移支付收入，在收到中央财政提前告知预计数20日内，一并提前告知市县。市县财政要将省财政提前告知的转移支付预计数列入本级预算，增强预算编制的完整性。

（九）提高预算支出执行的均衡性

从2010年开始，研究建立财政支出进度考核办法，加快预算资金拨付进度，逐步达到三季度末完成全年支出的70%。将省级部门预算考核结果作为编制下一年部门预算依据，对预算支出进度慢、结余资金多的，要相应调减该部门下一年度支出预算。对省级预算安排的专项资金，当年6月底前要拨付下达60%以上，原则上9月底前全部下达。对纳入省级专项资金审核委员会管理的专项资金，要在当年6月底前下达，逾期未拨付的，每逾期一个月削减10%；对未经省政府同意不上报审委会审核的专项资金，下一年度不再安排。除国家有特殊规定外，对中央下达的专项转移支付资金，原则上要在收到之日起15日内，拨付下达给项目单位或市县。对中央下达的一般性转移支付资金，省财政要在收到之日起30日内分配下达到市县。改进超收收入使用办法，除法律法规规定必须安排的支出外，其余部分原则上列入预算稳定调节基金，纳入下一年度统筹安排。要科学合理调度资金，最大限度地保障预算执行资金需求。

（十）加强预算支出绩效管理

按照科学规范、公正公开、分级分类、绩效相关的原则，加快建立健全预算支出绩效考评相关机制和指标体系。认真做好省级农村义务教育经费保障机制改革资金、财政扶贫资金、就业支出等17项专项资金绩效考核工作。2010年对列入省级部门预算的部分项目支出，开展绩效考核评价试点。从2011年起，要进一步扩大试点范围，逐步完善指标评价体系，将评价结果作为改进预算管理和编制下一年度预算的参考依据。2011年各市县要全部开展预算支出绩效考核评价试点，并结合本地实际情况，加快推进预算绩效管理工作。逐步建立评价结果公示制度。

（十一）建立预算执行动态监控机制

2010年研究制定吉林省预算执行动态监控实施方案、制度办法、操作流程，开发预算执行动态监控信息系统，并选择部分省级部门开展试点。2011年扩大省级试点范围，将财政直接支付资金纳入监控体系，具备条件的市县要积极开展试点。2012年建立起覆盖全省各级财政的预算执行动态监控体系。按照完善操作、优化流程、提高效率、确保安全的原则，通过预算执行动态监控系统全面跟踪财政资金的申请、审核、支付、清算及核算，动态监控每一笔财政资金的详细支付记录。2012年全面建立起预算执行动态监控分析报告制度，发现问题，提出对策，确保预算执行合理高效。

（十二）深化国库集中收付制度改革

逐步完善国库单一账户体系，2010年继续清理撤并目前仍保留的部分预算单位实有资金账户，2011年前取消政府非税收入执收单位过渡性账户，2012年要将所有的财政性资金全部纳入国库单一账户体系运行管理。进一步扩大上下级政府间专项转移支付资金实行国库集中支付的范围。2011年完成市县会计集中核算向国库集中支付并轨，在全省范围内建立起国库直接支付和授权支付操作模式，集中支付范围力争扩大到所有财政性资金。全面推进公务卡改革，2011年在市（州）全面铺开，县（市）也要开展试点；2012年实现全省覆盖。研究启动国库现金管理，加强国库现金流量预测，为下一步正式开展国库现金管理提供技术支撑。

（十三）深化“收支两条线”改革

2010年研究制定吉林省非税收入收缴管理办法，进一步规范非税收入管理。2011年底前，在全省范围内将所有实行预算外管理的非税收入全部纳入预算内管理，彻底取消预算外资金。加快收支脱钩改革步伐，2012 年省级行政机关和全额拨款事业单位全部实行收支脱钩，市县要逐步扩大收支脱钩范围。加快非税收入征收管理系统的开发和测试，逐步扩大试点，力争到 2012 年实现非税收入征收管理系统省内全覆盖，实现非税收入执收单位、财政部门、代收银行互联互通。

（十四）进一步完善政府采购制度

继续扩大政府采购管理实施范围，力争到 2012 年，将中央和省补助专款、农村中小学校舍建设、城市绿化及“三农”项目纳入政府采购。完善政府采购制度体系，研究制定政府采购评审专家管理和信息发布等办法。加强政府采购预算和采购计划编报的衔接，严肃政府采购预算执行纪律，督促各部门严格执行采购预算。落实好节能环保产品强制采购，自主创新产品优先采购等政府采购政策，进一步扩大政府采购政策功能范围。健全政府采购监督考核机制和诚信评价体系，强化政府采购代理机构监管，适当引入竞争机制，不断提高规范化操作水平。

（十五）加强政府性债务管理

研究制定吉林省政府性债务管理实施细则，健全政府性债务会计核算、预算收支、债务预警、偿债渠道和绩效评价等债务监控管理机制。从 2010 年起，省级财政探索编制政府性债务收支计划，并在有条件的市县开展试点。开展政府性债务清查工作，摸清全省债务和政府融资平台底数，在此基础上研究制定债务风险评估和债务还贷准备金管理办法。从 2011 年起，各级财政部门在安排年度预算时，要建立偿债基金用于偿还到期政府债务。各地既要积极利用国外资金，又要统筹考虑地方政府债务风险和财政承受能力，强化借、用、还、防全过程监督和管理。统借统还的外债要纳入预算管理，统借自还的外债要完善管理办法。

（十六）积极推进预算信息公开

2010 年研究制定吉林省预算信息披露实施办法，明确预算信息公开责任主体，规范预算信息公开内容，拓宽预算信息公开渠道，促进预算信息公开的制度化。对经各级人大审议批准的一般预算收支预算表、一般预算收支决算表，政府性基金预算收支预算表、政府性基金预算收支决算表等，要主动向社会公开。各部门作为部门预算信息公开的主体，要按照有序推进、由内到外的原则，对按规定应该公开、能够公开的事项，要做到及时主动公开。对各级预算安排的教育、医疗卫生、就业和社会保障、保障性安居等支出，涉及民生的专项支出管理办法等，要积极主动公开。对公民、法人或者其他组织，根据自身生产、生活、科研等特殊需要申请获取预算信息的，各部门要按规定依法受理，对符合规定的要及时向申请人予以公开。

（十七）加快“金财工程”建设

推广使用支撑省级核心业务应用软件大平台系统，完善吉林省财政业务基础数据规范，将资产管理、指标管理、账务管理、工资统发、政府采购、办公自动化等系统纳入平台。推进县（市）级财政管理信息系统建设，2010 年以账务管理等子系统为主，构建从预算到决算，覆盖财政核心业务的统一构架，完成系统平台建设和核心业务系统的实施，实现省级平台与市县的有效衔接。推进全省财税库银横向联网，有效解决市、县收入数据查询，按科目转换汇账等问题，在全省范围内实现财政与人民银行之间的收入数据共享。加强财政信息网络基础设施建设，完善信息安全保障体系，推动网络及信息系统建设稳定、高效运行。

（十八）强化会计资产基础管理

实施会计人员培养“5151”工程，依托吉林大学等高校建立会计领军人才培养基地，健全会计人才的选拔培养体制，逐步形成会计人才分层次、分级别的梯级培养模式。研究制定会计人员继续教育管理办法，创新会计人员继续教育方式，全面提升会计人员素质。发挥吉林会计网站平台作用，加强会计信息管理系统建设，实行会计从业资格无纸化考试。健全财务会计管理体系，推进企业财务通则、企业会计准则等财务会计法规制度的贯彻实施。强化注册会计师、注册资产评估师行业监管。加强行政事业单位国有资产管理，规范行政事业单位资产处置行为，完善行政事业单位国有资产有偿使用和收益收缴办法，努力实现国有资产保值增值。

（十九）加强基层财政管理

加强乡镇财政预算管理，将乡镇财政税收、非税收入、上年结余资金等所有收入全部纳入预算内管理。充分发挥乡镇财政就近监管优势，完善制度办法，对各种乡镇财政资金的申报、公示、发放和使用实施全过程监管。对涉及农民个人的资金，原则上要实行“一卡通”，切实保障涉农补贴、家电下乡等各项惠农政策落到实处。通过建立台账、抽查巡查等方式，加强对辖区内用财政资金安排的教育、文化、卫生、水利、农业综合开发等各类项目实施监督检查和跟踪问效。进一步推进乡财县管改革，强化预算编制指导和预算执行约束，严格乡镇财政支出和会计核算管理。建立健全村级组织运转经费保障机制，完善村级组织财务资产管理，推行“村账乡代管”管理方式。

（二十）提高组织保障水平

进一步加强各级财政领导班子建设，改革完善决策机制，提高决策的科学化、民主化水平；完善竞争上岗等干部选拔任用制度，加大干部交流轮岗工作力度，创新教育培训方式，提高干部综合素质；完善财政内部工作绩效评价机制，不断提高工作效率和质量；进一步转变工作作风，增强改革创新意识，提高调查研究能力，狠抓工作落实；认真落实党风廉政建设责任制，围绕限制自由裁量权，规范权力运行制约机制，深入推进财政系统反腐倡廉各项工作；大力弘扬财政文化，牢固树立为国理财、为民服务宗旨，塑造认真负责、严谨细致的敬业精神，营造团结向上、风清气正的良好氛围，为推进财政科学化精细化管理提供有力组织保障。

六、倡导清廉理财

推进预算管理制度改革
完善惩防体系和监督机制

（2008 年 2 月）

近年来，我们按照省委、省政府对财政经济工作的部署和要求，立足全局，攻坚克难，奋力拼搏，较好地履行了财政职责，进一步健全完善了各项预算管理制度，构建了预算编制、执行、监督和考评各环节相互制衡的惩防体系，各项工作都取得了显著成绩。

一、财政主要工作情况

全省财政收支规模由 2002 年的“123”，2005 年跨过“246”，2007 年跃上了“368”的新台阶。2007 年，全省地方级财政收入实现 320.5 亿元，一般预算全口径财政收入实现 649.3 亿元，财政支出实现 883.8 亿元，分别为 2002 年 2.43 倍、2.65 倍和 2.43 倍，五年年均分别递增 19.5%、21.5% 和 19.5%，为全省经济社会实现更好更快发展提供了强有力的政策和资金保障。

（一）全力支持发展振兴

（1）支持国企改革和工业提速增效。五年累计筹措拨付资金83.2亿元，制定财税扶持政策14项，支持3228户国有企业完成改制任务，155户企业实施了政策性关闭破产和分离办社会职能，在白山等3个市开展了厂办大集体改革试点。（2）支持投资拉动。认真落实振兴东北等老工业基地税收优惠政策，累计抵减税收54.8亿元，筹措拨付国债、预算内基本建设和重大项目补助专项资金240亿元，使用国家开发银行、国际金融组织和外国政府贷款303.8亿元，用于基础设施和重点产业项目建设。（3）支持对外开放。拨付招商引资经费2.2亿元，制定开发区和工业集中区财政扶持政策，发挥招商引资载体作用。累计清理取消不合理收费117项，减轻企业和社会负担2.4亿元。（4）支持服务业跨越式发展和民营经济腾飞。累计拨付中小企业、民营经济、服务业发展和创业孵化等专项资金2.5亿元，向43户中小企业信用担保机构注入资本金41亿元。（5）支持县域经济发展。实行了省管县财政体制，下放省共享收入，向县（市）下放22项财政管理权限，大幅度向县（市）倾斜财力，调动县域加快发展、增收节支的积极性。2005、2006年，我省县级财政收入增幅连续两年超过全省平均水平2.3和8.1个百分点。县（市）人均财力由2002年的1.1万元增加到2007年的3.2万元，增长1.9倍。从2004年11月起，各地做到了机关事业单位按国家标准足额发放工资。2007年，全省地方级财政收入超亿元的县（市）由2002年的10个增加到34个，县（市）一般预算全口径财政收入均超过亿元，其中3个县（市）超过10亿元。

（二）认真落实各项支农惠农政策

（1）财政预算安排重点向“三农”倾斜。认真执行国家、省自2004年以来连续出台的“1号文件”精神，依法安排农业支出预算，妥善落实新增教育、卫生、文化、计划生育等事业经费主要用于农村的政策。财政支农投入连续保持了较高增长幅度。2007年，全省“三农”投入达290亿元，比2002年增加188.6亿元，年均递增23.4%。（2）认真落实对农民的各项补贴政策。累计筹措拨付粮食直补、农资综合直补、良种补贴、农机具购置补贴、增产技术补贴、农业保险补贴和能繁母猪补贴等资金117.6亿元，加强资金管理，确保及时足额发放。（3）积极推进农村各项改革。我省在全国率先实行了免征农业税改革、农村信用社改革、农业政策性保险和全程农业机械化试点，乡镇机构改革、农村义务教育经费保障机制改革和县乡财政管理体制改革等各项农村综合改革不断深化，国有农场税费改革扎实推进，促进了粮食增产、农业增效和农民增收。

（三）切实保障民生支出

（1）支持就业再就业。认真落实财税优惠政策，累计筹措拨付就业补助资金45.1亿元，促进实现新增就业208万人，完成了政府出资三年开发10万个公益性岗位任务。（2）支持完善城镇社会保障体系改革试点。累计筹措拨付补助资金58.1亿元，使130万下岗失业人员实现并轨，归集做实企业基本养老保险个人账户资金52.5亿元。（3）支持健全完善企业养老保险制度。累计拨付企业基本养老保险补助资金191.7亿元，确保了企业离退休人员养老金的及时足额发放，其中先后5次调高企业养老金待遇水平，企业离退休人员月平均养老金水平由610元提高到835元。（4）支持建立城乡最低生活保障制度。累计拨付资金55.8亿元，使130万城市低保对象、80万农村低保对象享受低保补助。2007年，我省城乡低保补差标准均比2002年提高1倍。（5）支持建立城乡居民医疗保险制度。累计拨付资金22.8亿元，全省新型农村合作医疗试点扩大到所有市县，率先实现了城镇居民基本医疗保险制度的全覆盖。（6）支持解决重点民生课题。制定出台13项财税扶持政策，累计拨付资金39.4亿元，促进完成2600万平方米城市棚户区改造任务，为151.5万农村人口解决了饮水安全问题。累计拨付资金32.4亿元，用于扶贫救灾和解决优抚救济对象、企业军转干部生活困难问题。累计拨付资金18亿元，为全省232万名农村义务教育阶段学生免除学杂费，改造农村中小学危房267万平方米，对农村中小学校进行了布局调整等。

（四）积极推进财政改革与监管

（1）财政改革逐步深化。实行了省管县财政体制，全面开展了乡财县管财政管理方式改革，各项预算管理制度改革不断深化，政府收支分类改革全面实施，完成了新旧科目数据转换，建立了新的政府收支分类和会计核算账户体系。其中有关部门预算、政府采购等预算管理制度改革情况，后面我将做专题汇报，这里不再赘述。（2）财政法制建设取得积极进展。2002年以来，先后颁布实施了《吉林省财政监督条例》和《吉林省罚没和扣押财物管理条例》；省政府颁布实施了《吉林省政府债务管理办法》和《吉林省规范政府非税收入管理办法》，财政法规制度不断健全完善。（3）财政监管不断强化。加强了财政监督检查，累计查出违纪资金101.8亿元，收缴国库7.6亿元。全面开展了行政事业单位国有资产清查，基本摸清了底数。“金财工程”建设迈出重要步伐，全省财政系统广域网投入运行，财政管理水平显著提高。

（五）着力加强财政干部队伍建设

（1）高度重视机关党建工作。建立健全了保持共产党员先进性的长效机制，党员干部的宗旨意识显著增强，厅领导班子的凝聚力和战斗力不断提高。（2）切实转变工作作风。经常深入实际，开展调查研究。从2003年起，每年都确定全厅财政经济重点课题，由各位厅领导牵头负责，五年共完成36篇调研报告，为省委、省政府决策提供了有益参考。坚持“三短”“三实”，工作效率和服务质量明显提高。（3）强化干部学习培训。采取集中学习、举办培训班等多种方式，对干部进行培训，促进了政治和业务素质的提高。（4）开展干部岗位交流。认真落实《党政干部选拔任用工作条例》，2004年，制定了《厅机关干部轮岗交流暂行办法》。先后4次对符合条件的44名处级干部进行了轮岗交流，占厅机关处级干部应轮岗人数的95.7%。通过岗位交流，全面培养锻炼了干部，促进了作风转变和党风廉政建设。2004年，我厅被省委组织部评为“优秀领导班子”；2005年，被中央文明委评为“全国文明单位”。

二、通过财政制度改革促进源头治腐工作开展情况

实践表明，实行财政制度改革，对于改变过去财政管理中存在的重分配、轻监控问题，逐步实现财政管理规范化、制度化，从体制和机制上预防消极腐败现象，实现中央提出的从源头治理腐败的目标，具有重要意义。厅党组每年都按省纪委部署和要求，认真做好财政制度改革协调组牵头工作，坚持“三个明确”。（1）思想认识明确。推进财政制度改革，从源头上治理腐败，既是财政工作的题中应有之义，也是反腐倡廉建设的重要举措。工作中，我们不但做好省本级协调组牵头工作，还督促指导市县开展工作，坚决克服怕麻烦、不愿牵头的畏难情绪，做到积极主动、尽职尽责。（2）组织领导明确。按照“一把手”负总责和“谁主管、谁负责”的原则，我厅成立了落实财政反腐倡廉重点任务领导小组，由我担任组长，各位厅领导按照分工，分别抓好所负责的工作。定期召集由协调组成员单位领导参加的联席会议，通报工作情况，解

决实际问题，研究部署下步工作。(3) 责任任务明确。每年都制定下发《协调组工作方案》，对各成员单位的工作职责、组织领导、任务分解、监督检查等进行明确。省监察厅、发改委、审计厅、地税局、机关事务局等成员单位，工作积极主动，各司其职，密切配合，氛围融洽，形成了合力。

经过多年努力，我省财政制度改革和完善政府采购制度反腐倡廉重点任务协调组工作取得了可喜成果。

(一) 部门预算改革不断深化

按照构建公共财政体系要求，从2002年起，省本级全面编制了部门预算，到2007年，上报人代会审查的部门预算由2002年的4个增加到100个，年初部门预算到位率由72%提高到88.2%。9个市州本级全面实行了部门预算改革，30个县（市）开展了试点。部门预算编制时间提前，并在规定时限内批复预算。制定了较为科学的经费定员定额标准，对专项资金实行了项目库管理，财政资金的使用效益不断提高。

部门预算改革之前，财政资金管理不规范，特别是预算外资金管理偏松，一些有收入的部门和单位自行支配的资金数额较大，有的还成了部门、单位的“小金库”，存在严重的铺张浪费现象，容易滋生不廉洁和腐败行为，财政职能被肢解，影响了行政效率与公平。实行部门预算，可以有效避免和解决这些问题。(1) 部门预算规范了财政行为。在部门预算管理模式下，财政资金分配一次性落实到部门、单位，提高了财政预算的科学性和严肃性。(2) 部门预算规范了部门行为。年度部门预算一经批复，必须严格执行，解决了以往预算缺乏约束性、支出存在随意性，也避免了部门、单位把大量精力花费在跑关系、争资金上。(3) 部门预算规范了政府行为。实行部门预算改革后，部门预算需报经人代会审查批准，并接受监督。部门预算编制实行“两上两下”的编制程序，每个环节都有制度约束，预算编制的透明度大大提高。

(二) 国库集中收付制度改革扎实推进

2002年，省本级开始国库集中收付制度改革试点，2006年试点面达到100%；到2007年底，9个市（州）本级和部分县（市）开展了试点。2008年，我省按照国家提出的“银行受信、个人支付、单位报销、财政监督”的原则，将在省直有关部门进行公务卡改革试点，为逐步推开探索和积累经验。

开展国库集中收付制度改革，对从源头上治理腐败具有重要作用。

(1) 有利于增强财政宏观调节能力。实行国库集中收付制度后，部门、单位所有财政性资金都集中到财政单一账户，实行统一调度和管理，便于各级政府统筹全局，集中财力解决重点和难点问题。(2) 有利于加强财政监管。实行财政单一账户管理，规范了资金缴拨程序，有效避免了收入缴库中的跑冒滴漏，减少了支出中的损失浪费，使有限的资金发挥更大的效用。如 2003 年以来，我厅会计核算中心共审核省直部门不合理报销单据近 800 笔，挽回损失 1600 多万元。(3) 有利于促进党风廉政建设。实行国库集中收付制度，每一笔财政资金缴拨均在"阳光"下进行，从源头上有力防范了腐败行为的发生。

(三)"收支两条线"改革取得积极成效

自 2003 年以来，先后将 182 项行政事业性收费纳入财政预算管理，95 个收费项目进入省政务大厅统一办理，全面推行了"单位开票、银行代收、财政统管"的票款分离征缴办法，取消执收执罚单位收入过渡账户，所有非税收入直接上缴财政。2006 年，在省直部分垂直管理系统开展了收支脱钩改革试点。每年都要牵头对所有行政事业性收费和政府性基金项目进行清理审核，对经确认的合法收费项目，实行统一编码，制定目录，向社会公布，接受社会监督。

由于以往对行政事业性收费和罚没收入缺乏统一的规范和监督，形成了财政资金管理分散、使用效益低下，不但扰乱了正常的经济秩序，而且成为腐蚀干部、败坏党风政风的土壤。实行"收支两条线"后，所有行政事业性收费、政府性基金和罚没收入，全部纳入财政统一管理范畴，"收"与"支"严格分开，切实解决了旧体制下的管理弊端。经过多年的专项治理，我省乱收费、乱罚款现象大大减少，为促进招商引资、实现经济更好更快发展创造了良好的外部条件。一些部门、单位私设"小金库"等违反财经纪律的问题得到有效遏制，促进了党风廉政建设的进一步好转。

(四) 政府采购制度改革不断深入

(1) 政府采购制度逐步健全完善。国家《政府采购法》出台后，我省从实际出发，制定出台了一系列制度办法，形成了一套推动和规范政府采购工作的制度体系，政府采购工作逐步走上了规范化的管理轨道。(2) 政府采购监督管理体系不断健全。基本形成了财政、纪检监察和审计部门各司其职、分工协作的监督管理机制。在纪检监察部门的大力支持下，到 2007 年底，我省各市县全面完成了政府采购“管采分离”工作。（3）实行“阳光”采购。指定《吉林日报》、省政府门户网站作为省内政府采购信息的主要发布媒体，所有政府采购规章制度及招标、中标等信息必须在媒体上公开披露。省本级政府采购招投标活动都安排在省政务大厅内进行，参加评审的专家，在专家储备库中随机抽取，不做事先指定。（4）政府采购规模和范围不断扩大。目前，我省采购范围已经拓展到货物、工程、服务三大类，涉及100多种商品。政府采购项目由2002年的73项增加到2007年的110项。2007年，全省政府采购额达到82亿元，是2002年的7.3倍。政府采购管理制度改革的实行，一方面，将财政监督、纪检监督、新闻监督寓于采购的各个环节，有效克服了以往采购活动中“暗箱操作”、收受贿赂和回扣，损害国家利益等问题。另一方面，实行政府集中采购，货比三家，好中选优，不仅能够保证商品质量，提高服务水平，而且节约了大量资金。这项工作得到了社会各方面的广泛认可，今后还要逐步扩大采购规模和范围，到2012年，全省政府采购额要比2007年再翻一番。

总的来看，虽然我省各项财政制度改革取得了显著成效，但按照构建公共财政体系和以财政制度改革促进源头治腐工作目标要求相比，还有一定差距和不足。主要表现为财政改革工作进展不够平衡。（1）省级财政制度改革进展较快，县级相对缓慢。以部门预算改革为例，国家从2001年要求各省进行部门预算改革试点，2006年正式下发《关于完善和推进地方部门预算改革的意见》，要求“十一五”期间全国县级以上都要实行比较规范的部门预算。到2007年底，省级已全面实行比较规范的部门预算，但部分县（市）受本级财力限制，认为不急于开展这项工作，仍有11个县（市）没有进行试点。另外，从国库集中收付制度改革工作情况看，2006年，省级就已经全面推开。由于国库集中收付制度改革是一项庞大的系统工程，改革初期一次性投入成本较大，近年省里尽可能加大了对市县改革资金扶持力度，但市县自身投入不足，目前全省仅9个市州和3个县（市）开展了这项工作。（2）收支脱钩需进一步深化。按国家要求，非税收入将逐步纳入财政预算管理，实现收支彻底脱钩。我省从2006年开始，在工商、药监系统开展收支脱钩改革试点，并要求有条件的市县积极开展试点。由于受重视程度不够，以及财力保障不足等因素制约，市县均未开展改革试点。（3）相关法规制度有待逐步健全完善。比如，当前在政府采购管理工作中遇到的一个突出问题是，国家至今未出台对采购单位及供应商违反政策规定的具体处罚措施，对单位不按要求实行政府采购没有处罚依据，对违反政府采购规定的行为，在处罚和制约手段上存在制度缺失，一定程度上影响了政府采购工作的开展。上述问题都要结合深化财政制度改革，加强财政监管，逐步加以解决。

三、构筑财政权力运行制约和监督防线有关情况

按照省纪委构筑权力运行制约和监督防线工作要求，我们始终把完善财政部门惩防腐败制度体系和监督机制，规范财政权力运行作为一项重要工作来抓，做到坚持不懈。

（一）深入开展反腐倡廉教育，增强财政干部廉洁自律意识

解决财政权力制约和监督问题，关键是要提高财政干部的政治素质，教育干部正确认识和运用好党和人民赋予的权力。因此，我们在抓好业务工作的同时，始终不忘反腐倡廉教育，以树立正确的权力观为核心，以领导干部为重点，面向全体干部职工，经常开展理想信念、党风党纪、廉洁从政教育，要求干部做到“权为民所用、情为民所系、利为民所谋”，把解决好人民群众最关心、最直接、最现实的利益问题作为一切工作的出发点和落脚点。注意运用典型违法违纪案例开展警示教育，厅纪检组受财政部委托，编辑出版了《财苑警示录》，在全国财政系统发行，其中的案例都是发生在财政系统的真人真事，具有很强的说服力和警示力。认真执行中纪委《关于严格禁止利用职务上的便利谋取不正当利益的若干规定》，开展自查自纠，不护短，不遮丑，出现苗头性问题，厅纪检组及时进行诫勉谈话，对违法违纪人员，移交纪检部门和司法机关处理。

（二）坚持实行民主集中制，建立健全科学决策制度

严格遵守民主集中制原则，以对党和人民高度负责的态度，集体研究决定重大事项，避免个人或少数人说了算。2004 年，我厅制定了《吉林省财政厅党组决策重大事项议事规则》，明确了决策重大事项的基本原则、议事范围、决策程序等。健全了厅党组会议、厅长办公会议、厅务会议、厅专题会议制度等，完善了会议功能，提高了决策效率。对预算安排、干部任免、厅内限额以上财务开支等事关全局的重要工作，均提交厅党组会议集体讨论决定。如，2008 年省政府确定了增加就业、提高城乡低保补助水平、增加教育投入、全

面启动农村泥草房改造工程、解决农村60万人饮水困难和饮用苦咸水等八件民生实事，这些实事都需要给予政策和资金支持。由于我省财力有限，各方面对财政资金的需求大，财政资金供需矛盾尖锐。为确保八件民生实事所需资金有效落实，厅党组多次召开会议进行研究讨论，采取了调整优化支出结构，大力压缩一般性支出，新增财力予以重点倾斜等措施，克服困难，统筹考虑，所需资金在年初预算中均得到了妥善安排。

（三）建章建制，形成对财政执行权的制约机制

财政工作涉及面广，政策性强，只有以强有力的制度做支撑，才能形成对财政执行权的有效制约。一是加强廉政制度建设。我厅先后制定了《党风廉政建设责任制实施办法》《党风廉政建设联席会议制度》《聘请党风廉政建设特邀监督员制度》《重大事项报告制度》等，为财政纪检工作顺利开展提供了制度保障。二是努力构建惩防体系。制定了《吉林省财政厅建立健全教育、制度 监督并重的惩治和预防腐败体系实施意见》，确定了工作目标、重点内容和保障措施，不断推进财政制度改革，把从源头预防和治理腐败工作引向深入。厅纪检组制定了《关于对省财政厅党组和行政领导班子及其成员实施监督工作的暂行办法》，明确了对财政厅党组和行政领导班子及其成员实施纪检监督的内容、形式及措施，有效实施监督。三是健全完善相关配套制度。制定了《吉林省财政厅廉政建设暂行规定》，规范了工作纪律，将财政工作置于法规制度约束之中。出台了《处级领导干部离任审计暂行规定》和《加强内部监督严肃工作纪律暂行规定》，对调整岗位的副处级以上领导干部进行离任审计，强化了财政内部监督管理。制定了《吉林省城镇居民基本医疗保险资金管理办法》《吉林省财政厅农村泥草房改造资金管理（试行）办法》《吉林省财政扶贫资金报账管理办法实施细则》等，确保了民生资金的安全有效运行。

（四）坚持内外结合，努力强化监督

采取有针对性的措施，把纪检监督工作渗透到财政业务之中。（1）通过贯彻执行《党内监督条例（试行）》抓监督。严格执行述职述廉、民主评议、领导干部重大事项报告和经济责任审计等制度，加强了对有权、管钱、管人等重要岗位和环节的干部监督。不断健全完善民主生活会制度，领导班子成员严格执行“双重民主生活会制度”，积极参加党小组活动，认真开展批评与自我批评，对群众提出的意见和建议，制定整改措施，并向全厅干部职工通报。厅领导积极主动参加所在党支部民主生活会，接受群众面对面监督。（2）通过推进财政管理制度改革抓监督。充分发挥财政纪检监察部门的组织协调作用，以行政监察、效能监察为手段，监督检查财政制度改革工作进展情况。（3）通过建设服务型政府机关工作抓监督。建立了厅领导接待日制度，利用政府网站开设财政系统政行风投诉中心，设立举报信箱，公布举报电话。聘请了党风廉政建设特邀监督员，每年开展两次活动，通报财政系统党风廉政建设情况，听取各方面的意见和建议。积极参与省行风办与省电台联合举办的政行风热线直播节目，厅领导和相关处（室）负责人走进直播间，解答群众关心的热点和难点问题。为贯彻落实《中华人民共和国行政许可法》，成立了行政审批办，将所有行政审批项目纳入省政务大厅集中办理，提高了办事效率和服务水平。2005、2006 年，我厅连续两年被省政府评为服务型政府机关建设先进单位，在省里多次开展的政行风建设民主评议活动中，均取得较好成绩。

多年来，我厅纪检组、监察室，服务大局，秉公执纪，协调有力，爱岗敬业，得到了全厅干部的信赖，维护了纪检监察干部的良好形象，取得了突出成绩。2000 年以来，驻厅纪检组连续八年在全国财政系统纪检监察工作会议上介绍经验；2006、2007 连续两年被省纪检委评为先进单位；2007 年被省政府评为政务公开高标准示范和优秀单位。

切实搞好党风廉政建设和反腐败重点任务

（2008 年 7 月）

省委、省政府通过协调组方式，落实党风廉政建设和反腐败重点任务，有力地推动了反腐倡廉工作的开展。作为协调组牵头单位，省财政厅党组对财政体制改革、源头治腐工作高度重视，始终将拒腐防变贯穿于财政体制改革全过程，并与协调组各成员单位一道，密切配合，通力协作，建机制、强管理、促发展，努力构建制度管事、制度管钱、制度管人的长效机制，推进各项财政改革不断深化。

一、紧紧围绕源头治腐，充分发挥职能作用，协力推进财政管理体制和完善政府采购管理体制改革

年初以来，协调组各成员单位，按照省委、省政府确定的反腐倡廉重点任务，各司其职，形成合力，通过体制、机制创新，着力推进财政管理体制和完善政府采购管理体制改革，取得了新的进展。

（一）部门预算改革

（1）部门预算改革试点不断推进。2008 年，在进一步完善的基础上，省级上报人代会审查的部门预算达到 100 个；49 个市（州）、县（市）全面开展了部门预算改革试点，比上年增加 10 个。（2）年初部门预算到位率进一步

提高。省直部门预算年初到位率由上年的88.2%提高到96.2%，执行中追加大幅度减少。(3) 继续优化财政支出结构。2008年，省级预算中，促发展、保民生等重点支出保持了较高的增长幅度，其中省直医疗保险补助计提基数由上年的1.8万元提高到2.2万元，住房公积金缴费比例由上年的5%提高到7%，同时，行政公用经费实现了“零增长”。执行中，为支持地震灾区灾后重建，行政公用经费又压缩5%，办公用房大修和车辆购置经费压缩10%。各市县也结合实际，严格控制和压缩行政公用经费。(4) 部门预算管理继续规范。经过清理整合，省级专项资金由34项减少到21项，并完善了管理制度和操作办法。

（二）国库集中收付改革

2008年上半年，省直通过国库集中支付系统审核用款计划1.5万笔，拨付资金47.7亿元，分别比上年同期增加0.1万笔和12亿元。在此基础上，又开展了三项工作：(1) 开展财政信息系统大平台建设试点。为提高财政支出透明度，打造“阳光财政”，选择梅河口、九台两市，率先在全国开展了以国库集中收付为主线，贯穿财政核心业务的信息系统大平台建设试点，目前部分子系统已开始试运行。(2) 扩大财税库银横向联网试点。为建立税收信息共享机制，规范缴纳行为，在长春高新、辽源龙山两个市辖区先期试点基础上，上半年，将财政、国税、地税、人民银行横向联网试点范围扩大到长春和辽源两个地区。(3) 做好公务卡改革试点前期准备。为规范单位现金使用，有效避免公务消费腐败行为，2008年将在省级开展公务卡改革试点。目前，已与人民银行等金融机构进行了沟通协调，制定试点实施方案，配置硬件设备，开发运行软件，为顺利开展试点奠定了基础。

（三）深化收支两条线改革

按照“源头治理、预防为主”的方针，加大了深化收支两条线改革的推进力度。(1) 规范非税收入管理。为不断规范预算单位收支行为，经研究决定，从5月1日起，将除学校以外90个省级行政事业性收费项目，全部纳入财政预算管理，收入直接上缴国库，支出由财政按规定核拨。(2) 大力清费减负。结合解放思想大讨论活动，为促进软环境建设，对行政事业性收费进行了全面清理，决定取消省级收费16项，暂停国家级收费8项，省级涉企收费标准一律降低5个百分点，预计当年减轻企业负担2亿元。(3) 扩大收支脱钩改革试点范围。在总结工商、药监系统收支脱钩改革试点经验基础上，将试点范围扩大到了省地税局、省交警总队等22个部门。

（四）完善政府采购体制改革

（1）进一步扩大政府采购规模。采取细化采购预算编制，科学制定采购目录，合理界定限额标准等措施，强化政府采购制约手段，不断扩大政府采购规模。上半年，全省完成政府采购额28.6亿元，比上年同期增加5.9亿元，增长26%，节约资金2.7亿元。（2）做好加入WTO政府采购协议谈判（简称GPA）准备工作。按照国家统一部署，为兑现加入WTO的承诺，成立了由省财政厅牵头、省直14个部门参加的GPA领导小组，制定了工作规划，开展了加入GPA的影响分析、产业评估等基础研究，为实现政府采购与国际接轨迈出了重要一步。（3）进一步发挥政府采购政策导向作用。研究制定政策，采取节能产品强制采购、环保和自主创新产品优先采购等措施，鼓励采购单位使用节能环保和自主创新产品。上半年，省直有47个部门、单位按规定采购了节能、环保和自主创新产品，采购额864万元。（4）开展全省政府采购执行情况专项检查。省财政厅、监察厅、审计厅密切配合，在全省范围内，对2006、2007年政府采购执行情况开展了专项检查，检查分为自查自纠、重点检查、整改提高、验收总结四个阶段，目前3个部门正组织专门力量开展重点检查。

总之，上半年，协调组负责落实的各项重点任务都取得了明显成效，但按照省委、省政府的要求，特别是与实现源头治腐的目标相比，还存在一些差距和不足。具体表现在：（1）部门预算专项资金使用和管理还不够规范，不同程度上仍存在管理多头、使用分散、效益不高的问题。（2）国库集中收付改革进展不够均衡，受财力和信息化程度等因素制约，县级改革进程滞后于省市。（3）清理收费项目阻力较大，尤其是一些自收自支事业单位，人员开支主要靠收费，“断奶”后容易出现新的问题，需要通过深化事业单位改革加以解决。（4）政府采购监管、约束、处罚手段弱化等问题仍比较突出。比如，对工程项目不参加政府采购等行为，由于缺乏处罚依据，操作起来难度较大。

二、以改革创新精神，加大工作力度，确保完成全年反腐倡廉重点任务

工作中，我们要根据省委、省政府确定的反腐倡廉重点任务，按照建立健

全惩治和预防腐败体系的要求，结合“继续解放思想，推动吉林振兴”大讨论活动，进一步以改革创新精神，大力推进财政管理体制和完善政府采购管理体制改革，促进源头治腐、反腐倡廉取得新成效。

（一）继续深化部门预算管理改革

完善预算编制程序，细化预算编制，提前预算编制时间。从2008年6月份开始，编制2009年省级部门预算，比上年提前了3个月。目前，已下发预算编制通知，将于7月中旬召开预算编制部署大会；将原来“两上两下”的编制程序改为“三上三下”，增加“一上一下”。同时，加强市、县部门预算编制工作的指导，不断提高预算编制科学化、精细化水平。

（二）继续推进国库集中收付改革

选择10个省直部门和单位开展公务卡改革试点，2009年省级全面推开，市、县开始试点。年底前，市（州）国库集中支付改革全面推行，县（市）试点面达到50%以上。

（三）继续深化收支两条线改革

做好清费减负工作，从7月1日起，省级涉企行政性收费降低5个百分点；从10月1日起，取消省级收费16项，暂停国家级收费8项，切实减轻企业和社会负担。深入开展清费减负政策落实情况专项检查，确保工作取得实效，避免前清后乱。继续扩大收支脱钩改革试点范围，年底前省直试点面达到50%。

（四）继续完善政府采购体制改革

扩大政府采购规模，实现全年政府采购额增长20%以上的目标。深入开展政府采购专项检查工作，在自查自纠、重点检查的基础上，做好整改提高和验收总结。巩固“管采分离”工作成果，督促市县理顺职能，健全制度，不断完善政府采购管理体制。

加强干部队伍建设 筑牢反腐倡廉防线

（2008 年 7 月）

2007 年以来，省财政厅党组认真贯彻落实中央和省委、省政府决策部署，以科学发展观为统领，围绕振兴吉林老工业基地中心任务，强化措施，履行职责，圆满完成了各项目标任务。

一、财政主要工作情况

按照省委、省政府对财政经济工作的部署和要求，省财政厅党组带领全厅干部职工，立足全局，攻坚克难，奋力拼搏，各项工作都取得了新成绩。

（一）增收节支工作成效显著

2007 年，全省财政收支规模在 2005 年“246”，2006 年“257”的基础上，又跨上了“368”新台阶，即地方级财政收入 320.5 亿元、一般预算全口径财政收入 649.3 亿元、财政支出 883.8 亿元，分别比上年增长 30.7%、27.9% 和 23%，其中地方级收入增幅首次超过全国平均水平。采取的主要措施是：配合税务部门加强税收征管，强化非税收入收缴力度，做到依法依规，应收尽收。大力调整优化支出结构，对压缩财政供养人员的市县给予奖励、严格控制省直单位车辆编制和购置经费、对机关办公用房大修费实行包干等，有效控制和压缩了“人、车、会、话、楼”等一般性支出。抓住国家加大对中西部地区和粮食主产区扶持力度的时机，积极向财政部汇报我省特殊情况，努力争取支持。

2008年以来，我省财政收支保持了高速增长的良好态势。上半年，全省地方级财政收入205.6亿元，完成年初预算的54.4%，比上年同期增加65.3亿元，增长46.6%，比上年同期快12.5个百分点，高于全国同期平均增幅13个百分点，居全国第三位，创我省实行分税制财政体制十五年来同期收入增幅最高水平。全省财政支出完成432.8亿元，比上年同期增加110.7亿元，增长34.4%。行政公用经费实现了"零增长"，教育、社保、农林水、文化、卫生等重点支出得到较好保障。下半年，为对口支援四川灾区恢复重建，省直单位行政公用经费再压缩5%，办公用房大修和车辆购置经费压缩10%。从我省目前经济发展趋势看，通过狠抓增收节支，加强预算执行分析调度，科学把握财政收支运行动态，妥善采取应对措施，能够完成或超额完成省委、省政府提出的"四八十"全年财政收支奋斗目标。

（二）全力支持经济更好更快发展

(1) 支持项目建设。认真落实增值税转型等税收优惠政策，2007年共抵减和少征税收12.5亿元。拨付国债、预算内基本建设资金70.9亿元，使用国家开发银行、国际金融组织和外国政府贷款180.8亿元。省财政拨付项目补助资金32.5亿元，2008年又在上年基础上继续增加，支持引嫩入白、哈达山水利枢纽、中部城市供水和长吉城际高速铁路等重点项目建设，促进投资拉动。(2) 支持企业改革与发展。2007年，省财政拨付资金14.8亿元，支持国企改革和厂办大集体改革试点，促进工业提速增效。拨付中小企业、民营经济和市场开拓等专项资金11.1亿元，2008年新增安排信用担保机构资本金和中小企业流动资金贷款贴息1.2亿元，支持服务业跨越式发展和民营经济腾飞。(3) 支持县域经济发展。认真落实省管县财政体制、下放省共享收入和行政审批权限等扩权强县财政政策，调动了县（市）加快发展和增收节支积极性。2007年，省财政向县（市）倾斜的财力比上年增加51.2亿元。全省县（市）地方级财政收入超亿元的县（市）34个，比2002年增加24个，其中超10亿元的3个。县（市）人均财力达到3.2万元，比2002年增长1.9倍，县（市）困难状况明显改善。2008年上半年，县（市）地方级财政收入增长40.5%，比前两年同期增幅分别高8.4和11.9个百分点。(4) 支持招商引资。认真落实开发区、工业集中区财税扶持政策，2007年省财政拨付资金6350万元，2008年新增安排2100万元，用于招商引资和举办第四届东博会。(5) 支持经济发展方式转变。2007年，省财政拨付资金2.7亿元，2008年新增安排

6000万元，支持企业技术创新、产品研发、节能减排和资源综合利用，促进产业结构优化升级和可持续发展。

（三）各项强农惠农政策有效落实

（1）财政支农资金实现大幅增长。加大“三农”投入，认真落实新增教育、卫生、文化、计划生育等事业经费主要用于农村政策。2007年，我省财政支农投入达290亿元，比上年增长51.8%。其中，用于农业综合开发、产业化经营、新农村建设试点、西部土地开发整理、天保工程和农业科技推广等方面支出89.3亿元。（2）妥善落实对农民的各项补贴政策。2007年，拨付粮食直补、农资综合直补、良种补贴、农机具购置补贴、增产技术补贴、农业政策性保险和能繁母猪补贴及农村劳动力培训补贴等51亿元，比2006年增加20.3亿元。截至目前，2008年我省已筹措拨付各项惠农补贴资金79.5亿元，比上年增加28.5亿元。其中，农资综合直补42.9亿元，比上年增加23.8亿元；良种补贴4.5亿元，比上年增加2亿元。（3）创新财政支农方式。在德惠、临江、安图等10个县（市）开展支农资金整合试点，探索民办公助、以奖代补等方式，多渠道吸引资金投向新农村建设。2007年，省财政拨付农业产业化贴息资金2亿元，带动金融机构贷款57.4亿元。（4）深化农村各项改革。拨付资金2亿元，支持国有农场税费改革。推进农村乡镇机构改革、农村义务教育管理体制改革和县乡财政管理体制改革等农村综合改革。从2008年起，计划利用两年时间，基本完成我省农村义务教育“普九”债务化解任务，中央核定补助资金6.02亿元，省财政安排2亿元。

（四）切实保障民生支出需要

围绕省委、省政府确定的民生实事，着力加大财政投入。从2008年起，全省新增财力70%用于民生。（1）支持就业再就业。认真落实就业再就业财税扶持政策，2007年筹措拨付资金16亿元，用于公益性岗位开发、灵活就业人员保险补贴等。2008年，我省要实现新增城镇就业42万人，保持10万个公益性岗位开发规模，重点安置大龄、零就业家庭成员、低保家庭成员和有劳动能力的残疾人，以及对低保家庭子女实行免费技能培训等，上半年筹措拨付资金6.9亿元，比上年同期增加1.7亿元。（2）支持完善城乡社保体系建设。2007年筹措拨付资金67.5亿元，用于养老金发放及调待、保障城乡低保对象基本生活和城镇居民基本医疗保险补助及全面开展新型农村合作医疗试点。

2008 年，补助标准将进一步提高。其中，企业基本养老金月人均水平由上年的 835 元提高到 930 元；农村低保年人均补助水平由上年的 360 元提高到 540 元；城市低保月人均补助水平由 85 元提高到 130 元；新型农村合作医疗和城镇居民基本医疗保险财政普惠制补助标准由 40 元提高到 70 元。（3）支持做好扶贫和优抚救济工作。2007 年拨付扶贫开发、优抚救济、企业军转干部和建国前农村老党员生活补助资金 14.4 亿元，2008 年新增安排资金 1.3 亿元。（4）支持改善群众居住和生活条件。2007 年拨付资金 9.6 亿元，用于市（州）所在地城市棚户区改造、农村泥草房改造和农村安全饮水工程建设。2008 年，省财政筹措安排资金 29.4 亿元，支持农村泥草房改造、城市廉租住房、县（市）棚户区改造、农村安全饮水和启动实施煤矿棚户区改造。（5）支持社会事业加快发展。2007 年，筹措拨付资金 13.4 亿元，免除全省 232 万名农村义务教育阶段学生学杂费、特困生教科书费，实施农村校舍维修改造和高校困难学生资助等。2008 年，筹措安排资金 16.3 亿元，完善义务教育经费保障机制改革，对农村义务教育阶段学生免费提供教科书，免除城市义务教育阶段学生学杂费，提高农村中小学公用经费保障水平。同时，科学、文化、卫生、体育、广电和计生等各项社会事业发展所需资金都实现了较大幅度增长。

（五）财政改革与监管进一步加强

（1）乡财县管财政管理方式改革加快推进。2007 年，全省 40 个县（市）中 83% 的乡镇实行了乡财县管。2008 年，重点推进县乡财政管理体制改革，力争实现乡财县管全覆盖。（2）预算管理制度改革进一步深化。政府收支分类改革全面实施，完成了新旧科目数据转换，建立了新的政府收支分类和会计核算账户体系，按新收支科目编制了预算。“金财工程”建设迈出重大步伐，省和市（州）本级使用全国统一预算编制系统，省、市、县三级财政系统广域网投入运行（有关部门预算、国库集中支付、收支两条线和政府采购等财政制度改革情况，我将在后面做详细汇报）。（3）加强行政事业单位国有资产管理。开展了行政事业单位国有资产清查，摸清了底数，健全完善了制度办法，防止国有资产流失，实现保值增值。（4）财政监督检查取得积极成果。对农村义务教育、就业、社会保障等涉及民生方面资金进行了专项检查，2007 年共收缴入库违纪资金 5027 万元。（5）强化会计管理和行业监管。开展了会计法律知识普及教育活动，加强行业自律与监管。组织参加了全国会计知识大赛，取得了较好成绩。

二、财政干部队伍建设情况

厅党组在抓好业务工作的同时，始终把干部队伍建设放在突出位置，坚持“两手抓”，不断增强领导班子凝聚力和干部队伍战斗力。

（一）加强厅领导班子建设

（1）坚持厅理论中心组学习制度。按照中央和省委的要求，厅党组结合财政实际，选准主题，开展理论学习，增强厅领导班子把握大局、服务全局的能力，带动全厅党员干部提高政治上的坚定性，在思想和行动上与党中央保持高度一致。（2）坚持厅党组集体领导和决策制度。认真执行《吉林省财政厅党组决策重大事项议事规则》，健全厅党组会议、厅长办公会议、厅务会议和厅专题会议制度，完善了会议功能，提高了决策效率。严格遵守民主集中制原则，对预算安排、干部任免、限额以上财务开支等重要事项，均提交厅党组会议集体决定。（3）坚持民主生活会制度。严格按省纪检委和省委组织部要求，认真组织召开民主生活会，广泛征求意见，查摆问题，认真整改。班子内部讲原则，讲团结，讲和谐，厅领导之间坦诚相待，经常沟通情况，交流思想，开展批评与自我批评，互勉共进。

（二）加强机关党的建设和干部的思想建设

（1）重视支部建设。厅党组、机关党委要求各处室、单位健全完善支部制度，随时了解掌握干部职工思想动态，做好深入细致的思想工作，促进和谐机关建设，有效发挥各支部的战斗堡垒作用。厅领导以普通党员的身份，积极参加所在支部活动，为支部建设出谋划策，并接受群众面对面监督。（2）加强干部学习培训。定期举办政治理论、财政业务培训班和专题讲座，发挥厅内局域网络资源作用，为干部学习创造条件。尤其重视把政治理论学习和开展经常性党性教育结合起来，在贯彻落实科学发展观和思想解放讨论学习活动中，做到了高标准，严要求，重实效，干部综合素质不断提高。（3）开展丰富多彩的精神文明建设活动。围绕激发队伍活力，提升干部能力，积极组织开展创先争优活动，全厅形成了学习先进、争创一流、团结向上的良好氛围。组织开展了团队拓展训练、厅机关乒乓球赛、职工篮球赛等各种文体活动，丰富了干部职工精神文化生活，激发了工作热情。2007 年，我厅连续第十年被评为省直先进基层党组织。

（三）加强干部选拔任用制度建设

（1）认真学习贯彻《党政领导干部选拔任用条例》（以下简称《条例》）。厅党组高度重视《条例》的落实工作，厅理论中心组、厅内各总支和支部认真组织学习，使全厅干部做到熟悉条例、了解条例，群众对干部选拔任用知情权、参与权、选择权和监督权的意识明显提高，并建立完善了相关制度办法，对干部选任、机构编制、轮岗交流、廉洁自律等做出明确规定，促进了条例的有效实施。（2）坚持民主公开选拔任用干部。把群众公认作为干部选拔任用的基本前提，采取公开竞争办法选拔任用干部。把民主推荐、竞争上岗、民主测评作为选拔任用干部的必经程序，多数群众不认可的坚决不予提拔任用。2008 年 4 月，通过履行拟定方案、资格审查、演讲、民主测评、组织考察、党组讨论决定和公示等程序，8 名同志走上了处级领导岗位。（3）实行干部轮岗交流。到 2008 年，我厅先后 4 次对 53 名处级领导干部进行轮岗交流，占应轮岗交流面的 96.4%，厅内一些处室、单位，根据工作需要对一般工作人员进行了轮岗交流，全面培养锻炼了干部，促进了党风廉政建设。（4）重视培养后备干部。按照梯队建设要求，选送干部到省委党校学习培训，到基层下派挂职锻炼，提目标、压担子，为后备干部成长创造条件。对后备干部储备库实行动态管理，吐故纳新，把优秀青年干部及时吸收进来。

（四）加强机关作风建设

（1）全面推行政务公开。按照建设服务型政府机关要求，不断扩大政务公开范围。目前，我厅 7 项行政审批项目，全部纳入省政府政务大厅，做到需要审批的事项不耽搁，应该协调的事项不推诿，能够马上解决的事项当场就办。2007 年，在省直绩效考评中我厅被评为优秀单位。（2）健全完善机关内部管理制度。制定出台了加强厅机关资产财务管理、档案信访、预算资金拨付和应急保障等内部管理制度办法。2008 年，在国家和省委、省政府下发控制出国，压缩经费开支文件之前，我厅制定出台了控制出国、压缩差旅费支出、节能降耗等具体措施。上半年，全厅出国人员比 2007 年同期降低 60%，差旅费降低 5.3%，水电费降低 5.6%。（3）切实提高工作效率和服务质量。认真落实“三短”“三实”要求，进一步转变文风、会风，文字材料提倡简洁明了，2007 年厅机关公文数量比上年压缩 18%。完善了办公自动化系统，加强了公文运转，工作效率进一步提高。（4）积极开展调查研究工作。我厅每年都围绕全省中心工作和财政经济热点难点问题，确定调研课题，由各位厅领导亲自挂帅，深入实际和基层，开展调查研究。2007 年，完成重点调研课题 8 个，为省委、省政府决策和制定政策提供了有益参考。2008 年，我厅确定 9 个重点课题，计划 11 月末前完成。

三、财政反腐倡廉建设工作情况

厅党组认真贯彻落实中纪委十七届二次全会和省纪委九届二次全会精神，紧密结合财政实际，着力做好反腐倡廉各项重点工作，并取得了积极成效。

（一）认真落实党风廉政建设责任制

一年多来，按照国家和省有关规定，结合我厅处（室）职能变化情况，重新修订了《吉林省财政厅党风廉政建设责任制实施办法》，细化分解责任制内容。坚持“一岗双责”，厅党组书记负总责，分管厅领导向党组书记负责，各处（室、局）、单位“一把手”向分管厅领导负责。把全厅反腐倡廉工作任务分解落实到班子、细化到处室、量化到个人。2008 年，我厅按照下管一级的原则，层层签订了反腐倡廉建设责任书，明确了处以上领导干部的领导责任、教育责任、管理责任和监督责任，以及一般工作人员的廉洁自律承诺、纪律作风承诺、岗位廉政承诺和社会交往承诺，实行责任追究，努力做到财政业务工作与反腐倡廉建设有机结合，互相促进。

（二）抓好惩治和预防腐败体系建设

按照教育、制度和监督并重的要求，努力构建财政惩治和预防腐败体系。全力支持驻厅纪检组工作，修订了我厅《党风廉政建设责任制实施办法》《党风廉政建设联席会议制度》《廉政建设暂行规定》《规范内部工作程序—严肃工作纪律暂行规定》《处级领导干部离任审计暂行规定》和《重大事项报告制度》等，为财政纪检工作提供了制度保障。积极开展警示教育，组织干部职工观看先进事迹典型录像片和警示教育录像片 5 部，邀请省反贪局姜德志局长和省纪检委李中新同志进行预防职务犯罪专题讲座。厅纪检组对有苗头性和倾向性的人员进行 9 人次诫勉谈话，对 22 人次进行了个别警示提醒。对违纪、违法人员不姑息迁就。2007 年，厅里一名干部，收受采购单位贿赂 11 万元，被判处有期徒刑五年。厅党组要求全厅同志，以此为鉴，时刻绷紧廉洁自律这根弦，正确对待党和人民赋予的权力，依法清廉理财。

（三）加强财政系统政行风和软环境建设

组织财政系统政行风自查自纠和互查互评，开展“回头看”活动，对群众反映的财政对外办事“窗口”和基层工作人员履职不廉、刁难卡要服务对象等10方面问题进行整顿。建立了厅领导接待日制度，利用政府网站开设财政系统政行风投诉中心，设立举报信箱，公布举报电话。积极参加省行风办与省电台联合举办的“政行风热线”直播节目，为群众解难答疑，树立了财政干部的良好形象。加强软环境建设，2007年共清理地方性财政法规和政府性规章15个，规范性文件12个。认真落实改善企业环境“十不准”规定，取消收费6项，降低收费标准79项。从2008年下半年起，陆续取消16项省级收费项目，暂停8项国家级收费项目，省级涉企收费标准一律降低5个百分点，可减轻企业和社会负担2亿元。

（四）深入推进财政制度改革协调组牵头工作

在省监察厅、发改委、审计厅等成员单位的密切配合下，由我厅牵头的财政制度改革协调组工作取得了可喜成果。（1）部门预算改革继续深化。2007年，省本级和9个市州本级全面实行部门预算改革，省级报人代会审查的部门预算达到100个，年初预算到位率达到88.2%，2008年提高到96.2%。2008年，49个市（州）县（市）全面开展了部门预算改革试点。（2）国库集中支付制度改革继续深化。2007年，在省级全面开展国库集中支付制度改革的同时，9个市（州）本级和部分县（市）开展了试点。2008年，市（州）国库集中支付改革全面推行，县（市）试点面达到50%以上。同时，选择梅河口、九台两市，率先在全国开展了以国库集中收付为主线，贯穿财政核心业务的信息系统大平台建设试点，目前部分子系统已开始运行。财税库银横向联网在长春高新、辽源龙山两个市辖区试点基础上，扩大到长春和辽源两个地区。经与人民银行等金融机构沟通协调，制定了公务卡改革试点实施方案，配置了硬件设备，开发了软件，为开展试点做准备工作。（3）“收支两条线”改革继续深化。2007年，出台了《吉林省规范政府非税收入管理办法》和《吉林省财政票据管理办法》，全面实行“票款分离”。2008年，从5月1日起，将除教育收费以外的90个省级收费项目，纳入预算管理。在总结工商、药监系统收支脱钩改革试点经验基础上，将范围扩大到省地税局、省交警总队等22个部门，年底前省直试点面达到50%。（4）政府采购制度改革继续深化。到2007年底，我省政府采购"管采分离"工作全面完成。2008年，通过采取细化采购预算编制，合理界定限额标准等措施，强化政府采购制约手段，进一步扩大政府采购范围和规模。上半年，全省完成政府采购额28.6亿元，同比增长26%，节约资金2.7亿元。发挥政府采购政策导向作用，采取节能产品强制采购，环保和自主创新产品优先采购等措施，省直有47个部门、单位采购了节能、环保和自主创新产品，采购额864万元。为兑现加入WTO承诺，成立了由省财政厅牵头，14个部门参加的GPA领导小组，制定了工作规划，为实现政府采购与国际接轨迈出了重要一步。

一年多来，尽管较好地完成了各项工作任务，但与省委、省政府的要求，以及新时期对财政工作提出的新任务、新目标相比，还有一定差距，主要表现为：（1）财政保民生的能力仍需进一步提高。比如，近年来，财政部门围绕省政府提出的民生工作实事，积极筹措安排资金，妥善落实扶持政策，目前基本实现了城乡低保、城乡基本医疗、城乡基础服务平台"三个全覆盖"。受财力所限，我省社会保障水平不高。以农村"五保"供养标准为例，按国家《五保供养条例》规定，农村五保供养标准，应不低于当地居民生活水平，并随当地居民生活水平的提高适当调整。但目前我省五保供养标准还没有形成比较完善的自然增长机制，供养水平仍偏低。又如，虽然我省不断加大农村中小学校舍维修改造投入，但全省仍有80多万平方米学校危房需要改造，资金需求较大。（2）财政改革进展不平衡。突出表现为省级财政改革进展较快，市县特别是县级，进展相对缓慢。如，国库集中收付改革，2006年省级试点面已经达到100%，但受财力和信息化程度等因素制约，县级改革进程明显滞后于省市。（3）一些部门和单位资金使用绩效观念不强，财政资金存在损失浪费现象，说明财政监督管理有不到位的地方。（4）反腐倡廉工作仍存在薄弱环节。有的党员干部党性修养不高，对自己要求不严，不能自觉抵制腐朽思想侵蚀，出现了违纪现象，个别人还触犯了法律。

这些缺点与不足，都需要在今后工作中引起重视，特别要结合省委巡视组提出的意见和建议，采取措施，认真加以改进。（1）狠抓增收节支。积极配合税收征管部门，严格执行税法，加强重点税源监控，努力挖掘增收潜力，把经济发展成果体现到财政增收上来。规范非税收入管理，完善征缴制度，做到依法依规征收。坚持有保有压，不断调整财政支出结构，优化资源配置，努力降低行政成本。大力争取国家支持，进一步提高财政促发展、保民生的能力。(2) 深化财政改革。按照财政管理科学化和精细化要求，继续调整完善省对下财政体制，加强财政法制建设，指导和推动县（市）加快改革步伐，不断健全完善公共财政体系，进一步提高财政管理水平。(3) 强化财政监管。加强财务会计从业人员培训教育，努力提高会计信息质量和行业公信力。积极探索财政支出绩效考评制度，搞好财政专项资金监督检查和财政投资评审，进一步提高财政资金使用效益。(4) 不断健全完善财政反腐倡廉工作制度。支持配合驻厅纪检组工作，按照反腐倡廉建设要求，努力构建财政系统惩治和预防腐败体系，把反腐倡廉工作融入到财政业务工作和干部队伍建设之中，建立有效的教育机制、严格的制度约束机制和严密的监督制约机制，进一步把我省财政系统反腐倡廉工作提高到新水平。

强化作风养成 规范权力运行

（2009 年 3 月）

中纪委十七届三次全会、省纪委九届四次全会，以及全国财政反腐倡廉建设工作会议召开后，全省各级财政部门认真贯彻落实会议精神，财政反腐倡廉建设工作取得了显著成绩。

一、认清当前形势，紧紧围绕中心，着力做好财政反腐倡廉建设重点工作

2008 年，在各级党委、政府的领导下，全省各级财政部门，面对国内外严峻复杂的经济形势，以科学发展观为统领，积极发挥职能作用，围绕中心，立足全局，开拓进取，奋力拼搏，抓增收、促发展、保民生、建机制、强队伍，财政改革与发展取得了新成效。在做好财政业务工作的同时，根据中央、省委反腐倡廉建设工作要求，各级财政认真落实惩治和预防腐败体系实施纲要，按照“标本兼治、综合治理、惩防并举、注重预防”的方针，把反腐倡廉建设贯穿于业务工作中，全面推进教育、制度、监督、改革、惩处等各项工作，确保中央、省各项政策措施在财政工作中贯彻执行，财政党风廉政建设和反腐败工作取得了明显成效，财政纪检监察干部队伍建设也取得了新的进展。

在充分肯定财政系统党风廉政建设和反腐败工作成效的同时，我们也要保持清醒头脑，充分认识到当前工作中还存在一些不容忽视的问题。比如，领导干部作风建设需进一步加强；财政管理制度改革需进一步完善；对重大财税政策落实情况监督检查需进一步深入；财政权力运行制约机制需进一步强化；个

别党员干部违法违纪问题依然存在，等等。这些都表明，当前财政反腐倡廉建设形势依然严峻，任务仍然很重，不能有丝毫的懈怠。

特别是2009年，受国际金融危机不断加重和国内经济增速放缓等各方面因素影响，我省财政经济面临的下行压力较大，财政工作任务异常艰巨，也给财政反腐倡廉建设提出了新的更高要求。为此，各级财政部门一定要从永葆党的纯洁性和先进性的政治高度，充分认识当前反腐倡廉建设工作的重要性和紧迫性，切实把反腐倡廉建设工作摆在更加突出的位置，围绕中心，服务全局，为财政改革与发展提供坚强保证。

（一）加强对实施积极财政政策情况的检查监督，保证国家、省重大决策部署有效落实

2008年底以来，为应对国际金融危机和国内经济增速放缓，中央决定把保持经济平稳较快发展，作为经济工作的首要任务，实施了积极的财政政策和适度宽松的货币政策，出台了一系列扩大内需、刺激经济增长的政策措施，我省也相应制定了许多措施和办法。财政部门在贯彻中央、省决策部署方面，要思想统一，行动迅速，认真履行职责。要重点加强对有关扩大内需、促进经济增长等积极财政政策措施执行情况的监督检查。一方面，积极开展全面实行增值税转型改革、降低住房交易税费等结构性减税政策，以及节能减排、自主创新、生态环保、取消和暂停105项行政事业性收费等政策措施落实情况的监督检查，确保发挥应有作用。另一方面，加大对公共基础设施、民生工程、保障性住房、中央代理地方政府发行债券等政府公共投资，以及“三农”、教育、医疗卫生、就业、社会保障、公共文化等投入的监督检查，确保资金安全、规范、有效。

（二）继续深化财政体制改革，进一步从源头上预防腐败

加快财政体制和预算管理制度改革，健全完善公共财政体系，对于源头治腐具有重要作用。财政部门要继续以求真务实和改革创新精神，下大力做好相关工作。(1) 继续完善省以下财政体制。规范转移支付制度，加大省对市县一般性转移支付规模，逐步建立县级基本财力保障机制，进一步提高基层政府公共服务能力。全面推进“乡财县管”财政管理方式改革。(2) 深化部门预算改革。继续完善财政基本支出标准体系，规范预算编制程序。2009年，县（市）部门预算改革要实现全覆盖。(3) 加快国库集中支付改革步伐。进一步提高财政直接支付资金的比重，2009年省直公务卡改革全面推开，市县开展

试点。(4)规范政府采购制度。落实好国家和省扩大内需等政府采购政策，采购额力争比上年增长20%以上。(5)深化“收支两条线”改革，规范非税收入管理，省直行政和全额拨款事业单位实现收支脱钩，市县进行试点。

(三)注重加强对财政干部教育和监督，确保正确行使权力

要加强财政干部，特别是领导干部廉洁从政教育，不断夯实思想道德基础，筑牢拒腐防变的思想道德防线。(1)要结合财政工作实际，健全完善廉洁从政规章制度，规范好权力运行，努力构建用制度管事，用制度管钱，用制度管人的长效机制，确保财政干部在法律法规范围内，合理使用权力。(2)要加强对权力运行的监督。建立健全决策权、执行权、监督权，“三权”相互制约协调的运行结构，切实保证权力正确行使和高效运行。严格执行党内监督条例，切实增强党内监督的实效。要落实好民主生活会、述职述廉、诫勉谈话和函询制度，经常听取各方面对财政工作的意见和建议，广泛接受群众和社会监督。(3)要认真落实好惩治和预防腐败体系相关文件要求，坚持一手抓预防，一手抓惩治，“两手”都要硬。对出现的滥用职权、贪污贿赂、腐化堕落、失职渎职等案件，绝不姑息护短。

(四)积极解决群众反映的突出问题，纠正损害人民利益的不正之风

(1)重点加强对社会关注，与群众密切相关的社保基金、住房公积金、抗灾救灾、扶贫开发等专项资金的监督检查。(2)在落实好国家取消和暂停105项行政事业性收费项目的同时，再取消一批省级不合理的收费、基金项目，规范执收执罚行为，进一步减轻企业和社会负担。(3)会同有关部门加强对实施成品油价格和税费改革有关政策落实情况的监督检查，严肃查处变相新增收费项目等乱收费行为。(4)继续治理和查处教育乱收费、侵害农民和进城务工农民利益等突出问题。切实加强注册会计师、资产评估师等监管，努力提高行业公信力。(5)强化对财政系统干部履行职责的监督检查，严肃查处“吃、拿、卡、要”等行为。

二、加强党性修养，狠抓作风养成，树立财政部门勤政为民、清廉务实的良好形象

多年来，各级财政部门对加强干部党性修养和作风建设高度重视，有力地

保障了中央、省各项重大决策部署的贯彻落实，促进了财政事业的健康发展。总的看，财政部门干部党性修养和综合素质还是比较好的，但与新形势、新任务的要求相比，财政干部队伍建设还有许多不适应的地方。主要体现在：有的干部宗旨意识不强，主动服务意识不够；有的不注重加强学习，缺乏理论修养，用科学理论指导实践、解决实际问题的能力不强；有的不重视调查研究，责任心、事业心不强，不思进取，作风飘浮，工作不踏实，缺乏奋发进取的精神状态；有的工作患得患失，过于考虑个人利益；还有的法纪观念淡薄，放松对自己的要求，违法违纪现象时有发生等。这些问题虽然发生在个别单位和少数人身上，但其消极影响和后果不可低估，一定要引起高度重视，采取有效措施加以解决。

胡锦涛同志在第十七届中央纪委第三次全会上明确指出：我们党的干部标准是德才兼备、以德为先，“德”的核心就是党性，对领导干部提出了“政治坚定、作风优良、纪律严明、勤政为民、恪尽职守、清正廉洁”的要求。这是对领导干部品德基本内涵的精辟概括，是财政干部党性修养和作风养成的目标。新形势、新任务要求我们必须以学习促修德、以慎独促修德、以内省促修德，加强党性修养，以优良的党风促政风、带民风。当前，我省各级财政部门要树立和弘扬五种好的作风。

第一，要树立和弘扬良好的思想作风。各级财政部门要充分认识思想作风建设的重要性，切实加强财政干部党性锻炼，始终坚持以邓小平理论、“三个代表”重要思想为指导，深入贯彻落实科学发展观，不断转变思想作风，自觉遵守社会主义核心价值体系，使继承光荣传统与弘扬时代精神相统一，做到常修为政之德、常思贪欲之害、常怀律己之心，真正筑牢拒腐防变的思想道德防线。

第二，要树立和弘扬良好的学风。加强学习，提高理论水平，增强指导实践的能力，是党性修养的重要方面。财政干部要牢固树立马克思主义的实践观，用中国特色社会主义理论武装头脑，指导工作，注意把科学发展的理念落实到财政实际工作中。因此，要从财政工作实际需要出发，加快知识更新，优化知识结构，提高素质，增长才干。通过学习，进一步提高领导班子和财政干部分析形势、服务大局的能力，依法行政、科学理财的能力，求真务实、开拓创新的能力，以及科学化、精细化管理的能力，尤其是要提高拒腐防变、经得起各种诱惑和考验的能力。

第三，要树立和弘扬良好的工作作风。始终牢记党的宗旨，树立正确的政绩观、权力观和利益观，坚持以人为本，心里始终装着群众，把解决人民群众最关心、最直接、最现实的利益问题，作为财政工作的出发点和立足点。增强事业心和责任感，把主要精力集中到做实事上，把功夫下在抓落实上，避免工作漂浮，华而不实，做表面文章。要认真负责，严谨细致。经常深入基层、深入实际调查研究，真正了解实情，掌握第一手材料，做到问需于民、问计于民，为上级机关制定政策和领导决策当好参谋助手，努力创造出经得起实践、人民和历史检验的实绩。

第四，要树立和弘扬良好的领导作风。进一步健全完善各级领导决策议事制度，坚持民主集中制原则，无论是预算安排、大额资金拨付，还是干部任免等重要事项，都要坚持集体讨论决策，避免个人或少数人说了算。领导之间、领导与同志之间，要经常沟通思想，开展批评与自我批评。党员领导干部在各项工作中，要做到身先士卒，率先垂范，起好表率作用。关心干部职工学习和生活，多办实事、好事，帮助解决实际困难，调动工作积极性。

第五，要树立和弘扬良好的生活作风。要注重培养自己健康向上的生活作风和情趣，尤其要注意过好“金钱关”“美色关”“交友关”“亲情关”，自觉加强思想道德修养，杜绝和防范各种腐朽思想的侵蚀，慎重对待个人爱好，慎重选择朋友交往，重视生活小节，检点自己生活的方方面面，做到台上和台下一个样、工作时间和业余时间一个样、有监督和没有监督一个样，永远保持共产党员的本色。

三、加强组织领导，狠抓工作落实，建立健全财政反腐倡廉长效机制

反腐倡廉重在建设，贵在持之以恒。各级财政部门一定要加强组织领导，下大力量抓好工作落实，努力构建财政反腐倡廉建设的长效机制。

（一）履行“一岗双责”，强化领导责任

认真落实党风廉政建设责任制，坚持“一岗双责”，实现财政业务工作与党风廉政建设工作有机结合，相互促进。各级财政部门党组（党委）要对财政反腐倡廉建设工作负总责，分管领导对分管单位的党风廉政建设工作负直接领导责任，各单位负责人是本部门、单位反腐倡廉建设的第一责任人。主要领导要认真履行第一责任人的职责，做到重要工作亲自部署、重大问题亲自过

问、重要环节亲自协调，采取切实有效措施，全面落实反腐倡廉建设各项规定。

（二）推进机制创新，营造良好氛围

（1）要推进各方面体制机制创新，形成有利于财政干部，特别是领导干部加强党性修养和作风养成的制度环境，促使领导干部把外在环境压力转化为内在修养动力，自觉加强党性修养和作风养成。（2）要加强对财政干部的教育、培养和管理，不断健全党内生活制度，努力形成民主团结、相互促进、奋发向上的良好氛围。（3）要进一步加强干部人事管理，建立健全财政干部选拔任用制度和考核评价体系，要从教育培训、培养锻炼、选拔任用、考核评价、作风要求、纪律规定等各方面，科学制定衡量干部党性修养和作风养成的具体要求，确定正确的用人导向。（4）要强化问责制度，对违反党性原则，作风问题严重的干部，要严肃批评教育，教育不改的要作出组织处理，造成严重后果的按党纪政纪、法律法规予以追究。

（三）搞好协调配合，形成工作合力

财政反腐倡廉建设是一项系统工程，需要方方面面的共同努力。（1）要加强部门间的协调配合。财政反腐倡廉工作离不开纪检、监察等有关部门的大力支持。尤其是由财政部门牵头的反腐倡廉建设工作，更需要部门间加强沟通，密切配合。财政部门要切实发挥好牵头作用，搞好协调，共同做好工作。（2）要加强财政系统上下配合。按照现行党风廉政建设工作要求，实行的是双重管理体制。地方党委和政府对所属部门、单位负主要领导责任，省直、市直部门对本系统的反腐倡廉建设工作负有指导责任。因此，做好财政反腐倡廉建设工作，需要各级财政戮力同心、步调一致、齐抓共管。（3）要加强财政内部处、科（室）之间的配合。相关处、科（室）要积极参与，相互支持，形成合力，确保承担的反腐倡廉建设任务顺利完成。对工作抓得紧、落得实的要予以表彰，总结推广经验和做法。对工作不负责任、敷衍塞责的要批评教育，造成损失的，给予必要的处理。

（四）注重关心培养，加强队伍建设

多年来，各级财政纪检监察部门和广大财政纪检监察干部，为推进财政系统党风廉政建设，纯洁财政干部队伍，促进财政改革与发展发挥了重要作用。

实践证明，财政纪检干部队伍是一支政治坚定、公正严明、作风过硬、值得信赖的队伍。当前，我省财政纪检监察工作任务繁重。各级财政部门党组（党委）要继续高度重视纪检监察干部队伍建设，一如既往地关心、爱护财政纪检监察干部，重视和加强对纪检监察干部的培养使用，永远做财政纪检监察部门的坚强后盾，为充分发挥财政纪检监察作用，创造良好的环境和条件。

在新的历史条件下，财政部门党风廉政建设和反腐败斗争任务光荣而艰巨，我们要在省委、省政府的正确领导下，高举中国特色社会主义伟大旗帜，以科学发展观为统领，按照中央、省委、省纪委反腐倡廉建设部署和要求，服从全局，服务中心工作，以坚定的信心，饱满的热情和强有力的措施，全力推进我省财政反腐倡廉建设工作再创新佳绩！

夯实制度基础　推进源头治腐

（2009 年 6 月）

近年来，全省各级财政部门认真执行党风廉政建设责任制，加强作风建设，健全廉政风险防控机制，完善财政惩防体系，着力解决财政部门党风廉政建设中存在的突出问题，围绕中心，服务大局，突出重点，整体推进，财政反腐倡廉科学化水平不断提高，为顺利推进财政发展改革，加快吉林振兴发展做出了重大贡献。

一、认清当前形势，紧紧围绕中心，着力做好财政反腐倡廉建设重点工作

2008 年，在各级党委、政府的领导下，全省各级财政部门，面对国内外严峻复杂的经济形势，以科学发展观为统领，积极发挥职能作用，围绕中心，立足全局，开拓进取，奋力拼搏，抓增收、促发展、保民生、建机制、强队伍，财政改革与发展取得了新成效。在做好财政业务工作的同时，根据中央、省委反腐倡廉建设工作要求，各级财政认真落实惩治和预防腐败体系实施纲要，按照"标本兼治、综合治理、惩防并举、注重预防"的方针，把反腐倡廉建设贯穿于业务工作中，全面推进教育、制度、监督、改革、惩处等各项工作，确保中央、省各项政策措施在财政工作中贯彻执行，财政党风廉政建设和反腐败工作取得了明显成效，财政纪检监察干部队伍建设也取得了新的进展。

在充分肯定财政系统党风廉政建设和反腐败工作成效的同时，我们也要保

持清醒头脑，充分认识到当前工作中还存在一些不容忽视的问题。比如，领导干部作风建设需进一步加强；财政管理制度改革需进一步完善；对重大财税政策落实情况监督检查需进一步深入；财政权力运行制约机制需进一步强化；个别党员干部违法违纪问题依然存在，等等。这些都表明，当前财政反腐倡廉建设形势依然严峻，任务仍然很重，不能有丝毫的懈怠。

特别是2009年，受国际金融危机不断加重和国内经济增速放缓等各方面因素影响，我省财政经济面临的下行压力较大，财政工作任务异常艰巨，也给财政反腐倡廉建设提出了新的更高要求。为此，各级财政部门一定要从永葆党的纯洁性和先进性的政治高度，充分认识当前反腐倡廉建设工作的重要性和紧迫性，切实把反腐倡廉建设工作摆在更加突出的位置，围绕中心，服务全局，为财政改革与发展提供坚强保证。

（一）加强对实施积极财政政策情况的检查监督，保证国家、省重大决策部署有效落实

2008年底以来，为应对国际金融危机和国内经济增速放缓，中央决定把保持经济平稳较快发展，作为经济工作的首要任务，实施了积极的财政政策和适度宽松的货币政策，出台了一系列扩大内需，刺激经济增长的政策措施，我省也相应制定了许多措施和办法。财政部门在贯彻中央、省决策部署方面，要思想统一，行动迅速，认真履行职责。要重点加强对有关扩大内需、促进经济增长等积极财政政策措施执行情况的监督检查。一方面，积极开展全面实行增值税转型改革、降低住房交易税费等结构性减税政策，以及节能减排、自主创新、生态环保、取消和暂停105项行政事业性收费等政策措施落实情况的监督检查，确保发挥应有作用。另一方面，加大对公共基础设施、民生工程、保障性住房、中央代理地方政府发行债券等政府公共投资，以及“三农”、教育、医疗卫生、就业、社会保障、公共文化等投入的监督检查，确保资金安全、规范、有效。

（二）继续深化财政体制改革，进一步从源头上预防腐败

加快财政体制和预算管理制度改革，健全完善公共财政体系，对于源头治腐具有重要作用。财政部门要继续以求真务实和改革创新精神，下大力做好相关工作。（1）继续完善省以下财政体制。规范转移支付制度，加大省对市县一般性转移支付规模，逐步建立县级基本财力保障机制，进一步提高基层政府公共服务能力。全面推进“乡财县管”财政管理方式改革。(2) 深化部门预算改革。继续完善财政基本支出标准体系，规范预算编制程序。2009 年，县（市）部门预算改革要实现全覆盖。(3) 加快国库集中支付改革步伐。进一步提高财政直接支付资金的比重，2009 年省直公务卡改革全面推开，市县开展试点。(4) 规范政府采购制度。落实好国家和省扩大内需等政府采购政策，采购额力争比上年增长 20% 以上。(5) 深化“收支两条线”改革，规范非税收入管理，省直行政和全额拨款事业单位实现收支脱钩，市、县进行试点。

(三) 注重加强对财政干部教育和监督，确保正确行使权力

要加强财政干部，特别是领导干部廉洁从政教育，不断夯实思想道德基础，筑牢拒腐防变的思想道德防线。(1) 要结合财政工作实际，健全完善廉洁从政规章制度，规范好权力运行，努力构建用制度管事，用制度管钱，用制度管人的长效机制，确保财政干部在法律法规范围内，合理使用权力。(2) 要加强对权力运行的监督。建立健全决策权、执行权、监督权，“三权”相互制约协调的运行结构，切实保证权力正确行使和高效运行。严格执行党内监督条例，切实增强党内监督的实效。要落实好民主生活会、述职述廉、诫勉谈话和函询制度，经常听取各方面对财政工作的意见和建议，广泛接受群众和社会监督。(3) 要认真落实好惩治和预防腐败体系相关文件要求，坚持一手抓预防，一手抓惩治，“两手”都要硬。对出现的滥用职权、贪污贿赂、腐化堕落、失职渎职等案件，绝不姑息护短。

(四) 积极解决群众反映的突出问题，纠正损害人民利益的不正之风

(1) 重点加强对社会关注，与群众密切相关的社保基金、住房公积金、抗灾救灾、扶贫开发等专项资金的监督检查。(2) 在落实好国家取消和暂停 105 项行政事业性收费项目的同时，再取消一批省级不合理的收费、基金项目，规范执收执罚行为，进一步减轻企业和社会负担。(3) 会同有关部门加强对实施成品油价格和税费改革有关政策落实情况的监督检查，严肃查处变相新增收费项目等乱收费行为。(4) 继续治理和查处教育乱收费、侵害农民和进城务工农民利益等突出问题。切实加强注册会计师、资产评估师等监管，努力提高行业公信力。(5) 强化对财政系统干部履行职责的监督检查，严肃查处“吃、拿、卡、要”等行为。

二、加强党性修养，狠抓作风养成，树立财政部门勤政为民、清廉务实的良好形象

多年来，各级财政部门对加强干部党性修养和作风建设高度重视，有力地保障了中央、省各项重大决策部署的贯彻落实，促进了财政事业的健康发展。总的看，财政部门干部党性修养和综合素质还是比较好的，但与新形势、新任务的要求相比，财政干部队伍建设还有许多不适应的地方。主要体现在：有的干部宗旨意识不强，主动服务意识不够；有的不注重加强学习，缺乏理论修养，用科学理论指导实践、解决实际问题的能力不强；有的不重视调查研究，责任心、事业心不强，不思进取，作风飘浮，工作不踏实，缺乏奋发进取的精神状态；有的工作患得患失，过于考虑个人利益；还有的法纪观念淡薄，放松对自己的要求，违法违纪现象时有发生等。这些问题虽然发生在个别单位和少数人身上，但其消极影响和后果不可低估，一定要引起高度重视，采取有效措施加以解决。

胡锦涛同志在第十七届中央纪委第三次全会上明确指出：我们党的干部标准是德才兼备、以德为先，“德”的核心就是党性，对领导干部提出了“政治坚定、作风优良、纪律严明、勤政为民、恪尽职守、清正廉洁”的要求。这是对领导干部品德基本内涵的精辟概括，是财政干部党性修养和作风养成的目标。新形势、新任务要求我们必须以学习促修德、以慎独促修德、以内省促修德，加强党性修养，以优良的党风促政风、带民风。当前，我省各级财政部门要树立和弘扬五种好的作风。

第一，要树立和弘扬良好的思想作风。各级财政部门要充分认识思想作风建设的重要性，切实加强财政干部党性锻炼，始终坚持以邓小平理论、“三个代表”重要思想为指导，深入贯彻落实科学发展观，不断转变思想作风，自觉遵守社会主义核心价值体系，使继承光荣传统与弘扬时代精神相统一，做到常修为政之德、常思贪欲之害、常怀律己之心，真正筑牢拒腐防变的思想道德防线。

第二，要树立和弘扬良好的学风。加强学习，提高理论水平，增强指导实践的能力，是党性修养的重要方面。财政干部要牢固树立马克思主义的实践观，用中国特色社会主义理论武装头脑，指导工作，注意把科学发展的理念落实到财政实际工作中。因此，要从财政工作实际需要出发，加快知识更新，优

化知识结构，提高素质，增长才干。通过学习，进一步提高领导班子和财政干部分析形势、服务大局的能力，依法行政、科学理财的能力，求真务实、开拓创新的能力，以及科学化、精细化管理的能力，尤其是要提高拒腐防变、经得起各种诱惑和考验的能力。

第三，要树立和弘扬良好的工作作风。始终牢记党的宗旨，树立正确的政绩观、权力观和利益观，坚持以人为本，心里始终装着群众，把解决人民群众最关心、最直接、最现实的利益问题，作为财政工作的出发点和立足点。增强事业心和责任感，把主要精力集中到做实事上，把功夫下在抓落实上，避免工作漂浮，华而不实，做表面文章。要认真负责，严谨细致。经常深入基层、深入实际调查研究，真正了解实情，掌握第一手材料，做到问需于民、问计于民，为上级机关制定政策和领导决策当好参谋助手，努力创造出经得起实践、人民和历史检验的实绩。

第四，要树立和弘扬良好的领导作风。进一步健全完善各级领导决策议事制度，坚持民主集中制原则，无论是预算安排、大额资金拨付，还是干部任免等重要事项，都要坚持集体讨论决策，避免个人或少数人说了算。领导之间、领导与同志之间，要经常沟通思想，开展批评与自我批评。党员领导干部在各项工作中，要做到身先士卒，率先垂范，起好表率作用。关心干部职工学习和生活，多办实事、好事，帮助解决实际困难，调动工作积极性。

第五，要树立和弘扬良好的生活作风。要注重培养自己健康向上的生活作风和情趣，尤其要注意过好“金钱关”“美色关”“交友关”“亲情关”，自觉加强思想道德修养，杜绝和防范各种腐朽思想的侵蚀，慎重对待个人爱好，慎重选择朋友交往，重视生活小节，检点自己生活的方方面面，做到台上和台下一个样、工作时间和业余时间一个样、有监督和没有监督一个样，永远保持共产党员的本色。

三、加强组织领导，狠抓工作落实，建立健全财政反腐倡廉长效机制

反腐倡廉重在建设，贵在持之以恒。各级财政部门一定要加强组织领导，下大力量抓好工作落实，努力构建财政反腐倡廉建设的长效机制。

（一）履行“一岗双责”，强化领导责任

认真落实党风廉政建设责任制，坚持“一岗双责”，实现财政业务工作与党风廉政建设工作有机结合，相互促进。各级财政部门党组（党委）要对财政反腐倡廉建设工作负总责，分管领导对分管单位的党风廉政建设工作负直接领导责任，各单位负责人是本部门、单位反腐倡廉建设的第一责任人。主要领导要认真履行第一责任人的职责，做到重要工作亲自部署、重大问题亲自过问、重要环节亲自协调，采取切实有效措施，全面落实反腐倡廉建设各项规定。

（二）推进机制创新，营造良好氛围

（1）要推进各方面体制机制创新，形成有利于财政干部，特别是领导干部加强党性修养和作风养成的制度环境，促使领导干部把外在环境压力转化为内在修养动力，自觉加强党性修养和作风养成。（2）要加强对财政干部的教育、培养和管理，不断健全党内生活制度，努力形成民主团结、相互促进、奋发向上的良好氛围。（3）要进一步加强干部人事管理，建立健全财政干部选拔任用制度和考核评价体系，要从教育培训、培养锻炼、选拔任用、考核评价、作风要求、纪律规定等各方面，科学制定衡量干部党性修养和作风养成的具体要求，确定正确的用人导向。（4）要强化问责制度，对违反党性原则，作风问题严重的干部，要严肃批评教育，教育不改的要做出组织处理，造成严重后果的按党纪政纪、法律法规予以追究。

（三）搞好协调配合，形成工作合力

财政反腐倡廉建设是一项系统工程，需要方方面面的共同努力。（1）要加强部门间的协调配合。财政反腐倡廉工作离不开纪检、监察等有关部门的大力支持。尤其是由财政部门牵头的反腐倡廉建设工作，更需要部门间加强沟通，密切配合。财政部门要切实发挥好牵头作用，搞好协调，共同做好工作。（2）要加强财政系统上下配合。按照现行党风廉政建设工作要求，实行的是双重管理体制。地方党委和政府对所属部门、单位负主要领导责任，省直、市直部门对本系统的反腐倡廉建设工作负有指导责任。因此，做好财政反腐倡廉建设工作，需要各级财政戮力同心、步调一致、齐抓共管。（3）要加强财政内部处、科（室）之间的配合。相关处、科（室）要积极参与，相互支持，

形成合力，确保承担的反腐倡廉建设任务顺利完成。对工作抓得紧、落得实的要予以表彰，总结推广经验和做法。对工作不负责任、敷衍塞责的要批评教育，造成损失的，给予必要的处理。

（四）注重关心培养，加强队伍建设

多年来，各级财政纪检监察部门和广大财政纪检监察干部，为推进财政系统党风廉政建设，纯洁财政干部队伍，促进财政改革与发展发挥了重要作用。实践证明，财政纪检干部队伍是一支政治坚定、公正严明、作风过硬、值得信赖的队伍。当前，我省财政纪检监察工作任务繁重。各级财政部门党组（党委）要继续高度重视纪检监察干部队伍建设，一如既往地关心、爱护财政纪检监察干部，重视和加强对纪检监察干部的培养使用，永远做财政纪检监察部门的坚强后盾，为充分发挥财政纪检监察作用，创造良好的环境和条件。

落实党风廉政建设责任制
深入推进财政反腐倡廉工作

（2010 年 3 月）

近年来，各级财政部门认真贯彻落实党风廉政建设责任制，积极发挥财政监管职能，深化各项财政改革，围绕保增长、保民生、保稳定大局，积极开展了落实积极财政政策专项检查，“小金库”专项治理和规范权力运行等工作，财政反腐倡廉工作取得明显成效，省财政厅和各市州财政局均获得民主评议软环境、政行风“群众满意单位”。这些成绩的取得是全省各级财政部门，特别是财政纪检监察部门扎实工作，共同努力的结果。

一、认清形势，提高认识，进一步增强做好财政反腐倡廉工作的责任感和紧迫感

2010 年，是我国经济发展最为复杂的一年。中央提出要在保持经济平稳较快发展的同时，着力加快经济发展方式转变。这一战略决策，不仅符合国情，也完全符合我省省情。近年来，在省委、省政府的正确领导下，我省经济实现了持续快速发展，但长期存在的总量不大，结构不优等问题尚未得到根本解决。最近，省委、省政府就加快经济发展方式转变、调整经济结构做出安排部署，提出当前和今后一个时期，要紧紧围绕“科学发展、加快振兴、富民强省”总目标，切实突出“解放思想，改革创新，转变方式，科学发展”主题，着力实施投资拉动、项目带动、创新驱动战略，统筹推进工业化、城镇化

和农业现代化，着力促进一、二、三产业协同发展、融合发展，正确处理好当前和长远，总量和结构，发展和民生，全局和局部“四个关系”，准确把握突出紧迫性，立足长期性，注重系统性三个方面的工作要求，着力推动我省经济快速发展和发展方式转变。财政作为政府的综合经济部门，在保发展、促转变、调结构、惠民生方面承担着重要职责，我们要按照省委、省政府的决策部署，充分发挥财政职能作用，进一步加大财政政策资金投入，不断提高资金使用绩效，继续在保发展上动脑筋、想办法，在促发展上下功夫、求实效。这就要求我们必须进一步加强党风廉政建设，在反腐倡廉建设中取得更大的成效，不断完善制度管事、制度管钱、制度管人的体制机制，只有这样，才能更好地完成上述任务，为财政事业健康发展提供坚实的保障。

2010年以来，中央和省委、省政府多次对反腐倡廉工作作出重要指示，对财政反腐倡廉提出了新的更高的要求。1月8日，中央政治局专门就深化财税体制改革问题进行集体学习，胡锦涛总书记发表重要讲话，科学界定了财政工作的职能作用和重要地位，指出：必须深化财税体制改革，完善公共财政体系，提高财政管理绩效，使财税工作在促进加快经济发展方式转变和经济结构调整，促进形成城乡经济社会发展一体化新格局、推动区域协调发展、促进社会事业发展、维护社会稳定，促进政府职能转变、提高政府管理效率、推进反腐倡廉建设等方面充分发挥作用。近日，温家宝总理在国务院召开的第三次廉政工作会议上强调，要强化政府投资项目和公共资金监管；要完善财政预算制度，推进预算公开透明；加强行政程序的制度建设、政风建设和领导干部的廉洁自律。前不久，谢旭人部长在全国财政反腐倡廉工作会议上提出，要以践行“为国理财，为民服务”的财政工作宗旨为主题，加强作风建设；以完善财政惩防体系建设为载体，加强制度建设；以落实责任制和强化监督检查为抓手，提高制度执行力，全面提升财政反腐倡廉建设的科学化、制度化和规范化水平。近一个时期，省委、省政府、省纪委连续召开会议，对2010年廉政建设工作进行安排和部署。我们必须认清形势，提高认识，进一步增强做好财政反腐倡廉工作的责任感和紧迫感。

近年来，各级财政部门在认真抓好业务工作的同时，积极开展反腐倡廉建设，不断完善权力运行制约机制，深入推进财政管理制度改革，财政部门党风廉政建设和反腐败斗争取得明显成效，为财政事业发展和保护财政干部安全发挥了重要作用。但是，我们也要看到，与中央和省委、省政府的要求相比，与财政反腐倡廉的新形势、新任务相比，还存在不少差距，还有一些不适应的问题。比如，有的党员干部宗旨意识不强，主动服务意识不够，工作效率和服务水平不高；有的责任心、事业心不强，缺乏与时俱进、奋发进取的精神；有的纪律观念淡漠，放松对自己的要求，过于关注个人利益，不能坚持正确的政绩观、权力观、地位观；特别是个别党员干部还出现了违法违纪问题，受到了党纪政纪处分和法律制裁。这些问题虽然发生在少数人身上，但其消极影响和后果不可低估，我们必须高度重视，深刻认识加强财政反腐倡廉工作的重要性和迫切性，加快构建财政惩防腐败体系，不断完善体制机制，切实提高反腐倡廉能力。

二、强化措施，突出重点，加快推进财政反腐倡廉制度建设

反腐倡廉制度建设是惩治和预防腐败体系建设的重要内容。近年来，各级财政部门按照标本兼治、综合治理、惩防并举、注重预防的方针，制定完善了一系列反腐倡廉制度和办法，财政反腐倡廉更加科学规范。2010 年 2 月份召开的全国财政反腐倡廉建设工作会议明确提出，各级财政部门要以制度建设为重点推进财政反腐倡廉建设。结合我省实际，2010 年，在推进反腐倡廉制度建设上要重点抓好以下四项工作。

（一）强化政府公共投资监管，提高财政资金使用绩效

2010 年，国家继续实施积极的财政政策，各级政府投入资金将继续加大，新上社会事业和民生项目也将不断增加。加强对政府公共投资监管，确保资金安全和项目顺利实施，财政部门责无旁贷。（1）要加强对重点项目投资的监管。要认真总结去年“扩内需、保增长”重大基础设施项目资金使用情况，认真查找制度管理中的薄弱环节，抓紧完善管理配套措施办法，切实保障政府投资发挥应有效益。对 2010 年新上项目，要对工程概算、资金拨付、资金使用、工程决算实施全过程监管，特别要加强财政投资评审，激励项目单位降耗增效。各级财政部门增设的专项资金，要协调相关部门制定相应管理办法。（2）要加强对重大财税政策实施情况检查。要继续开展对积极财政政策落实情况的监督检查，着力加强对调整结构、转变方式、自主创新政策落实情况的监督检查，深入开展对“三农”、教育、医疗、卫生、文化、社会保障、保障性住房、节能减排等民生方面政策落实和资金使用情况的监督检查。（3）加强财政支出绩效考评体系建设。加快健全和完善财政支出绩效考评办法，细化考评指标，规范程序，做到要钱看效果、花钱见实效。在对部分专项资金绩效

考评试点基础上，要进一步扩大财政支出绩效评价范围，探索建立绩效评价结果公开机制和有效问责机制。

（二）深化预算管理制度改革，加快推进预算公开

（1）健全政府预算体系。要逐步建立由公共财政预算、政府性基金预算、社会保险基金预算和国有资本经营预算组成的政府预算体系。从2010年起，省级和市县要全面编制政府性基金预算，试编社会保险基金预算。积极探索在全省范围内试编国有资本经营预算。（2）推进预算公开透明。要积极推进省级部门预算公开和省以下预算公开，适时制定指导性意见，逐步建立系统、规范的预算公开机制，自觉接受人大、审计监督和社会公众监督，努力打造“阳光财政”。按照国家要求，各级财政都要扩大预算公开范围，有些项目要公开到“款”级科目，财政纪检监察机构要加强督促检查。（3）深化预算管理制度改革。建立健全县级基本财力保障机制，提高基层政府提供公共服务能力。科学合理设置转移支付因素和权重，加大省对下转移支付规模。进一步提高部门预算年初到位率，继续扩大上报人代会审查的部门预算数量。加快国库集中支付改革步伐，逐步提高财政直接支付资金比重。继续扩大政府采购规模和范围。依法规范财政性资金管理，将政府所有收支全部纳入预算。

（三）规范财政权力运行，建立内部控制长效机制

2009年以来，省厅和市（州）财政部门开展了以“权力搜索、监督定位和流程规范”为重点的规范财政权力运行工作。通过查找权力运行的关键部位和薄弱环节，明确监督重点，健全工作规则，使权力运行更加规范透明，为财政干部和财政资金的“双安全”提供制度保障。下一步，要进一步完善相关制度办法，把规范权力运行工作继续向纵深推进，确保收到实效。县（市）也要尽快开展这项工作，要对权力行使依据文件进行清理，做好权力梳理和鉴别工作，完善权力运行制度和管理办法。在此基础上，根据界定的权力事项，制定权力运行流程图，掌握权力运行的关键环节，明确岗位职责，强化责任约束。同时，制定规范权力运行工作规程，有针对性地完善内部监督制度，实现加强财政管理同惩防体系建设的有机结合。

（四）完善党风廉政建设责任制，创新财政反腐倡廉制度

各级财政部门要通过采取加强组织领导，完善制度措施，加强民主评议，

推行政务公开等措施，进一步健全和完善惩治和预防腐败体系。（1）实行领导包保责任制。要健全党组（党委）书记、局领导、处（科）室负责人、一般干部层层抓落实的包保责任制，按照“谁主管、谁负责”原则，实行“一岗双责”，在抓好分管业务同时，更要抓好分管范围内的党风廉政建设。要将党风廉政建设和反腐败工作任务细化分解到预算编制、项目审核、资金核拨、行政审批等工作环节，分别落实到各处（科）室、各单位。（2）要健全和完善配套措施办法。各级财政部门要健全和完善有针对性和可操作性的制度办法，如《党风廉政建设责任制实施办法》《反腐倡廉建设责任书》《廉政建设承诺书》等。各地要充分利用新闻媒体，对事关当地经济发展全局和重大民生事项，积极开展公开承诺、践诺活动，自觉接受社会监督。（3）要抓好软环境和政行风建设工作。各级财政部门要积极参加全省民主评议软环境和政行风，以及重点岗位处（科）长评议活动，继续开展财政系统软环境和政行风自查互评。对履职不廉、服务态度差等倾向性和苗头性问题，要做到敏锐察觉、及时整改、防微杜渐。（4）要大力推行政务公开。各地要进一步扩大财政政务公开范围，逐步将行政审批事项纳入政务大厅集中办理。大力推行“首办负责制”，简化办事程序，提高服务效率。

三、加大力度，狠抓落实，切实提高财政反腐倡廉制度的执行力

反腐倡廉工作能否扎实推进，关键在于各项规章制度能否得到有效落实。提高制度的执行力，不仅是反腐倡廉工作的基本要求，也是检验工作成果的重要标准。各级财政部门要按照中央和省的有关要求，在切实加强财政部门内部制度建设和制度创新的同时，更加注重提高履行财政职能和贯彻落实廉政建设规定的执行力。

（一）突出表率作用，进一步加强领导班子建设

各级财政部门领导班子要按照建立健全决策目标、执行责任、考核监督“三个体系”的要求，健全完善领导班子议事规则，规范决策程序，切实加强领导班子建设，充分发挥领导班子在反腐倡廉建设中的表率作用。（1）将反腐倡廉工作摆在更加突出的位置。要进一步加强领导，狠抓落实，既要不断加大财政部门内部制度建设和制度执行力度，也要不断加大履行财政职能和制度创新、制度执行的力度，深入推进财政反腐倡廉建设。（2）认真贯彻落实民

主集中制。对于预算安排、干部使用、机关建设、大额财务开支等重大问题，坚持集体研究，会议决定，充分发扬民主，不搞个人和少数人说了算。(3) 发挥模范带头作用。班子成员要肩负起对反腐倡廉工作的领导责任，带头遵守各项廉政规定，自觉接受组织和群众监督，切实做到廉政建设行动先于一般干部，标准高于一般干部，律己严于一般干部。

（二）进一步转变作风，大力推进服务型机关建设

作风是党员干部党性修养、政治品质、道德境界的具体体现，优良的作风是做好新形势下财政工作的重要保证。各级财政部门要按照“内树正气，外树形象”的要求，切实加大力度，强化措施，进一步加强机关作风建设。(1) 狠抓理论学习，不断提高综合素质。新的形势对财政干部理财能力提出了更高的要求，必须不断学习，及时充电，提高素质。财政干部要把加强学习作为重要任务，不断增强学习的自觉性和系统性，真正把学习的成果转化为谋划工作的思路，促进工作的措施，驾驭工作的本领，努力适应新时期财政改革发展的需要，全面提高理财能力。(2) 提高工作效率，不断改善服务质量。各级财政部门要大力推进机关行政效能建设，开展财政工作绩效评估，实行限时办结制度和首问负责制度。工作中，要强化调度，跟踪督查，切实提高工作效率和服务水平。(3) 加强调查研究，增强决策的科学性。各级财政部门要围绕提高财政保障能力、促进经济发展方式转变、保障和改善民生等当前经济社会发展的关键问题，抽出更多的时间，拿出更多的精力，扑下身子，沉下心去搞调研，真正摸清情况，找准问题，提好建议，切实增强决策的科学性和工作的针对性。

（三）加强廉政文化建设，努力营造清廉理财的良好氛围

要在全省财政系统积极开展“廉政文化建设年”活动，大力实施廉政文化进机关工程。一方面，要进一步加强勤政廉政教育，筑牢思想道德防线。深入开展向沈浩同志学习活动，学习他“扎根基层，心系群众，无私奉献”的优秀品质，大力弘扬艰苦奋斗作风，牢固树立“为国理财，为民服务”的财政工作宗旨。定期开展廉政讲座、警示报告、专题教育，做到防微杜渐，警钟长鸣。另一方面，要提倡培养健康的生活情趣，树立良好形象。生活作风的腐化，往往是党员干部消极腐败的助推因素。一些干部的蜕化变质，多数是从吃喝玩乐看似小事的地方开始。因此，财政干部要始终保持高尚的精神追求，正确选择个人爱好，不断提高文化素养，彻底摆脱低级趣味，模范遵守社会公德、职业道德、家庭美德，讲操守，重品行，自觉抵制腐朽没落思想意识和生活方式的侵蚀。

（四）加大监督检查力度，确保各项廉政规定有效落实

目前，关于反腐倡廉各项廉政制度规定正在不断完善，关键是要抓好落实，重点是在强化制度执行监督上下功夫。（1）要建立健全制度执行的监督机制。采取日常督查和专项检查等方式，重点加大《党员领导干部廉洁从政若干准则》、“八项严禁”、“五十二条不准”等廉政规定贯彻执行情况的监督检查，随时掌握制度的执行情况，及时发现和解决问题。（2）要建立健全制度执行问责机制。把制度执行情况纳入财政部门党风廉政建设责任制检查考核和领导干部述职述廉内容，对执行制度不力的要追究责任。（3）建立财政反腐倡廉制度评估和反馈机制。对现行制度进行及时清理和完善，过时的要及时废止，有明显缺陷的要适时修订，需要细化的要尽快出台实施细则。（4）要认真落实诫勉谈话、廉政谈话、个人重大事项报告制度，强化对重点环节，重点部位监察。

（五）进一步发挥财政纪检监察队伍在反腐倡廉中的重要作用

多年来，各级财政纪检监察部门和广大纪检监察干部，为纯洁财政干部队伍，加强党风廉政建设，促进财政改革与发展，做出了重要贡献。实践证明，财政纪检监察干部队伍是一支政治坚定、公正廉洁、纪律严明、作风优良的队伍，是一支可以信赖的队伍。面对新形势，新任务，财政纪检监察干部的任务更加艰巨，责任更加重大。要更加注重加强干部的思想政治建设和能力建设，通过加强学习培训，进一步增强财政纪检干部政治意识、表率意识、创新意识、宗旨意识，以过硬的素质和优良的作风，更好地履行职责。各级财政部门要高度重视，一如既往地关心爱护纪检监察干部，高度重视和加强纪检监察干部的培养和使用，主动帮助解决工作中遇到的实际困难，始终做纪检监察部门的坚强后盾，为纪检监察工作充分发挥作用创造良好的条件。

完善内部制约监督机制
确保财政工作规范运行

（2009 年 5 月）

根据中央和省委、省政府、省纪委构建惩治和预防腐败体系的精神和部署，年初以来，省财政厅开展了以健全内部权力运行制约监督机制为核心，以“权力搜索、监督定位、流程规范”为重点的规范权力运行工作，着力构建内部控制的长效机制，不断提高财政科学化精细化管理水平，进一步推进惩防体系建设。

一、开展权力搜索，明确权力责任

权力搜索是规范权力运行工作的首要环节，也是权力监督定位和规范流程的基础。为此，着重抓了以下工作。（1）权力界定。按照“三定”方案确定的职责和范围，对厅机关各处室和单位工作职责进行分类，划分为资金分配、资金管理、财政监督和行政审批 4 类权力。（2）权力梳理。按照上述分类，对各处室、单位的权力事项进行了“地毯式”搜索，梳理分解细化为 112 个权力事项，其中包括预算编制、预算调整、预算执行、资金拨付、非税收入管理、政府采购审批、政府债务管理、部分国有企业和行政事业单位国有资产监管、会计行业监管和财政监督检查等 10 个重点环节。（3）明确责任。对梳理出的各项权力事项，明确处室、单位的岗位责任，并分解落实到个人。根据权责廉对应原则，层层签订规范权力运行责任状，牢固树立责任、风险、廉政三种意识，按照权力运行规则和流程，科学、严格、高效地履行职责，规范权力行为。

二、实行监督定位，狠抓薄弱环节

经过梳理排查，认真查找薄弱环节和廉政风险点，有针对性地健全和完善各项措施。在预算编制环节。预算编制实行厅党组集体审核制度，并按规定程序上报省政府、省人代会审批。从编制2009年省级部门预算开始，编制程序由原来的“两上两下”改为“三上三下”，编制时间由原来的3个月增加到6个月；严格按照定额标准核定基本支出，结合财力可能，区分轻重缓急安排项目支出。在预算执行环节：规范预算执行追加审批程序，动用机动财力安排支出报请省政府审批，动用预备费和预算超收安排支出的情况，分别上报省人代会审议和省人大财经委备案。预算安排的支持经济发展方面的专项资金，坚持实行审委会集体审批制度，并不断完善审批机制。在资金拨付环节：健全完善内部稽核、制衡和纠错机制。加强印鉴和票据管理，做到分人分印保管，严格实行票据领用和核销制度。建立健全财政、预算单位、银行定期对账机制，财政资金安全性、规范性、有效性进一步提高。在行政审批环节。经过不断清理，共下放行政审批事项27项，取消2项，按规定保留的7项归入行政审批办公室，进入省政府政务大厅，实行集中审批。在政府采购管理环节：进一步明确了政府采购计划编报、执行模式、采购方式及程序、开标与评标、质疑与投诉、履约与验收等工作流程。同时，完善内部采购项目审核程序，健全业务受理、初审、复核、集体讨论批准等一整套制度，堵塞管理漏洞。在干部管理环节：选任干部，按照德才兼备，以德为先，坚决贯彻执行民主集中制原则。坚持实行干部轮岗交流、竞争上岗、廉政考核等制度。凡拟提拔副处级以上职务干部，均先听取驻厅纪检组意见，实行“一票否决制”。在内部考评环节：制定《省财政厅绩效考核评估实施办法》，确定业务工作、依法行政、财经法纪、干部队伍建设、党的建设、廉政建设、工作效能7个方面考核指标，对全厅各处室、单位工作绩效，特别是权力运行方面的情况，进行全面考评，加强对权力运行的监督。

三、强化流程规范，打造阳光财政

在做好权力搜索、监督定位工作基础上，进一步规范权力运行流程。

(1) 工作流程规范化。制定《财政厅工作运行规程》，绘制了《财政厅业务流程图》，使财政资金分配、管理、监督和行政审批等各项权力事项自受理到办结，程序规范，步骤清晰，一目了然。(2) 权力行使公开化。按照政府信息公开有关规定，凡可以列入信息公开范围的政策、制度、办法，以及预算编制、预算执行、决算等信息，通过政府门户网站、政府采购网等平台随时向社会公布；逐步扩大向省人代会报送审议的部门预算范围，2009 年上报的省直部门预算已达到 105 个。(3) 权力监督制度化。强化内部监督审计，各处室、单位下达资金分配指标，全部抄送厅监督检查局和内审处，做到事前、事中、事后全过程监督。大力支持驻厅纪检组发挥职能作用，对各岗位履职、行政效能和权力运行情况开展经常性督查。自觉接受人大、审计和社会监督，聘请政行风监督员，主动听取社会各界的意见和建议。(4) 将内部控制与整个财政制度创新结合起来。抓好反腐倡廉重点任务落实，注重源头治腐，大力推进财政制度改革，较好地完成了由财政厅牵头和主抓的完善政府采购制度、创新预算管理制度等工作。到 2009 年底，除会计集中核算单位外，省直 1064 个预算单位公务卡正式上线投入使用。

在做好全厅规范权力运行工作的同时，我们对市县财政部门也提出了明确要求，在当地党委、政府的重视支持下，目前市（州）财政部门已开展这项工作，县（市、区）2010 年也将启动实施。下一步，要加大督促指导，全面做好财政系统规范权力运行工作，以扎实的成果促进惩防体系建设。

健全和完善财政管理制度
推进反腐倡廉工作扎实有效开展

（2009 年 6 月）

2009 年上半年，根据省委、省政府关于深入落实党风廉政建设责任制，巩固和完善反腐倡廉工作机制的总体要求，进一步健全和完善了政府采购制度，增强了预算管理透明度，规范了非税收入管理，较好地完成了由我厅牵头和主抓的反腐倡廉重点任务。

一、政府采购管理和改革取得显著进展

作为完善政府采购工作协调组牵头单位，我们紧紧围绕源头治腐，密切与各成员单位配合，强化措施，完善办法，着力推进政府采购管理和改革。

（一）进一步完善政府采购制度

2009 年以来，我们认真贯彻《政府采购法》，进一步加大工作力度，不断完善制度建设。与省纪委、省监察厅配合，深入到市县进行专题调研，先后召开了省直部分预算单位、省政府采购中心、招标代理机构、供应商座谈会 10 余次。按照“公开、透明，有监督、有制约，简单易操作”原则，在充分调查研究和广泛征求意见的基础上，制定了《吉林省省直政府采购若干规定》，并以省政府文件（吉政办【2009】19 号）下发各市、州、县（市）及省直部门执行。进一步明确了政府采购计划编报、执行模式、采购方式与程序、采购

需求和采购条件及采购文件的编制、采购信息发布、开标和评标、质疑与投诉、履约与验收，以及政府采购监督检查等工作流程，有效推进了全省政府采购工作进程。同时，进一步完善了内部制度建设，研究制定了《政府采购办工作规程》，对政府采购监督管理机构的职责、决策程序、依法行政、政务公开、岗位责任、行政监督及廉政建设等项工作做出了明确规定，为推进政务公开，健全监督制度，加强廉政建设，促进政府采购监督管理工作的规范化、制度化奠定了基础。

（二）进一步加强政府采购监督检查

按照《完善政府采购工作协调组2009年工作方案》要求，我厅及时开展了政府采购检查活动，对省直10家预算单位、15家省级办公自动化设备政府采购协议供货供应商开展了专项检查。总的看，大多数单位都较好地执行了政府采购的相关规定，但也存在以下不足和问题：（1）个别预算单位没有做到应采尽采。被检查预算单位2008年度政府采购项目支出金额为3.2亿元，实际参加政府采购金额为2.8亿元，占88%，应参加而未参加政府采购金额为0.4亿元，占12%。（2）政府采购协议供货供应商未严格执行采购核准规定。2008年通过协议供货方式采购的金额为4585万元，经财政厅政府采购办核准的采购金额为3388万元，占74%，供应商违规供货未经核准的金额为1197万元，占26%。对上述预算单位和供应商未能严格执行政府采购相关规定的违规问题，我厅拟于近期进行专项通报。省直预算单位对存在的问题，要认真分析原因，追查责任，对相关责任人严肃批评，并于8月31日前报送整改专题报告。对未经核准自行供货的供应商，限期进行整改；对违规销售确定品牌以外设备的供应商，取消本轮协议供货供应商资格。

（三）进一步规范政府采购工作秩序

省政府采购中心制定了《政府采购招标文件编制范本》，省政务大厅招投标管理办公室制定了招标文件的出售、信息公告等管理办法，省财政厅政府采购办进一步加大了政府采购投诉处理工作，先后妥善处理了“长春炜日公司”、“北大方正网络公司”等供应商投诉事项，纠正了违规问题，维护了供应商的合法权益。对吉林省中技咨询招标公司违规发售招标文件等问题，进行了严肃的处罚，责令暂停其政府采购招标代理机构资格。通过上述工作，有效地维护了政府采购工作秩序，保证了我省政府采购工作的健康发展。上半年，全省完成政府采购额65.2亿元，比上年同期增加11.9亿元，增长18.2%（其中，省级完成政府采购额15.6亿元，比上年同期增加2.6亿元，增长20%），节约政府采购资金6.6亿元，节支率为10.1%，充分发挥了政府采购资金的使用效益。

二、预算管理制度改革取得新的成效

按照“增强预算管理透明度，加快将预算外管理的非税收入纳入预算管理”的总体要求，着力抓好部门预算编制、国库集中支付和规范非税收入管理三项工作。

（一）部门预算管理改革继续深化

（1）增加部门预算透明度。2009年上报省人代会审查的部门预算个数由2008年的100个增加到105个。部门预算草案文本内容更加全面、细化，对人大代表和社会各界关注的教育、社会保障、就业、农业等重点支出的安排情况作了详细说明。同时，省人代会期间设置了部门预算计算机查询系统，供人大代表审查。（2）细化省级部门预算编制。在编制2009年省级部门基本支出预算中，增设“非定额基本支出”项目，增加养老保险等四项款级经济支出分类科目，使支出项目更加明确、清晰。在项目支出预算中，重点对项目立项的必要性和实施的可行性进行评审论证，并将项目落实到具体使用单位。（3）完善省级预算编报程序。从编制2009年预算开始，部门预算的编制程序由原来的“二上二下”改为“三上三下”，预算编制时间由原来的3个月增加到6个月。从2009年6月份开始着手2010年部门预算的编制工作，省政府领导亲自参加省级部门预算编制部署会议，并作重要讲话，对预算编制工作提出明确要求。（4）进一步提高部门预算基本支出保障水平。2009年的省级部门预算，提高对2004年11月统一规范津贴补贴及公务移动通讯补贴的财政补助水平，将增加的津贴补贴足额纳入各部门的干部职工医疗保险和住房公积金缴费基数。按照属地原则，及时足额拨付了已出台第二步津贴补贴政策的25个市县的省直单位所需资金。

（二）国库集中收付制度改革不断加快

（1）在省级国库集中支付制度改革全面铺开的基础上，按照国家提出的

"银行授权、个人支付、单位报销、财政监督"的要求，积极做好公务卡管理制度改革试点工作，制定了《吉林省预算单位实行公务卡管理制度改革试点实施方案》和《吉林省省级预算单位公务卡管理暂行办法》，组织开发了管理软件，在省药监局等10个省直预算单位先行试点的基础上，积极做好扩大试点面的准备工作。(2) 督促指导县（市）加快推进国库集中支付制度改革。从年初开始，市（州）国库集中支付改革已经全面开展，县（市）正在全面试点。(3) 继续扩大全省财税库银横向联网试点范围。在先期试点的基础上，国税、地税财税库银横向联网试点户数逐步增加，试点范围进一步扩大。

（三）非税收入管理日趋规范

(1) 认真落实国家税费改革相关政策。从2009年1月1日起全面实施国家燃油税改革及停征100项行政事业性收费政策，年减少行政事业性收费收入24.5亿元（其中：燃油税改革23亿元，停征国家收费1.5亿元），保证了燃油税改革的顺利实施，相应争取了国家财政转移支付补助。(2) 结合我省实际，对省级收费项目进行了全面清理。拟定从9月1日起，取消省级收费项目13项，年减轻企业和社会负担约5200万元；配合省物价部门研究决定，对涉企48项行政事业性收费标准从今年7月1日起再降低5个百分点，年减轻企业负担约2亿元。为保障相关单位因取消和停征收费的工作经费支出需要，省级财政通过预算安排经费2500多万元。(3) 从6月1日起，将29项行政事业性收费纳入预算管理。至此，全省除教育收费、车辆通行费以外的所有行政事业性收费全部纳入预算管理。(4) 加快推进收支脱钩改革，制定了《省直行政和全额拨款事业单位收支脱钩工作方案》，开展了非税收入基数核定等基础性工作，力争年底前省直行政和全额拨款事业单位全部实现收支脱钩。

三、下半年工作打算

上半年，经过各成员单位共同努力，由我厅牵头的完善政府采购协调组和主抓的财政体制改革工作取得了一定成绩，但也存在着一些不容忽视的问题：如，政府采购预算不够完整，预算执行中追加较多，一些单位仍然存在规避政府采购的现象；财政管理的科学化、精细化水平有待进一步提高。对此，下半年，拟重点抓好以下几项工作：

（一）继续深化预算管理改革

（1）做好部门预算改革。完善“三上三下”的预算编制程序，积极稳妥地做好 2010 年省级部门预算编制工作。积极开展部门预算绩效考评试点，选择一些部门对部门预算中的项目支出开展绩效考评，建立健全考核评价体系，并逐步将绩效考评结果与下年度部门预算安排挂钩。加快推进市县部门预算改革进程，确保实现部门预算改革全覆盖。（2）做好国库集中收付制度改革。在总结公务卡改革试点的基础上，下半年对省级预算单位全面实行公务卡改革。深化县（市）国库集中收付制度改革，在总结梅河口、九台两市的基础上，进一步扩大试点范围。完善省级财税库银横向联网试点工作。（3）完善政府采购预算编制。在编制 2010 年政府采购预算时，凡是属于政府采购范围的项目，无论是用财政性资金还是用单位自有资金安排的，都要编制政府采购预算。凡未编入政府采购预算的采购项目，除国家和省政府特殊安排事项外，原则上不予追加采购。

（二）推进财政管理科学化和精细化

认真贯彻落实最近召开的全国财政工作座谈会精神，按照突出重点、统筹兼顾、远近结合、分步实施的原则，逐步建立完整的政府预算体系，完善预算编制制度，加强预算执行管理，强化预算监督，建立预算编制与预算执行、预算监督相互制衡、有机衔接的运行机制，提高财政管理绩效，保障财政职能作用充分发挥，不断提升财政管理科学化精细水平。

七、追踪财税热点

发挥国债资金导向作用 加快基础设施项目建设

（2004 年 10 月）

1998 年以来，中央持续采取了以发行长期建设性国债为主要内容的积极财政政策。我省通过争取国债资金的投入，有效地改变了基础设施落后的状况，较好地解决了制约经济发展的“瓶颈”问题，为我省经济的持续快速增长发挥了重要作用。但是，受多方面因素影响，国债资金的使用也存在一些不容忽视的问题。为此，在对全省部分地区、行业国债项目资金使用情况调查和分析的基础上，对我省国债资金使用情况进行客观和全面的分析，正确估价积极效应，揭示使用中存在的问题，提出改进和加强管理的对策建议。

一、我省利用国债资金的基本情况

（一）国债资金使用的总体情况

截至 2003 年末，国家累计发行长期建设性国债 8000 亿元，我省共计争取

165.1亿元（不含国储库建设资金和中直部门拨付的资金，下同），占中央发行国债资金总额的2.06%（见图1）。其中，中央国债补助资金83.6亿元，地方转贷资金81.5亿元。省级财政共计拨付国债资金160.9亿元。其中，拨付国债补助资金82亿元，资金拨付率为99%；拨付地方转贷资金78.9亿元，资金拨付率97%。各级财政部门累计拨付到项目单位的国债资金150.5亿元，其中，国债补助资金73.5亿元，地方转贷资金77亿元（部分国债资金尚未拨付到项目单位，主要是投资计划结转和有些项目的工程施工进度没有达到相应的拨款条件）。

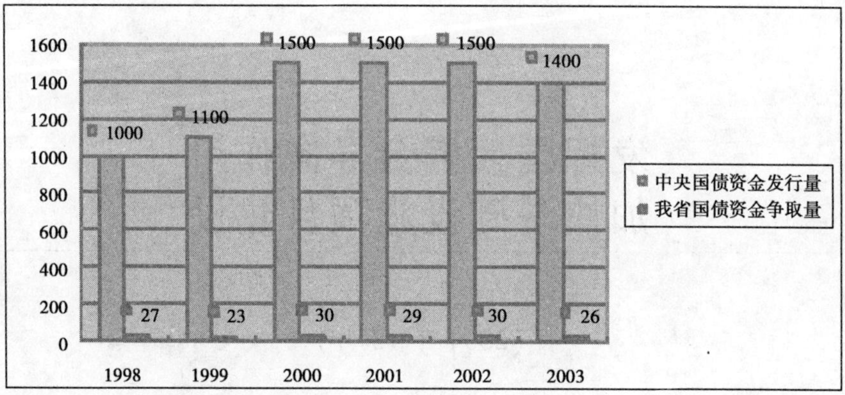

图1　1998~2003年国债资金到位情况表

（二）国债资金使用的主要特点

1. 从国债资金投入的行业看，基础产业和基础设施占有较大比重。1998~2003年，在我省国债投入的行业中，投入到水利、交通和城市基础设施三个行业的国债资金分别为35.6亿元、32.4亿元和41.5亿元，仅这三个行业的国债资金总额就达109.5亿元，占我省全部国债资金总额的66.3%，对促进我省基础产业建设发挥了重要作用（见表1）。

表1　　吉林省国债资金分行业投入情况表　　单位：万元

项目名称	合计	国债转贷	国债补助
合　　计	1650909.06	815015	835894.06
一、农林水利设施	490279.5	59600	430679.5
二、交通通讯建设	323650	252750	70900

续表

项目名称	合计	国债转贷	国债补助
三、城市基础设施	415916	292770	123146
四、农村电网改造	80249	80249	0
五、公检法司设施支出	45845	0	45845
六、文化教育设施	44659	3840	40819
七、三河、三湖水污染治理	39630	12900	26730
八、高新技术产业化项目	48444	41600	6844
九、企业技改项目	102140	46706	55434
十、卫生防疫项目	4718	2000	2718
十一、旅游景区相关基础设施	37310	16700	20610
十二、其他	18068.56	5900	12168.56

2. 从国债资金投入的级次看，市县利用国债资金的数额大大高于省级。1998~2003年，省直项目利用国债资金为32亿元，占全省国债资金投入总额的19.4%，市县项目利用国债资金为133亿元，占全省国债资金投入总额的80.6%，其中仅长春市、吉林市和延边州利用国债资金就达67.7亿元，占全省国债资金投入总额的41%，对市、县经济发展起到了促进作用（见表2）。

表2　吉林省国债资金分地区统计表　单位：万元

地区	合计	国补	转贷
合计	1650909.8	835894.8	815015
省直	320313	88474	231839
市县小计	1330596.8	747420.8	583176
长春	284122.4	105867.4	178255
延边	231734	173481	58253
吉林	161038.9	79246.9	81792
辽源	122873.3	61419.3	61454
白山	111877.5	71904.5	39973
四平	107883.9	63184.9	44699
松原	105011.2	70951.2	34060
通化	107231.2	44749.2	62482
白城	98824.4	76616.4	22208

3. 从国债资金的运行情况看，社会效益比经济效益更为显著。1998～2003年，全省直接投入于生产性项目的国债资金15亿元，仅占全省国债资金总量的9.1%，主要投入于企业技术改造、高新技术产业、农业产业化和工业项目。投入于公益性项目的国债资金150亿元，占全省国债资金总量的比例高达90.9%，对促进社会事业发展、提高城乡居民生活质量发挥了积极作用。

4. 从国债资金的管理效果看，国债资金的使用质量和效益较好。国债资金投入以来，各级政府高度重视，精心组织，把国债资金的使用作为“高压线”来控制；计划、审计、监察、财政等部门同心协力，密切配合，努力强化监管；水利、交通、建设等主管部门严格按照国债资金使用的有关制度要求，认真履行管理职责，对有效防止国债资金的挤占、挪用和损失浪费发挥了重要作用。

（三）国债资金使用取得阶段性成效

国债资金的投入使用，缓解了我省建设资金紧张的矛盾，办成了一批事关我省经济社会发展全局、多年想办而没有办成的大事，改善了基础设施条件，增加了就业机会，提高了城乡居民的收入水平，为拉动我省经济增长发挥了关键作用，为经济发展注入了新的活力。据统计，1998～2003年，我省GDP年均增长9.7%，国债项目投资对GDP总的贡献率约占4.9%，年均拉动经济增长近2个百分点。随着时间的推移，国债资金的使用效果将会逐步显现出来。从目前情况看，国债资金所体现的阶段性效果表现为：

1. 拉动了投资的快速增长。1998～2003年，全省国债项目计划总投资752.6亿元，实际完成投资额580亿元，完成总投资的77%，国债资金带动社会投资425亿元。国债资金的投入，迅速扭转了我省固定资产投资1998年7月份以前一度连续下滑的局面，并保持了几年来快速增长的势头。2003年，我省全社会固定资产投资达到969亿元，比1997年的364.5亿元增加了1.66倍。1998～2003年，全省固定资产投资年均增长达到17.7%。完成了“十五”规划确定的投资任务，为“十一五”规划的实施和吉林老工业基地振兴的起步打下了坚实的基础。

2. 加快了基础产业建设。（1）改善了农业生产的基础条件。到2003年末，全省投入水利建设方面的国债资金35.6亿元，建成江河堤防986公里，主要江河干流堤防达到了35～50年一遇的防洪标准；病险水库除险加固后可恢复防洪库容10亿立方米，新增供水能力2亿立方米；枢纽工程建成后年新增发电量3.6万千瓦，新增供水能力1.97亿立方米。投入农业方面的国债资金6亿元，解决农村人畜饮水困难130万人，新增改善灌溉面积60.8万亩，治理水土流失面积364平方公里。（2）生态环境明显改善。投入国债资金3.78亿元，实施了天然林保护、重点防护林以及退耕还林工程，全省森林覆盖率在原来的42.3%的基础上又提高了0.2个百分点；投入国债资金8150万元，完成人工种草18.3万亩，改良草场21万亩，建设牧草种子基地7.05万亩，围栏草原33.2万亩；投入生态环境建设国债资金1.03亿元，实施了生态防护林、白城湿地保护、治理西部“三化”草原及其他生态保护工程。（3）促进了交通建设。六年来，投入交通建设国债资金32.4亿元，竣工通车公路里程34255公里，其中高速公路265公里，一级公路666公里，二级公路1412公里，三级公路1382公里，初步形成了全省便捷、畅通、安全的运输体系。

3. 推动了社会事业全面发展。1998~2003年，全省投入教育基础设施建设方面的国债资金4.5亿元，主要用于高校、高中扩招和中小学危房改造项目，保证了“科教兴省”战略的顺利实施。投入卫生防疫方面的国债资金4718万元，建成一批市（州）血站和疾病控制中心。投入公检法司设施国债资金4.6亿元，建成了一批审判和侦察业务用房以及公安监管、监狱和劳教场所，为实施法律监督、司法审判、监管改造和劳教转化提供了必要的物质保障。投入旅游基础设施建设国债资金3.7亿元，促进了旅游事业的发展。

4. 改造提升了传统产业，促进了高新技术产业的发展。1998~2003年，全省投入国债技改贴息资金10.2亿元。国债技改贴息项目的实施，提高了我省企业生产能力和技术装备水平，加快了企业技术进步，促进了我省产业结构的优化，提高了工业企业的竞争能力。目前，已有94个项目开工建设，其中，通钢35万吨小连轧、吉林化纤6000吨粘胶长丝改造、吉林华星8000万只大功率电子器件改造等57个项目已建成投产，并取得了较好效益。投入高新技术产业项目国债资金4.8亿元，先后建设了14个国债项目，涉及信息技术、生物技术、现代中药、新材料、生态及环保技术等领域，加快了我省高新技术产业化步伐。

5. 提高了城乡居民的生活质量。一是改造了农村电网，启动了农村市场。投入国债资金8亿元，分两期实施了农村电网改造工程。一期工程竣工后，全省农村居民生活到户电价由改造前平均0.716元/千瓦时，下降到0.63元/千瓦时，平均每度电下降了0.09元，每年可减轻全省农民电费负担8600万元。

预计二期工程改造后，电价将下降到 0.48 元，可大幅度减轻农民电费负担。二是改善了城市居民的生活条件。全省投入城市基础设施建设国债资金 41.5 亿元，新增城市道路 841 公里，城市人均拥有道路 6.8 平方米，比国债投资前增加 1.9 平方米；城市集中供热总面积达 1.5 亿平方米，是国债投资前的 2.3 倍；燃气普及率达 70.3%，比国债投资前提高了 8.4 个百分点。三是实施了“三河三湖”和城市污水治理项目，先后开工建设了辽河流域和部分城市污水处理项目，可新增日污水处理能力 46.5 万吨，中水回用 4 万吨，极大改善了辽河流域和重点城市的水质。

二、国债资金使用中存在的主要问题

从调查的情况看，国债资金的投入对我省经济建设和社会事业发展产生了积极效应，但是受决策机制、政府财力和项目管理水平等多方面因素的制约，国债资金的使用仍然存在着一些不容忽视的问题，主要表现是：

（一）部分国债项目前期工作不够充分，造成项目投资的决策失误

由于国债资金的分配权掌握在国家，为争取国债资金，有的地方对国债项目前期工作重视不够，未能严格按照基建程序办事，可行性研究不充分，缺乏市场预测和设计深度，加上立项部门审查不严，致使部分国债项目投资决策出现失误。(1) 部分项目可研过程中对承担项目建设主体的能力没有进行严格的考察，项目无法顺利完成。如，长春龙洋集团大豆生物蛋白肽系列产品项目是国家重点扶持的农产品深加工项目，计划总投资 19436 万元，安排中央国债资金 1749 万元，目前，企业已处于停产状态，项目只完成批准概算投资的 54%，而大豆生物蛋白肽、蛋白粉车间加工工程根本没有启动，项目基本处于瘫痪状态。(2) 部分项目设计过程中未能充分考虑市场变化因素，项目无法按设计规模建设。如长春金赛药业有限责任公司人生长素基因工程新药业示范项目，安排国债资金 2000 万元，设计年生产 1200 万支人生长素、200 万支人粒细胞集落刺激因子，由于项目建设过程中市场发生变化，项目设计报告确定的建设规模远远超出市场需求，有关部门不得不调整建设方案和建设工期，到目前为止，该项目只完成部分工程，根本无法启动运行。(3) 部分项目概算过粗，造成投资浪费。如二松流域治理项目计划总投资 12.7 亿元，其中国债投资 7.25 亿元，仅各级市县财政部门组织的单项工程结算投资评审中，审减

下来的国债资金就达6737万元。

（二）部分项目管理工作薄弱，造成国债资金的流失和损失浪费

（1）有的项目单位擅自扩大建设规模和提高建设标准，造成资金损失浪费。如长春市南关区人民法院审判庭项目，项目批复计划总投资1200万元，建设规模6000平方米，建设内容为技术用房、侦察用房和综合用房，使用国债资金400万元，但实际执行中是异地新建办公楼，总投资3220万元，建设规模12000平方米，由于项目严重超规模，自筹资金无法全部落实，目前，项目尚处于开工前准备阶段。（2）部分项目单位财务管理混乱，严重的甚至出现了违法行为。如图珲长地方口岸铁路项目由东北亚铁路港口集团股份有限公司负责管理和建设，批复计划总投资58116万元，使用国债转贷资金1.2亿元。实际执行中，项目单位挪用资金用于职工建房144.5万元，支付陈欠工程款2563万元。目前，此项目仍未完工。再如白山市曲家营子水库项目，连基本的财务账目档案都遗失了，项目经理将部分工程建设资金用于个人挥霍，造成国债资金的严重损失。（3）有的地方政府违反国债资金使用管理规定，骗取和挪用国债资金。如四平市天然汽项目1995年就已完工，项目实际投资10112万元，为了争取国债资金，四平市有关部门虚增项目投资，串改项目批复时间，以工程总投资2亿元和续建项目为由争取国债资金，资金到位后，四平市天然气公司将资金挪作他用，造成国债资金流失3455万元。

（三）部分项目资本结构不尽合理，相关配套保障措施不到位，项目建成后无法顺利运行

一方面，有的项目贷款融资比重偏高，财务费用过大，项目收益远远低于运行成本。如长春市引松入长项目总投资30.1亿元，实际到位26.3亿元，使用国债资金4.4亿元。项目建设过程中，以债务方式融资高达17.82亿元，项目投入运营后平均每年需还款6000～8000万元，加之源水价格偏高，项目的运行成本高于运营收入，企业运转十分困难。另一方面，有的项目保障措施不到位，项目难以顺利运行。如辽源、四平、公主岭、梨树四个污水处理项目，目前均已全部竣工，但有关部门尚未制定相应的收费标准，项目收费的比率又偏低，个别地方还给予了排污企业免予收费的政策，项目运行费用难以保障。公主岭污水处理厂竣工后一直保持了运行状态，辽源市污水处理厂于2004年7月份才开始运行，其他两个污水处理厂基本都处于闲置停产状态。

（四）部分项目配套资金严重不足，影响了国债资金效益发挥

从我们调查掌握的情况来看，全省约有半数以上的项目地方配套资金不能及时到位。（1）有些项目由于效益评估较差，或受信贷规模限制，银行贷款不能及时到位，项目建设工期一延再延，增加了项目的管理和财务费用。如临江聚宝电站原计划投资1.98亿元，国债投资7600万元，计划安排银行贷款8000万元，但实际建设过程中，银行贷款未能及时到位，项目工期被迫延长，因财务费用增加和建设材料涨价等因素，投资不得不调整到2.3亿元，比原计划多花了3200万元。（2）有的地方承诺的配套资金远远超过了地方可支配性财力，造成项目建设过程中出现较大的资金缺口，影响了项目建设。如榆树市城市道路工程计划投资1.07亿元，其中国债资金投入2900万元，要求地方配套资金7800万元。实际建设过程中，地方配套资金仅到位2880万元，配套资金缺口达4920万元。（3）项目单位自筹配套资金不能及时到位，造成项目建设过程中拖欠施工单位工程款问题。如长春大学基础设施项目，建设规模2.3万平方米，1999年开工建设，2001年竣工，实际投资4800万元，使用国债资金300万元，其他投资全部由学校自筹。由于自筹资金没有及时到位，项目竣工时拖欠工程款800万元，到目前，还有100多万元的工程款尚未支付。

此外，还应引起重视的问题是，诸如城市基础设施、农村公路等国债项目，其使用的国债资金中相当部分是转贷资金，而这些项目自身的收益都无法偿付国债转贷资金的本息，如果这些项目的转贷投资都由市县财政负担，将会给市县财政的运行带来较大的风险。

三、进一步加强国债资金使用管理的建议

中央发行长期建设性国债主要是应对1997的亚洲金融危机和内需不足的特殊情况而采取的一项宏观调控措施，在当前全国部分地区和行业投资快速增长的局面下，国家有关部门正在研究由实施积极财政政策转向实施稳健的财政政策，国债资金已呈减少和逐步与中央预算内基本建设资金并轨的趋势。与此同时，我省投资规模偏小，增长乏力，当前又正处于老工业基地振兴的启动时期，各级政府都在积极争取投资，加大项目建设力度。在这种经济背景下，为了确保国债资金要得来、用得好，应尽快完善投资决策机制，拓宽筹资渠道，强化监督管理，充分发挥国债资金的引导和带动效应，切实提高国债资金的使

用效益。针对国债资金使用过程中存在的问题，结合我省的实际情况，现提出如下建议：

（一）继续加大争取国债资金的工作力度

积极争取国债资金的投入是弥补我省建设资金缺口的重要途径，各级政府和有关部门应紧紧抓住国债资金重点向东北老工业基地倾斜的有利机遇，结合我省项目建设的实际情况，千方百计做好争取国债资金的各项相关工作，努力提高我省利用国债资金的规模和质量。在国债资金争取工作上应立足三个重点、采取三项措施。三个重点：（1）围绕促进我省产业结构和升级，积极争取国债资金对汽车、石化、农产品深加工、光电子和现代中药和生物药等老工业基地项目建设的支持。（2）围绕能够带动我省经济发展全局和幅射作用较强的重大基础设施项目，如哈达山水利枢纽工程、东边道铁路工程、林纸一体化工程等项目争取国债资金的支持。（3）围绕促进我省经济、社会协调发展，积极争取国债资金对农业、生态和社会事业项目的支持。三项措施：（1）努力做好项目的储备工作，进一步完善项目库制度，争取建设一批、储备一批、酝酿一批，实施滚动发展。（2）各级政府都应安排必要的项目前期工作经费，把争取国家支持的项目前期工作做细、做实、做到位，以最优质的项目来争取国家的支持。（3）有关部门应密切配合，积极创造条件，加强与国家有关部门的沟通联系，尽力争取国家有关部门对我省项目建设工作的理解和支持。

（二）进一步完善项目建设的投资决策机制

按照国务院关于深化投资体制改革的决定精神，尽快研究我省投资体制改革的具体方案，逐步建立科学民主的项目决策机制，避免投资决策的失误。政府投资决策机制的完善重点是建立四项制度。（1）建立专家咨询制。即在项目立项时，充分吸收有关专家的意见，减少项目决策的盲目性。（2）建立重大项目听证制，即各级政府对投资额度较大和全局性项目，实施人大、政协部门听证制度，强化项目决策中的民主性。（3）建立政府投资项目的社会公示制，即凡是政府投资项目，能够向社会公开的，一律向社会公开，增强项目决策的透明性。（4）建立项目决策的责任追究制。即对因项目决策失误造成资金损失的，给予直接责任人必要的行政处罚，减少项目决策的随意性。对企业投资项目的决策，应完全采取市场化操作方式，政府部门不再进行干预，使项目投资的风险和收益统一由企业承担。

（三）改进政府投资项目的建设管理

为了确保项目建设能够达到预期质量和标准，切实实施科学有效的管理，减少建设环节损失浪费问题，在项目建设管理上，应在继续强化“四制”（项目法人责任制、项目资本金制、招投标制、工程监理制）的基础上，在强化项目管理上下功夫。（1）进一步强化项目投资预算管理。实施项目投资预算审核制，改变“投资计划”就是预算、“指标文件”就是预算的粗放性管理模式，项目预算必须经过政府有关部门进行投资评审后才能批复执行。（2）进一步强化工程管理。对自来水、燃气、热力、污水和垃圾处理、收费公路等经营性政府投资项目，全面采取竞争性招标的方式，实行“谁投资、谁建设、谁经营”的管理模式，将建设管理成本内化成项目的经营成本，增强项目建设主体的自我约束。对城市道路、公共设施等非经营性项目推行“代建制”，即项目使用单位不直接参与项目建设，转由专业的工程管理公司或政府统建部门组织建设，发挥项目建设的规模效益和专业化效益，从而降低工程成本，提高工程质量和投资效益。（3）进一步强化人力资源管理。对项目管理人员加强培训，培育一批具有较强的项目管理和运作能力的专业化管理人才。对工程设计、技术、监理、财务人员，在鼓励他们充分发挥专业技术特长、调动其工作积极性的基础上，制定相应的职业准则和规范，强化责任约束，提高其职业道德操守。

（四）对国债资金的使用实施全过程监管

在项目管理者缺乏自我约束的前提下，切实加强国债资金使用的外部监督是保证国债资金有效使用的重要手段。各级政府应进一步重视国债资金的管理，明确责任，健全制度，规范程序，通过对国债资金实施“事前、事中、事后”的全过程监督，努力提高国债资金的使用效益。事前监督就是通过细化项目概算，实施限额设计、进行项目预算审核等办法，保证项目设计方案的优化、科学、合理。事中监督就是通过按建设进度、按计划拨付资金，合理控制资金的流向，加强对项目工程量清单的审查和其他专项检查，防止“超概”现象，确保资金的合理使用。事后监督就是通过对项目竣工决算的审查，积极进行项目的绩效评价，客观反映国债项目建设的效果。

（五）多渠道筹措国债项目配套资金

配套资金能否落实是保证项目顺利争取和项目建设按期完工的重要条件。在目前我省各级政府财力十分有限的情况下，应进一步加大吸引社会和民间资金的力度，改变配套资金以各级政府为主的传统模式。(1) 各级政府应通过努力增收节支、优化整合专项投资、统筹预算内外资金管理，尽力调剂安排一部分必须由政府出资的配套资金。同时，采取实物投入、人力投入、政策投入相结合的方式，确保各级政府国债配套资金的及时到位。(2) 对基础设施和公营事业建设项目采取市场化筹资方式，大力吸引民间资金和社会资金的投入。对经营性项目如供水、供热、供汽、城市道路、污水处理等，采取特许经营的模式，在一定时间内给予投资者以投资、建设、经营的权利，逐步放开经营市场，实现以市场换资金。对非经营性项目通过采取建设期实行委托和转让，建成后再予回购的建设模式，辅之以补偿、补贴、鼓励捐赠、改进服务和落实保障措施等特殊政策，实现以政策换资金。对经营性存量资产采取股权、经营权的转让、租赁等方式，实现以资产换资金。(3) 充分利用国际金融组织和外国政府贷款额度大、期限长的优势，根据我省经济发展的总体规划，积极有计划地争取国际金融组织和外国政府贷款的支持。

（六）建立债务风险控制机制

(1) 对国债转贷资金项目，进一步明确还款责任，按照“谁使用、谁还款”的原则，根据借款协议，各级政府应积极督促使用国债转贷资金的项目单位努力提高自身的收益能力，强化还款意识，及时偿付国债转贷资金的本息。(2) 各级政府应积极筹措安排一部分国债偿还准备金，对确实无法及时还款的项目，给予垫付，避免因国家实施财政扣款而对预算执行带来较大冲击。(3) 建立国债转贷资金借款预警机制，对国债转贷资金规模已严重超出其承受能力，无法按时还款的地方，原则上不予安排新的国债转贷项目。

压缩财政供养人员 减轻财政供给负担

（2005年9月）

近年来，为控制和压缩财政供养人员，各级政府及财政、人事、编制管理等部门采取了一系列措施，也收到了一定成效，但从总体上看，财政供养人员仍不断增加，财政负担日益沉重。突出表现为：（1）财政供养人员高于全国平均水平，财政供养人员占全部从业人员比重较高。（2）行政政法机关财政供养人员与全国平均水平相当，事业单位则大大高于全国平均水平。（3）经济欠发达的贫困市县财政供养人员较多，特别是国定省定贫困县万人财政供养人员超过全省县（市）平均水平。（4）财政支出中人员经费开支逐年增加，用于政权建设和社会事业发展的经费增长缓慢。

一、造成财政供养人员过多的原因

造成我省财政供养人员过多的原因是多方面的，既有历史原因，也有现实原因；既和体制机制上的因素相关，也和工作中存在的问题相联。从深层次分析，主要有以下几方面的原因：

（一）经济发展相对落后，就业渠道窄

财政供养人员的多少和一个地区的经济发展水平密切相关。越是经济欠发达地区，其他就业岗位有限，财政供养人员增长就越快。近年来，虽然我省经

济有了长足进展，但从总体上看，经济相对落后仍然是我们的基本省情。一方面，半数以上的国有企业亏损，下岗、分流人员增多。另一方面，作为城乡就业重要渠道的民营经济发展不快。目前许多省份民营经济总量已占国内生产总值的50%左右，而我省2003年包括乡镇企业在内的民营经济总量只占国内生产总值的31.3%。由于企业和社会吸纳就业能力低，就业渠道窄，再加上择业观念陈旧等因素的影响，没有失业风险、收入稳定的机关和事业单位就成了人们首选的就业岗位。大中专毕业生、军转干部和复员军人在择业时，千方百计要进入机关和事业单位，致使财政供养人员不断增加。

（二）机构编制管理没有法律依据，缺少硬约束

目前，我国的机构编制没有立法，仍靠行政手段在进行管理，缺少法律的硬约束，这就为机构编制工作中的随意性提供了存在的空间。(1) 机构编制管理缺乏统一性。一方面，机构编制管理与经费管理脱节，公检法和接收军转干部的编制由中央核定，而经费由地方财政负担，机构编制与经费管理难以形成合力；另一方面，行政编制全部由省管理，而事业编制中省属单位由省管理，市县所属单位由市县自行管理，为超编进人等问题的出现提供了可能。(2) 机构编制的确定缺乏科学性。从调查的情况看，有的机构编制是在上级条条的干预下设立的，有的是在特定时期为了强调某项工作的重要设立的，有的是为解决个别人员的安排设立的。机构编制规模的确定没有与当地的区划面积、人口规模、经济总量和财力状况等因素有机地结合起来，造成同类型的县(市)，在财政供养人员数量上却存在着较大的差异。我省有两个县的人口和经济状况等基本接近，但其中一个县的财政供养人员比另一个县高出37.7%。(3) 事业单位人员录用缺乏法定程序，存在一定的随意性。人员编制管理制度规定，事业单位需要增加人员时，应在编制数额内，按照严格的审批程序录用。但从调查情况看，市县级特别是县乡两级的事业单位在录用人员时，有时候不考虑是否有编制，也没有采取向社会公开招聘的方式，而是根据单位的申请，经政府主管领导签字后，人事部门就办理了录用手续。因此，在县乡两级，超编进人的问题比较普遍。据调查统计，全省事业编制超编幅度为5.4%，其中：县级（含乡镇）超编幅度为8.2%。

（三）事业单位改革滞后，不该吃财政饭的人仍端着“铁饭碗”

计划经济体制下产生的事业单位，从人员编制到经费来源都由政府统包统揽。由于长期以来在用人机制、分配制度、管理方式上过于僵化，导致事业单位机构臃肿、冗员过多、人浮于事。既影响了各项社会事业的发展，也加重了财政负担。为建立起适应市场经济需要的用人机制，提高工作效率，缓解财政压力，推进事业单位改革，已势在必行。但鉴于国家没有出台有关事业单位机构改革的指导性意见，我省的社会保障制度不健全等因素，为维护社会稳定，我省的事业单位改革未能推开。这就造成一部分不该吃财政饭的人，仍在吃着财政饭。比如，目前我省事业单位性质的培训机构，在培训资源利用率不足60%的情况下，这些单位本应通过改革，进行资源整合或完全推向市场，可这些单位仍然在吃财政饭。再以教育事业单位为例，从全省看，用于教育的财政支出占整个行政事业经费支出的31.8%。越到基层，教育事业费占本级财政行政事业经费支出的比重越大，一些县80%以上的行政事业经费用于了教育开支。但全省整个教育系统教职工与学生数比为1:11.4，远远低于全国平均水平。这里有我省地域差异较大、农村小学生源不足等客观原因，但中小学校改革滞后也是一个非常重要的因素。由于教育系统一直没有通过改革建立起灵活的用人机制，其结果是一方面超编人员全部由财政供养，另一方面还要高薪聘请代课教师。

（四）机构编制管理缺乏有效的监督制约，惩罚措施不到位

目前对超编人员的控制措施，除省财政在测算省对市县转移支付资金时按标准财政供养人员核定，各级财政对行政事业单位超编人员不予核拨经费外，对各地自行增加机构编制、单位超编进人和超职数配备领导干部等问题，没有建立起自上而下的有效监督制约机制。此外，对相关责任人，特别是负有主要责任的领导干部，没有相应的惩罚制度和措施，出现超编问题，当事人不承担责任和风险，致使超编问题普遍存在。

此外，市、县行政区划变更（如白城、通化、四平行署变更为地级市，新建县、由区变县、县变为县级市）、接收中央下放地方管理的部门和单位等（包括部分部属院校、科研单位和地质勘探等部门），也是造成我省财政供养人员过多的因素。

二、减少财政供养人员的原则和对策

减少财政供养人员是一个复杂的系统工程。应本着“既要积极，又要稳

妥”的方针，循序渐进，标本兼治，切实减轻财政负担。

（一）减少财政供养人员应坚持的基本原则

1. 加快经济发展的原则。减少财政供养人员的根本出路在于发展经济，增加就业岗位，拓宽社会人员、机关事业单位人员的就业和分流渠道。要认真落实科学发展观，紧紧抓住国家支持东北老工业基地调整改造的有利时机，加大产业结构、所有制结构和企业组织结构的调整力度，注重发展就业含量大的产业和企业，增加就业岗位，拓展就业空间。要进一步完善鼓励全民创业的政策支持体系，消除制约民营经济发展的体制性、政策性障碍，大力发展民营经济。要把发展工业作为中心环节，大力实施县域突破战略，加快县域经济发展步伐。

2. 深化改革的原则。财政供养人员过多、财政负担过重的问题，有些是伴随着改革出现的，有些是改革滞后引起的，必须靠深化改革来解决。要进一步推进行政管理体制改革，切实转变政府职能，把那些不该管、管不了、也管不好的事情坚决交给企业、市场、社会组织和中介机构，把主要精力转到加强社会管理和公共服务上来，建设服务型政府。要努力推进政府管理方式创新。适应市场经济和信息化时代的要求，改变文山会海的传统管理方式，大力推进电子政务建设，提高行政效率，降低行政成本，减轻财政负担。要加快事业单位改革的步伐，精减机构编制，减少财政供养人员。

3. 齐抓共管的原则。减少财政供养人员的工作涉及方方面面，单靠哪个部门都无法完成，必须动员各方面的力量齐抓共管。各级党委政府要切实把这项工作纳入议程，作为促进经济社会发展的大事认真抓好。要把控制机构编制和财政供养人员增长作为一项重要内容列入政府年度考核目标，同时也将其作为对地方党政主要负责同志考核任用的一项重要内容和依据。各相关部门要围绕大局，对减少财政供养人员工作给予积极支持，帮助出主意，想办法，不允许设置障碍，出现“中梗阻”。

（二）减少财政供养人员应采取的具体对策

1. 加快推进事业单位改革。（1）积极推进事业单位机构改革。要在科学分类的基础上，针对不同类别实行不同形式的机构编制、经费供给渠道。对行政执行与行政支持类、纯公益类事业单位，财政应予以全额拨款；准公益类事业单位，财政要拨一定的经费予以成本补偿，使其逐步实现兴办主体和投资主体多元化；开发经营类事业单位要逐步退出事业单位管理范围，实现市场化运作，财政不予核拨经费。同时，要根据单位工作职能及工作内容的变化情况，精简机构编制。对职能弱化、任务不足的单位应予以撤销或停办；对机构规模小、任务轻、职能相近或相同的予以合并；对已经不具有事业单位性质和功能、纯粹从事生产经营活动的单位，应转制为企业。对保留或合并的事业单位根据职能和任务重新核定编制及领导职数。（2）全面推进事业单位人事制度改革。要全面推行人员聘用制。严把事业单位人员进口关，事业单位凡出现岗位空缺，除涉密岗位外，都要实行公开招聘。要推行岗位管理制度，实行按需设岗、按岗聘用、竞争上岗、以岗定薪、岗变薪变，逐步实现对员工由身份管理向岗位管理转变。（3）建立健全社会保障机制。要积极研究制定适合事业单位特点的养老、医疗、失业保险办法，尽快建立既体现事业单位特点，又与机关、企业保险制度相协调的社会保障机制，为事业单位改革创造宽松的外部环境。

2. 建立健全监督制约机制，严把机构编制管理关。加快机构编制管理法制化进程，尽快制定出台符合我省实际的机构编制管理地方性法规，逐步实现机构编制管理和工作程序的法定化。继续探索和完善机构编制管理证、落编卡、进人卡等控制财政供养人员的好办法。建立并完善机构编制管理与财政预算管理相互协调的配套约束机制。市、县、乡新增行政事业机构编制，以及机构升格、增加领导职数等，必须报省编办审批；新进财政供养人员，必须报省人事厅会同省编办、省财政厅审批，否则编制部门不予列编，财政部门不予核定经费。同时，各部门不能从部门利益出发，对下级部门的机构编制事宜施加影响；业务部门在领导讲话、工作报告、文件规定和考核目标中，一律不得涉及机构编制事宜。

各级编制、人事、财政部门要充分发挥职能作用，结合机构编制统计、人事年终统计和财政年终决算，认真做好新增机构编制和财政供养人员的核查工作，并使之成为一项制度，长期坚持。

各级纪检监察部门要把查处机构编制和人事管理违规、违纪问题纳入纪检监察工作范围，加大对违规、违纪行为的查处力度，对于违反机构编制和人事制度管理规定，擅自增加机构编制、违规增编进人的行为，要依法依纪严肃处理。

3. 建立控制财政供养人员的激励机制。为鼓励各市（州）、县（市）政府深化机构编制和人事制度改革，分流行政事业单位富余人员，切实减轻财政负担，设立省政府节支奖励资金，即，以各市（州）、县（市）2003 年财政供养人员数为基准，以后年度实现零增长的，省财政每年给予定额奖励；实现负增长的，在定额奖励的基础上，按净减少人数每年再给予一定数额的奖励。奖励资金由市（州）、县（市）政府按一般性转移支付资金的规定掌握使用，可首先用于安置分流富余人员支出。

4. 积极推进乡镇机构改革，切实减轻财政负担。适应完善社会主义市场经济体制和我省免征农业税改革试点的新形势，目前，应积极推进乡镇机构改革，改变乡镇机构过多、人浮于事、财政负担沉重的状况。（1）规范乡镇行政机构设置。根据职能需要，乡镇机构设置，原则上设“三室一所”，即：党政办公室、经济发展办公室、社会管理办公室和财政所。（2）重新核定乡镇行政编制。乡镇行政编制数额一般控制在 20 名以内，辖区人口超过 3 万人的乡镇，每增加 2000 人口，可增加 1 名编制；特大乡镇的行政编制最多不超过 40 名。乡镇党政领导实行兼职和交叉任职，领导职数一般为 4 名。（3）进行乡镇事业单位改革。按照公益性、经营性分类管理的原则，大力整合乡镇站所。乡镇原则上设置农村经济管理服务中心、畜禽防疫服务中心和农业、林业、水利、计生、文化等站所，其编制总数一般不超过 30 名，服务的人口超过 3 万的，每增加 2000 人口，可增加 1 名编制，特大乡镇的事业编制最多不超过 60 名。重新核定的事业编制一般情况下实行财政拨款。乡镇不再设立自收自支的事业单位。

充分利用外债资源
促进经济社会加快发展

（2005 年 12 月）

当前，我省正处于老工业基地调整改造的关键时期，加快发展的形势紧迫、任务艰巨。要实现老工业基地振兴，实现经济和社会的快速发展，需要大量的资金投入做支撑。必须广开筹资渠道，充分利用各种资源，千方百计扩大投资。积极利用好政府主权外债，应是其中一个重要途径和现实选择。

一、我省利用政府主权外债的总体情况

政府主权外债主要包括国际金融组织贷款和外国政府贷款。改革开放以来，我省利用政府主权外债规模不断扩大。

（一）我省利用政府主权外债已取得明显成效

各类政府主权外债，我省主要用于了 75 个项目建设，涉及农业、工业、教育、卫生、环保、交通、城市基础设施等多个领域。目前，已建设完成 63 个项目，这些项目在促进我省经济和社会事业发展，改善人民生活和生态环境，加快基础设施建设等方面发挥了积极作用，日益显现出可观的经济效益和社会效益。

1. 长春市政府利用世行贷款建设的“长春市供水与环境”项目，引松入长日供水量达 80 万吨，占全市日供水量的 60% 以上，有效地缓解了长春市水源不足的状况，从根本上解决了制约城市经济发展和困扰居民饮水的“瓶颈”

问题，成为确保城市经济发展和居民生活的“救命工程”。

2. 我省利用亚行贷款先后建设的“长平”、“长余”两条高速公路，实现了我省高速公路“零”的突破，完善了国道主干线系统布局，极大改善了我省交通运输条件和经济发展环境。这两条高速公路年通行费收入不但能够保证对外还款，还积累了公路建设资金。

3. 1998 年我省遭受特大洪涝灾害后，及时利用亚行贷款启动了“东北灾后重建”项目，对白城、松原、辽源以及大安、洮南、镇赉等 6 个市县的城镇基础设施进行了恢复重建，共修复桥梁 2 座、公路 295 公里，改造了大规模的城镇道路和给排水等基础设施，使受灾地区在较短时间内恢复了正常的生产和生活秩序。

4. 我省实施的“日贷环保松辽河流域治理”项目，目前大部分子项目已经建成，通过实施该项目，可大大提高松花江流域饮水安全的可靠性和粮食生产的安全性，具有巨大的社会效益。

5. 我省利用国际农发基金会贷款实施的“吉林低洼地开发项目”，目前项目市县实现总产值 17 亿元，扶持农户 14.2 万户，每户年均增收 5000 多元，扶贫效果十分显著。该项目回收的贷款资金仍在滚动开发使用。

国际金融组织贷款和外国政府贷款的管理科学规范，有一整套严密的项目管理规程，注重发挥资金的使用效益。我省通过借用政府主权外债，不仅有效地缓解了省内建设资金不足，而且，在促进国际资本和先进技术的流入，缩短我省在一些产业领域和关键技术上与国际先进水平的差距，加强与国际交流与合作，加快改革开放步伐，以及提高项目和资金的管理水平，实现观念创新、制度创新、技术创新和能力创新等方面，都发挥了重要的、不可替代的作用。

（二）我省利用政府主权外债尚有较大空间

从总量上看，我省利用政府主权外债整体规模偏小。截至 2004 年上半年，我省政府主权外债余额仅占全国的 1.1%，明显低于我省 GDP 和人口占全国的比重。

从增幅上看，我省利用政府主权外债增长速度大大低于 GDP 和财政收入的增长速度。2000～2003 年，我省利用政府主权外债签约额平均每年递增 4%，分别比 GDP 和财政收入的增长速度低 5.5 和 8.9 个百分点，也大大低于全国平均水平。

从外债风险上看，我省政府主权外债处于比较安全的运行区域。从债务率上看，2003年我省外债余额占地方级财政收入的比重为31%，低于外债风险警戒线（70%）39个百分点；从负债率上看，2003年我省的外债余额占GDP的比重为2%，低于国际公认标准（25%）23个百分点；从偿债率上看，2003年我省政府主权外债还本付息金额占地方级财政收入的比重为2.5%，处于较低水平。

（三）我省利用政府主权外债也存在一些矛盾和问题

1. 思想认识不够统一，存在“保守”和“盲目”两种倾向。有的地区思想保守，怕担风险，不愿利用外债；有的地区因老项目失败背上了债务包袱，一朝被蛇咬，十年怕井绳，不敢利用外债。如1991年世行贷款“星火”项目的29个子项目中，有21个子项目没有还贷能力，还款压力全部转嫁给当地财政部门，预计未来三年，部分市县财政部门将为其垫付到期债务本息。在偿债压力的困扰下，有的市县同志甚至说：提到外债，浑身打颤。对利用外债也存在一种盲目倾向，有的上项目不加选择，不注重研究外债项目应具备的条件和特点，赶所谓招商引资潮流，激情有余，缺乏严谨的科学态度，忽视项目可行性研究论证。

2. 利用外债目标不够明确，缺乏总体规划。目前，我省利用政府主权外债尚没有一个比较全面、系统、专门的总体规划，中长期目标不明确，年度计划不具体，缺乏可行性，实际工作中缺乏一整套科学规范的工作程序。多数外债项目的申报、审批处于零打碎敲、一事一议的状态，导致项目的选择具有较大的随意性，缺少前瞻性，前期准备工作不充分，既不利于提高项目的质量和工作效率，也不利于争取国家的支持，发挥外债项目的整体效益。

3. 一些外债项目管理薄弱，重借轻管的问题比较突出。（1）有些项目违规招标采购。如世行贷款长春“城市供水”项目和亚行贷款“长余高速公路”项目因违规招标，被注销部分贷款，不仅加大了项目资金缺口，也造成了不良影响。（2）配套资金不落实。目前，我省外债项目配套资金不到位，虚假配套的现象比较普遍，致使有些项目不能如期建设和正常运营。如世行贷款双辽“肉牛加工”项目，因配套资金不到位，项目虽勉强建成，但至今仍不能正常生产；世行贷款榆树“变性淀粉”项目，由于缺少配套资金，使项目成了“马拉松”工程；世行贷款乾安“亚麻加工”项目，也由于缺少配套资金被迫中途转让。由于配套资金严重不足，不仅使一些外债项目不能发挥应有的效益，而且还给一些地方带来了沉重负担，形成了“因缺钱而借钱，借了钱更缺钱”的困难局面。（3）一些项目经营管理不善。如世行贷款梨树“无水酒精”和大安“骨胶加工”项目，虽然产品适销对路，有很好的发展前景，但由于当地政府缺乏管理能力，项目建成后不仅没有达到预期效益，而且还发生了严重亏损。但这两个项目被迫转让给民营企业经营管理后，却产生了良好的经济效益。

4. 偿债意识不强，拖欠外债的问题比较严重。一些项目单位还贷主动性不强，还贷责任不落实。一些地方政府对还贷工作不关心、不重视，对上依赖思想严重，不仅不采取积极有效措施偿还债务，而是消极被动坐等上级扣款。由于一些单位和市县不能如期偿还外债，国家对我省实施强制扣款措施，不仅影响了财政预算的正常执行，而且也影响了我省的信誉。目前，除省本级和个别地区外，绝大部分市县都没有建立还贷准备金。省级为市、县垫付的还贷准备金至今尚未收回，严重影响了省级还贷准备金的周转使用。

二、今后我省利用政府主权外债的总体思路

今后一段时期，我省利用政府主权外债的总体思路是：适应我省加快发展和老工业基地调整改造的新形势和新要求，不断总结利用政府主权外债的经验和教训，按照省委、省政府对经济工作的总体部署，进一步统一思想，提高认识，加大我省利用政府主权外债的工作力度，扩大外债规模，提高外债质量，强化外债管理，创新工作机制，防范外债风险，做到“借得来、用得好、还得上”，实现利用外债的良性循环，努力开创我省外债管理工作新局面，促进经济和社会事业快速健康发展。

（一）提高认识，抢抓机遇，加快我省利用政府主权外债的步伐

在新形势下，要切实做好政府主权外债工作，就要抓住主要矛盾，着重解决好面临的突出问题。目前，我省利用政府主权外债的当务之急，就是要加快利用政府主权外债的步伐，力争在较短的时间内，使我省的外债规模达到一个比较合理的水平。对此，必须统一思想认识，进一步增强利用政府主权外债的责任感和使命感。

1. 要充分认识利用政府主权外债的重要性。不论是发达国家还是发展中国家，采用举债来加快经济和社会发展，已经成为一种通行的做法，也是被实践证明的成功经验。拉美国家发展最快的时期是 20 世纪六七十年代，这一时期也是拉美国家利用外债最多的时期。亚洲发展比较快的国家，在其快速发展

时期也都大量使用外债，目前经济发展速度较快的印度利用日元贷款大幅增长，已经超越中国成为日元贷款最大受益国。从我国的情况看，外债对我国的经济腾飞和沿海发达地区的高速发展，也起到了不可忽视的作用。改革开放以来，我国经济取得长足发展，这一时期我国利用外债规模不断扩大，目前我国已成为世行贷款项目最多的国家。

2. 要充分认识利用政府主权外债的优惠性。不论国际金融组织贷款，还是外国政府贷款，都是具有开发援助性质的低息贷款。其特点是贷款期限长，一般为15~30年，最长的可达40年，并且都有5~10年的宽限期。贷款利率低，目前利率水平一般在2%~3%左右，最低的年利率仅为0.75%，有的贷款项目还包涵一部分无偿赠款。这些贷款融资额度大、供给量稳定。

3. 要充分认识利用政府主权外债的紧迫性。目前，世行和亚行贷款利率正处于历史低位，是借款的较好时机，应全力以赴更多地争取世行和亚行贷款。同时，我们还要看到，由于我国经济持续快速增长，综合国力不断增强，国际金融组织贷款的优惠条件不断减少，贷款规模也逐年压缩。从外国政府贷款看，发达国家对我国继续提供优惠贷款的意愿在下降，我们争取外国政府贷款的难度在加大。以日元贷款为例，近几年，每年都以20%以上的速度递减，目前已下滑到贷款峰值一半以下，最近，日本政府甚至提出要终止对华援助。此外，当前我国人民币正面临较大的升值压力，是我们利用外债非常有利的时机。因此，我们必须增强利用政府主权外债的紧迫感，抢抓机遇，搭上这班车，争取每年利用外债资金都能有较大幅度的增加。

4. 要充分认识利用政府主权外债的可行性。目前，我国利用世行和亚行贷款，尚未达到世行和亚行贷款规划的高限。对于外国政府贷款，我国正在积极开辟新的渠道，目前已增加了一些新的贷款国。同时，国际金融组织和外国政府正在调整对我国的援助战略，正在逐步减少对发达地区的贷款，将资金更多地用于支持内陆贫困省份。从我省情况来看，我省利用政府主权外债不仅存在较大空间，而且正处于老工业基地调整改造国家给予政策倾斜的有利时期，只要有好的项目，努力做好工作，国家就可能尽力给予支持。

（二）统筹规划，突出重点，增强利用政府主权外债的科学性和计划性

加快利用政府主权外债的步伐，必须从我省的实际情况出发，着眼于经济和社会事业的长远发展，把握好政府主权外债自身的规律和特点，统筹规划，科学安排，瞻前顾后，从长计议。

1. 利用政府主权外债要与国民经济和社会发展计划结合起来。2006年是“十五”计划的最后一年，我省将着手编制“十一五”计划。有关部门应抓紧调查研究，结合“十一五”计划的编制，提出切实可行的引进和利用外债资金的规模、优先扶持的领域和重点项目。在此基础上，编制我省利用政府主权外债中长期规划。

2. 利用政府主权外债要同财政预算资金结合起来。政府主权外债资金是准公共财政资金，在投向上要按照公共财政的要求，突出体现公益性和公共性的特点。要把政府主权外债资金作为财政预算资金的有益补充，将两者有机结合起来。对于需要优先发展和应给予大力支持的公共领域和社会发展领域，如果财政预算资金暂时无力安排，应积极利用政府主权外债资金，把一些准备将来要做的事情先做起来，让项目提前产生效益。因此，在安排财政预算时，要充分考虑到政府主权外债资金的使用和还款问题，做到相互补充，综合运用。

3. 利用政府主权外债要同项目建设结合起来。我省要实现老工业基地的振兴，项目建设是关键。因此，要充分利用好政府主权外债这一资源，大力促进我省的项目建设。凡是涉及“五大产业基地”建设的项目，都要尽力给予支持。要把外债项目同国债项目、农发项目有机结合起来，搞好衔接，相互补充。要尽量多研究、多谋划、多上一些大项目和打捆项目，通过这些项目的建设，集中解决经济发展中的瓶颈和欠账问题。要充分利用政府主权外债的优势和导向作用，吸引更多的战略投资者、商业银行贷款和其他社会资金参与我省的经济建设。

（三）解放思想，转变观念，实现政府主权外债管理的突破和创新

政府主权外债在管理上比较严格，程序上比较繁琐，限制条件比较多。要使其发挥更大的作用，解决我省经济发展中急需解决的突出矛盾和问题，就必须改变传统的管理方式，破除旧的思想观念，进一步开阔视野、创新思路，力争在一些关键问题上有所突破。

1. 在支持民营经济发展方面要有所突破。民营经济发展滞后是制约我省经济快速发展的重要因素，融资难是一直困扰民营经济发展的瓶颈问题。在利用政府主权外债上，要着重考虑支持民营经济发展的问题。（1）要为民营企业直接融资创造条件。2003年国际金融公司（IFC）向我省吉林正业集团（民营企业）提供了贷款，这是我省第一家民营企业利用IFC直接融资项目。项目实施以来，已有7000多户的当地农民增加了收入。今后，政府外债管理相关部门要充分发挥渠道多、信息灵的优势，多为民营企业引进外债资金牵线搭

桥，提供服务，争取多上一些类似吉林正业集团的项目。（2）要为民营企业间接融资开辟渠道。要积极引进亚行资金，参与我省中小企业担保体系建设，增加我省信用担保机构的资金规模和担保能力。力争通过外债资金与担保机构这一“点”的结合，在促进我省民营经济发展这一“面”上，起到“四两拨千斤”的作用。（3）在选择外债项目主体上，要对民营企业一视同仁，采用灵活多样的方式，支持和鼓励民营企业参与外债项目建设、管理和经营。

2. 在借用外债的政府担保领域要有所突破。各级政府都应采取积极的态度，灵活运用担保政策。对于那些效益好、有发展前景、对地方经济发展至关重要的外债项目，无论是国有企业还是民营企业，都应给予担保支持。对于那些不符合担保条件，但又非常有利于发展，急需利用政府主权外债资金的竞争性领域项目，要本着急事急办，特事特办的原则，打破以往的条条框框，采取反担保、财产抵押等变通措施，尽可能给予担保。

3. 对外债风险警戒线的认识要有所突破。（1）要从全省整体的角度看待外债风险警戒线。按照目前对外债警戒线的理解和认识，我省有些县（市）已经大大超出了外债警戒线，但从全省整体的角度来分析我省外债的规模和水平，距外债警戒线还有很大距离。（2）要动态看待外债风险警戒线。评估我省外债风险水平，既要看到当前债务情况和财力状况，又要看到我省未来经济发展的潜力。并且考虑使用外债周期较长的特点，也应从长远的角度认识外债偿还能力问题。因此，对已经超过外债警戒线的县（市），不要教条地限制其利用政府主权外债。（3）在计算外债风险警戒线时，也要坚持实事求是的原则，对地方财政收入要有一个正确的估价，应该把税收返还、上级转移支付补助和其他可用财力考虑在内。

4. 在引进外债技术援助项目上要有所突破。今后我省利用政府主权外债，不仅要重视项目建设，也要加强外债技援项目的利用。积极引进国际金融组织的智力资源，加强软课题领域的研究，聘请国际咨询专家，尝试“外眼看吉林”，针对我省经济和社会发展现状，以独立的视点进行分析和规划，提出系统的对策、建议或方案，为我省制定宏观发展规划和经济政策提供参考。如果能够借此类项目引进更多的知识型产品，通过加强务虚，取得更好的务实效果，其价值也不可估量。

（四）强化管理，落实责任，处理好举债建设和防范风险的关系

借用外债是把双刃剑，利用得好能够积极促进当地的经济和社会事业发

展，用得不好也会给地方政府带来沉重的包袱，甚至转化为财政风险。我们既不能因噎废食，夸大风险，排斥外债，也不能脱离实际，不计风险，盲目举债。因此，在积极利用政府主权外债的同时，必须切实强化外债管理，努力防范和化解外债风险，实现外债“借、用、还”的良性循环。

1. 加强外债项目前期工作的管理，健全项目决策机制。要进一步加强对外债项目前期准备工作的组织力量，增加前期工作经费投入。要通过引入市场竞争机制，搞好外债项目的评估论证。要坚持科学民主决策，建立健全外债项目决策规则和审批程序，重大项目要实行专家评议制度，逐步实现政府外债项目公示制度，广泛听取各方面的意见和建议。

2. 加强外债项目执行阶段的管理，改进建设实施方式。要加快推进外债项目“代建制”，通过招标等方式，选择专业化的项目管理单位负责项目实施建设，严格控制项目投资、质量和工期，竣工验收后移交给使用单位。对项目的管理和运营，要引入市场机制，明确和落实项目实施主体的责任，增强投资风险意识，建立和完善政府外债项目的风险管理机制。

3. 加强外债偿还的管理，维护政府对外信誉。外债项目是以政府信誉作担保的，对到期的债务必须偿还，否则国家将采取强制的扣款措施和手段，赖不掉、拖不黄。因此，必须增强积极主动还款的意识，从立项审批到项目执行和还款，不管周期多长，相关人员和领导如何变化，都要层层分解和落实责任，建立外债偿还的长效机制。必要时可运用经济、行政、法律等多种有效手段，确保到期政府主权外债的及时、足额偿还。

三、几点建议

（一）加强对外债工作的统一领导

省委、省政府高度重视外债管理工作，省政府外债领导小组进一步加大组织协调工作力度，定期召开会议，研究解决遇到的问题，加强全省外债管理工作。

（二）积极争取国家支持

按照我国目前的管理体制，外债项目的最终决定权在国家发改委和财政部，重大项目要经国务院审批。我省要扩大利用政府主权外债的规模，必须取得国家的大力支持。建议省政府有关部门今后进一步加大对上的工作力度，争取我省能有更多的项目纳入国家利用外债“三年滚动计划”。当前，要重点做好已向国家申报，但尚未得到国家批准的几个重点项目的争取工作。如世行贷款的优质安全农产品综合开发项目，日元贷款的林业项目，以及亚行贷款的信用担保体系建设项目等。特别是要抓紧做好日元贷款项目的争取工作，力争搭上最后一班车。

（三）改变项目的上报和审批方式

今后省直部门和各市县在申请、上报外债项目时，都要按照要求定期成批上报。省政府有关主管部门，要进一步做好项目的筛选、评估论证和审批工作，建立项目储备库。对经过评估论证符合条件的项目，定期上报省政府外债领导小组统一研究审定，分期成批上报国家，改变目前“零打碎敲，一事一议”的状况。

（四）强化政府对外债偿还工作的考核和监督

建议将外债的偿还工作，纳入各级政府领导的政绩考核内容。对各地不按省政府的有关规定建立还贷准备金，不能及时偿还到期政府主权外债的，要给予通报批评，并暂缓或停批新上外债项目。

（五）加强外债的宣传和培训工作

建议省政府适时召开一次积极利用政府主权外债的工作会议，提高社会各界对利用政府主权外债的认识，增强积极性和主动性。同时，有关部门要采用多种形式、利用多种渠道，加强宣传，注重对外债管理人员的培训。经常邀请国家有关部门、国际金融组织的专家来我省指导外债管理工作，开展专业培训。积极争取国际金融机构在我省举办各类商洽、交流会议。及时掌握外资的新走势和新动态，适时调整完善我省利用外债策略，促进我省外债工作科学、合理、高效运行。

健全债务评价预警机制
防范和化解财政风险

（2007 年 9 月）

随着我省社会经济的快速发展，各级政府直接举借和担保的政府性债务逐年增加。这些地方性债务长期积累，一旦形成政府债务风险，必将对各市县乃至全省未来的财政运行、经济发展和社会稳定造成一定的影响。为了能够及时发现和化解我省地方政府债务风险，使举债规模与社会经济发展相适应，发挥好债务对经济发展的推动作用，有必要尽快建立我省政府性债务风险评价体系和债务风险预警机制。

“十五”期间，我省各级政府及其所属部门、单位举借或提供担保的政府性债务年均增长 21.2%；2006 年末，全省政府性债务余额比上年增长 24.3%，占全省 GDP 的 35.5%。在这些债务中，需要各级政府无条件偿还的直接债务占 82.6%；可能由政府偿还的或有债务占 17.4%。全省到期未偿还的政府性债务占全部债务总额的 19.3%，将近 1/5 的债务逾期不能及时偿还。

政府性债务风险预警可通过当前风险状况的评价来进行判断和识别，首要任务是建立一套风险评价指标体系。构建我省政府性债务风险评价指标体系的目的是全面评价政府性债务风险，准确把握在政府性债务系统中存在的重大问题和突出矛盾，有效降低我省政府性债务风险，为防范和化解债务危机提供科学的决策依据。

一、确定政府性债务风险预警指标

政府性债务风险不仅来源于债务本身，它还与所处的社会经济环境与政府的财政经济状况等因素有很大的关系。政府性债务风险是个大系统，这个大系统就是影响、形成和化解债务风险的社会经济、债务特征、偿债能力三个子系统的有机结合体。三个子系统的相互作用和联系如图1所示。

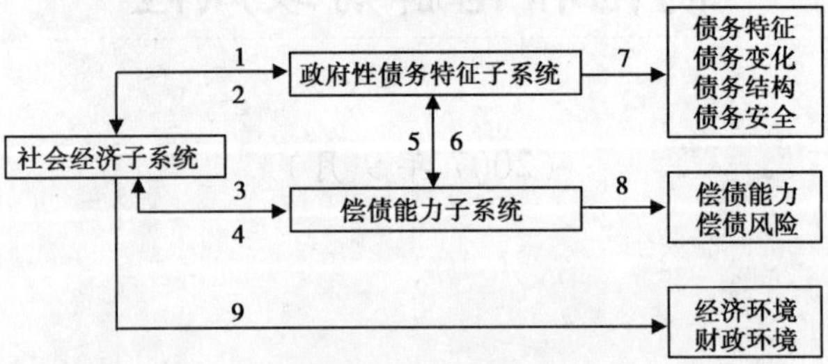

图1 政府性债务风险大系统

社会经济子系统、政府性债务特征子系统和偿债能力子系统构成了政府性债务风险大系统，政府性债务危机则是该大系统退化的结果。因此，政府性债务风险评价指标体系的基本结构必须与该大系统的输出结构相对应。可以认为政府性债务风险大系统包括主要由社会经济子系统予以满足的“经济环境”“财政环境”，由债务特征子系统予以满足的“债务特征”“债务变化”“债务结构”和“债务安全”以及主要由偿债能力子系统予以满足的“偿债能力”和“偿债风险”共8个子系统组成，每个子系统的结构及其所包含的债务风险评价指标如图2所示。

目前对我省政府性债务风险评价指标体系的构建主要应把握以下几点：(1) 应以具有完整统计数字的债务为核心。评价系统的研究对象主要集中在目前为止比较确定的债务。(2) 应以GDP为主要参考变量。GDP反映了一个国家或地区最终的偿债基础。(3) 应以债务特征和清偿能力两个子系统所蕴含的指标为主要指标，以社会经济子系统及其所蕴含的指标作为辅助指标。(4) 应综合考虑地方政府性债务的规模风险、结构风险、变化风险以及偿债风险等，其目的是全面分析地方政府所面临的债务压力。

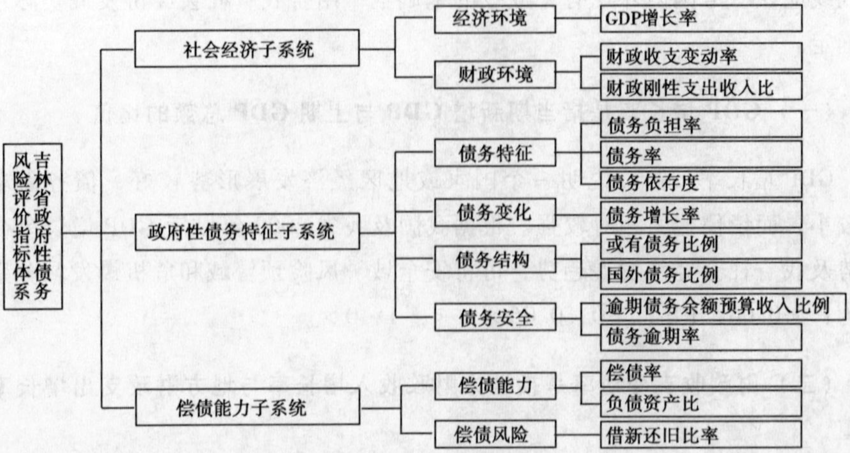

图 2　我省政府性债务风险评价指标体系

二、合理划分政府性债务风险警戒线

风险评价指标确定后，需要对每一个指标确定不同风险状态的临界值即警戒线。根据风险上升趋势可将指标的风险区间（临界值区间）分为三个区间：安全域、风险预警域、危机爆发域。其中，安全域表示财政运行处于安全状态；风险预警域表示财政运行已经存在一定的风险，部分或全体指标已出现警兆；危机爆发域表示财政运行面临严重的风险，随时可能爆发债务危机，引发财政危机。

在确定各指标的临界值时，需根据地区经济发展水平分阶段确定，随着社会经济的发展，其警戒线应该呈现出动态变化而不是一成不变。同时还必须结合各变量在经济活动中的作用与性质，以及各个时期政府所采取的宏观调控政策和经济发展目标等情况来考虑。比如 2001 ~ 2006 年，我省 GDP 年均增长15%，属于经济高速发展时期，此阶段各级政府的一项主要任务就是在保证稳定的情况下，通过大规模的项目建设和大量资金投入来促进我省社会、经济的健康、持续发展。因此当前我省债务风险评价指标的警戒线可确定为比正常情况稍高的水平。当我省社会经济步入稳步发展、慢速增长的较高水平时，社会资本较为雄厚，不再需要大量举债，而需要严格控制债务规模及债务增长，届时我省债务风险评价指标的警戒线应该与发达国家或地区接轨，适度降低警戒线以确保社会、经济的稳定发展。鉴于此，目前我省政府性债务风险评价指标警戒线应在参考国内外现有警戒线的基础上，结合我省社会经济发展实际水平来确定。

（一）GDP 增长率是指当期新增 GDP 与上期 GDP 总额的比值

GDP 增长率较高，说明一个国家或地区经济发展形势较好，债务需求相对较小，而偿债能力相对较强。根据我国及我省 2000 年以后 GDP 增长率变换趋势及我省社会经济发展趋势，可将安全域、风险预警域和危机爆发域分别确定为：<0.06，1>，<0，0.06>，< -1，0>。

（二）财政收支变动率是指地方财政收入增长率与地方财政支出增长率的比值

该指标描述了地方财政状况的变化趋势，如果该指标大于 1，则说明财政收入增长速度大于财政支出增长速度。反之，则地方财政入不敷出，将进一步陷入财政困难和债务风险并存的漩涡中。根据我省近年来财政收支变动情况，可将安全域、风险预警域和危机爆发域分别确定为：<1，10>，<0.5，1>，<0，0.5>。

（三）财政刚性支出收入比用于度量财政收入刚性支出能力

该指标反映了财政收入对刚性支出的满足程度，财政刚性支出收入比 = $\frac{\text{当年刚性支出}}{\text{当年财政可用资金}}$。结合我省近年来刚性支出收入比数据及变化趋势，可将安全域、风险预警域和危机爆发域分别确定为：<0，0.8>，<0.8，1.8>，<1.8，10>。

（四）债务负担率是指一个国家或地区的债务余额与当年 GDP 的比率

地方政府性债务负担率反映了负债规模与一国或地区偿债总体经济实力的对比关系，其比值的高低反映了一国或地区生产量对债务负担的能力。根据我省近年来债务负担率数据及变化趋势，可将安全域、风险预警域和危机爆发域分别确定为：<0，0.25>，<0.25，0.6>，<0.6，1>。

（五）债务率是指地方政府性债务余额与当年可支配财力的比例

该指标反映了政府性债务与政府财政支配能力之间的关系，也从侧面反映了地方政府性债务规模是否具有合理性以及地方政府在今后的举债能力大小。由于我省是欠发达省份，为促进经济发展，其债务率在近期内相对较高。因此，可将安全域、风险预警域和危机爆发域分别确定为：<0，1>，<1，2.5>，<2.5，10>。

（六）债务依存度是指当年的新增负债与财政支出的比例

该指标用于度量地方政府财政支出对债务依赖程度，债务依存度 = $\frac{\text{当年新增负债}}{\text{当年财政支出总额}}$。债务依存度指标旨在反映财政本身的承受能力，反映财政本身的风险状况。根据我省近年来债务依存度数据及变化趋势，结合我省社会经济发展趋势，可将其安全域、风险预警域和危机爆发域分别确定为：<0，0.2>，<0.2，1>，<1，10>。

（七）债务增长率是指与上一年末相比，地方政府性债务余额增长比率

该指标反映了地方政府性债务增长速度与趋势。一般地，债务增长速度应不超过同期国内生产总值的增长速度，若前者大于后者，则意味着在未来年份国内生产总值中将有越来越多的部分被债务吃掉，即国内生产总值的增长有相当部分是靠债务来支撑的，国内生产总值实际上是负增长，反之则反。鉴于我省近年来债务增长率表现及经济发展目标，可将其安全域、风险预警域和危机爆发域分别确定为：<0，0.45>，<0.45，0.6>，<0.6，10>。

（八）或有债务比例

或有债务比例是指地方政府或有债务余额占地方政府性债务余额的比例，该指标反映了政府性债务风险中的不确定性。或有债务会随着外界条件的变化或系统内因素的影响而转化为直接债务，一般都不具有先见性，再加上其数额巨大，因此极易形成地方政府性债务风险，促发债务危机。根据我省近年来或有债务规模、比例及发展趋势，可将其安全域、风险预警域和危机爆发域分别确定为：<0，0.25>，<0.25，0.6>，<0.6，1>。

（九）国外债务比例

国外债务比例是指国外债务余额占地方政府性债务余额的比例，该指标反映了政府性债务的刚性。如果国外债务偿还资金未能及时到位，地方政府到时必将通过其他途径筹集还本付息资金，如果其还本付息额超出地方政府的财政能力甚至是融资能力，很有可能引发债务危机。根据我省近年来国外债务规模、比例及发展趋势，可将其安全域、风险预警域和危机爆发域分别确定为：<0，0.02>，<0.02，0.035>，<0.035，1>。

（十）逾期债务余额预算比例

逾期债务余额预算收入比例是指当期地方财政逾期债务余额与地方一般预算收入的比例，该指标反映了一国或地区逾期债务与财政能力的关系，其比值的高低反映了一国或地区财政收入对逾期债务的负担能力。根据我省近年来逾期债务余额规模及预算收入比数据及变化趋势，可将其安全域、风险预警域和危机爆发域分别确定为：<0，0.5>，<0.5，2.0>，<2.0，10>。

（十一）债务逾期率

债务逾期率是指截至年末一国或地区的逾期债务与应还债务之比。债务逾期率过高，会导致政府无法按期履行还债责任，影响政府声誉，使地方财政、债务状况更趋恶化。债务逾期率与地方政府可支配财政收入密切相关，与地方政府性债务负担率、地方政府性债务率等指标也呈明显正相关关系。考虑到我省属于社会、经济快速发展的欠发达地区，结合近年来逾期债务率变化趋势，可将其安全域、风险预警域和危机爆发域分别确定为：<0，1.15>，<1.15，3.0>，<3.0，10>。

（十二）偿债率

偿债率是指一定时期（通常为一年）一国或地方政府的债务还本付息额与当年可支配财力的比例关系，反映了利息风险、即期支付风险和公共支出挤出风险。偿债率越低，地方政府的偿债能力越强；偿债率越高，地方政府的债务负担就越重。鉴于我省财政收入较低，债务规模较大的事实，可将其安全域、风险预警域和危机爆发域分别确定为：<0，0.2>，<0.2，0.5>，<0.5，10>。

（十三）负债资产比

负债资产比是指某级政府年末债务余额与当年本级政府可动用资产价值的比例，反映了本级政府资产的偿债能力。该指标值越大，说明政府偿债能力越强，反之则反。考虑到我省政府性债务余额较大，且处于欠发达地区，可将其安全域、风险预警域和危机爆发域分别确定为：<0，0.75>，<0.75，1>，<1，10>。

（十四）借新还旧比率

借新还旧比率是指地方政府为还旧债而新借债务额与当年债务总额的比例。该指标重点分析地方政府举借的债务中，有多少是用于偿还原先到期的债务。当然最理想的状态是指标数为0，说明政府性债务运行良好。结合我省近年来债务偿还资金来源结构及变动趋势，可将其安全域、风险预警域和危机爆发域分别确定为：<0，0.12>，<0.12，0.3>，<0.3，1>。

三、加强政府性债务风险预警机制，严格监控债务风险

为了能够比较准确地分析评价我省政府性债务的风险状况，合理估计我省政府性债务的承载能力，2006年以来，我们与北华大学、吉林大学的一些专业人员合作，运用可拓学理论，通过构建政府性债务风险判定的模型，对我省2001～2006年政府性债务风险进行定量分析和研究。

分析和计算结果表明：2001～2006年度我省政府性债务风险值均已迈过安全域进入了风险预警域。其中，2001年的风险值最大，达到了风险预警域的中间区域，其他各年均刚刚迈进风险预警域，但比较靠近安全域，距离危机爆发域尚远（如图3所示）。

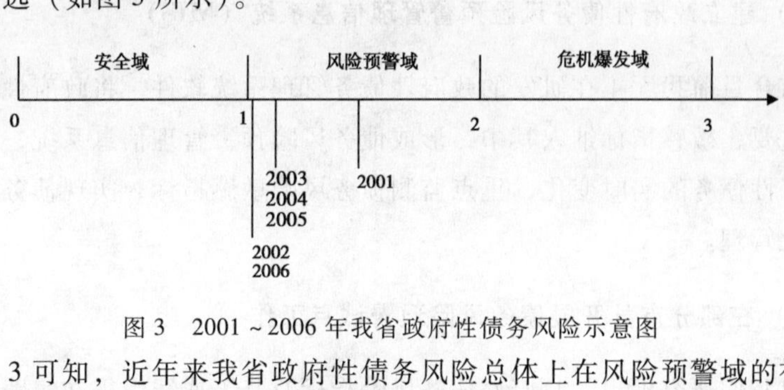

图3　2001～2006年我省政府性债务风险示意图

由图3可知，近年来我省政府性债务风险总体上在风险预警域的初级阶段徘徊，风险信号已经发出，虽然伴随着我省经济的快速发展和老工业基地建设的需要还存在一定的举债空间，但空间已不大。可以假定：如果按照当前的债务特征和管理模式继续发展，则有可能加重风险程度并最终导致我省政府性债

务出现危机。

为了证实这个假设，我们采用灰色理论 GM（1，1）模型对未来三年我省政府性债务风险进行了预测，预测结果表明：2007、2008 和 2009 年我省政府性债务风险值将逐步上升（如图 4 所示）。

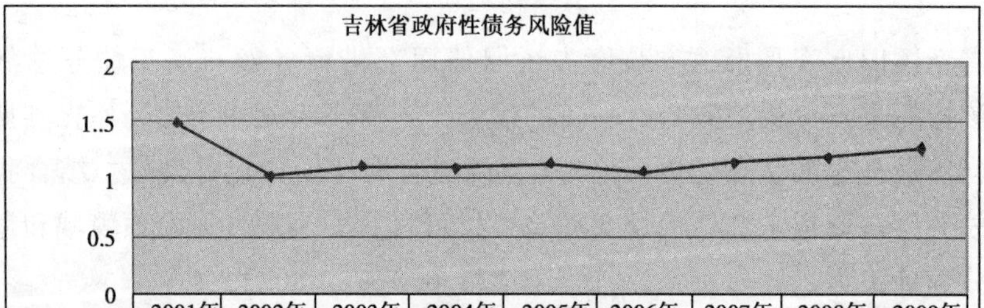

	2001年	2002年	2003年	2004年	2005年	2006年	2007年	2008年	2009年
系列1	1.485961	1.021343	1.105257	1.102116	1.131054	1.062258	1.15093	1.20024	1.26298

图 4　我省政府性债务风险预测结果

从预测的结果看，未来三年我省政府性债务风险将继续落在风险预警域且风险程度逐步增大，如果不加以有效控制，我省政府性债务系统将进一步恶化并有可能导致债务危机的出现。因此，在今后的工作中，我省应加强政府性债务风险预警管理，建立健全政府性债务风险预警机制，严格监控债务风险，并结合社会经济发展情况，逐步调整债务政策，各级政府由积极融资，逐步过渡到稳健的举债，合理控制债务规模，不断优化债务结构，努力确保偿债能力，使我省政府性债务步入良性循环。

（一）建立政府性债务风险预警管理信息系统（MIS）

可结合目前我厅正在研发的政府性债务管理系统软件，将政府性债务风险预警的重要、敏感指标纳入其中，形成债务风险预警管理信息系统，从而根据我省政府性债务的实时变化，重点监测债务风险敏感指标，实现债务风险预警的动态化管理。

（二）在部分市县开展债务风险预警试点工作

目前我们研究提出的政府性债务风险指标及其警戒线尚需在实践中进行检验，因此，在全省全面开展债务风险预警工作之前，可在全省选取 3 ~ 5 个政府性债务额度较大，存在一定程度债务风险的市县或是能够集中反映全省政府性债务特点的市县开展债务风险预警试点，在试点工作中不断修正债务风险预警指标和完善管理信息系统。

（三）全面建立政府性债务风险预警机制

根据试点工作开展情况，将债务风险管理的指标体系规范化、制度化，并据此合理监控全省各级政府债务风险，严格控制高风险警戒的政府举债，促进全省经济健康发展。同时要结合我省已经制定实施的《政府主权外债危机应急预案》，全面建立起我省政府性债务风险和危机的预警和应急机制，为我省政府性债务风险和危机的预防、预警和应急处理工作提供切实可行的方案。

加大财政政策资金投入
推进城乡医疗保障体系建设

（2008 年 11 月）

为落实好省委、省政府努力改善民生的战略部署，多年来，省财政按照“围绕一个中心、建立两项制度、建设两个平台、健全两个机制”的总体思路，积极调整支出结构，努力加大投入，促进了我省城乡医保体系建设又好又快地向前发展。

一、工作成效

“围绕一个中心”，就是围绕解决城乡居民基本医疗保障问题这一中心，全面规划和推进我省城乡医疗保障体系建设。其核心：（1）抓基本，按照“低起步、广覆盖”原则来设计我省城乡基本医疗制度保障，让广大百姓参得起保，将更多的人纳入基本医疗保障制度；（2）保重点，对城乡低保户、五保供养对象、重度残疾人、60 岁以上老人等城乡困难群体，政府有针对性地建立参保补助政策，优先将其纳入基本医疗保障制度；（3）重协调，强化医疗保险制度与医疗救助制度衔接，协调各项财政补助政策，形成政策和资金合力，解决好困难群众看不起病的问题。

“建立两项制度”，就是以建立新型农村合作医疗和城镇居民基本医疗保险制度为重点，实现基本医疗保障制度的全面覆盖。在农村，2003 年我省启动新型农村合作医疗试点，2007 年实现了制度全省覆盖，当年参合农民1162万人，占全省农业人口的80%，筹集资金5.9亿元；在城市，2005年我省启动城镇居民基本医疗保险试点，2007年被国家确定为唯一的全省试点省份，当年将418万城镇居民纳入制度保障，筹集资金3.8亿元（见图1）。

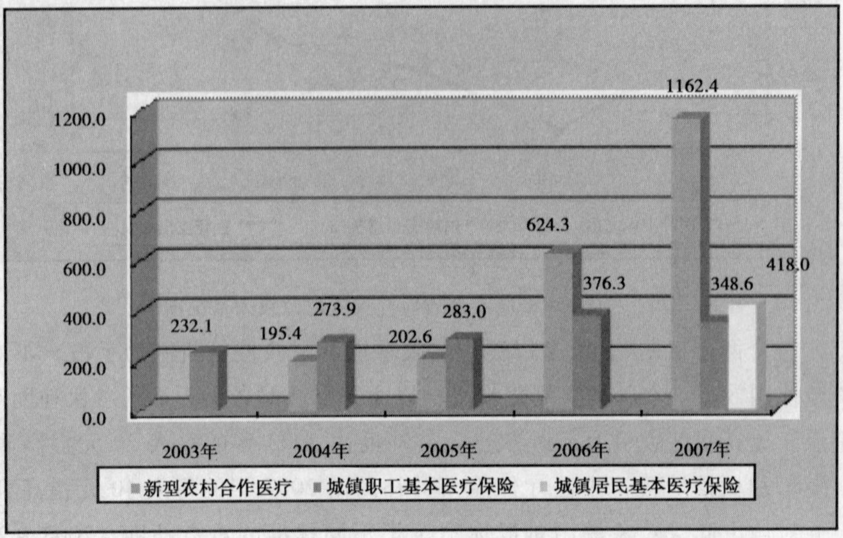

图1 2003~2007年城乡医疗保障覆盖人员情况图（单位：万人）

“建设两个平台”，就是以公共卫生和基层卫生服务平台建设为重点，着力提升医疗卫生服务能力。在公共卫生方面，2003~2007年全省累计投入资金14.2亿元，重点支持疾病预防控制、卫生执法监督、卫生应急指挥和医疗救治等公共卫生体系建设工作，积极推进了艾滋病、结核病等重大传染病防治和扩大计划免疫等工作，公共卫生服务能力全面提升；在基层卫生方面，2003~2007年全省累计投入资金1.4亿元，对452个乡镇卫生院进行了有计划地改造，2006年起全省累计投入资金1.2亿元，建立了城市社区公共卫生服务经费保障制度，对109所社区卫生服务中心进行了标准化改造，基层卫生服务条件明显改善；在人才培养方面，2006年我省启动“一村一名卫生医疗专业大学生”培养计划，共安排资金7300万元为全省10107个行政村免费培养卫生专业人才，开展了“万名医师支援农村”项目，已安排2842人次医务工作者到农村服务，大力开展专业技术培训，基层卫生人员素质显著提高（见图2）。

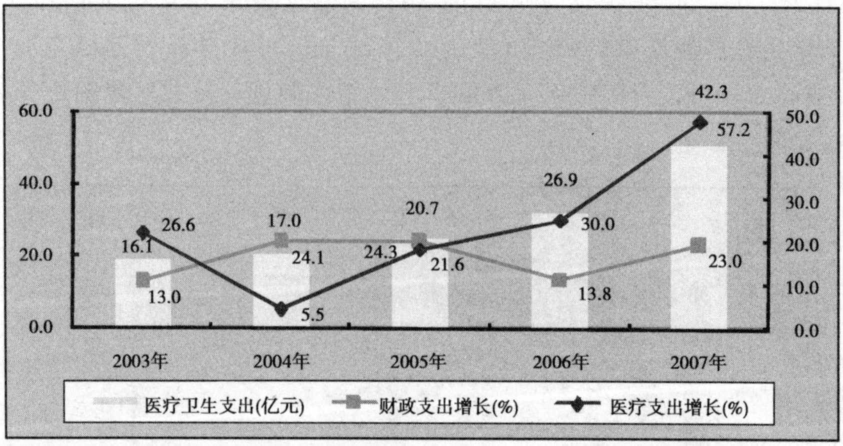

图 2 2003～2007 年全省医疗卫生财政投入情况图

"健全两个机制"，就是以健全财政补助和财政监管机制为手段，不断提高资金使用效益。在补助机制建设上，以完善财政对各类人员的参保补助政策为重点，提高制度吸引力，对参合人员补助由 2003 年的每人 20 元提高到 70 元；对参加城镇居民基本医疗保险人员补助由 2007 年的每人 40 元提高到 70 元，并对城市低保对象等困难群体给予了不同标准的重点补助。2003～2007 年各级财政累计安排参保补助资金 3.3 亿元，有力地支撑了制度运行，推动了制度建设；在监管机制建设上，以建立收支分离、管用分开管理机制为重点，努力提高资金运行的安全性和效益性，对新农合和城镇居民基本医疗保险基金统一实行了"经办机构审核、银行统一代理、财政直接支付"的资金管理模式，由财政部门单独开设基金财政专户，统一进行基金的归集、管理和支付，基金补偿支出由定点医疗机构申请，经办机构审核，财政部门复核并开具支出凭证，由代理银行直接支付定点医疗机构，实现了基金的封闭运行。

二、主要经验

总结近年工作实践，以下经验可供借鉴：

（一）立足省情，是做好工作的重要前提

目前我省仍属经济欠发达省份，既是国家老工业基地，又是农业大省，历史包袱重、失业人员多、贫困人口比重大、各级财政比较困难，是我省的基本

省情。城乡医疗保障体系建设工作要立足这一省情，在体系设计和制度推进上，要坚持“低水平、广覆盖”原则，坚持保障水平与经济发展水平相适应，妥善处理好当前与长远、需要与可能的关系。既尽力而为，让群众多得实惠，实现发展；又量力而行，让政府承受得起，稳步推进。

（二）勇于突破，是做好工作的主要成因

医疗保障体系建设是复杂的社会系统工程，总有新的情况和问题需要探索和解决，需要我们有勇气不断地突破和创新。2003 年以来，我省在各方面条件和财力有限的情况下，相继开展了新型农村合作医疗、城乡医疗救助、城镇居民基本医疗保险等制度建设，而且都走在了全国前列，就是因为我们能够坚持制度完善与重点突破相结合原则，既统筹兼顾、全面推进，又突破重点、以点带面，逐步总结经验，逐步完善政策制度，逐步解决城乡群众的各种困难。

（三）强化机制，是做好工作的有效手段

制度是机制的基础，机制是制度的保障。在近年的医疗制度建设中，我们注重制度内在机制建设，注重发挥各项财政投入机制对制度建设的促进作用。如建立财政对参保人群的补助机制，提高了制度吸引力；建立医疗保险与医疗救助、最低生活保障制度相衔接机制，提高了政策综合效益；建立资金“以奖代补”分配机制，资金分配与工作业绩相结合，促进了各地增加投入，加快发展。通过各种投入机制的有效运用，达到了用机制促建设、用机制促管理、用机制促效益的目的。

（四）完善管理，是做好工作的基本保证

2003～2007 年，全省财政医疗卫生支出方累计 123.8 亿元，年均增长 27.2%，高于同期财政支出增长 6 个百分点。为提高资金运行安全和效益，我省不断完善资金管理办法，对医疗保险基金统一实行“经办机构审核、银行统一代理、财政直接支付”管理模式，实现了基金收支分离，管用分开，封闭运行。为方便结算医疗费用，探索实施了经办机构、财政、银行“一站式办公”和省级医疗机构直接医疗费审核报销管理模式，简化了手续，缩短了流程，提高了效率。

三、突出问题

尽管城乡医疗保障建设工作取得了一定成效，但受我省经济社会总体发展水平限制和历史遗留问题困扰，当前我省医保工作仍面临着诸多困难，其中一些突出性的问题已经成为制约制度向前发展的“瓶颈”。

（一）制度覆盖存在盲点

我省现有人口 2696 万人，其中：城镇 1216 万，农村 1470 万。截至 2007 年底，全省共有 1929 万人被纳入医疗保障制度范围，其中：城镇职工基本医疗保险 348 万人，城镇居民基本医疗保险 418 万人，新型农村合作医疗 1163 万人。目前尚有约 770 万人未能纳入制度覆盖范围，约占总人口的 30%。从调查数据分析，这部分人群主要包括城乡低保对象及边缘人群 90 万人，大学生 40 万人，关闭破产国有及集体困难企业退休人员 100 万人，灵活就业人员 150 万人，进城务工人员 350 万人，其他人员 40 万人（见图 3）。如何将上述人群纳入制度保障范围，是当前工作需要重点研究的问题。

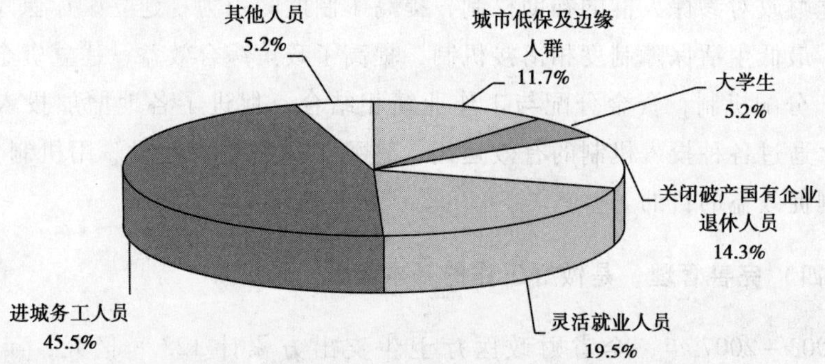

图 3　全省未纳入医疗保障覆盖范围人员结构图（单位：%）

（二）统筹层次和管理水平偏低

我省医疗保障制度均以市（县）为单位进行统筹，个别地方新农合以区为单位进行统筹。统筹层次偏低、人群基数过小、制度相互分割，造成了基金统筹能力弱、保障水平低，各地区之间、各项制度之间差异悬殊，制度的公平性受到损害。同时，经办机构办公条件落后、管理手段不足，多数统筹地区仍处于手工管理阶段，不能联网即时结算，影响了看病报销的时效性，也给基金运行带来安全隐患，需尽快加以解决。

（三）制度间缺乏有效衔接

目前，城镇职工和居民基本医疗保险由劳动部门管理，新型农村合作医疗由卫生部门管理，城乡医疗救助由民政部门管理。这种多部门参与的管理体制，使各自的政策相对封闭，制度衔接不顺，制度交叉和政策盲点问题并存。如较为普遍存在的乡镇中小学生在新型农村合作医疗和城镇居民基本医疗保险重复参保、重复报销问题，进城务工人员身份认定和参保转换问题，社会保险与商业保险相互衔接问题，以及已参保特困群体仍看不起病问题等等。需要我们加强探索，逐步理顺制度体系和管理体制。

（四）基础服务能力严重不足

突出表现为农村卫生资源匮乏：乡镇卫生院基础设施薄弱，我省尚有205个乡镇卫生院需要进行改造，村级卫生所改造工作刚刚起步，农村卫生服务供给能力严重不足；基本医疗设备缺乏，据卫生资源现状调查，全省167所中心乡卫生院，46%的卫生院没有X光机，41.9%没有B型超声设备，62.8%没有洗胃机；医疗卫生人才缺乏，据调查，在乡镇卫生院中，大学本科生仅占职工总数的0.9%，大专生占12.9%，中专生61.4%，无学历的人员24.8%（见图4）。基层卫生服务水平低、能力薄弱，严重影响了广大基层群众身体健康，同时也导致了大型医院人满为患，就医费用偏高，也是“看病难，看病贵”的一个重要原因。

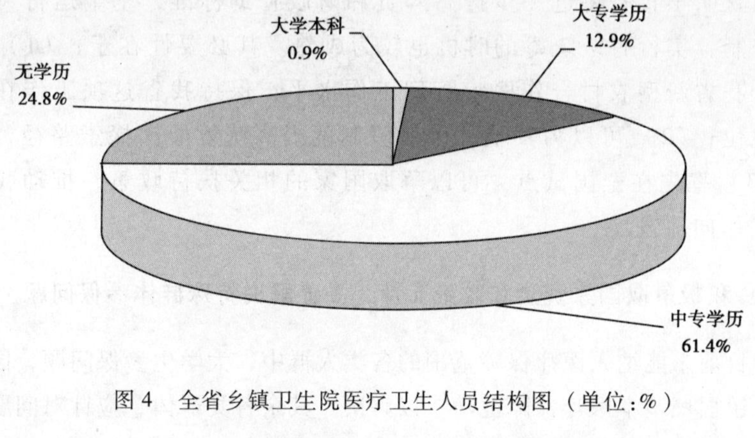

图4　全省乡镇卫生院医疗卫生人员结构图（单位:%）

四、政策建议

我省城乡医疗保障体系建设工作，正从制度初创阶段转向制度规范、完善和提高的新阶段。当前工作思路，应在总结前段工作经验基础上，立足我省实际，针对制约我省医保体系建设的突出问题，集中力量，下决心加以突破，推动整个制度体系进一步向纵深发展。

（一）以提高统筹层次为重点，全面提升管理水平

从世界范围看，医保制度比较完善的国家都是实行统一的基本医疗制度和全国统一管理，提高统筹层次是医保体系向前发展的方向和必然要求；从全国来看，国家正在着手进行市级统筹试点，各省市也在进行相应的探索，但总体看进展不大；从我省来看，在养老、医疗、工伤、生育、失业五大险种中，虽然养老保险实行了省级统筹调剂，但从严格意义上讲，五大险种均没有实现真正统收统支意义上的省级统筹。为此，建议尽快以实行新型农村合作医疗省级统筹管理为突破口，全面提升我省各项社会保障制度的管理水平。这样做，其可行性在于：（1）我省新型农村合作医疗制度建设工作一直走在全国前列，制度比较完善，在筹资标准、管理模式、补偿方式等方面，全省基本一致，实现省级统筹管理的制度条件比较成熟；（2）全省新型农村合作医疗管理信息系统正在建设，实现省级统筹管理的技术支撑能够得到满足；（3）几年来新型农村合作医疗基金运行一直较为平稳，而且明年我省将进一步提高筹资和财政补助标准，基金运行风险能够有效控制，实行省级统筹的时机也较为成熟。其必要性在于：（1）可以大大提升我省新型农村合作医疗管理工作水平，保持我省这项工作在全国的领先地位；（2）可以为其他社会保障制度提高统筹层次探索路径，提供经验；（3）率先在全国试点，可以争取国家的相关扶持政策，推动我省和全国的工作向前发展。

（二）积极争取国家资金和政策支持，妥善解决特殊群体参保问题

我省目前未能纳入医疗保障范围的各类人群中，大学生参保问题，国家准备纳入城镇居民基本医疗保障范畴予以解决。其余各类群体，应针对问题症结所在，寻找不同的解决方法。关闭破产国有和集体企业退休人员参保问题，是

一个历史遗留问题，需要较大的资金投入。国家2008年已开始安排专项资金，帮助解决地方政策性关闭破产企业退休人员医疗保障问题。我们应当抓住这一有利时机，在妥善解决好这十几万人医保问题的基础上，继续向国家争取相关政策，按照“统筹安排、分步解决、突出重点、平稳实施”的原则，争取中央财政补助一部分，地方财政安排一部分，统筹基金分担一部分，个人负担一部分，稳步解决依法破产等国有和集体企业退休人员的医疗保障问题。城乡低保对象及边缘人群参保困难，主要是由于这部分人员收入水平低，参保缴费存在实际困难所致。解决这一问题途径有三：（1）加大政府投入，特别是应争取国家城乡医疗救助资金的支持，通过政府加大参保资助力度帮助解决参保困难；（2）对困难人群，根据其收入状况，适当降低其参保缴费标准，降低准入门槛；（3）引入社会捐助机制，通过开展“一帮一”等社会公益活动，引导和动员社会力量关注和支持城乡困难群体参保。进城务工农民和自由职业者，由于这部分人员职业自由度较大，制度约束性不强，加上身体状况较好，参保意愿普遍不强。为吸引和引导这部分人员参保，可按照“低缴费、长时限、保大病、远受益”的原则，有针对性地在制度设计上，适当降低其缴费标准，减轻缴费负担；以住院医疗为主防大病，合理计算个人基本医疗保险参保年限，使其退休后能依据实际缴费年限按比例受益，提高其对医保制度的认知度。

（三）加强制度衔接，认真解决困难群体看不起病问题

解决这一问题的主要途径，是通过医疗保险与医疗救助制度的衔接，将这部分人群纳入基本医疗制度保障范围，在此基础上对其中的特困群体再予以特殊的医疗救助。目前，我省农村医疗救助制度已明确全额资助农村困难群众参加新型农村合作医疗制度，农村困难群体参保问题基本得到解决。但城市医疗救助制度在这方面的政策始终没有放开，全省还有50万城市困难群众游离于基本医疗保险制度之外，缺乏有效的制度性保障。应尽快放开这方面政策限制，帮助城镇困难群体参加基本保险，做到应保尽保。由于基本医疗保险制度存在起付线、个人自付比例等规定限制，一些特困群众即使参保也还存在看不起病的现象。对此，可在城乡医疗救助制度中，采取住院救助和临时救助等方式，对参加医疗保险困难人群，其大病住院医疗可在享受医保待遇基础上，再予以一定比例的医疗救助，对未参保人群患大病予以临时医疗救助；同时，医疗保险制度对这部分人群应适当降低起付线、提高报销比例，定点医疗机构应

予以适当的医疗费用减免，通过各方努力，共同化解这一问题。

（四）加大政府投入，尽快改善基层卫生服务条件

当前，我省基层卫生服务能力建设的工作重点应在农村，农村卫生工作重点应是乡镇卫生院的建设和改造，其核心环节在于加大政府投入。（1）尽快完成乡镇卫生院改造任务。经过几年的建设，我省大多数乡镇卫生院得到了改造。目前还有205个乡镇卫生院需要进行改造。按照国家每个乡镇卫生院30万元的改造标准，需要改造资金6000多万元。我省应加大投入，尽早完成这项工作。（2）做好乡镇卫生院基本医疗装备配备工作。国家目前以发改委为主，正着手进行这方面工作。按照每个乡镇卫生院20万元的基本配备标准，我省共需资金4000多万元。对此，我们一方面应积极争取国家支持，争取国家资金尽早到位；另一方面，应按照国家项目要求，切实落实好配套资金，保证这项工作效果。（3）加强乡镇卫生院医疗骨干人员培养。从到基层调查情况看，乡镇卫生院经营的好坏，关键在于有没有医疗骨干人员，一个乡镇卫生院能有一、两个医疗骨干，群众信得过，就有人来看病，效益就好，就会发展起来。应在现有人才培养项目基础上，增加乡镇卫生院医疗骨干人员到大中型医院定期实训项目，有效提高农村卫生服务人员业务素质。（4）建立农村公共卫生服务财政补助机制。我省对城市社区公共卫生服务已建立了财政补助机制，2008年达到了每人每年9元标准。按照公共服务均等化要求，农村基础卫生服务也应建立相应的财政补助机制。如能达到城市补助标准，我省每年可增加农村卫生服务投入1.4亿元，将对改善农村卫生服务条件发挥重要作用。

（五）统一资金管理模式，确保基金运行安全有效

这里我们将再次提出统一实行“经办机构审核、银行统一代理、财政直接支付”的资金管理模式的问题。之所以反复强调这一问题，有两方面原因：（1）目前各方面对此问题的认识还不统一。目前，我省新型农村合作医疗全面实行了这一管理模式，运行五年，效果良好，受到欢迎和支持；城镇居民基本医疗保险在制度设计上也采用了这一模式，但在实施中存在阻力；城镇职工基本医疗保险仍实行“收、支、存”三个账户的管理模式；城乡医疗救助在实施上设置了过渡期，实质上还未真正开展起来。之所以产生上述问题，主要是因为受原有工作思路和固有思维的限制，对新资金管理模式的认识还不够客观、准确和深入。（2）统一资金管理模式对于医疗保障制度的安全有效运行

至关重要。资金管理是各项医疗保障制度的核心内容之一，基金安全有效运行是保证各项制度平稳实施的基础。对此问题，我们必须予以充分重视。近期陕西省旬阳县发生的贪污新农合基金案和2007年我省前郭县发生的套取城镇职工基本医疗保险基金案，都进一步说明了建立科学有效资金管理制度的必要性和紧迫性。在现阶段，我们提出要按照新型农村合作医疗的资金管理模式，统一全省各项医疗保险和医疗救助资金管理制度，其原因：（1）这一管理模式在运行机制设计上更加科学合理。新模式变“一家管理”为“三家共管”，变“事后监督”为“全程监管”，各管理主体间的制约机制得到增强，随意性和一些人为因素将受到约束，资金的安全性和效益性将得到保障；（2）这一管理模式符合财政管理制度改革的总体方向。国库集中支付制度是财政管理制度改革的重要内容，新模式按照国库集中支付办法设计，便于制度间的衔接，并为下一步改革创造良好的条件；（3）我省新型农村合作医疗五年多的运行实践，已充分体现了这一管理模式的优越性，实践的经验是宝贵的，实践的证明也更为可靠。

规范非税收入管理
统筹调控政府财力资源

（2009年12月）

近年来，我省财政认真贯彻中央关于加强政府非税收入管理的一系列方针政策，在加强收入征管、深化综合财政预算改革、建立健全征管体系、实行“收支两条线”等方面，取得了显著成效。对规范政府收入分配秩序，净化经济社会发展环境发挥了重要作用。但按照完善公共财政制度的要求，仍存在收支规模偏大、结构不尽合理、管理体系不完善、法制建设滞后等问题。

一、我省非税收入管理基本情况

2004年以来，认真执行财政部关于加强政府非税收入管理的要求，加大规范化工作力度，非税收入增长较快，纳入预算范围不断扩大，管理体系逐步完善，政府宏观调控能力显著增强，非税收入管理和改革实现了新跨越。

（一）非税收入增长跃上新台阶

随着我省经济社会事业又好又快发展，非税收入管理力度不断加大，非税收入增长较快，连续跃上新台阶。2006年我省非税收入234亿元，首次突破200亿元。2007年314亿元，跃上了300亿元新台阶。2008年非税收入374亿元，超过了地方级税收收入63亿元，比2006年增加140亿元，年均增长24.7%。分级次看，市县级非税收入增速高于省级。2008年市县级非税收入

245亿元，占全省的66%，比2006年增加113亿元，年均增幅为30.2%，高于省级收入增幅13.9个百分点。非税收入大幅度增长，扩大了财政收入规模，增强了财政保障能力，支持了经济社会事业的发展。

（二）深化综合财政预算改革有了新进展

按照统筹安排、综合平衡的要求，坚持把能纳入预算管理的非税收入全部列入财政预算。2008年纳入预算的非税收入292亿元，比2006年增加151亿元，占全部非税收入78.1%，比2006年提高了17.8个百分点。随着非税收入纳入预算比例的不断提高，不仅增加了财政收入，提高了政府经济宏观调控能力，而且为实行国库集中支付和政府采购制度，提高非税收入使用绩效创造了条件。

（三）非税收入结构有了新改善

近年来，按照国家统一部署，加大了提供特定公共服务的政府性基金收入的征管力度，将土地全价款收入、彩票公益金等纳入预算管理。清理取消行政事业性收费项目，降低征收标准，进一步加强国有资源（资产）有偿使用收入、国有资本经营收入管理，使非税收入结构不断优化（见图1）。2008年政府性基金收入180亿元，比2006年增加105亿元，占全部非税收入的比重48%，比2006年提高16个百分点；行政事业性收费收入111亿元，比2006年增加2亿元，占收入的比重由2006年的46%，下降到2008年的30%，降低了16个百分点；国有资本经营收入、国有资源（资产）有偿使用收入30亿元，比2006年增长2.3倍，尽管占非税收入比重仍然不高，但呈快速增长之势，是非税收入新的增长点。

（四）非税收入管理水平有了新提高

（1）组建非税收入管理机构。自2006年省财政厅成立了非税收入管理处以来，全省有80%的市县相继成立了管理机构，配备了专职人员，为开展非税收入管理改革提供了组织保障。（2）建立完善非税收入管理制度。先后以省政府令的形式颁布实施了《吉林省规范政府非税收入管理办法》和《吉林省财政票据管理办法》，制定下发了《吉林省政府非税收入稽查办法》等一批规范管理办法，为规范非税收入管理提供了制度保障。（3）加大清费减负力度。围绕促进我省软环境建设，开展了清理行政事业收费工作。2004年以来，五年累计清理取消、暂停征收行政事业性收费203项，全省收费项目由清理前

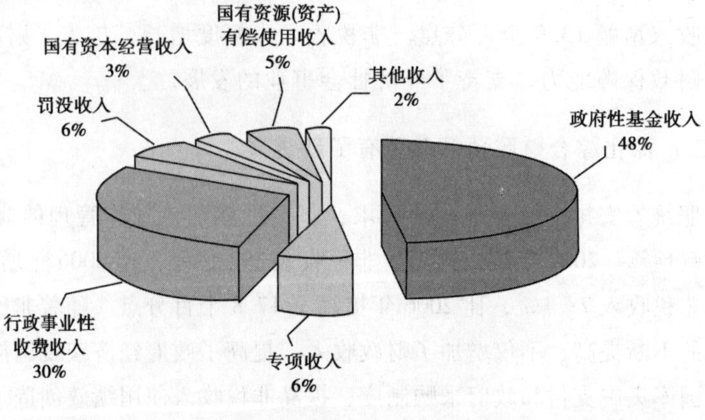

图1　2008年吉林省非税收入分类构成图

的371项减少到168项，累计减轻企业和社会负担36.3亿元。（4）不断推进非税收入纳入预算管理工作。截止到目前，除教育收费、车辆通行费、彩票发行费、电台、电视台广告收入等项目仍暂按预算外资金管理外，其他所有非税收入项目已全部纳入预算管理。（5）积极开展非税收入收缴管理改革试点。通过建立单一账户体系将收入直接缴入国库或财政专户。目前，长春市、白山市、吉林市、榆树市、江源区等市县（区）已全面启动非税收入收缴管理改革。全省统一开发的非税收入收缴系统，已在九台、梅河口等地推广应用。（6）不断扩大省本级收支脱钩改革范围。截至2009年年底，省直行政和全额拨款事业单位29个部门62户单位实现了收支脱钩。

二、非税收入管理中存在的问题

虽然我省非税收入管理工作取得了很大成绩，但是按照财政科学化、精细化管理要求，在非税收入收缴、使用、监督的管理规范过程中，存在许多亟待解决的问题。

（一）非税收入管理尚未规范统一

从管理方式上看，我省非税收入分为一般预算非税收入、政府性基金非税收入、纳入财政专户管理的预算外资金收入3种预算管理方式，前两项已列入年度预算统筹安排收支。由于预算外资金收入还没有实现全部纳入预算管理，尽管收入规模有限，但由于缺乏法定的支出监管程序，难以实行严格意义上的监管。从非税收入征管办法上看，主要以各部门、单位征收为主。由于征收主体分散，征缴办法难以统一，有的收入直接缴入了国库，有的缴入了财政非税收入汇缴账户，个别的则缴入了征收单位的过渡账户，再汇总缴入国库或财政专户。收缴办法未统一，延长了非税收入上缴时间，增加了资金调度管理难度，影响了资金使用效益。

（二）非税管理机构职能划分尚未理顺明确

目前，我省大部分市县都设立了非税收入管理机构，但职责划分交叉分散。有的将非税收入全部实现了归口统一管理，有的区分不同收入性质分别归属不同处（科）室管理，有的只管收不管支，有的收支统管。非税管理职能交叉分散，造成上下级职能不对口，管理和改革推进不平衡，政策措施落实不到位，征、管、查相互脱节，出现推诿扯皮现象。此外，部分市县机构属于事业编制，与其履行的行政监管职能不适应，开展工作难度很大。省厅内部非税管理也存在职能交叉分散的现象。如政策制定、收入征缴由非税处负责。国有资产经营收入、罚没收入、水利建设基金等征管则由相关职能处室（单位）负责。支出由部门预算主管处负责。收入核算和决算由国库处负责。票据发放由票据监管中心负责。职能交叉致使工作衔接上出现问题，组织收缴的对入库情况掌握不及时，负责核算和决算的对收入来源不清楚，难以对其增减变化作出全面准确的分析，不利于非税收入统一管理。

（三）非税收入征缴缺乏高效信息化手段支撑

从调研情况看，我省大部分市县对非税征管仍处于由各部门、单位分散征收状态，信息化手段应用不高，财政票据“源头控收”的作用未能有效发挥。财政部门缺乏有效的监管手段，大都是根据缴库情况和数据进行预判和分析，难以及时掌控征管动态，停留在“事后”管理水平。由于非税收入的不确定性，收入进度受客观因素影响较大，使财政部门无论是计划制定还是分析预测，都与实际差距较大，造成监管处于被动局面。从近几年审计和专项检查的结果看，征收部门和单位应征未征、违规减免、滞缴、坐收坐支等问题时有发生，屡禁不止。

（四）非税收入管理法制建设滞后

目前，非税收入管理法律制度依据仍是1996年国务院颁布的《关于加强预算外资金管理的决定》及2004年财政部下发的《关于加强政府非税收入管理的通知》。从近年实践来看，现有的制度办法存在着收入范围划分不清晰、没有统一管理要求、可操作性不强等问题。虽然我省制定了地方法规，但仍与规范化管理要求不适应。非税收入管理政策性强、涉及范围广，需要建设完整的法律体系加以规范。建议向国家反映修订《中华人民共和国预算法》等相关法律法规，增加非税收入管理条款，尽早出台"政府非税收入管理条例"，把非税管理工作纳入法制化、规范化轨道。

三、国内外强化非税收入管理的借鉴与启示

非税收入管理是一项系统工程，是财政管理的重要内容。学习借鉴典型国家和先进省区的经验做法，对进一步加强我省非税收入管理，促进公共财政制度建设，具有重要的现实意义。

启示一：构建非税收入法律体系，严格依法征收、依法管理。市场经济国家政府出台任何非税收入项目、确定收费标准及支出使用，均须有充分的法律依据，并必须履行严格的审议程序得到议会批准才能实施。如加拿大、美国、澳大利亚等国联邦政府设立或修订收费项目必须经议会批准，并向缴费人说明收费原因、标准控制等情况，未达成一致的不予批准，不得实施收费。从国内看，湖南、青海、内蒙古、广西、甘肃等地人大都颁布实施了"非税收入管理条例"地方性法规，对管理主体、征收范围、管理权限、监督检查等方面都做了明确规定，为规范管理提供了法律依据。国内外经验表明，建立完整的法律体系，推进非税收入管理法制化进程，是规范非税收入管理和改革的必由之路。

启示二：调整完善非税收入比重，注重发挥税收的必要补充作用。世界各国普遍重视非税收入管理，保持非税收入的适当规模。总的看，美国、法国、加拿大、英国、澳大利亚等发达国家经济发展水平高，税收收入较多，基本能满足政府的支出需求，不需开征过多的收费项目筹集资金，非税收入在政府预算中所占比重较小，占财政收入比重都在10%以下，只起到一定的补充作用。我国是发展中国家，正处在工业化发展阶段和经济转型时期，非税收入是政府提供特定公共服务和准公共产品的重要来源，一般预算非税收入占财政收入的比重较高，2008年达到了11.1%，我省为26.4%，高于全国平均水平。随着经济社会快速发展，合理控制非税收入规模，调整非税收入占财政收入的比

重，减轻企业和社会负担，调节社会分配不公，已成为今后非税收入管理与改革的必然取向。从国内外做法可以看出，不同发展水平国家政府非税收入规模及占财政收入的比重有较大差异，但都是财政收入的重要组成部分，都注意发挥其税收的补充作用，达到既不影响税收作为财政收入的主体地位，又能弥补税收功能不足的双重效应。

启示三：建立统一高效征缴机制，规范非税收入收缴管理。市场经济国家大都因地制宜制定非税收入征缴办法，严格规范收缴渠道。依靠先进信息技术，在全国范围内建立了计算机征缴网络系统，对征缴进行全过程的动态监控管理，确保每项收入及时足额缴库。内蒙古、四川、安徽等省区都通过征缴管理信息化网络建设，实现了对征收单位收缴情况的动态即时监控，强化了收缴信息透明度，规范了征收行为。经验显示，搭建现代化信息网络技术平台，对非税收入征缴实施动态监控，是强化非税收入管理的必然选择。

启示四：建立健全非税收入管理机构，统一规范管理非税收入。非税收入管理工作涉及财政部门内部各部门预算主管处、预算、国库、非税等多个处室，处室间既要有明确的分工，还必须通力合作，形成工作合力。要按照统一、高效、务实的原则，进一步理顺关系，整合职能，明确职责，逐步把非税收入征收管理职能整合集中到非税收入管理部门，非税收入实行归口管理，有利于整合资源，明确责任，切实加强和规范非税收入管理。云南省2006年成立了非税收入管理局，作为省财政厅内设的副厅级行政机构，截至2009年6月，云南省各州市、县（市、区）均成立了与省厅上下对口的非税收入管理机构，建立了由非税收入管理职能部门牵头实施的非税收入政策研究、法规制定、计划编制、征收管理、监督检查、奖惩考核、统计核算等运行机制，形成了统一领导、运转有序、规范协调的政府非税收入管理新格局。

四、规范非税收入管理的对策和建议

按照建立完善公共财政体系的总体要求，全面推进非税收入管理改革，利用“金财工程”信息技术平台，借鉴先进省市管理经验，通过实行综合财政预算改革，规范征收管理模式，实现收支彻底脱钩，着力构建征收、预算、执行、监督“四位一体”的非税收入管理新机制，最终达到“收入财政化、支出预算化、专户国库化、管理网络化”的目标。

（一）进一步加强对非税收入管理工作的领导

非税收入是政府财政收入的重要组成部分，是政府参与国民收入分配和再分配的重要形式，是政府实施宏观调控的重要工具。近年来，党中央、国务院高度重视非税收入管理工作。国务院总理温家宝在2006年至2009年的《政府工作报告》中都明确提出要规范非税收入管理，2009年中央经济工作会议也首次提出：要加强税收征管和非税收入管理。加强我省非税收入管理工作，离不开省委、省政府和各州、县（市）党委、政府的高度重视以及各征收部门的密切配合。我省非税收入管理工作起步较晚，改革推进力度不平衡。各级财政部门要继续积极主动争取当地党委、政府的高度重视和支持，与有关部门密切协作，抓住有利时机，大力推进非税收入管理和改革向纵深发展。近年来围绕建立健全公共财政体制，我省财政相继开展了一系列相关配套改革，取得了积极成效。非税收入管理改革进展不快，与其他财政改革不同步，致使综合财政预算、部门预算、国库集中支付、政府采购等改革难以到位，影响了财政综合改革的政策效应。

（二）加快综合财政预算改革步伐

（1）完善政府非税收入预算管理体系。按照“所有权属国家、使用权归政府、管理权在财政”的原则。将非税收入全部纳入财政预算管理。改进非税收入预算编制办法，强化非税收入部门预算，完善综合财政预算管理。逐步做到与税收收入统一预算编制、预算安排、预算执行，实现财政综合平衡。（2）正确处理非税收入与税收的比例关系。根据经济社会的快速发展，合理确定非税收入增长速度，控制非税收入规模总量。按照正税清费的要求，对非税收入项目该取消的取消，该改税的改税，该保留的保留。（3）调整优化非税收入结构。按照政府分类管理的要求，合理确定各类非税收入的结构。继续严格审批、清理行政事业性收费项目，降低行政事业性收费标准。严格规范执罚行为，限制罚没收入规模。适当控制政府性基金收入。进一步强化国有资产管理，完善管理制度，提高国有资源（资产）有偿使用收入、国有资本经营收入的比重。

（三）建立健全非税收入管理制度

利用国家“非税收入管理条例”即将出台的有利契机，结合实际，进一步修改完善我省已出台的制度办法，细化和明确征收范围、管理权限、监督检查等，尽快制定“非税收入收缴管理办法”、“非税收入减免缓审批程序”等配套办法，建立完善征收、预算、执行、监督有效衔接的制度体系，坚持依法行政，规范征收行为，确保非税收入依法征收，严格征管，应收尽收。借鉴湖南、青海、甘肃、内蒙古、广西等省、区出台“非税收入管理条例”的经验，抓紧开展我省非税收入立法调研，争取尽快列入人大立法计划，加快非税收入管理法治化进程，推进非税收入管理改革。

（四）完善非税收入征缴管理机制

以“收缴分离”为目标，建立“单位开票、银行代收、财政统管”的非税收入征管模式。加强账户管理，取消征收单位的非税收入过渡户，将非税收入纳入国库单一账户体系，实行直接缴库或集中汇缴。借鉴内蒙古、四川、安徽等省、区的做法，推进非税收入信息化建设，搭建信息化网络技术平台，建立健全非税收入征收管理信息系统，实现各级财政部门之间，财政与代收银行，财政与征收单位资源共享，信息互通，动态监管，增强收缴信息透明度，防止随意乱设收费项目、擅自调整收费标准等问题的发生。实现对征收单位收入缴交情况的即时监控，规范征收行为，切实提高非税收入管理水平和效率。

（五）进一步理顺非税收入管理机构职能

各级财政部门是非税收入管理的主管机关，对非税收入实行统一归口管理。借鉴云南省的做法，按照“统一、高效、务实”的原则，理顺整合职能，建立由非税收入管理机构牵头实施的非税收入政策研究、法规制定、计划编制、征收管理、监督检查、奖惩考核、统计核算等工作机制。以非税收入管理机构为征管主体，加强征收、预算、执行、监督的协调配合，形成监管合力，堵塞征管漏洞，形成“统一领导、运转有序、规范协调”的非税收入管理新格局。

（六）进一步健全监督检查机制

（1）建立定期报告制度。财政部门要定期向同级人大报告非税收入使用管理情况，主动接受人大监督，取得人大代表理解和支持，自觉地将非税收入管理工作置于全社会监督之下。（2）加大政府监督力度。进一步完善非税收入“征、管、查”办法，建立完善部门协调配合、多环节相互衔接、全过程跟踪检查的监督机制，形成以财政为主体，物价、审计、监察等部门和征收单位密切协作的监督模式，确保非税收入征管全过程规范运作。（3）建立完善非税收入稽查、举报、违规处罚和责任追究等办法。对乱收乱罚或应征不征、应罚不罚、随意减免的违规问题，一经发现，严肃查处。要通过新闻媒体对违规典型案例公开曝光，充分发挥舆论监督的社会效应。

积极搞好农业保险试点
提高农业生产抗风险能力

（2009年9月）

我省被国家确定为全国6个农业保险试点省份以来，在国家保费补贴政策的引导下，在省和各级政府的高度重视下，在有关部门和保险经办机构密切配合、积极推动下，试点工作取得了显著成绩。农业保险工作机制、保费筹措机制、保险赔付机制初步建立，农业保险在稳定农业生产、保障农民生活等方面的功能得到了体现。但随着试点工作的深入，制约农业保险健康持续发展的矛盾和问题也不断出现，为此，我们就如何解决当前农业保险运行中存在的问题，进一步建立健全有效的农业保险政策体系问题进行了调研。现将情况和建议报告如下：

一、我省农业保险的制度措施已日臻完善

2004年为了积极探索农业保险运行机制，我省成立了安华农业保险股份有限公司，先后开展了对玉米、水稻、烟叶、草莓、奶牛、育肥猪、种猪、肉食鸡和梅花鹿等9个品种的农业保险试点。2007年，在财政部农业保险保费补贴政策的支持下，我省采取了政府主导决策，专业保险公司运作，农经部门代理，专家勘查定损的运行模式，开展了农业保险试点工作，并逐步将试点范围扩大到了全省，实现了我省农业保险的历史性突破。

（一）加强工作机制建设，切实发挥政府在农业保险试点工作中的主导作用

农业保险是一项政策性非常强的系统工程，也是我国新时期一系列支农惠农政策的重要组成部分。为了切实加强对农业保险试点工作的领导，省政府成立了以常务副省长为组长，省政府金融办、省财政厅、吉林保监局、省农业委员会、省气象局和安华农业保险公司为主要成员单位的农业保险工作领导小组，各试点县、市也成立了相应的领导机构。强化了各级政府在农业保险试点工作中的主导作用，把农业保险试点纳入我省农业、农村工作重点，作为一项新的惠农政策进行落实。为开展好农业保险试点工作，省政府先后多次召开专题会议，统一思想，明确任务，细化责任，分别设立了种植业和养殖业两个保险领导小组办公室，具体负责种植业和养殖业保险试点工作方案的制定，协调各成员单位关系，审核险种、费率、保单条款，组织对各试点县市的考核，开展政策调研和起草制定相关政策法规等工作。三年来，我省各级相关部门，在省农业保险领导小组的领导下，采取通过先在粮食生产县试点，以粮食生产县带动全省农业保险工作的模式，不断加大政策措施力度，精心组织运作，农业保险各项工作取得了积极进展。

1. 完善制度办法。从省情和实际工作出发，先后制定并完善了《吉林省农业保险试点工作实施方案》《吉林省种植业保险保费补贴资金管理办法》《吉林省养殖业保险保费补贴资金管理办法》《吉林省农业保险试点工作实施细则》《农作物保险查勘理赔办法》《吉林省种植业保险理赔兑现办法》《吉林省养殖业保险理赔兑现办法》《吉林省农业保险试点复勘定损实施方案》等十几个相关管理办法和工作制度，对各项工作的顺利开展发挥了重要作用，为我省农业保险工作有效实施奠定了坚实基础。

2. 加大宣传力度。针对农业保险是新生事物，广大农民普遍对农业保险缺乏了解和认识的实际情况，我省各级政府有效利用广播、电视、宣传标语、发放宣传资料等手段进行广泛宣传。据统计，近几年我省累计出动宣传车辆1万多台（次），播放宣传片累计达上千小时，印制发放各种宣传资料1000余万份，各试点县（市）按照省里统一部署和要求，积极开展不同形式的培训，受训人员达1万余人次。

3. 狠抓政策落实。我省的《吉林省农业保险试点工作实施方案》明确了省财政、农业等相关部门及保险公司的具体职责，要求各部门分兵把口，协同

配合，认真抓好试点工作责任制的落实。2007年，为了实现试点工作开门红，省政府与各试点县市政府签定了农业保险试点工作责任状，各试点县市也与所辖乡镇签订了工作责任状，进一步明确了试点工作的目标、任务和完成工作的时限。公主岭市是产粮大县，为确保投保计划的完成，市政府采取了五项措施：(1) 对不参加保险的农户，遭灾后民政救灾、扶贫等全部停止；(2) 在规定时间完不成收费计划的，对该乡镇实行“一票否决”，不参加先进单位、个人等评比；(3) 对完不成投保计划的乡镇党委书记要求到市政府做检查；(4) 对完不成计划的乡镇，上级支持的涉农资金、项目全部叫停；(5) 对提前完成计划的，给乡镇综合考核增加奖励积分等。

4. 加强监督指导。为加强我省农业保险试点工作的检查指导，省农业保险试点领导小组建立了定期督查指导制度，每年都抽调专人组成工作组，分赴各地，衔接落实工作任务，指导各地开展工作；每年在承保的关键阶段，都建立了农业保险承保进度日报制度，对各地工作进展情况进行调度，并形成专报报送省政府及有关部门；建立了不正当行为举报查处制度，广泛发动群众举报试点工作中的违纪行为，对查实的违纪行为进行纠正处理。

（二）加强保费补贴筹措机制建设，努力扩大财政资金放大效应。

为开展农业保险试点，调动农民参保积极性，我省在各级财政十分困难的情况下，从2005年开始，尝试建立起了由政府、龙头企业、规模养殖户和农户等多方承担保费的保费筹措机制。2005年和2006年省和有关市县政府先后拿出2583万元资金用于保费补贴，龙头企业、规模养殖户也为农民承担保费610多万元。根据财政部保费补贴比例政策的调整，省财政不断加大保费补贴资金筹措力度，初步探索建立起以省财政补贴为主，县市财政补贴和农户自交保费为辅，社会资金为有益补充的保费补贴筹措机制，充分发挥了财政资金“四两拨千斤”的放大作用，为农业保险试点工作的顺利展开提供了保障。

1. 充分调动县市参加试点的积极性。从试点第一年开始，在财政部承担保费补贴比例25%的情况下，我省制定了省、县市财政、农民各承担25%、30%、20%的保费分担政策，当年为减轻县市财政负担，省财政采取了集中一块财力对试点县市给予25%的财力补助，使试点县市实际承担保费补贴仅为5%；同时按保费收入总额的5%核定经办费用补助，由安华保险公司拨付给试点县市，用于发动组织、保费收缴、查勘理赔等人员和公用经费支出；对实际承担保费补贴有困难的试点县市，提前预拨财力补助资金和实施财政借款等推动措施，有力支持了县市政府参加试点工作。随着中央财政保费补贴比例的逐年提高，为减少县市财政负担，省级财政一直维持25%的保费补贴比例不变，将县市实际承担的保费补贴比例由2007年的30%，降为2009年的15%。

2. 通过财政补贴积极引导带动社会资金。为解决农民投保能力低的实质性问题，我省积极探索公共财政对农业保险直接提供保费补贴支持的同时，还积极引导试点地区农业产业化龙头企业对农业保险进行配套补贴，制定了龙头企业和农业合作经济组织参加农业保险，在其自行承担农民10%的保费情况下，同样享受中央和省、县市80%的保费补贴。几年来，已有部分龙头企业和农业合作经济组织积极参加农业保险，其中，德大公司已为公司肉食鸡养殖户提供保费补贴600多万元，大大减轻了参保农民的保费压力，较好地解决了广大养鸡户投保能力低的问题。

3. 切实加强保费补贴资金管理。为加强保费补贴资金的管理，我省制定了《吉林省种植业保险保费补贴资金管理办法》和《吉林省养殖业保险保费补贴资金管理办法》。在办法中不仅对保费补贴资金的正常管理提出了要求，为使保费补贴资金最大限度地惠及农民，还对保险机构开展农业保险的经营费用实行总额控制管理，由省财政审核批复保险经办机构每年的经营费用支出计划，同时，要求保险经办机构按照保费收入的25%提取巨灾风险准备金，按照利润的70%提取一般风险准备金。

（三）强化理赔机制建设，推进农业保险理赔工作平稳进行

农业保险理赔工作是广大受灾参保农户最为关心的环节，也是整个农业保险工作的关键，理赔工作做的好坏，既关系到农业保险试点工作的成败，也关系到农村的稳定大局。2007年我省遭遇了历史罕见的旱灾，农业保险试点区域灾害损失严重，保险出现超赔，赔付金额高达8.3亿元，省政府对此高度重视，专门召开会议安排部署理赔工作，要求各部门从保护农民利益、维护农村稳定的高度，做好理赔工作。为了做到及时赔付，省财政积极采取担保和预算借款的方式，筹措3.4亿元资金专项用于安华农业保险公司对农户的赔付。由于领导重视，政府支持，措施得力，近几年我省农业保险赔付工作进展比较顺利。

1. 制定理赔方案。为了保证赔付工作的有序进行，省政府农业保险试点工作领导小组制定了《吉林省农业保险试点理赔兑现办法》，对农业保险试点理赔工作的整体流程和相关工作都做了详细的规定。

2. 核定理赔金额。省里以县级初步定损结果和省级复勘定损结果为基础，

同时依据气象条件、历史资料等，将赔款核定到各试点县市。各试点县市根据灾害损失情况和定损成数，将赔款分品种、按面积分解到乡、村和参保受灾农户。

3. 搞好赔付公示。分户理赔资金确定后，县市农业保险试点工作领导小组要组织各乡镇以村为单位对赔款明细进行公示，接受群众监督，公示单要张贴在村屯显要位置。同时，县、乡两级农业保险试点工作领导小组办公室都设立了举报专线电话和群众来访接待室，答疑解惑，及时解决公示过程中群众反映的问题。

4. 认真兑付赔款。公示结束且群众反映的问题得到妥善解决后，保险公司将赔款一次性拨付到县市农业保险试点工作领导小组专用账户。县里将赔款直接转入农民粮食直补存折或生产资料综合补贴存折中。农民领取赔款时，履行签字手续。

通过上述措施，我省农业保险试点县、市、区由2007年的27个，已扩大到了2009年的57个，三年来，我省种植业平均承保面积222万公顷，平均保险覆盖率52%，平均参保农户达180万户，平均保障水平65亿元，总保费收入17.6亿元，其中，中央补贴5.9亿元，省财政补贴4.4亿元，县市补贴3.8亿元。能繁母猪累计承保162.6万头，保费收入1.3亿元，其中，中央补贴0.6亿元，省财政0.1亿元，县市财政0.3亿元。奶牛累计承保1.1万头，保费收入444.2万元，其中，中央财政133.3万元，省财政66.6万元，县、市财政66.6万元。几年来我省农业保险累计赔款13.8亿元。

另外，在按国家要求开展农业保险的同时，我省还继续开展了奶牛、生猪、肉食鸡、梅花鹿、烟叶保险，三年来，省财政累计提供保费补贴近878万元，保证了我省自行补贴保险品种的连续性和稳定性。

二、制约农业保险持续发展的制度障碍和问题

（一）缺乏相关政策依据，农业保险运行机制缺少制度保障

目前农业保险试点的开办依据是财政部关于种、养业保险中央财政保费补贴管理办法，而这一政策仅提出了“政府引导、市场运作、自主自愿、协同推进”的农业保险工作理念和中央及省级政府应对开展农业保险试点给予一定比例保费补贴要求，而对于农业保险如何运行、如何监督、如何完善没有相应的规定。按照财政部这一理念，农业保险就是国家给予一定保费补贴后，具

体的保险工作全部交由保险公司自己运做。但事实上，农业保险经办机构根本无力独自承担农业保险业务。从近几年实践看，农业保险是一项系统工程，它不同于一般意义上的商业性保险，其制度框架、监管方法、风险控制、财务运行等各个方面迫切需要相应政策和法规的确定、规范及约束。从国外农业保险发展情况看，如美国、加拿大、日本等，包括亚洲一些发展中国家，其农业保险的发展首先是有法可依，然后是在实际中根据需要不断加以调整和完善。而我国的农业保险已经试点三年，在此期间，各种问题情况不断涌现，如大灾风险分担机制的建立、防灾减灾机制的建立、保险理赔和民政救助的关系、各项惠农政策整合等，这些政策法规的形成远跟不上农业保险发展的需要，长此以往，将严重影响农业保险的持续健康发展。

（二）政府引导与行政干预并行，市场机制难以形成

从我省农业保险开展情况看，如果没有各级政府的积极推动，仅依靠农民自愿开展农业保险，我省的农业保险很难持续到现在。在近几年的试点中，无论是承保的组织发动还是灾后理赔，都是在各级政府特别是基层政府的大力推动下完成的，有的地方政府为完成承保覆盖率，甚至采取了行政强制的手段。从理赔的情况看，2007 年和 2009 年我省遭遇了历史罕见的旱灾，农民和基层政府对农业保险的赔付期望值很高，一些县市在理赔过程中，对理赔结果实行严重的行政干预，无视保险公司的查勘定损结果，与保险公司讨价还价，强制要求保险公司赔款必须达到他们的预期，以致保险公司无法查勘定损；还有的县市，对保险理赔持攀比态度，不管本地灾害轻重，但却要求本地农民得到的赔款必须与其他地区一致。这种既引导又干预的做法，很难使农业保险真正走上市场化的道路。

（三）农业保险“两头冷、中间热”，有效需求不足

我省农业保险目前存在着农民和县市政府“两头冷”，保险公司“中间热”的局面。农民对农业保险态度冷淡，（1）由于我国保险业起步较晚，农民对农业保险制度和政策不熟悉，认知率低，长期靠天吃饭的传统使广大农民对灾害的侵袭习以为常，因此，农民规避风险意识不强，也没有形成将农业保险作为规避农业风险工具的习惯；（2）我国农业保险属于成本保险，一些农民认为保障水平低，因而不愿参加保险；（3）现在国家农业补贴政策不断强化，政策含金量不断提高，相对农业保险来讲，农民更喜欢直接给钱的政策。

对县市政府来说，由于农业税的取消，县、市政府财政收入本来就因此有所减少，特别对产粮大县减少更多，而开展农业保险，县、市政府每年还要安排一定的保费补贴，有时高达1000万~2000万元，增加了财政负担，严重影响了本地的财政收支，因而对开展农业保险的积极性不高。保险公司对农业保险充满热情：（1）由于近两年我省对农业保险实行的是100%“封顶赔付”政策，这种“保赚不赔”政策，保险公司在经营农业保险过程中风险可判；（2）农业保险市场广阔，市场潜力巨大，抢占这一市场先机，对保险公司今后的发展意义重大。由于农民和县级政府缺乏积极性，农业保险的发展就缺少了有效的需求带动。从近几年我省保费收入看，2007年27个县（市）参保保费达到了5.92亿元，2008年虽然有41个县（市）参保，但总保费才达到6亿元，而2009年57个县市参保，总保费仅有5.6亿元。

（四）逆向选择严重，农业保险经营风险加剧

从我省农业保险开展情况看，2007年我省发生了多年不遇的大范围旱灾，2009年发生了罕见的伏旱，三年试点，两年受灾，给农业保险带来了严重的打击。在当前农业保险风险分担机制不健全的情况下，对保险公司的经营确实是一种考验。同时，由于农民对保险的认识不足，风险意识不强，因此，逆向选择问题十分突出，很多农民把易出险地块投保，而对风险相对小的地块放弃投保，例如在白城地区，很多农民把沙土地种植作物进行投保，但水浇地却不投保。按此开展农业保险，难以实现农业保险的大数法则，不仅影响农业保险的持续发展，也增加了保险经办机构的经营风险。

（五）农业生产复杂多样，农业保险缺乏有效的技术手段支持

由于农业生产具有复杂性、多样性和不平衡性的特点，受其影响，农业保险在经营过程也存在着很多技术问题需要改进。（1）在承保和查勘上，由于我省幅员辽阔，农作物保险标的规模小、地理位置分散，验标查勘工作量极大，有的承保标的根本无法准确核定。同时，在查勘定损工作时，一旦出险，也不是几家几户的事情，往往短时间内会有大面积受灾地块需要出险，需要动用大量的人力物力，2007年和2009年，我省大范围的旱灾，几乎使所有参保作物均不同程度地受灾，而在现有技术条件下，农作物损失程度必须在秋后才能确定，一般是9月中、下旬左右，这样，在短短的时间内，保险公司根本没有能力准确确定每户出险标的受损情况。（2）在保险费率厘定上，由于缺乏相关的资料和数据，农业保险还难以准确厘定出与实际相符的保险费率，特别是我省中东部与西北部的自然条件差异很大，“十年九旱”的白城地区和松原西部地区，发生自然灾害的几率比中东部地区远远要高，但目前我们仍实行统一费率，这样的费率难以覆盖个别地区应有的风险。（3）农业保险承保时间滞后，影响了投保的正常进行。2007 年由于承保时间较晚，部分地区出现了顶灾保险问题，2009 年由于承保时间较晚，大部分地区由于春耕生产阶段风调雨顺而放弃承保，最终受灾得不到保险保障。

三、解决当前问题的总体思路及建议

实践证明，农业保险是市场经济条件下支农惠农的一个有效经济手段，与救灾相比，农业保险发挥了财政政策的杠杆作用，有利于调动多方力量分担农业风险。同时，农业保险也是一项政策性非常强的系统工程，既需要政府的政策、资金支持引导，又需要保险公司、广大农民和社会各界的积极参与。为推动我省农业保险持续健康发展，建议在今后工作中妥善处理好以下五方面关系。

（一）妥善处理好政府引导和市场化运作的关系

应准确理解和把握国家提出的“政府引导、市场运作、自主自愿、协同推进”的农业保险工作理念，处理好政府引导和市场化运作的关系。在农业保险工作中，明确政府的角色是引导和支持，不是主导，更不是包办，政府是通过保费补贴的手段，调动农户、龙头企业、保险公司等社会各界参与农业保险的积极性，逐步建立起以财政保费补贴为引导，社会资金投入为主体，有利于发挥市场机制作用的多元化、多层次的农业风险补偿机制，充分发挥财政资金“四两拨千斤”的功能。政府不能因提供了补贴资金和政策支持就干预保险公司的正常经营，应以保险公司自主经营和决策为主，发挥公司专业优势，量力而行开展业务，自行承担经营成果，同时，政府大包大揽也容易滋生保险公司依赖情绪，引发道德风险，不利于市场机制的建立。

（二）妥善处理好政府推动和自身投入能力不足的关系

从目前情况看，农业保险业无论是组织发动，查勘定损还是防灾防损，提供补贴都离不开县市政府，县市政府也有支持农业保险，多为老百姓谋福利的意愿，但苦于财力有限，硬性支出逐年增加，无力再为农业保险提供更多保费补贴。为妥善处理好这一关系，建议应尽快在全省范围内，依据各县市财政收入和增长情况，考虑粮食生产大县的实际困难，由省财政集中一部分财力，对财政困难县市和产粮大县给予部分保费补贴，使上述县市实际承担的保费补贴比例维持在5%～10%之间，其他县市仍按目前的15%承担，以减轻财政困难县市和产粮大县的财政压力，提高参加农业保险的积极性，使更多的种粮农民都能享受到国家农业保险的惠农政策。

（三）妥善处理好保险大数法则和农民投保积极性的关系

农业保险要持续健康发展，引导农户积极投保，提高保险覆盖面，满足保险大数法则是关键。随着农民保险意识的逐步增强和农业保险政策的不断完善，特别是当农民从保险中真正得到实惠后，参与保险的积极性一定会有所增加。但为了防范农民逆向选择和道德风险，主动吸引农民自愿投保，保险公司应进一步研究探索费率优惠和奖励政策，对当年投保而没有遭受灾害损失的参保户，第二年投保时，可以将费率降为15%的费率，第三年仍然没有遭受灾害损失的可以加大优惠力度，降为5%，第四年还没有损失的，下一年可以全免，以此鼓励农民参保积极性。

（四）妥善处理好防灾防损和保险赔偿的关系

农业保险具有保障农业生产安全，分散和降低风险，维护农民利益的作用，但并不能减少灾害的发生，也不能降低灾害对农业生产造成的实际损害。因此，我们在开展农业保险试点过程中，应注重提高农业生产抵御自然灾害的能力，把开展农业保险试点与加强农业基础设施建设、改善生产条件和提高防灾减灾能力结合起来，通过整合支农资金试点，将小型农田水利资金、水利建设基金、三项增产技术补助资金等支农专项资金，在分配上，重点向农业灾害频发试点县市倾斜。大力加强包括灾前、灾中、灾后等各个环节的抗灾、防灾、减灾体系建设，努力把自然灾害对农业生产造成的损害减小到最低。

（五）妥善处理好保险公司和政府的风险分担关系

农业风险大，农业保险业务损失的不确定性高，一旦遭遇严重灾害，保险公司会面临巨大损失。国际上开展农业保险业务的国家大都通过提供再保险或者承担超赔责任的方式分散大灾风险。如日本、美国分别由政府和政府扶持的保险公司为农业保险业务提供再保险；加拿大由省政府和联邦政府对保险公司超赔部分按25:75的比例承担超赔责任；印度由国家和邦政府各出资50%建立基金，对赔付在200%以上的部分承担赔偿责任。国内也有个别省份对此开展了有益的尝试，如江苏省规定，各市、县政府按照当年保费总额的5%～10%安排政府大灾基金，在发生大灾保险公司历年积累不足以给付时动用。在国家尚未建立大灾分担机制前，建议我省也按照江苏省的做法，由省、县市政府按照当年保费总额的一定比例建立我省的大灾基金，以分担农业保险风险。

加强土地出让收支管理 促进土地市场良性健康发展

（2010 年 7 月）

自 20 世纪 80 年代末以来，随着国有土地有偿使用制度改革的不断推进，土地出让收入作为地方政府财政收入的重要组成部分，规模不断增加并日益受到各方的关注。“十二五”期间，如何进一步规范土地出让收支管理，推进土地集约利用，推动我省工业化、城镇化加快发展，促进全省土地市场良性健康发展，将成为一项重要研究课题。为此，按照财政部最新的政策解释和收支分类，依据财政决算和统计报表相关数据，我们在重点分析我省土地出让收支情况的基础上，对制约土地出让收支规模和规范管理的主要因素进行了初步解析，并提出了今后规范土地出让收支管理工作的对策建议。

一、我省土地出让收支基本情况

近年来，随着我省总体经济运行平稳较快发展和城镇化建设的加快推进，各级财政和国土资源管理部门全面落实国家相关政策规定，切实规范收支管理，健全完善管理制度，着力强化征管措施，不断加强监督检查，全省土地出让收入实现较快增长，支出结构进一步优化，收支管理逐步规范，土地资源配置利用日趋合理有效，在经济社会发展中发挥着越来越大的重要作用。

（一）土地出让收入规模不断扩大

2009 年，全省实现土地出让收入 132.8 亿元，比上年增长 10.2%，按照可比年度计算，2007 年以来年均增长 10%，超过 7% 的全国平均水平。与全省非税收入总量相比，近年来一直保持在 35% 左右。

1. 重点城市土地出让收入比重较高，地区差异显著。2009 年，长春地区土地出让收入 75.9 亿元，比上年增长 25.3%，占全省的比重为 57.2%；其中长春市本级收入 56.4 亿元，占全省的比重为 42.5%。吉林地区土地出让收入 18.2 亿元，与上年大体持平，占全省的比重为 13.7%；其中吉林市本级收入 11.8 亿元，占全省的比重为 8.9%。长春、吉林地区完成土地出让收入合计超过全省收入总量的 2/3。

2. 招拍挂方式出让收入比重较高，住宅和工业用地量大。从出让方式上看，2009 年，以招拍挂方式出让收入 106.2 亿元，占全省收入（不包括新增费，下同）的 87.8%，协议方式出让收入 6.2 亿元，占全省收入的 5.2%，划拨收入（主要是划拨用地需缴纳的土地补偿费等）0.8 亿元，占全省收入的 0.7%，租赁、变更补缴等其他收入 7.8 亿元，占全省收入的 6.3%。从土地用途上看，2009 年，商服用地面积占供地总量的比重为 5.8%，工业用地为 29.7%，住宅用地为 30.2%，其他用地为 34.3%。

3. 市场因素作用明显，受国家宏观调控影响较大。2009 年，我省土地出让收入进度前低后高，上半年完成收入占全年收入总量的 26.5%，比上年同期下降 14.3%，下半年完成收入占全年收入总量的 73.5%，比上年同期增长 22.8%。主要是受国家宏观调控政策和国内房地产市场逐步回暖形势影响，特别是国家年底前出台的关于首次缴纳价款不得低于应缴款 50%、分期缴纳要求在一年内缴清等政策规定影响，第四季度（主要是 12 月份）收入增幅较大，占全年收入总量的 39.1%，比上年同期增长 37.7%。

4. “经营土地”预期强烈，在地方财力中比重不断提升。近年来，我省土地出让收入迅速增长，已日益成为地方政府加快城市建设、推动经济社会发展的主要资金来源和“经营城市”“经营发展”的重要手段。据统计，2001 年土地出让收入仅为地方级财政收入的 6.6%，2006 年增加到 13.9%，2009 年已达到 24.8%。但我省地方政府对土地出让收入的依赖程度低于全国平均水平，据资料统计，2001 年全国土地出让收入约占地方级财政收入的 16.6%，2006 年增加到 41.9%，2009 年达到 48% 左右。

（二）土地出让支出结构进一步优化

2009 年，全省土地出让支出 122.5 亿元，比上年增长 13.1%，2007 年以来年均增长14%。

1. 重点支出得到保障。2009年全省各类支出比重呈现“两高两低一平”，即支农支出、廉租房保障支出比重提高，成本性支出、城市建设支出比重降低，其他支出大体持平，体现了国家对土地出让收入使用方向的调整和转变。其中：支农支出占全省的22.4%，比上年提高14.2个百分点，占比超过全国平均水平16个百分点；廉租住房支出占全省的1.3%，比上年提高0.7个百分点；成本性支出占全省的35%，比上年下降9.1个百分点，城市建设支出占全省的30.9%，比上年下降4.2个百分点。

2. 县（市）级支出需求进一步加大。2009年，由于受西部土地开发整理重大项目建设进度加快，资金需求较大影响，省级支出15.9亿元，占全省支出的13%，比上年提高9.6个百分点。市（州）级支出62.1亿元，比上年下降11%，占全省支出的50.7%，比上年下降13.7个百分点。县（市）级支出44.5亿元，比上年增长27.5%，占全省支出的36.3%，比上年提高4.1个百分点，支出规模和比重都有所增加，体现了我省加快推进城镇化建设的总体发展思路。

（三）土地出让收支管理逐步规范

2007年以来，按照国家陆续出台的有关政策规定，我省研究出台了具体实施办法，全面落实国家相关政策规定，切实规范了土地出让收支管理。(1) 落实土地出让收入“收支两条线”管理。及时调整了土地出让收入缴库范围和方式，取消了在相关部门设立的过渡性账户，确保土地出让收入及时足额缴入国库。强化了对土地收购储备和国有土地使用权招标、拍卖、挂牌、协议出让全过程的监督管理职能，严格审核清算土地出让收入总价款，按规定比例及时足额计提国有土地收益基金、农业土地开发资金。(2) 调整土地出让收入使用管理。坚持“以收定支、收支平衡”的原则安排使用土地出让收入，努力降低土地收购储备成本，切实保障被征地农民和被拆迁居民的合法利益，逐步加大用于农业土地开发和农村基础设施建设的比重。(3) 强化招标拍卖挂牌出让管理。近年来，通过贯彻落实《省人民政府关于尽快建立政府土地收购储备制度和实行国有土地使用权招标拍卖的意见》有关精神，我省经营用地招标拍卖出让走上了制度化轨道，坚持市、县政府集中统一供地原则，规范了开发区土地市场，逐步规范了土地使用权招标拍卖挂牌出让行为。(4) 试编土地出让收支预算。按照财政部要求，建立健全了年度土地出让收支预决算管理制度，坚持“以收定支、收支平衡”的原则，科学合理编制年度土地出让收支预算，并纳入政府性基金收支预算。财政、国土资源管理部门逐步加强协作，初步建立了土地储备、出让及收支信息共享和定期对账等制度。(5) 加强监督检查。各级财政、国土资源管理部门逐步建立了监督检查机制，定期或不定期地开展土地出让收支管理专项检查，督促市县全额及时将土地出让收入上缴国库，并加大相关违规问题的处罚力度，进一步强化了监督管理。

二、制约我省土地出让收支规模和规范管理的主要因素

近年来，虽然我省土地出让市场得到较快发展，收支规模明显增加，收支管理工作逐步规范，但受地理环境和经济因素影响，土地市场竞争力仍显不足，土地资源流通问题日益突出，房地产价格持续上涨和政府土地出让收入追求利益最大化之间矛盾不断加剧，土地出让收支管理还面临很多困难，相关政策规定在具体执行中也存在一定障碍，一些深层次问题和制约因素尚未得到根本缓解。

（一）经济总量较小，地价水平偏低

改革开放以来，我国东、中、西部经济发展不平衡，相应形成了土地出让收入地域性差异。东部地区经济比较发达，各省（市）土地出让收入位居全国前列，2009 年江苏和浙江省土地出让收入分别占全国总收入的 11.2% 和 10.5%。中西部地区经济欠发达，土地出让收入在全国位次靠后，2009 年 22 个中西部省（区）土地出让收入占全国总收入的 36%。我省土地出让收入仅占全国总收入的 0.9%，相比我省 GDP 占全国 2.1% 的水平还要低很多。经济发展水平对土地出让收入区域差异的影响，具体是通过地区间土地出让价格差异和土地供给规模差异发挥作用的。由于我省土地市场发育较慢，土地价格仍处于全国较低水平。

（二）收购储备推力不足，土地市场竞争力弱

土地收购储备对于加强土地调控，规范土地市场运行，促进土地节约集约利用，提高土地出让收益都具有重要作用。目前我省各级政府都十分重视土地收购储备，但工作力度仍需加大。(1) 受土地收储资金不足限制，没有完全

实施“净地”出让。由于我省各地发展不均衡，仅有长春市实施土地收储相对比较成熟，2009 年通过政府收储出让土地面积占总出让面积的 94%，土地出让收入占出让总收入的 96.5%。其他地区收储工作相对滞后，大多仍以“毛地”方式供应，减少了土地出让溢价收入。(2) 受地理环境和经济因素影响，市场竞争不够充分。我省自然条件相对南方省份没有地域优势，招商引资规模和质量有待提高，商服用地数量较少，影响了土地出让效益。

(三) 地区发展不平衡，县 (市) 土地竞争力较弱

2009 年，市 (州) 级土地出让收入合计占全省收入的 56.2%，其中长春、吉林市土地出让收入合计就超过全省收入的 1/2；县 (市) 级土地出让收入合计占全省收入的 27.5%，与上年相比虽有所增长，但规模不大，40 个县 (市) 中，仅有抚松、梅河口、公主岭、九台、榆树、德惠、延吉、永吉、桦甸的收入占全省的比重超过 1%，而且除抚松县外均不到 1.5%，这也说明了我省县 (市) 级城市土地竞争力相对不足，土地效益明显不高。

(四) 预算编制不够科学完整，执行管理缺乏约束力

(1) 预算编制要求不够系统。土地出让收支预算管理与公共财政预算相比，功能分类科目相对较粗，难以清晰反映收支结构与使用方向；支出标准不明确，缺乏审核依据；预算编制内容、程序与时间没有统一规定，缺乏系统性。(2) 预算编制职责不够清楚。预算编制、执行、管理与监督等涉及财政、国土等多个部门，财政部门负责编制，但计划制定和具体执行要依靠国土部门，致使信息不够畅通，参与不够深入，预算编制质量和效率难免不高。(3) 预算执行约束力不够。土地出让收入受市场状况、经济发展水平、国家宏观调控政策等因素影响很大，具有不稳定性、不确定性和不可预见性，容易造成年度间收支大起大落，难以准确预测年度收支预算。而且地方政府面对城市建设资金的巨大压力，难免会直接干预使用土地出让收入。土地规划、年度利用计划和用途管制信息严重不对称，缺乏硬性约束，公开透明度还不高，土地利用计划和审批过程仍然是部门或“少数人”决策。最终，导致土地出让收支预算与实际执行难以有效衔接，很大程序上影响和制约了土地出让收支预算的管理初衷。

（五）管理机制尚不完善，土地收益有所流失

近年来各级政府认真履行土地出让收入征管使用职能，创新土地经营理念，把土地、项目、政策、环境等多种经济要素综合在一起招商引资，实现了政府和企业“双赢”，为地方经济和社会发展起到了积极作用。但在相关部门的专项检查中也发现了一些地方政府片面追求政绩，执行规定不严格，出现管理缺位，缺乏有效监督，直接导致土地资源低效利用和浪费。如土地出让收支未全额纳入基金预算管理，仍存在体外循环；如开发企业不严格按照规划条件建设，成交后调整容积率，变更商业和住宅用地结构，增加地下车库等规划条件，而按照有关规定相应补缴的土地出让金与开发企业变更规划条件后的获利相比甚微；如部分用地单位没有及时履行土地出让合同约定，拖欠土地出让收入；如利用国企改制、棚户区改造和廉租房建设等优惠政策，超范围享受划拨用地供应，欠缴土地出让收入；如个别地区或单位在招商引资中违规减免、先征后返及变相减免土地出让金，应收未收和坐收坐支，违规挤占、挪用土地出让金等，致使部分土地出让收益流失。

三、进一步规范土地出让收支管理的工作措施

针对上述情况，为促进我省土地出让市场健康良性发展，逐步合理提高我省土地资产效益，从公共财政角度梳理土地出让问题的解决思路，切实减少土地出让过程中的不合理、不公平、不和谐因素，进一步规范土地出让收支管理，提出如下几点建议：

（一）严格执行“收支两条线”

（1）统一思想认识。全面贯彻落实国家有关政策规定，不折不扣地将土地出让收入全额纳入基金预算管理，严格按照规定合理安排支出，实行彻底的“收支两条线”。（2）确保及时足额缴库。严格执行10个工作日内将土地出让收入上缴国库的规定，坚决纠正超时滞留行为。（3）加大土地出让收入清欠力度。对未按时缴纳土地价款的单位和个人限期追缴，按规定加收违约金，拖欠土地出让收入期间不得参与新的土地出让交易活动。对拒不缴纳或无理由长期拖欠的停办一切相关用地手续。

（二）完善收支预算编制

统筹考虑经济社会发展和资金保障能力等因素，综合运用土地规划、年度计划、预算管理等控制手段，统一细化预算编制体系，由财政、国土部门每年进行预算编制并报同级人大审查批准，切实做到编制土地出让收入计划与年度建设用地供应计划相衔接，实施新增建设用地计划与编制土地出让支出预算相衔接，提高土地出让收支的均衡性和测算的准确性，加强收支预算年度执行管理，广泛接受监督。进一步加强部门协调和沟通，建立统计督查和信息共享机制，创建土地出让信息处理平台和业务流程规范软件系统，继续做好数据审核汇总，确保数据真实准确，填报及时。

（三）推进收储“净地”出让

(1) 多渠道筹措土地收储资金，不断提高政府收购储备和土地开发能力。(2) 加大土地收购储备和开发整理力度，加强土地收储财务管理。(3) 坚决纠正由土地受让人直接将征地和拆迁补偿费支付给村集体经济组织或农民，以及先期支付土地开发费用的做法，严格实行总价款缴库。(4) 通过完善立法，配合行政、经济手段解决土地闲置问题，促进土地资源流转和有效利用。

（四）深化制度改革创新

(1) 健全完善土地收购储备制度。着重研究工作中土地使用权收购、收回与地上建筑物、构筑物补偿中的新问题，有效防止和妥善解决土地收购储备方面的纠纷。(2) 完善招拍挂出让制度。认真做好招标拍卖挂牌出让底价和成交价格最低价标准制定工作，建立与城市基准地价相衔接的城乡结合土地价格体系，进一步显化土地资产。制定工业用地招拍挂出让实施细则和程序，避免开发区、工业园区、小集镇内的工业用地游离于招拍挂出让之外。探索调整招拍挂出让方式，减少拍卖和挂牌出让比重，适当提高招标出让比例，研究试行综合评标法，推动土地供应由“价高者得”单一目标向完善市场、保障民生等多目标管理转变，进一步完善招拍挂出让对土地市场的调节功能。(3) 探索建立土地收益储备基金制度。超收部分当年不得动用或按比例调整预算，存入储备基金滚入以后年度安排使用，这样既有利于年度收支测算和预算平衡，也有利于均衡调节土地财税激励，降低透支未来收益的不良影响，弱化地方政府拉升“土地财政”的短期利益冲动。

（五）强化部门管理职能

（1）不断加强财政部门监管职能，设立土地出让核算机构，继续加大土地出让收入清算核查力度，力争将管理关口前移，分解细化成本性支出结构，规范分期缴纳行为，努力降低成本。（2）严格执行土地供应政策。高度重视节约集约利用，严防土地闲置和变相囤积，切实做到“一个池子蓄水，一个龙头放水”，不断完善机制，制定科学供应计划，做到应招拍挂的不协议，应有偿的不划拨。

（六）着力支出绩效管理

对土地出让支出实行项目管理，纳入到国库集中支付体系，规范部门的二次预算分配行为，由财政部门直接拨付到施工单位或个人，对征地拆迁补偿实行财政“直补”，减少中间环节，防止“跑冒滴漏”，切实保障被征地拆迁人的合法权益和合理补偿。利用土地出让收入进行住房供给调节，稳定土地和房产价格预期，加大廉租房、公租房等保障性住房建设投入，提高低收入人群的住房水平。逐步加大土地出让收入向新农村建设和农村基础设施建设的投入比例，适当拓宽使用范围，不断提高资金使用的规范性、公益性和社会性。按照财政科学化精细化管理要求，健全完善支出项目事前、事中、事后全面监管和跟踪绩效考评机制，规范完善省财政对市县及开发区等分成返还政策，增强省级项目资金投入政策导向功能，切实督促市县财政部门强化预算管理，严格按照国家规定范围安排土地出让支出。

（七）健全监督检查机制

（1）落实责任，密切配合。各级政府应健全土地出让部门联席工作机制，切实防止违规减免、应收未收和坐收坐支等问题，避免土地出让收入流失。（2）抓住关键环节，实施重点监督。针对土地收储成本核算、支出跟踪问效等重点问题，结合工程建设领域突出问题专项治理工作，强化对市县落实土地出让收支管理政策的监督检查。（3）开展调查研究，健全完善制度。深入市县和征管部门开展专项调研，有针对性地制定规范性文件，着力解决目前土地出让收支管理中存在的突出问题。

发挥财政政策资金杠杆作用
进一步推动中小企业快速发展

（2010 年 12 月）

近年来，按照党的十七大毫不动摇地鼓励、支持和引导非公有制经济发展的方针，省委、省政府相继制定出台了一系列促进中小企业发展、民营经济腾飞的政策措施，各级财政部门认真贯彻执行省委和政府的决策部署，充分履行财政职能，加大财政金融支持中小企业发展力度，在制定完善财税政策措施，支持中小企业信用担保体系建设，改善发展外部环境等方面，做了大量工作，取得了显著成效。但由于我省中小企业起步晚、底子薄、资本积累时间短，同经济发达地区比还存在较大差距。如何进一步发挥财政职能作用，支持中小企业发展，推动全民创业，已成为当前财政工作的重要任务。

一、财政金融支持中小企业发展基本情况

（一）中小企业发展现状

近年来，我省认真贯彻执行国务院《关于鼓励支持和引导个体私营等非公有制经济发展的若干意见》（36 条）、《关于进一步促进中小企业发展的若干意见》（29 条）等文件精神，精心组织实施了“民营经济三年腾飞计划”“中小企业成长计划（2010～2012 年）”，促进了我省中小企业持续快速发展。截至 2009 年，民营经济三年腾飞目标全面实现，主营业务收入翻一番。在促

进经济增长、缓解就业压力、增加地方财政收入等方面，发挥了不可或缺的重要作用。(1) 民营经济占全省经济的份额不断扩大，成为全省经济增长的新亮点。据不完全统计，2009 年我省各级工商部门注册的中小企业为 118.5 万户，比实施“三年腾飞计划”前增加 31.5 万户，年均增加 10.5 万户。实现增加值为 3482.8 亿元，比实施“三年腾飞计划”前增长 90.4%，年均增长 30.1% 以上。占全省地区生产总值的比重 48.4%，已成为全省经济的“半壁江山”，与 2006 年相比，提高了 13.4 个百分点。在全省规模以上工业企业增加值中，民营与国有经济比例由 2006 年的 0.4∶1 提高到 2009 年的 1.1∶1。已成为我省工业经济快速发展的重要支撑。(2) 吸纳就业人员大幅度增加，成为城乡扩大就业的重要渠道。2009 年，我省中小企业从业人员 444 万人，与实施“三年腾飞计划”前相比增加 148 万人，增长 50%，年均增长 14.6%。年均新增从业人员 49.3 万人。占全省城镇就业职工总数的比重不断扩大，由 2006 年的 54% 上升到 2009 年的 70%，提高了 16 个百分点，成为我省城乡安排就业的主渠道。(3) 经营效益和实力显著增强，成为财政增收的重要财源。2009 年，我省中小企业主营业务收入 10269 亿元，首次突破 1 万亿元，比实施“三年腾飞计划”前增长 125.7%。年均递增 41.9%。随着企业经营收入和效益的不断提高，上缴财政税收增长较快。2009 年我省中小企业上缴财政收入 319.5 亿元，比实施“三年腾飞计划”前增长 1 倍多，年均增长 30% 以上。占一般预算全口径收入的 33%，成为财政收入增长的重要来源。

(二) 履行财政职能，支持中小企业发展

各级财政部门紧紧围绕促进中小企业发展，民营经济腾飞的中心任务，工作力度逐步加大。

1. 完善财政金融扶持政策，优化企业发展环境。(1) 加大财政政策支持力度。为解决中小企业融资难题，全省财政部门在融资担保体系建设、拓宽直接融资渠道等方面，对金融、担保机构开展中小企业贷款及担保业务制定了风险补偿和奖励扶持政策；支持培育中小企业上市，鼓励中小企业到资本市场直接融资，对拟上市企业给予经费补助和奖励。(2) 认真落实国家出台的税收优惠政策。通过税收减免、税收返还、降低税率、延长税收优惠期限等税收政策，对中小企业研究开发新产品、技术转让、提供教育劳务及留学人员回国创办企业等给予税收优惠，促进中小企业加快发展。(3) 加大清费减负工作力度。为切实减轻中小企业负担，近年来中央和省相继出台了一系列清费减负财

政扶持政策，大力清理取消收费项目。在认真落实国家停收取消100项和省停收取消47项行政事业性收费项目的基础上，又将48项涉企的行政事业性收费标准降低了5个百分点。几年来，累计减少涉企收费近4亿元，优化了中小企业发展外部环境。

2. 加大财政投入，拓宽多元化融资渠道。（1）发挥财政资金导向作用。从2004年起，省财政建立了中小企业发展专项资金，对中小企业融资担保、贷款贴息、人才培养等方面给予重点扶持。截至2009年年末，累计安排中小企业发展专项资金4.6亿元，累计支持贷款贴息、孵化基地建设、服务体系建设等项目1037个。2007年，为支持金融业发展，省财政设立了支持金融业发展专项资金，专项用于支持引进和发展金融机构，鼓励其加大对中小企业的信贷扶持力度，对开展中小企业贷款和担保业务给予一定的奖励。三年来已累计拨付金融和担保机构奖励资金9821万元。（2）大力支持拓宽融资渠道。针对中小企业以银行贷款为主的间接融资使用较多，以风险投资、创业投资、发行债券为主的直接融资手段运用较少的实际，省财政支持创新融资方式，大力开拓直接融资渠道。近年来，共筹措安排资金近10亿元，先后设立了省创业投资引导基金、科技发展引导基金、现代农业产业基金等，先后支持了长春希达电子技术有限公司、辽源彤坤新能源技术有限公司，以及吉林省国家生物产业、汽车电子产业创业投资基金等一批重点项目。扶持中小企业对科技含量高、市场潜力大的初创企业及高成长性中小企业进行股权融资。支持中小企业集合债的发行工作，对券商及中介机构的服务费用给予补助，减少企业发债成本。（3）优化财政资金投向。为更好地解决中小企业融资需要，2006年，经省政府批准，省财政通过优化省中小企业发展专项资金支出投向，以贷款贴息为支撑，成立了吉林省中小企业融资服务平台。截至2009年底，已累计为全省中小企业和创业者融资300余亿元。

3. 支持融资担保体系建设，为中小企业融资排忧解难。建立完善中小企业融资担保体系，是实施财政金融政策的有效载体。2005年，省政府与国家开发银行签订了24亿元软贷款协议，分别注入到全省32家融资担保机构增加资本金，增强了各级担保机构的经营实力。为做大做强省担保公司，近年来，省财政先后注入资本金10.5亿元，使其成为全省担保机构的龙头企业。截至2009年底，全省46个政策性融资担保公司，为中小企业累计担保额近400亿元。省财政安排2000万元专项资金，对担保机构的风险给予补偿，对经营状况良好的予以奖励。认真执行国家对中小企业信用担保机构收入免征三年营业税的税收优惠政策，引导和鼓励担保机构开展中小企业贷款担保业务。截至2010年6月底，全省各类融资担保机构共有107户，资本金累计达到72.4亿元，为中小企业累计担保额突破700亿元。

4. 支持中小企业服务体系建设，为中小企业提供优质高效服务。按照公共财政支持社会化服务体系建设的要求，省财政及时调整和扩大了省中小企业发展专项资金的扶持范围，将市、县中小企业服务中心基础设施服务项目建设纳入其中，支持和鼓励担保机构创新服务产品，完善服务手段，强化服务功能，打造服务品牌。从2004年起，省财政共累计拨付10278万元，支持了以省中小企业发展服务中心为龙头、市（州）、县（市、区）服务中心为骨干、社会各类专业化服务机构为基础、街道（社区）及产业集群服务机构为补充的全省中小企业服务联盟。

（三）存在的主要问题

近年来，我省中小企业发展迅速，但也存在许多亟待解决的问题。从企业自身看，企业规模总量较小、经营管理效益不高、产业产品层次较低、研发创新能力较弱、员工素质偏低，经营理念滞后，体制机制存在障碍，要素服务较为薄弱，创业氛围不浓等仍未完全解决。2009年，我省中小企业对地区生产总值贡献率、就业贡献率两项指标，均低于全国平均水平10个百分点，对财政贡献率低于全国平均水平15个百分点。从政策支持看，虽然近几年各级政府在支持与引导中小企业发展、加快信用担保体系建设、深入开展政企银保合作、缓解中小企业融资难等方面都给予了政策资金扶持，但在资金安排、分配、使用等方面，存在很多亟待改进的问题，与企业对财政金融服务的现实需求以及促进中小企业加速发展，仍有一定差距。表现在：（1）扶持范围需进一步拓宽。尽管先后设立了中小企业发展资金、科技型中小企业创新资金、中小企业国际市场开拓资金、中小企业风险补偿资金、金融业发展等专项资金，但受财力制约，专项资金规模偏小，数额不足，支出覆盖不宽，仅能扶持部分中小企业发展的需求。大多数还享受不到公共财政阳光的照耀。（2）引导和放大效应需进一步增强。目前，财政资金支持中小企业融资主要以贷款贴息补助为主，其他扶持方式少。以财政资金为引导，吸纳社会资金参与，采取股权、债权及建立风险投资、产业发展基金等方式，支持中小企业发展，尚处于起步阶段。财政政策手段对社会资金投向、产业发展方向的引领作用发挥不足，财政资金对银行金融业的支持力度不大、拓宽融资渠道的效力不强。

(3) 中小企业财务管理水平需进一步提高。目前，部分中小企业信用意识比较淡薄、财务管理制度不健全、信息披露不充分，难以真实反映经营成果和财务状况。个别中小企业经营信息不透明，信用缺失，财务管理混乱，难以在金融、资本市场得到间接或直接融资，严重制约了企业的发展。

二、国内外财政支持中小企业的借鉴与启示

支持中小企业加速发展，是财政部门的重要职责。学习借鉴国外和先进省区的经验做法，对进一步加强财政金融支持中小企业力度，促进公共财政体系建设，具有重大的现实意义。

启示一：建立支持中小企业信用专业担保机构。市场经济发达国家重视中小企业贷款担保制度建设，都能结合国情设立专门金融机构、担保公司，专职为中小企业提供贷款、融资服务。如德国建立了储蓄银行、合作银行、大众银行等专门机构，由政府为其提供低息资金，为中小企业提供低息和长期贷款。美国联邦政府于1953年成立中小企业管理局（SBA），宗旨是为中小企业发展提供贷款和担保，在全美设立2000多个分支机构，经费和担保资金来源由联邦和州财政共同分担。国外经验表明，建立健全中小企业金融及担保机构，提供优质金融服务，缓解企业资金紧张矛盾，是促进中小企业持续快速发展的资金保障。

启示二：建立完善中小企业信用担保法律体系。世界各国普遍重视信用担保法制建设，如美国、德国、日本等国政府，先后制定颁布了《美国中小企业法》《德国中小企业促进法》《日本中小企业信用保险法、信用保险公库法》等一批法律，对信用担保机构资质、担保对象和范围、担保金额及用途、保费收取标准等均作了严格规定，为中小企业提供专门法律保护。国外经验显示，构建完整的法律体系，创造有利于企业发展的法制环境，是促进中小企业持续快速发展的法律保障。

启示三：建立健全信用风险防范机制。市场经济国家为规避中小企业信用担保风险，采取了许多防范和分散风险的措施。如美国规定担保机构对担保对象不能全额担保，而是根据贷款规模、期限给予一定比例的担保，一般不超过75%～80%，同时要求被担保企业的大股东及高管提供个人财产抵押。并严格规范担保业务操作审查程序。日本建立了信用风险损失补偿机制，即由地方财政对本地担保机构进行财务状况评估后，按照其实际承担的风险损失给予适当

补偿，并与经营业绩挂钩，凡是担保规模大、财务状况良好的企业，得到财政补贴多。国外先进做法可以看出，建立完善信用担保风险补偿机制，有效的防范和化解风险，是中小企业信用担保机制正常运转的重要保障。

启示四：探索支持地方信用担保机制建设。结合实际制定多种形式的地方信用担保办法，是缓解中小企业融资难的有效途径。如，西湖模式：即浙江省杭州市西湖区政府2008年通过财政出资引导，吸引集合银行资金、信托资金、社会资金等，成立了“小企业集合信托债权基金”，总规模逾2亿元，为小企业提供融资等服务，建立了“利益分享、风险共担”的机制，实现了多方参与，合作共赢。德阳小汉模式：即四川省德阳市2007年在所辖广汉市小阳镇，由商业银行组织牵头，18家入会企业每户出资20万~200万元，成立了担保公司，对会员在商业银行贷款提供担保，财政对担保公司给予适当补贴。通过财政、银行、担保机构、企业间的共同参与和自律互信，规避降低了信用风险，实现了共赢。实践表明，因地制宜地探索建立地方信用担保机制的尝试，是有效解决中小企业融资难的重要途径。

三、进一步促进中小企业发展的对策建议

当前，我省正处于加快经济结构调整，转变经济发展方式，促进城乡统筹协调发展的关键时期。如何充分发挥财政职能作用，实现财政政策导向和资金的放大效应，对建立中小企业信用担保长效机制，加速中小企业发展，促进我省经济又好又快发展，具有十分重要意义。

（一）强化财政职能，加大专项资金投入

促进中小企业发展，对提供和扩大社会就业，转变经济增长方式，增加财政收入和加快城镇化发展进程等发挥着重要作用。各级财政部门应继续加大促进中小企业发展的投入，在增加专项资金规模、扩大扶持范围等方面进一步加大扶持力度。(1) 每年从中小企业上缴税收中按一定比例安排专项资金，反哺中小企业，鼓励其加快发展及做大做强。(2) 积极鼓励和引导市县政府根据本地财力情况，设立和增加促进地方中小企业发展专项资金，与省中小企业发展专项资金配套使用，为当地中小企业提供财政支持。(3) 适当增加省级金融专项资金规模。随着财力好转和中小企业发展需要，加大对省级融资服务平台的支持力度，通过完善融资平台功能，扩大业务范围，努力实现“政银

企保”对接合作，为中小企业发展建立长效信用担保机制。（4）加大风险补偿力度。财政对金融机构开发金融产品形成的风险损失，担保机构提供担保所形成的损失等方面给予一定的资金补偿，引导和带动银行贷款和社会投资，鼓励担保机构创新担保方式，帮助中小企业解决生产经营资金紧张问题。

（二）优化财政资金扶持方向，促进加快经济发展方式转变

根据我省中长期发展规划，结合产业结构调整现状，按照“有所为、有所不为”的原则，积极运用财政政策综合手段，支持和鼓励中小企业向“专、精、特、新”方向发展。（1）加大中小企业自主创新扶持力度，建立健全财政政策激励约束机制，重点扶持电子信息、生物医药、农产品加工、新能源、新材料、环保节能等符合产业政策，具有成长性的中小企业，不断提高其原始创新能力、集成创新能力和引进消化吸收再创新能力。（2）通过贴息、补贴等形式，大力支持中小企业技术改造，支持一批社会贡献大、上缴税收多、发展速度快、符合新型工业化要求的中小企业加快发展。支持与大企业集团、专业互补的关联产业群体分工协作。（3）支持金融机构加大金融产品创新力度。财政部门应进一步加强与银行部门的协助配合，鼓励金融机构由“产品导向”向“客户导向”转变，由零散经营向集中整合转变，由“单打独斗”向合作共赢转变，开发更多的适应中小企业融资发展的金融产品。拓宽中小企业融资渠道，鼓励和支持金融机构完善“抚松模式”“园区模式”“中小企业助保金贷款业务”“中小企业集合票据”等多元化融资模式，尽可能满足中小企业不同的金融服务需求。

（三）支持信用担保体系建设，增强担保机构整体经营实力

加快完善信用担保体系建设，支持信用担保机构做大做强。（1）鼓励和引导市县两级财政为担保机构持续注入资本金，增强企业经营实力。探索建立资本金注入奖励机制，省财政可按当年按新增财力的一定比例，根据市县担保业务发展快慢和新增资本金的情况，为市县担保机构适当补充资本金。市县财政逐步设立和增加专项资金，主要用于担保机构资本金注入和服务体系建设。（2）设立担保机构风险补偿金，降低企业信用担保风险。市县财政可根据财力可能，设立和增加风险补偿专项基金，按照上年扩大担保规模、新增担保数额，给予信用担保机构一定的风险补偿，不断提高企业抗风险能力。（3）设立省政策性信用担保发展基金，支持担保机构做大做强。借鉴国内外先进做

法，适时建立省信用担保发展基金，支持信用担保机构联合重组，做大做强。通过与境内外经营业绩优良、风险控制有力的担保机构合作，共同组建设立我省专业化担保机构，将财政资金二次放大，缓解我省中小企业融资难问题。

（4）支持中小企业综合服务机构建设，完善综合服务功能。继续支持省市县三级中小企业综合服务体系建设，实现市县全覆盖。坚持“政府扶持中介，中介扶持企业”的原则，整合、引导和支持社会各类中介机构，发挥专业服务功能，为中小企业提供融资担保、创业咨询、市场开拓、法律维权等服务。

（5）加强财政监督管理，提高资金使用绩效。按照建立公共财政制度的要求，财政部门与金融、银监、审计等部门密切协作，切实加强经营监管和业绩考核，鼓励和支持担保机构按市场方式独立开展经营业务，拓宽经营渠道，扩大服务领域，提高经济效益。对运作规范、经营有方、业绩突出的给予奖励。

八、工作实践回顾

在2003年全省财政工作会议上的讲话

（2003年2月）

这次全省财政工作会议的主要任务是：贯彻落实全国财政工作会议和全省经济工作会议精神，总结2002年的财政工作，研究部署当前和今后一个时期的财政工作任务。省委、省政府对财政工作高度重视，2002年12月31日，云坤书记、洪虎省长在财税金融计划执行情况座谈会上，对财政工作做了重要指示。今天下午，儒林副省长还要到会做重要讲话。下面，我讲四个问题，供参考。

一、2002年全省财政预算执行情况良好，圆满完成了各项财政任务

过去的一年，在省委、省政府的正确领导下，全省财政工作紧紧围绕改革发展稳定大局，认真贯彻落实积极的财政政策，稳步推进财政改革，狠抓增收节支，加强财政监督，在国民经济持续较快发展的基础上，较好地完成了全年

预算任务。2002年，全省一般预算全口径财政收入244.9亿元，增长12.2%；地方级财政收入131.4亿元，增长8.5%，均超额完成了年度目标任务。到2002年末，又有镇赉、乾安、伊通、东丰四个县（市）一般预算全口径财政收入超亿元，总数达到26个；前郭、梨树两个县地方级财政收入超亿元，总数达到10个。全省财政支出362.6亿元，增长11.1%，较好地保证了重点支出的需要。全省做到了当年财政收支平衡，结余2423万元，其中省本级结余210万元，市、州结余2213万元，为促进全省经济发展和社会稳定做出了贡献。

一年来，各级财政部门主要做了以下几个方面工作。

（一）认真贯彻落实积极的财政政策，努力促进经济发展

2002年，各级财政加大了对经济发展的支持力度。(1)认真贯彻实施积极的财政政策。全年共争取财政到位国债资金27.8亿元，并与预算内基本建设资金、重点建设项目资金统筹安排，重点支持了基础设施和重点项目建设。同时，加强了对国债项目的审查，共审查投资48.8亿元，审减率6%。(2)大力支持农业和农村经济发展。全省共筹措资金30.5亿元，重点支持了农业基础设施、农业科技推广、农业产业化经营和农业社会化服务体系建设。完成农业综合开发投资9亿元，重点支持了中低产田改造、农业产业化龙头项目和科技示范区建设。(3)积极为国有企业改革与发展创造宽松环境。围绕治理经济发展软环境，继续停批涉企、涉农收费项目，清理取消不合理收费项目87项，减轻企业和农民负担近3亿元。认真落实国家税收优惠政策，减征环保型小汽车消费税12.2亿元。筹措资金10.6亿元，对全省国有破产煤矿和有色金属矿山的职工进行了妥善安置。安排专项资金1.9亿元，支持了企业技术改造、结构调整和高新技术产业发展。(4)努力促进科技创新。安排拨付科技三项费用3.3亿元，对促进我省产业和产品结构调整，提高产品的科技含量，增强产品的市场竞争能力发挥了重要作用。

（二）强化组织收入措施，较好地完成了全年财政收入任务

2002年全省财政收入继续保持了较高增幅，财政收入质量进一步提高，财政收入缴库的均衡性显著增强。全年有11个月收入超过了序时进度，各季度都完成了收入均衡缴库目标，是1994年以来收入缴库状况最好的一年。主要原因是我省经济保持了良好发展势头，经济增长的质量和效益稳步提高。同时，各地、各部门管理加强、措施有力也发挥了重要作用。针对预算执行中存在的问题，省政府于7月上旬召开了全省增收节支工作会议，在10月中旬省政府全体会议上，又对增收节支工作进行了专门部署。各地迅速采取有效措施，加强收入调度，层层落实责任制，狠抓落实。各级财政部门进一步改进和加强收入均衡缴库工作，配合税务部门，加强税源监控，严格依法征收，改进征管措施，充分挖掘增收潜力，努力做到依法应收尽收。全省50个市县中，有40个市县超额完成了省下达的收入任务，为完成和超额完成全省财政收入目标做出了贡献。

（三）调整优化支出结构，各项重点支出得到了较好保障

（1）在工资发放方面，建立了通报、考核和领导责任追究制度。加大了工资性转移支付力度，强化资金调度，缓解了困难市县保付工资的压力。积极推进工资统发和农村中小学教师工资上划县级统管，全省已有省本级和38个市县开展了工资统发，41个县（市）全部完成了农村中小学教师工资上划县级统管工作。2002年末，按当地实际执行的工资标准统计，各市县实现了当年工资不拖欠的目标。（2）在社会保障方面，各级财政共拨付国有企业下岗职工基本生活补助资金8.4亿元，筹措企业基本养老保险补助资金21.7亿元，促进了下岗职工基本生活费和企业离退休人员养老金的发放。加大城市居民最低生活保障投入，全年共拨付资金3.9亿元，使城市低保对象基本做到了应保尽保。（3）在扶贫和救灾方面，各级财政共投入资金4.3亿元，用于支持贫困地区发展经济、脱贫解困、抗灾救灾和灾区群众的基本生活。（4）在法定及其他重点支出方面，科技、农业、教育等重点支出均达到或超过了法定增长幅度。筹措粮食风险基金38.4亿元，对按保护价收购农民余粮、扩大粮食销售、保护农民利益发挥了重要作用。安排“严打”整治斗争等专项经费1亿元，基本保证了政法机关的办案需要，维护了社会稳定。

（四）推进财政改革，加强公共财政建设

2002年，各地按照建立公共财政的要求，进一步加大了财政改革力度。（1）部门预算改革取得新进展。省本级全面试编了部门预算，并完善了编制、执行程序。9个市（州）和部分县（市）也开展了部门预算改革试点。（2）扩大了财政国库集中支付范围。在2001年试点的基础上，省级将基本建设支出、下岗职工基本生活费、企业亏损补贴等项目纳入了集中支付范围，直接支付资金6亿元。部分市县开展了会计集中核算试点，省直完成了在26个部门和单位试点运行前的一切准备工作。(3) 深化“收支两条线”管理改革。根据国家有关规定，进一步完善收缴制度，将各级公安、法院、工商、环保、计划生育等部门的收费收入全部纳入预算管理。各地按照深化“收支两条线”改革的要求，在强化财政专户管理、预算内外资金统筹等方面也进行了探索。(4) 加大了政府采购工作力度。编制了政府采购计划，实行了供应商资质认证等政府采购市场准入制度，进一步规范了政府采购行为。全年完成政府采购金额11.2亿元，节省支出1.4亿元。(5) 积极参与粮食补贴直补农民改革试点工作。参与了省粮食补贴直补农民试点方案的研究制定，促进了改革试点工作的顺利进行。(6) 积极推进农村税费改革试点。2002年，全省全面开展了农村税费改革试点工作。积极配合有关部门，研究制定了相关配套政策，完善乡镇财政管理体制，调整农业税收征管体制，支持了改革试点的平稳实施。

(五) 加强财政监督管理，整顿财经秩序

认真贯彻执行《吉林省财政监督条例》，开展了会计信息质量、政府采购、国债资金和财政专项资金使用情况的专项检查。加强国有资本监管工作，完善了包括产权界定、资产划转、股权设置等在内的国有资本基础管理体系，维护了国家所有者权益。强化政府债务管理，加大了到期外债清收力度，偿还政府主权外债3.8亿元。初步建立了财政专项资金使用情况跟踪问效制度，逐步延伸财政监管深度。拓展了企业效绩评价领域，探索运用评价结果来考核企业效益和领导班子业绩。

总体上看，2002年全省财政预算执行情况是好的，但也存在一些不容忽视的问题。(1) 财政收支矛盾突出，特别是县级财政仍比较困难，相当一部分县（市）保工资、保重点只能维持在较低水平。(2) 粮食风险基金难以足额配套，部分政府主权外债、国债转贷项目以及企业债券不能按期还本付息，财政压力加大。(3) 财经法纪观念淡薄，违反财经纪律，铺张浪费，花钱不计成本效益的问题仍然较多。(4) 财务管理不严、企业财务监管弱化带有一定的普遍性；财政资金重分配、轻管理，重使用、轻效益问题还不同程度地存在。这些问题，需要我们在今后的工作中，深入研究对策措施，认真加以解决。

二、统筹兼顾，确保重点，积极稳妥地安排2003年的财政收支计划

2003年国家继续实施积极的财政政策和稳健的货币政策，我省经济将保持较快增长，经济运行质量不断改善，为财政增收奠定坚实基础。同时，我们也要看到，落实国家出台的支持汽车工业发展、鼓励出口创汇、促进下岗失业人员再就业等税收优惠政策，也影响着财政收入的增长。总体上看，尽管2003年全省财政增收还面临着较多困难，但在经济稳定增长和经济效益不断提高的基础上，只要进一步加强收入征管，做好相关工作，2003年我省财政收入仍将保持较快的增长。

从支出方面看，2003年我省各级财政的支出压力仍然很大。调整机关事业单位职工工资，增加下岗失业人员再就业和城市“低保”资金等社会保障投入，保证科技、农业、教育支出按法定比例增长，以及维护社会稳定等，都需要大量增加支出。初步测算，2003年全省新增支出达50亿元，当年新增财力只有10亿元左右，财政收支矛盾仍然相当突出。

根据全国财政工作会议精神和全省经济工作会议的部署，2003年财政预算安排遵循的原则是：以“三个代表”重要思想为指导，继续贯彻落实积极的财政政策，努力促进国民经济持续健康发展；大力增收节支，严格依法治税，强化税收征管，确保财政收入稳定增长；加大财政支出结构调整力度，增加对下岗失业人员再就业、社会保障、改善人民生活等重点支出的投入，除法律和政策规定需要增加的支出外，其他各项支出零增长；继续深化财政改革，强化财政监督，提高财政管理水平和资金使用效益。

按照上述原则，安排了2003年财政收支计划。全省一般预算全口径财政收入安排266.9亿元，增长9.0%。其中，地方级财政收入安排141亿元，增长7.3%。列入地方级财政收入的几项主要收入安排情况是：增值税收入（地方分享25%部分）29.1亿元，增长6.0%；营业税收入33.6亿元，增长10.2%；企业所得税收入（地方分享40%部分）12亿元，个人所得税收入（地方分享40%部分）8亿元，分别下降15.4%和10.3%，主要原因是国家调整了所得税分享比例；农业税收入9.8亿元，是按照农村税费改革后正常年景安排的；行政性收费等收入19亿元，增长7.4%。

按照收支平衡的原则，全省财政支出安排294.9亿元，按可比口径，增长

5.5%（不含上年结转支出和执行中国家追加的一次性专项补助，下同）。几项主要支出的安排情况是：基本建设支出8.9亿元，增长3.7%；企业挖潜改造资金5.7亿元，与上年持平；科技三项费用2.8亿元，增长5.8%；农业支出5.1亿元，增长5.8%；教育支出52.3亿元，增长6.2%；科学支出2.1亿元，增长5.8%；医疗卫生支出12.8亿元，增长5.5%；抚恤和社会福利救济10.2亿元，增长18.1%；社会保障补助支出34.9亿元，增长12.5%；行政管理费26.1亿元，与上年持平；公检法司支出21.7亿元，增长5.0%；其他支出17.5亿元，下降4.4%。

上述收支计划，作为代编的预算，已经省十届人大一次会议审议通过。财政收入的安排，与我省经济预期增长目标保持同步，有经济税源做保证，是积极稳妥的，经过努力是可以实现的。财政支出的安排，坚持以收定支，体现确保重点，兼顾一般，有保有压，不留硬缺口。各地应根据省里的精神，结合实际，依照法定程序，妥善安排好收支预算。

三、艰苦奋斗，扎实工作，努力完成全年各项任务

2003年是深入学习贯彻十六大精神的第一年，也是全面建设小康社会的开局之年，圆满地完成各项财政工作任务，对于保持我省经济持续健康发展，推动社会全面进步，维护社会稳定具有重要意义。我们要按照全省经济工作会议和最近刚刚闭幕的“两会”精神，着眼于经济社会发展全局，发扬艰苦奋斗精神，锐意进取，扎实工作，完成好全年各项任务。要着重抓好以下五项工作。

（一）切实抓好组织收入工作，确保财政收入稳定增长

各级财政部门要紧紧依靠当地党委、政府的领导，与税务等有关部门密切配合，加大收入征管力度，确保完成全年财政收入任务。（1）要狠抓收入均衡缴库。从年初开始，就要把这项工作抓紧抓好。继续制定均衡缴库阶段性目标，加强调度、考核、协调和督导，落实好组织收入责任制。（2）要严格依法治税。认真执行税法，努力规范税收秩序，既不能收“过头税”，又要努力应收尽收。对税收优惠政策执行到期的要及时恢复征税，坚决制止擅自或变相出台税收优惠政策，维护税法的统一性、权威性和严肃性。（3）要加强重点税源的监控管理。配合税务部门，继续加大重点税源和薄弱环节征管力度，进

一步扩大税源监控范围，逐步建立起行之有效的税源监控机制。（4）要加强农业税的征收。要密切配合税务部门，理顺农业税征收管理体制，改进征收方式，加大征管力度，保证农业税收入任务的完成。同时要认真贯彻落实农业税减免政策，切实做好灾歉减免工作。（5）要加强非税收入征管的监督检查，防止应收不收、截留坐支和挤占挪用，促进非税收入及时足额入库。

（二）确保重点支出需要，维护社会稳定

保重点、保稳定仍然是2003年支出工作的重中之重。要继续贯彻“一要吃饭，二要建设”的方针，将保工资和社会保障等涉及稳定的支出放在第一位，妥善安排预算，加强资金调度，确保重点支出需要。（1）要全力保证机关事业单位职工工资发放。继续编制最低确保预算，足额安排工资性支出，不留缺口。省、市要加大对困难县（市）转移支付力度，增强其保付工资能力。进一步扩大工资统发范围。继续实行工资发放责任制度和按月通报制度，严格执行“三不准”规定，切实做好工资保付工作。（2）要增加就业和社会保障投入。将再就业培训补贴、公益性岗位补贴、社会保险补贴等促进再就业资金列入财政预算。省级和地级以上城市要建立下岗失业人员小额贷款担保基金。在确保下岗职工基本生活费及时足额发放的前提下，适当调剂出部分下岗职工基本生活保障资金，用于促进再就业、解除劳动关系、补充失业保险金等方面的投入。合理安排企业养老保险补助资金，确保企业离退休人员基本养老金及时足额发放。加大城市居民最低生活保障投入，2003年各地预算安排的城市居民最低生活保障资金要比上年增加一倍，省里也将适当加大对各地低保补助资金的转移支付力度，各地要做好低保资金的预算安排，努力做到应保尽保。（3）要对法定及其他重点支出予以保障。各地要加大支出结构调整力度，对科技、农业、教育等法定支出和扶贫、政法机关办案经费等支出给予重点安排。

（三）着力制度创新，进一步深化财政改革

深化财政改革，既是建立和完善公共财政体制的要求，也是解决财政运行矛盾和问题的根本措施。2003年各地要把深化财政改革放在突出位置，整体推进和重点突破相结合，力求取得新的成果。部门预算改革要抓规范，进一步完善预算编制内容，按照各部门的职责和公共服务均等化的目标，制定综合定员定额标准，规范预算编制程序，建立专项资金项目预算制度，提高预算编制质量和水平。各市县要进一步推进部门预算和综合预算改革，加快全省预算制度改革进程。国库集中支付制度改革要抓扩大试点。省级要在对科技三项费用等财政专项资金直接支付的基础上，选择部分预算单位进行国库集中支付改革试点，完善制度办法，并逐步实现规范运作。各市县也要增强紧迫感，加快试点进度。2003 年，国家将对各省国库集中支付改革进展情况进行督查，省里也要将这项工作列为对市州工作考核的一项重要内容。要继续抓好会计集中核算试点工作，不断总结经验。政府采购要抓扩大规模。要以《政府采购法》的颁布实施为契机，科学编制政府采购预算和政府采购计划，规范政府采购程序，进一步拓展政府采购范围，扩大政府采购规模。要对《政府采购法》出台前制定的有关政策文件进行全面清理，该废止的废止，该完善的完善，并建立健全政府采购信息管理制度、市场准入制度和统计分析制度，促进政府采购工作健康发展。“收支两条线”管理改革要抓深化。省市县都要积极探索预算外资金纳入预算管理，实行收支脱钩管理的具体措施，把深化“收支两条线”管理改革落实到位。要进一步改革行政事业性收费收入的征缴方式，逐步实行“单位开票、银行代收、财政统管”的征管体制，实现收缴分离，从体制上防止截留、挤占、挪用预算外资金。工资统发改革要抓扩面，继续完善行政事业单位职工工资和教师工资统发管理办法，加强管理，提高服务质量。没有实行工资统发的市县要尽快进行工资统发试点，逐步扩大统发范围。

（四）厉行节约，严格控制一般性支出

增收节支是理财工作的永恒主题。厉行节约，制止铺张浪费，是 2003 年财政工作的重要内容。各地要加大增收节支工作力度，采取行之有效措施，强化支出约束，从严控制一般性支出。（1）要严格控制人员经费过快增长。配合有关部门，对事业单位的新增人员，积极推行聘任制，按照有关规定参加社会保险，逐步减少或取消其他方面的福利支出。（2）要严格控制会议费、培训费支出。在继续实行会议费包干办法的同时，研究加强会议费管理的激励约束办法；加强培训费管理，强化计划约束，尽量减少办班，节约开支。（3）严格控制设备购置费支出。对党政机关和财政拨款的事业单位新购或更新小汽车继续严格控制，避免办公设备过快更新，制止高消费行为，加强行政事业单位的资产管理，提高配置效率。（4）严格控制党政机关工作人员出国审批，压缩非贸易出国用汇开支。（5）要坚持市场化改革取向，配合有关部门，积极探索公务用车、房屋维修、机关幼儿园等实行社会化管理的途径，减轻财政负担。

（五）强化财政监管，进一步规范财经秩序

各级财政部门要转变财政监管方式，促进财政、审计、中介机构相结合、多层次监督体系的建立。要通过深入开展《中华人民共和国会计法》执法检查、加强财务会计监督和会计诚信建设，促进会计行为的规范和会计信息质量的提高。要加强对会计师事务所、资产评估机构业务质量的监督检查，规范执业行为，坚决打击做假账，促进提高行业公信力。要依法加大财政专项检查力度，着力解决私设“小金库”和截留、挪用财政资金问题。要健全重点项目跟踪问效和资金使用反馈检查制度，加强基本建设支出和专项支出管理，对专项支出逐步实行项目管理，不断扩大财政投资评审范围，加强概预决算审查，保证财政资金安全合理使用。要加强国有资本监管，防止国有资产流失，努力提高国有资产营运质量和效益。同时，要加强企业国有资产收益和非经营性资产转经营性资产收益的征收管理，维护国有资产权益。要完善国有企业效绩评价体系，充分发挥效绩评价对促进国有企业强化经营管理、提高经济效益的重要作用。要加强政府债务管理，合理控制债务规模，强化偿债机制，加大债务清欠力度，努力防范和化解财政风险。

四、更新理财观念，提高工作质量，开创财政工作的新局面

党的十六大提出：发展要有新思路，改革要有新突破，开放要有新局面，各项工作要有新举措。做好新形势下财政工作，必须按照“四新”要求，坚持与时俱进，解放思想，创新理财观念，加强财政自身建设，培养造就“素质高、作风硬、廉洁高效”干部队伍，开创财政工作新局面。

（一）创新理财观念，努力提高理财水平

随着市场经济的发展和财政职能的转变，财政工作发生了很大变化。适应形势的变化，理财思想也应不断发展，有所创新。要强化“五个观念”。

1. 在理财思想上，进一步强化公共财政观念。建立公共财政体制是发展社会主义市场经济的必然要求，也是解决财政经济运行中各种矛盾和问题的迫切需要。多年来，我省财政一直比较困难，尤其是有的县（市）连保工资、保运转都有困难，却乱拉资金搞各种名目的节庆活动和形象工程。这就更需要

我们进一步强化公共财政观念，加快公共财政建设步伐，切实将财政支出转到保工资、保重点、保稳定上来。要把公共财政作为基本的理财思想，贯彻到预算安排中，落实到支出结构调整中，体现到增收节支工作中。今后，各级财政部门运用财政政策、分配使用财政资金，要把握好方向和重点，符合公共财政发展的方向，突出公共财政的特征。

2. 在支持经济发展上，进一步强化发展是富民兴省第一要务的观念。十六大强调指出：发展是执政兴国的第一要务。没有经济发展，财政就成了无源之水，无本之木。财政要发展壮大，“就财政论财政”没有出路，必须在努力支持经济发展上做文章。当前，关键在于转变支持经济发展方式，适应建设“工业省、科教省、生态省”和经济结构调整的需要，研究制定新形势下支持经济发展的措施和办法，充分利用国家继续实施的积极财政政策、支持东北老工业基地调整和改造，加大对粮食主产区政策扶持的机遇，发挥好财政政策和资金的导向作用，积极支持重点项目建设和深化国有企业改革，推进经济结构调整，促进全省经济的持续健康发展，为财政发展壮大奠定坚实的物质基础。

3. 在财政改革上，进一步强化实效观念。当前，各项财政改革已经全面铺开，有的还取得很大进展，但由于每项改革互为联系，相互交叉，存在相互促进的关系，如果不注意整体推进和重点突破相结合，财政改革就难以取得实质性的成效，达不到创新制度、强化管理的目的。如，部门预算改革，需要“收支两条线”改革的不断深化；国库集中支付制度改革，需要以部门预算改革为基础。因此，深化财政改革，要着眼全局，统筹考虑，既要整体推进，又要重点突破，循序渐进，逐步深化，取得实效。

4. 在财政资金配置上，进一步强化成本效益观念。近年来，随着我省财力的增长和支出结构的调整，财政保障能力逐步提高，但是，一些部门和单位仍感到经费紧张，一个重要的原因是行政事业成本过高。超编养人、机关后勤社会化服务程度低等问题十分突出，增加了财政支出的压力。各级财政要强化成本效益观念，在努力研究合理配置财政资金，提高财政保障能力的同时，还要不断拓宽理财领域，深入研究降低行政事业成本和提高资金使用效益问题，通过深化财政支出改革，建立和完善支出控制和约束机制，把有限的资金花得更有效，取得事半功倍的效果，实现科学理财。

5. 在财政监管方式上，进一步强化依法理财观念。坚持依法理财，促进财政工作的法制化和规范化，是适应市场经济发展和遵循世贸组织规则的客观要求，也是做好财政工作的重要保证。各地要切实抓好财政法制建设，将财政工作纳入法制化轨道。要深入开展法制宣传教育，树立和强化法制意识，严格依法办事，减少随意性。严格执行财经法规，强化预算约束，促进财政资金使用的规范化。要强化财政执法和监督工作，建立财政执法检查和执法责任制度，依法理财，全面提高财政部门法制化管理水平。

（二）要转变工作作风，狠抓工作落实

做好财政工作，既要靠健全的体制、制度和政策措施，也要靠过硬的作风。改进和加强财政部门的工作作风，最主要的是要在求实上下功夫。(1) 学习要务实。要从财政改革和发展实际需要出发，以培养学习型干部为目标，加强学习和培训，从政治理论、现代管理知识、财政业务技能等多方面提高干部队伍素质。(2) 工作要求实。要把调查研究作为财政工作的基本方法，紧密结合财政工作实际，对财政运行中的重点、难点问题，如财政供养人口多、县级财政困难、粮食负担重、财政风险等，都要多调查、多分析、多研究，积极探索化解矛盾、解决问题、克服困难的新思路，拿出具有参考价值的建议，为领导决策服务，增强财政工作的主动性。(3) 措施要抓实。进一步强化工作责任制，抓好督查督办，把工作落到实处。

（三）要坚持不懈地抓好党风廉政建设，清廉理财

财政干部处在管钱的岗位，廉政建设至关重要，丝毫不能放松，必须常抓不懈。(1) 狠抓党风廉政建设责任制的落实。按照党风廉政建设责任制的要求，一级抓一级，层层负责。加强全系统行风建设，形成清廉理财的良好风气。(2) 加强党风廉政教育。以“三个代表”重要思想为指导，进一步改进和加强机关党的建设。经常开展反腐警示教育等多种形式的廉政教育活动，使干部树立正确的世界观和权力观，提高思想境界和道德修养，增强拒腐防变能力。(3) 进一步建立健全监督管理制约机制。坚持预防和治理并举，从资金审批拨付、财务管理等重点环节入手，进一步建立健全内部监督制约机制，建立科学、规范的业务运行制度和操作规程，搞好干部轮岗交流，实行权力制约和监督，防范以权谋私和权力滥用。

（四）要加快财政信息化建设，进一步提高财政工作效率和服务水平

适应信息化时代的发展要求，加强财政系统信息化建设，既是提高工作效率的需要，又是深化财政改革、规范财政管理、加强财政监督的需要。国家已将“金财工程”列为电子政务主要业务系统之一。2002年8月份，财政部在黑龙江省召开了全国财政系统“金财工程”建设座谈会，标志着“金财工程”全面启动。目前，我省财政系统“金财工程”建设实施方案已上报财政部。规划3~5年内，建立起覆盖省、市、县三级财政主要业务的信息管理系统。从现在开始，各地都应指定机构和专人负责，抓好这项工作。当前，要按照财政部制定的标准，抓紧对现有网络进行扩充和完善，尽快做到财政核心业务信息化管理，逐步实现无纸化办公，提高工作质量和效率。

2003年的财政工作任务非常繁重，我们要深入学习贯彻十六大精神，按照“三个代表”的要求，落实全省经济工作会议的部署，在省委、省政府的领导下，积极进取，开拓创新，艰苦奋斗，扎实工作，努力开创财政工作新局面。

在2004年全省财政工作会议上的讲话

（2004年2月）

这次全省财政工作会议，是在我省全面实施老工业基地振兴战略的新形势下召开的。会议的主要任务是：贯彻落实全国财政工作会议、全省经济工作会议精神，总结2003年财政工作，研究部署2004年各项财政工作任务。刚才，儒林副省长做了重要讲话，对做好2004年和今后的财政工作提出了明确要求，我们一定要深入学习领会，认真贯彻落实。下面，我讲五个问题，供大家参考。

一、关于2003年财政工作的简要回顾

2003年，全省各级财政部门在各级党委和政府的领导下，认真学习贯彻党的十六大和十六届三中全会精神，按照省委、省政府对财政工作的总体部署，紧紧围绕改革发展稳定大局，狠抓增收节支，深化财政改革，加强财政管理，在国民经济较快增长和经济效益显著提高的基础上，圆满地完成了年初确定的各项目标任务。

（一）财政收入超额完成了预算任务

各地努力化解“非典”疫情对财政收入的影响，加大组织收入的工作力度，挖掘税源潜力，强化非税收入征管，有力促进了财政收入的较快增长。2003年，全省一般预算全口径财政收入完成289.2亿元，比计划超收22.3亿元，比上年增长18.1%，其中，地方级财政收入完成154亿元，比计划超收

13 亿元，比上年增长 17.1%。全省 9 个地区都超额完成了省下达的收入任务。到 2003 年底，一般预算全口径财政收入突破亿元的县（市）达到 29 个，比上年增加 3 个。地方级财政收入突破亿元的县（市）达到 15 个，比上年增加 5 个。

（二）各项重点支出得到了较好保障

全省财政支出 409.2 亿元，比上年增加 46.6 亿元，增长 12.9%。各级财政部门按照保工资、保稳定、保运转的要求，努力调整支出结构，积极筹措资金，基本保障了各项重点支出需要。（1）保证了机关事业单位职工工资及时发放。省财政进一步增加对市县的工资性转移支付，加强资金调度，缓解困难县（市）保付工资的压力。各市（州）认真贯彻执行省政府的有关规定，把保工资发放作为一项硬任务来抓。经过全省上下的共同努力，继续实现了当年工资不拖欠的目标。（2）加大了就业和社会保障方面的投入。全省各级财政共筹措“两个确保”、城市低保和再就业资金 42.3 亿元，保障了国有企业下岗职工、企业离退休人员和城市低保对象的基本生活，促进了再就业各项扶持政策的落实。（3）全力为防治“非典”提供经费保障。全省各级财政共拨付防治“非典”资金 4 亿元，其中市县财政拨付 3.3 亿元，对取得防治“非典”的阶段性胜利发挥了重要作用。（4）拨付扶贫救灾资金 3.9 亿元，支持了贫困地区的经济和社会事业发展，帮助受灾地区群众解决了生产生活困难问题。（5）教育、卫生、文化、政法等其他各项重点支出和重点支出项目也得到了较好保障。

（三）财政支持经济发展的作用进一步加强

全省共拨付国债和预算内基本建设资金 39.8 亿元，重点支持了“三北”防护林、农村公路等 376 项基础设施和重点项目建设。大力支持农业和农村经济发展。全省共拨付农业、林业、水利资金 21.8 亿元，主要用于农业综合开发、农业科技推广、天然林保护工程、防汛抗旱，以及农田水利基础设施建设。拨付粮食补贴资金 46.3 亿元，对按保护价收购农民余粮、扩大粮食销售、保护农民利益发挥了重要作用。积极为国有企业改革与发展创造条件。拨付资金 18.6 亿元，重点支持了 10 户资源型企业关闭破产和 16 户企业分离办社会职能，以及结构调整、技术改造和市场开拓。努力促进科技创新。拨付科技三项费用 3.5 亿元，支持了光电子、农业高新技术、中药现代化、生物技术以及应用软件领域的科技创新和科技成果转化。制定和实施16项财税优惠政策，支持了受“非典”疫情影响较大行业尽快恢复生产经营。

（四）各项财政改革稳步推进

部门预算改革进一步深化。省本级全面编制了部门预算，9个市（州）和部分县（市）也试编了部门预算，重点规范了预算编制程序和编制方法，预算的透明度和约束力明显增强。国库集中支付制度改革继续推进，省级通过国库集中支付的基本建设、政府采购、科技三项费用等专项资金达18.8亿元。工资统发范围进一步扩大，截至2003年底，全省纳入工资统发范围的人员达56万人，比上年增加26.5万人。省级、6个市（州）和19个县（市）积极开展了会计集中核算改革试点。政府采购范围和规模进一步扩大，全省共完成政府采购金额22.2亿元，比上年增长98.5%。深化“收支两条线”改革取得新进展，原作为预算外资金管理的公安、法院、工商等部门的行政性收费全部纳入预算管理。农村税费改革不断深化，粮食直补改革试点取得初步成效。

（五）财政法制建设和监督管理工作不断加强

省十届人大常委会第三次会议审议通过的《吉林省罚没和扣押财物管理条例》，于2003年7月1日正式实施，为切实加强罚没收入和罚没物资的管理提供了法律保障。按照有关规定，省财政清理取消6项行政审批事项，全省清理取消46项行政事业性收费和政府性基金。开展了会计信息质量、省级财政收入、支农资金等多项专项检查，共查出违纪金额6.9亿元。在全省范围内全面开展了清理整治“小金库”工作。加大对到期政府主权外债的清收和偿还力度，全年共偿还政府主权外债21.8亿元。加强了财政投资评审工作，全省各级财政投资评审机构共完成投资评审项目1098项，评审资金44.7亿元，审减资金4.9亿元。

2003年，在各级党委、政府的领导下，全省财政战线广大干部职工迎难而上，锐意进取，较好地完成了各项工作任务。在此，我代表省财政厅党组向大家并通过你们向全省财政战线的广大干部职工表示衷心地感谢！同时也向关心、理解、支持财政工作的各市（州）政府、中省直部门领导表示诚挚的谢意！

在肯定成绩的同时，我们也必须清醒地看到，当前财政工作中还面临不少矛盾和问题。（1）虽然2003年全省财政收入增长较快，但市县之间不平衡，特别是县级财政压力较大；（2）部分政府主权外债项目和国债转贷项目效益不佳，难以按期还本付息，财政风险不断加大；（3）财政支出范围和结构不尽合理，财政负担过重，资金使用效益有待进一步提高；（4）财经纪律松弛、损失浪费，以及偷逃税款等违反财经法纪的问题仍然比较突出。对这些问题，我们要进一步高度重视，通过深化改革、强化管理，认真加以解决。

二、关于2004年全省财政收支计划安排

2004年，国家继续实施积极的财政政策，对东北老工业基地调整改造给予政策扶持，将进一步促进我省经济的快速发展，为财政增收奠定良好基础。同时，近年来上的一些重点项目2004年陆续投产见效，以及部分税费减免政策执行到期也将增加一部分收入。但由于2004年政策性减收增支因素较多，财政收支压力很大。据测算，2004年全省财政政策性减收增支达到129.9亿元。其中，减收47.7亿元，增支82.2亿元。以上情况说明，2004年预算安排面临减收增支的双重压力，必须考虑充分，统筹兼顾，妥善处理。

根据全国财政工作会议精神和全省经济工作会议部署，2004年财政预算安排遵循的原则是：以"三个代表"重要思想为指导，坚持以人为本，牢固树立全面、协调和可持续的发展观；支持吉林老工业基地调整改造和振兴；加大"三农"、就业和再就业、社会保障、农村义务教育、公共卫生体系建设等重点支出投入；加强收入征管，努力增加财政收入；积极调整财政支出结构，一般性支出实行零增长；深化财政改革，强化财政监督，促进国民经济持续快速协调健康发展和社会全面进步。

按照上述原则，安排了2004年财政收支计划。全省一般预算全口径财政收入安排295.7亿元，可比口径增长10%。其中，地方级财政收入安排158.6亿元，可比口径增长8.6%。

全省地方级财政收入158.6亿元，加上中央税收返还补助和其他各项补助及调入资金等179亿元，扣除上解中央支出和调出资金等2.3亿元，全省可供安排财政支出的财力为335.3亿元。按照收支平衡的原则，全省财政支出相应安排335.3亿元，增长4%。

上述收支计划安排，作为代编预算，已经省十届人大二次会议审议通过。收入预算的安排，考虑了落实中央11号文件各项税收优惠政策的减收因素。

支出预算的安排体现了保重点的原则，对调整工资、农业、科技、教育、计划生育等支出按政策法规给予了妥善安排，增加了就业和完善城镇社会保障体系试点支出，一般性支出继续实行零增长。

三、关于完善省以下财政管理体制问题

刚才，儒林副省长对这次完善省以下财政体制的重要意义，以及对下一步的工作要求已经讲得非常透彻了。我这里主要讲一下这次完善省以下财政体制有关具体问题。

（一）体制调整完善的主要内容

主要内容有10项：

1. 继续减少省与市（州）共享收入税种，将城镇土地使用税下放市（州），作为市（州）的固定收入。

2. 提高省与市（州）共享收入市（州）分享比例，将增值税（地方分享25%部分）、一般营业税（不含金融保险营业税）省与市（州）的分享比例由6:4调整为5:5。

3. 改变按企业隶属关系划分所得税收入的做法，凡是地方分享的企业所得税收入，一律实行省与市（州）共享，省与市（州）分享比例为4:6。

4. 个人所得税收入（含个人储蓄存款利息所得税）地方分享部分，省与市（州）的分享比例由5:5调整为4:6。

5. 省与市（州）共享收入市（州）分享比例提高后，市（州）上划省的共享收入不再实行增量返还。

6. 对人均财力低于全省县（市）级平均水平的粮食主产县（市）、以煤炭和森工为主的资源型县（市）和少数民族县，省共享收入全部下放县（市）。

7. 建立增收激励机制。（1）对市（州）本级上划省的共享收入，当年增长幅度超出市（州）本级财政收入增长幅度部分，省财政按超出数额的30%给予返还；（2）对县（市）上划省的共享收入，当年增长幅度超出县（市）财政收入增长幅度部分，省财政按超出数额的40%给予返还。

8. 建立节支鼓励机制。针对我省财政供养人口多、增长快、财政负担重的问题，建立省政府节支奖励资金，对控制和压缩财政供养人员做出成绩的市

(州)、县(市)政府给予重奖。

9. 省级部分专项支出实行绩效奖励办法。对省级专项支出中的支农服务体系建设、农村基础教育、计划生育、政法装备、乡镇卫生院改造、矿产资源补助支出等，除按规定需定向使用部分外，实行绩效奖励办法。

10. 进一步规范省对市(州)的转移支付制度。

(二)体制调整完善对省级、市(州)收入和财力的影响情况

对收入的影响：以2003年为基期，现行财政体制下基期年省级财政收入为53.9亿元，占全省地方级财政收入的比重为35%；市(州)财政收入为100.1亿元，占全省地方级财政收入的比重为65%。体制调整完善后，基期年省级财政收入为43.6亿元，比现行体制减少10.3亿元，占全省地方级财政收入的比重为28.3%，比现行体制所占比重降低6.7个百分点；市(州)财政收入相应增加10.3亿元后为110.4亿元，占全省地方级财政收入的比重为71.7%。

对财力的影响：2004年由于国家出台扶持老工业基地调整改造税收优惠政策，预期增值税、企业所得税和个人所得税收入将比上年有所减少，一般营业税正常增长。2005年后按国家不出台新的重大税收优惠政策考虑，预期增值税、一般营业税、个人所得税、企业所得税将保持正常增长。按上述情况测算，体制调整完善后，省级财力将相应减少，市州财力相应增加。随着财政收入的不断增长，省级让给市(州)的财力将越来越多。预期2004年当年省级财力比现行体制减少0.4亿元，相应增加市(州)财力0.4亿元。预期2005年当年省级财力将比现行体制减少1.2亿元，相应增加市(州)财力1.2亿元。预期2010年当年省级财力将比现行体制减少5.3亿元，相应增加市(州)财力5.3亿元。预期2004~2010年，省级将从增量财力中累计让给市(州)财力18.5亿元，平均每年2.6亿元。

(三)相关配套措施

1. 完善体制后，税收返还数额省只核定到市(州)，不再直接核定到县(市)，县(市)的税收返还数额由市(州)负责核定。

2. 将现行县(市)上划中央和省的共享收入直接缴省改为直接缴市(州)，由市(州)再统一缴省。同时将现行省直接对县(市)确定资金留解比例改为省只对市(州)，由市(州)再对所属县(市)确定资金留解比例，调度资金。

3. 省对下实施转移支付补助时，原则上以市（州）为单位进行测算并核定下达转移支付，国家有明确要求直接测算核定到县（市）的，按国家要求执行。一般性转移支付补助仍以县（市）为单位进行测算，并统一下达给市（州），由市（州）对所属县（市）进行具体分配。

4. 完善体制后，省按照新体制实行的激励和鼓励机制等对市（州）、县（市）给予的奖励，由省直接核定到有关市（州）、县（市）。

5. 前郭县继续实行财政计划在省单列。

此外，调整土地出让金收入分成办法，将现行省与市（州）分成比例由3∶7调整为2∶8。

四、关于2004年需要重点抓好的几项工作

各级财政部门要按照省委、省政府的部署，以振兴吉林老工业基地为统领，重点抓好以下几项工作：

（一）充分发挥财政职能作用，全力支持吉林老工业基地振兴

（1）认真落实国家的各项扶持政策。国家实施的增值税转型等支持老工业基地调整改造的税收优惠政策，尽管对地方财政收支影响较大，但也要克服困难，不折不扣地落实到位。（2）建立地方财政政策和资金支持体系。一方面，要调整现有支持经济发展资金的使用方向，重点向老工业基地调整改造倾斜，向“五大基地”重点项目倾斜，促进产业结构调整；另一方面，要发挥财政资金的吸附和导向作用，扩大招商引资，最大限度地吸引社会资金、信贷资金和域外资金向老工业基地调整改造集聚。要积极争取、合理利用世界银行、亚洲开发银行、国际农发基金会等国际金融组织和外国政府贷款。（3）大力支持国有企业改革。重点要做好支持企业主辅分离、分离办社会职能和政策性关闭破产工作，妥善处理好企业改制过程中涉及的财政财务问题，完善相关政策，多渠道筹措改革成本。（4）努力营造良好的发展环境。继续做好清费治乱工作，坚决清理取消各种不合理收费，降低收费标准。进一步减少行政审批事项，简化办事程序，切实提高服务质量和办事效率。（5）转变支持经济发展方式，打破所有制界限，大力支持民营经济发展，推进全民创业。

（二）加大财政扶持力度，着力支持解决“三农”问题

（1）进一步加大农业投入。认真贯彻省委、省政府［2004］1号文件精神，努力落实好增加农民收入的各项政策措施。依法安排并落实对农业和农村的预算支出，严格执行预算，建立健全财政支农资金的稳定增长机制。教育、科技、文化、卫生等方面的新增支出要确保主要用于农村。将农民工管理经费纳入各级财政预算支出范围。妥善安排好防治禽流感所需资金。（2）继续深化农村税费改革。重点是要贯彻落实好国家取消农业特产税和农业税税率降低一个百分点政策。国家已经确定，对10个粮食主产省执行该政策造成的减收，中央财政给予全额补助。中央的转移支付资金省里全额补助给市县。（3）全面推行粮食直补改革。调整粮食风险基金使用方向，从粮食风险基金包干总额中拿出40%，用于对种粮农民的直接补贴。各级财政部门要积极做好工作，按照省里对直补工作的要求，制定具体实施办法，确保补贴资金真正落实到种粮农民手中。（4）认真落实农村信用社改革的各项财税扶持政策。

（三）大力支持就业和社会保障工作，切实解决好事关人民群众切身利益问题

（1）大力支持就业和再就业工作。各地要结合本地实际，认真贯彻落实国家促进就业和再就业的各项财税优惠政策和措施，进一步加大再就业资金投入，将小额贷款担保基金、社会保险补贴、职业介绍和培训补贴、公益性岗位补贴等再就业资金列入财政预算，并按政策和规定程序及时拨付各项补贴资金。（2）做好完善城镇社会保障体系试点工作。按照国家的统一部署，2004年我省将全面启动完善城镇社会保障体系试点工作，主要是推动国有企业下岗职工基本生活保障政策向失业保险制度并轨和逐步做实企业基本养老保险个人账户。各级财政部门要认真研究，摸清底数，搞好测算，妥善安排好试点所需配套资金。（3）巩固“两个确保”和低保工作成果，做好“三条保障线”的衔接。各级财政安排的下岗职工基本生活保障资金规模不能减少，在确保中心下岗职工基本生活的前提下，可以按照规定调整使用方向；进一步加大养老保险征缴和资金筹措力度，合理安排企业养老保险财政补助资金；继续加大对城市居民最低生活保障资金的投入，逐步提高补差水平，努力做到应保尽保。（4）做好财政扶贫解困工作。加大资金投入力度，努力保障优抚救济对象和企业特困职工的基本生活。建立解决部分企业军转干部

生活困难的长效机制。

（四）统筹兼顾，促进各项社会事业协调发展

（1）依法保障教育事业投入。积极支持农村中小学布局调整和危房改造，继续实施扶贫助学工程，促进基础教育均衡发展。（2）依法加大科技投入。要加强科技专项经费管理，结合国家对科技三项费用管理方式的改革，制定我省应用技术研究与开发资金管理办法。配合有关部门，继续支持科研院所体制改革。（3）加大公共卫生事业投入。大力支持疾病预防控制体系、疾病信息网络体系、医疗救治体系和卫生执法监督体系建设。做好新型农村合作医疗试点资金管理工作，制定切实可行的资金筹集管理办法。（4）大力支持文化、广播、电视和体育等事业发展。

（五）深化预算管理制度改革，加快推进公共财政体制建设

进一步深化部门预算改革，重点是健全预算分配职能，扩大部门预算试点范围，将所有预算外收入、行政性收费、罚没款纳入财政管理。积极推进国库集中支付制度改革试点。省级要选择部分单位进行国库集中支付改革试点，各市县也要积极开展国库集中支付制度改革试点工作，扩大会计集中核算范围。同时，要加快“金财工程”建设步伐。继续加大政府采购制度改革力度，进一步理顺政府采购管理体制，加强对执行机构的监管。扩大政府采购规模，力争实现政府采购规模比上年增长50%的目标。继续深化“收支两条线”改革，要加强对行政事业性收费和罚没收入的管理，规范收支行为，逐步实现收支完全脱钩。

（六）狠抓增收节支，确保完成全年预算任务

继续实行均衡缴库目标责任制，加强预算执行的检查分析和调度。与税务部门密切配合，认真清理到期税收优惠政策，充分挖掘增收潜力，努力做到应收尽收，不收“过头税”。规范非税收入管理，改革收缴办法，促进非税收入及时足额上缴财政。要严格控制财政支出，对一般性支出继续实行零增长。结合事业单位机构改革，清理和规范财政支出供给范围。从严控制党政机关办公楼和培训中心项目建设。大力倡导勤俭节约、艰苦奋斗，反对和制止各种铺张浪费行为。推进机关后勤服务社会化改革，规范职务消费，继续从严控制党政机关、事业单位购买小汽车。

（七）强化财政监管，推进依法理财

继续加强财政资金安全性和合规性监督，将监督机制融入到财政资金管理的各个环节。2004 年要重点加强对国债资金、预算内基本建设资金、社会保障资金、农业综合开发资金、扶贫资金等财政专项资金的监督检查，在此基础上，建立严格的资金申报和指标考核体系，进一步规范财政专项资金管理。同时，还要重点开展省级收入入库情况、行政事业性收费和预算外资金等执行“收支两条线”情况，以及会计信息质量和注册会计师、注册资产评估师等执业人员执业质量的专项检查。要建立健全经常性的监督检查制度，强化企事业单位财务基础管理工作，提高会计信息质量，严肃财经法纪。要认真学习贯彻《中华人民共和国行政许可法》，按照财政部和省政府的部署，抓紧做好财政行政审批事项、行政许可规定和行政许可实施主体的清理工作，切实加强财政法制建设，全面推进依法行政和依法理财。

五、关于加强财政干部队伍建设问题

2003 年 12 月 31 日，洪虎省长到财政厅慰问时做了重要讲话。洪省长指出，在新形势下，财政部门作为经济综合部门，要树立五个观念，即：树立科学的发展观、大局观、服务观、实践观和正确的政绩观。同时还提出了三点希望，（1）财政部门要更好地发挥财政参政的职能作用；（2）要进一步发挥财政的协调作用；(3) 要很好地研究财政支出效益问题。刚才，儒林副省长在讲话中也突出强调了树立科学的发展观，促进经济和各项社会事业全面、协调、可持续发展问题。我们要认真学习，深刻领会洪省长和儒林副省长的讲话精神，统一思想，创新理财观念，求真务实，努力提高财政管理水平。要进一步增强“五个意识”。

（一）要进一步增强大局意识

财政收支体现政府的活动范围和方向，财政工作事关全局。我们日常所从事的工作虽然都是一些具体的收支业务，但这些具体的收支业务所涉及的每一个具体问题都与大局有关。因此，做好财政工作必须增强大局意识。当前，我省的大局就是加快发展，振兴老工业基地。每一位财政干部都要牢固树立科学的发展观，时刻不忘发展是第一要务。凡是有利于发展的事情，都要积极支持，尽力而为；即使有困难，也要积极帮助出主意、想办法，不能简单地一推了之。

（二）要进一步增强服务意识

财政部门是代表政府管钱的部门，面对的是方方面面的事，接触的是各种各样的人，服务质量和服务态度如何，不仅代表财政部门的形象，也代表政府的形象。因此，在工作中要进一步增强服务意识，对该办的事，要主动沟通，不要等人家找上门来再办，更不能拖着不办；对办不了的事，也要主动搞好协调，讲清道理，有个热情的服务态度，切忌“门难进，脸难看，话难听，事难办”。

（三）要进一步增强求实意识

财政工作既关乎改革发展稳定大局，又与人民群众切身利益息息相关，来不得半点虚假和浮躁，一定要求真务实。要讲真话，坚持原则，反映实情，实事求是。要讲实干，不图虚名，不做虚功，扎实工作，真抓实干。要讲实效，注重工作质量，提高工作效率，务求实效。

（四）要进一步增强创新意识

当前，财政工作面临许多新课题，解决这些问题，靠原有的思路、办法和措施已不能适应工作需要，必须研究新情况，不断加强学习，搞好调查研究，更新理财思路，创新管理制度，创造性地开展工作。

（五）要进一步增强廉政意识

努力造就一支作风优良、清正廉洁的财政干部队伍，是做好财政工作的重要保证。财政干部处在理财管钱的岗位，是社会关注的对象，一定要注意自己的形象，时刻绷紧廉政建设这根弦，做到自省、自警、自律。各级财政部门的领导班子要把党风廉政建设工作切实放在突出位置，决不能掉以轻心。要加强党风廉政建设的宣传和教育工作，引导干部正确对待手中的权力，做到警钟长鸣。要继续从深化改革、健全机制入手，加强源头防范，进一步建立健全内部监督制约机制，搞好干部轮岗交流，防范以权谋私和权力滥用。要牢记“两个务必”，带头树立过紧日子的思想，树立财政部门良好形象。

2004 年的财政工作任务非常繁重，我们一定要紧紧依靠各级党委和政府的领导，牢固树立科学的发展观，进一步解放思想，求真务实，开拓进取，努力开创财政工作新局面。

在2005年全省财政工作会议上的讲话

（2005年2月）

这次全省财政工作会议的主要任务是：贯彻落实全国财政工作会议和全省经济工作会议精神，总结2004年的财政工作，安排部署2005年的财政收支计划和财政工作。下面，我讲四个方面的问题，供同志们参考。

一、围绕主题，狠抓落实，圆满完成了2004年各项财政工作任务

过去的一年，全省各级财政部门认真贯彻落实党的十六大和十六届三中、四中全会精神，坚持以人为本、全面协调可持续的科学发展观，按照省委、省政府的总体部署和要求，紧紧围绕振兴吉林老工业基地这一主题，充分发挥职能作用，积极筹措资金，努力增收节支，深化财政改革，加强财政监管，在国民经济平稳较快增长和经济效益显著提高的基础上，圆满地完成了各项目标任务。

（一）财政收支实现较快增长

各级财政部门与税务部门密切配合，努力做好组织收入工作，挖掘增收潜力，严格非税收入管理，财政收入在消化国家扶持老工业基地调整改造税收优惠政策和免征农业税、出口退税等政策性减收因素后，仍实现了较快增长。全省一般预算全口径财政收入完成329亿元，比年初计划超收33.3亿元，比上年增加39.7亿元，增长13.7%。其中地方级财政收入166.3亿元，比年初预算超收7.7亿元，比上年增加12.3亿元，增长8%。省级财政收入完成51.2

亿元，比上年增长13.6%。全省9个地区都超额完成了省下达的收入任务。2004年，全省财政支出规模首次突破500亿元，达到507.8亿元，比上年增加98.5亿元，增长24.1%，增幅是近些年来最高的一年。其中省级财政支出166.4亿元，比上年增长22.6%。全省、省本级、9个市（州）均做到了当年收支平衡，41个县（市）在做到保工资、保稳定、保运转等基本需求的情况下，也都做到了当年收支平衡。

（二）积极支持振兴老工业基地五项重点工作

在国企改革方面，争取国家补助资金2.5亿元，完成了3户中直企业分离办社会职能试点工作；省财政年初安排3000万元专项资金，用于支持省属5户企业分离办社会职能工作。拨付中央补助资金23.5亿元，用于支持20户企业实施政策性关闭破产。在项目建设方面，共拨付国债和预算内基本建设资金36.8亿元，主要支持了30个重点项目建设。省财政和一些市县安排了专项资金，较好地保障了重点项目前期工作需要。在招商引资方面，各级财政努力安排资金，为各级政府和有关部门开展招商引资活动提供经费保障。在环境建设方面，认真落实国家扶持老工业基地调整改造的各项税收优惠政策，全年共抵退和减征税收6.3亿元。认真贯彻落实《中华人民共和国行政许可法》，清理取消行政许可项目11项，取消行政事业性收费28项，降低收费标准10项，减轻企业和社会负担3.3亿元。在推进全民创业方面，省财政设立专项资金3000万元，支持中小企业和民营经济发展。

（三）大力落实解决“三农”问题的各项政策措施

（1）努力增加农业投入。全年共拨付农业综合开发、林业、水利等各项支农资金39.5亿元，比上年增长63.6%。（2）认真做好“两免”工作。认真研究免征农业税和取消除烟叶外的农业特产税后农村出现的新情况、新问题，积极参与研究制定免征农业税改革试点实施方案和相关配套措施。争取中央财政转移支付补助资金13.9亿元，及时全部下拨市县。（3）认真实施“三项补贴”。在财政部支持下，落实粮食直补资金15.54亿元，分两批兑付到种粮农民手中；及时拨付国家补助资金1.94亿元，用于大豆、玉米、水稻良种补贴；省财政安排专项资金2500万元，用于生物防治玉米螟、测土配方施肥和农田灭鼠三项增产技术补贴。（4）支持农村信用社改革工作。筹措注入资金3亿元，降低了农村信用社的资产负债率；落实国家税收优惠政策，减免税收0.4亿元；对保值贴补息进行清理，争取国家补助资金1.6亿元。（5）支持国有粮食购销企业改革。争取国家借款24.8亿元，落实地方配套资金，妥善解决分流人员安置成本，完成了国有粮食购销企业财务挂账的清理审计工作。

（四）工资、社保和教育、科技等重点支出得到了较好保障

（1）确保工资发放。增加转移支付，加强资金调度，继续实现了全省各县（市）机关事业单位职工工资按当地实际执行标准不拖欠的目标，并从2004年11月1日起，妥善解决了困难县（市）按国家标准足额发放工资问题。（2）积极支持就业。认真落实国家扶持再就业税收优惠政策，各级财政共筹措和安排再就业资金4.2亿元，筹措小额贷款担保基金9300万元。（3）努力加大社会保障资金投入。全省各级财政共拨付“两个确保”和低保资金65.7亿元，比上年增长72.4%；积极参与社保试点，争取到位国家试点补助资金21.5亿元，筹措地方配套资金13亿元，保障了试点工作的顺利进行。（4）做好扶贫解困工作。各级财政共拨付扶贫救灾资金5.5亿元，支持了贫困地区扶贫开发，保障了贫困受灾地区困难群众和优抚救济对象的基本生活；拨付企业军转干部解困补助资金1.6亿元，切实解决了企业军转干部生活困难问题。（5）促进各项社会事业发展。各级财政共拨付教育支出60.7亿元，比上年增长13.1%；拨付科技三项费用和科学支出5.9亿元，比上年增长16%。努力增加卫生、文化、体育等事业投入，筹措资金4.4亿元，用于高句丽遗迹一期工程、亚冬会场馆、广电网络等重点项目建设；筹措安排资金1.7亿元，支持全省9个市（州）传染病院和紧急救援中心项目以及42个县级传染病区基础设施项目建设。

（五）各项财政改革取得新进展

（1）着眼于振兴吉林老工业基地全局，省对市（州）财政管理体制进行了比较系统地调整和完善，市（州）对县（市）财政管理体制也相应进行了调整完善。（2）部门预算改革继续深化。在省直各部门的大力支持和共同努力下，省级部门预算编制进一步规范和完善，年初预算分配到位率明显提高，预算批复时间比往年提前1个月。全省9个市（州）和18个县（市）也开展了编制部门预算改革试点。（3）国库集中收付制度改革继续推进。省级和长春市开展了国库集中收付制度改革试点，其他市（州）也做了大量准备工作。

省级纳入国库集中支付、会计集中核算改革试点的单位达到56个。(4)政府采购工作进一步规范，采购范围和规模不断扩大。全省共完成政府采购金额35.5亿元，同比增长60.2%。其中省级完成15.4亿元，比上年增长1.5倍。到2004年底，省级、9个市（州）和敦化市、东丰县实现了政府采购管理机构和执行机构分设。(5)“收支两条线”管理改革继续深入。

（六）财政监管工作继续加强

按照省里的统一部署，各级财政部门组织开展了财政性、公益性资金，以及城市低保资金、农村合作医疗资金等专项资金检查，查出违纪资金11亿元，并及时进行了纠正和处理；对支农、基础教育等专项资金实行绩效考评、奖补结合的办法，财政资金的使用效益得到提高。加强会计人员继续教育，组织开展会计知识大赛，强化会计诚信建设。理顺注册会计师、资产评估师行业监管体制，实行行政管理职能与行业自律职能分离。加大对到期政府债务的清偿力度，全省共偿还到期各类政府债务10.5亿元。

总结回顾去年的工作，这些成绩的取得，是各级党委和政府正确领导的结果，是各地、各部门特别是税务部门大力支持的结果，也是全省财政财务战线广大干部职工共同努力的结果。同时，我们也深刻体会到，要做好新时期的财政工作，必须适应新形势、新任务的要求，不断更新理财观念。(1)要进一步增强积极主动为大局服务的意识。2004年，围绕振兴吉林老工业基地这一主题，全省财政部门从大局出发，充分履行财政职能，努力克服困难，为老工业基地振兴实现良好开局发挥了应有作用。(2)要注重以人为本，着力解决事关人民群众切身利益的突出问题。各级财政部门把维护人民群众的切身利益作为财政工作的重中之重，在确保工资发放、社会保障、支持“三农”、维护社会稳定等方面取得了显著成效。(3)要进一步增强改革创新意识。坚持以改革促发展，通过加快各项财政改革解决发展中遇到的矛盾和问题。2004年，我省在完善省以下财政管理体制等方面取得了重要进展。(4)要进一步增强机遇意识。充分利用国家振兴东北老工业基地、扶持粮食主产区发展的有利时机，积极争取国家的政策和资金支持。2004年我省争取国家各项资金支持224.6亿元，对增强财政保障能力发挥了至关重要的作用。

在肯定成绩的同时，我们也要清醒地看到，当前我省财政还面临不少矛盾和问题。(1)财政收入增幅低于全国平均水平。2004年全国财政收入增长

22.4%，我省增长13.7%，比全国平均水平低8.7个百分点。(2) 财政支出的压力逐年增大，收支矛盾十分突出。(3) 县乡财政仍比较困难，保障水平仍然较低。(4) 财政资金使用效益有待进一步提高。对此，我们要高度重视，切实采取有力措施，努力加以解决。

二、统筹兼顾，突出重点，妥善安排好2005年收支计划

2005年是实现振兴吉林老工业基地第一步目标的关键一年，也是全面完成“十五”计划的最后一年。随着各项改革的深入，特别是国企改革进入攻坚阶段，各种矛盾和问题需要集中处理和解决，2005年我省财政面临的压力进一步加大。一方面收入上要消化国家扶持老工业基地税收优惠政策等政策性减收，另一方面对支出的需求大量增加。支持国企改革、项目建设、招商引资、民营经济发展等方面，需要进一步加大投入；落实中央1号文件精神，进一步加强“三农”工作，大力推进农业产业化，需要增加支出；完善城镇社会保障体系试点，促进就业，安排好人民生活，确保工资发放，维护社会稳定等支出需要予以保障；依法加大教育、科技等经费投入，粮食风险基金配套，偿还到期政府债务等其他必须安排的支出数额也很大。财政收支矛盾十分突出，预算安排的难度相当大。

但是，我们也要看到有利条件。从收入上看，随着国家扶持老工业基地调整改造财税优惠政策对经济增长拉动效应的不断释放，我省经济实现快速发展的势头看好，将为财政收入增长奠定良好的物质基础。2005年投产见效的一些重点项目，以及固定资产投资的增加，都将形成新的财政收入增长点。预计2005年我省财政收入实现与GDP同步增长或略高于GDP的增长是有把握的。从支出上看，中央对我省的支持将继续加大，会有效缓解我省一部分支出压力。我省现有的支出规模不算小，通过调整优化支出结构，不断提高资金使用效益，也可以增强保障能力。因此，只要增强信心，做好工作，就能够安排和落实好财政收支计划。

根据全国财政工作会议和全省经济工作会议精神，2005年财政预算安排遵循的原则是：以邓小平理论和“三个代表”重要思想为指导，认真贯彻党的十六大、十六届三中、四中全会和省委八届六次全会精神，牢固树立和落实科学发展观，实行稳健的财政政策，充分发挥财政职能作用，积极支持吉林老工业基地调整改造和振兴；继续贯彻量入为出、积极平衡、留有余地的方针，

狠抓增收节支，依法加强税收和非税收入征管，积极组织收入，不断壮大财政实力；着力调整和优化财政支出结构，保障“三农”、社保、就业、教育、科学、卫生等重点支出需要；不断深化公共财政改革，进一步提高财政资金使用的规范性、安全性和有效性；积极支持国有企业改革和发展民营经济，促进经济持续快速健康发展和社会全面进步。

按照上述原则，2005 年全省一般预算全口径财政收入安排 355.3 亿元，增长 8%。其中，地方级财政收入安排 179.9 亿元，增长 8.2%。几项主要收入安排情况是：增值税收入（地方分享 25% 部分）35.4 亿元，增长 10%；营业税收入 46.2 亿元，增长 13.2%；企业所得税收入（地方分享 40% 部分）11.6 亿元，下降 6.3%，主要是落实国家扶持老工业基地调整改造税收优惠政策翘尾巴影响收入；个人所得税收入（地方分享 40% 部分）10.8 亿元，增长 17%；行政性收费等收入 31.5 亿元，增长 9.1%。

全省地方级财政收入 179.9 亿元，加上中央税收返还补助和其他各项补助及调入资金等 213.5 亿元，全省财政支出安排 393.4 亿元，增长 6.2%（不含中央一次性专项拨款和上年结转支出，下同）。其中，基本建设支出 9.9 亿元，增长 5.9%；科技三项费用 3.1 亿元，增长 6.3%；农业支出 9.0 亿元，增长 6.5%；教育支出 58.8 亿元，增长 6.8%；科学支出 2.4 亿元，增长 6.3%；医疗卫生支出 16.8 亿元，增长 6.2%；抚恤和社会福利救济 16.3 亿元，增长 6%；社会保障补助支出 52.5 亿元，增长 13.5%；行政管理费 37.9 亿元，增长 5.2%；公检法司支出 28.3 亿元，增长 6.4%。

三、服务大局，倾力支持，促进经济社会更快更好发展

根据全省经济工作会议精神，我省要加快发展步伐，通过上下内外各个方面的努力，使发展由“快走”变成“快跑”，实现争先进位，富民强省。各级财政部门要切实增强加快发展的责任感和紧迫感，按照“上争下促、外引内培”的要求，充分发挥好职能作用，进一步加大对国企改革、项目建设、民营经济发展等重点工作的支持力度。同时，要继续做好支持“三农”、就业、社保和维护稳定等方面的工作，促进社会事业协调发展。

（一）积极参与国企改革，努力筹措改革成本

按照省委、省政府的部署，2005 年内要基本完成 816 户地方国有及国有

控股工业企业的改制任务。各级财政部门要加大政策和资金支持力度，促进国企改革顺利进行。（1）要落实好政策。对省政府最近出台的国企改革的相关政策，各级财政部门要认真研究，制定具体的工作措施，很好地贯彻落实。（2）建立国企改革专项资金。省、市（州）和有条件的县（市）财政要通过努力调整财政支出结构，整合支持企业改革发展的各种资金，并从当年的新增财力和超收中安排一块，设立专项资金，用于支持国有企业改革。（3）努力筹措企业分离办社会职能所需资金。对中直企业分离办社会职能，国家已经有了政策，2005年内要全部完成。各级财政部门要与有关部门密切配合，努力做好涉及本级财政的相关工作，搞好测算，最大限度地争取国家支持。同时，各级财政要努力增加资金投入，按着分级负担的原则，妥善安排好企业分离办社会职能所需资金，加快地方国有企业的分离办社会职能步伐。（4）积极筹措政策性关闭破产补助资金。争取能有更多符合条件的企业列入国家政策性关闭破产计划。省和市（州）及相关县（市）财政部门要根据财力可能，妥善解决所属企业政策性关闭破产所需资金。

（二）充分发挥财政政策和资金的引导作用，大力促进项目建设

（1）要认真落实好扩大增值税抵扣范围等各项税收优惠政策，充分发挥这些优惠政策在吸引外来投资，刺激企业加大技术改造投入等方面的积极作用。（2）调整现有用于项目建设的各项专项资金，发挥财政资金的引导和补充作用，集中财力重点支持支柱产业和优势产业的项目建设。（3）充分利用国家对老工业基地调整改造给予政策倾斜的有利机遇，积极争取国债、基本建设拨款、企业技改贴息、农业综合开发等各项专项资金的支持。（4）积极利用世行、亚行等国际金融组织和外国政府贷款，并与本地的项目建设有机结合起来，弥补项目建设资金不足。（5）继续加大招商引资和项目前期工作经费投入，努力保障政府和有关部门招商引资活动和重大项目前期工作的经费需要。

（三）加大政策和资金扶持力度，推动民营经济发展

（1）积极落实好国家和省现有的各项财税扶持政策。（2）要加大资金投入。现有用于支持企业发展的专项资金在分配上要切实将民营企业纳入支持范围。省财政和有条件的市县应适当增加专项资金，加大对中小企业和民营经济的支持力度。（3）要大力支持信用担保体系建设。省财政增加省中小企业信用担保机构资本金5000万元，积极争取利用亚行资金参与我省信用担保体系建设，进一步提高信用担保机构的担保能力，帮助解决中小企业和民营经济融资难问题。(4) 要进一步加大清费治乱工作力度，为促进民营经济发展，推动全民创业创造良好的环境。

(四) 进一步落实好政策，促进解决“三农”问题

认真贯彻落实中央和省有关文件精神，坚持“多予少取放活”的方针，稳定、完善和强化各项支农政策。(1) 继续加大农业投入。各级财政都要依法安排和落实对“三农”的预算支出，并严格执行预算，及时拨付各项支农资金；新增教育、卫生、文化、计划生育等事业经费用于县以下的比例不低于70%。(2) 继续实施对种粮农民的直接补贴，增加良种补贴和农业机械购置补贴投入，省财政继续安排增产技术补贴2500万元。(3) 筹措农业综合开发资金6.8亿元，重点用于支持农业产业化和提高农业综合生产能力。(4) 继续深化农村税费改革。支持推进乡镇机构改革、完善农村义务教育体制等重点工作，巩固农村税费改革成果，切实防止农民负担反弹。(5) 及时拨付粮改资金，促进国有粮食购销企业改革顺利进行。(6) 继续支持农村信用社改革，支持开展农业保险试点。

(五) 加强就业和社会保障工作，维护社会和谐稳定

(1) 大力支持就业和再就业。各地要认真贯彻落实国家、省出台的扶持就业再就业的各项财税优惠政策，努力增加再就业资金投入，全省各级财政安排的再就业资金要达到5.1亿元。(2) 继续巩固“两个确保”和低保工作成果，做好“三条保障线”的衔接。各级财政原安排的用于下岗职工基本生活保障的预算资金规模不减，积极配合有关部门加大养老保险征缴和资金筹措力度，确保养老金按时足额发放。努力落实城市居民最低生活保障预算，增加低保资金投入，保证低保对象基本生活。(3) 做好完善城镇社会保障体系试点工作。重点是要落实好社保试点所需地方配套资金。据测算，2005年全省需要落实地方配套资金16亿元，各级财政要在年初预算中尽力予以安排，如果由于财力所限安排不足的，缺口部分可采取向金融机构融资的办法解决。(4) 做好扶贫解困工作。要继续增加扶贫救灾投入，落实和完善其他各项社会救助和福利制度，切实解决好优抚对象和其他困难群体生活困难问题，并支持做好农村“五保户”生活保障和医疗救助工作。

（六）按照科学发展观的要求，大力支持各项社会事业协调发展

（1）要依法保障教育投入。继续安排专项资金，支持农村中小学危房改造、布局调整和远程信息化教育。加大扶贫助学资金投入，保证义务教育阶段每一个家庭经济困难学生都能够顺利完成学业，确保中小学公用经费、取暖费的基本需求。（2）依法加大科技投入，重点支持高新技术产业和科技成果转化。（3）努力增加公共卫生事业投入。进一步完善疾病信息网络体系、预防控制体系、应急救治体系和卫生执法监督体系建设。推进新型农村合作医疗试点，改善农村卫生条件，提高医疗救治服务能力。（4）增加基层文化事业投入，对群众文化馆、艺术馆、图书馆等公益性文化事业单位要给予必要的经费支持。（5）继续增加计划生育经费投入。做好农村部分计划生育家庭奖励扶助制度的实施工作，在2004年四平市试点的基础上，2005年要在省内扩大试点，各级财政要妥善安排好配套资金。

四、增收节支，深化改革，进一步提高依法理财水平

2005年我省财政工作任务艰巨。除做好支持全省的重点工作外，要切实做好财政自身工作。重点抓好以下几个方面：

（一）依法强化收入管理，确保完成全年收入目标任务

一方面，对国家出台的扶持老工业基地调整改造的各项税收优惠政策，各地要不折不扣地落实好，该减免的一定要减免到位。另一方面，要充分挖掘各方面的增收潜力，努力做到应收尽收，但不收过头税。要积极配合税务部门，加强对重点税源的监控，扩大“以票控税”的范围，及时清理到期的税收优惠政策，纠正和制止以各种借口擅自出台越权减免税政策。同时，要切实加强和规范各项非税收入管理。在进一步加强行政事业性收费、政府性基金和罚没收入等非税收入收缴的同时，要将应纳入预算管理的各项非税收入全部纳入预算管理。

（二）坚持有保有压，大力节减财政支出

（1）要大力调整支出结构，严格控制一般性支出，把有限的资金用在刀刃上。支出安排要切实体现保工资、保稳定、保运转、保改革、促发展的要

求。2005年要确保实现机关事业单位职工工资按国家标准不拖欠的目标。(2)要积极研究制定具体的节支措施。要结合事业单位机构改革，大力清理和规范财政供给范围，尽快把一些不应由财政负担的事业单位推向市场；要积极研究探索公务用车、职务消费等改革办法；要继续大力精减和压缩财政供养人员，力争取得明显成效。(3)要切实节俭财政支出，厉行节约，制止各种劳民伤财、铺张浪费行为。

（三）采取有力措施，缓解县乡财政困难

2004年，通过调整完善省以下财政管理体制，向下倾斜财力，加大转移支付力度等措施，进一步提高了县乡财政的保障能力。特别是帮助困难县（市）解决了多年来难以按国家标准发放工资的问题，县乡财政困难得到了一定缓解。2005年，国家为缓解县乡财政困难，设立专项资金，实施“三奖一补”政策。各级财政部门要以此为契机，结合我省实际情况，共同努力做好缓解县乡财政困难工作。市（州）财政要切实履行好市管县的职责，帮助县（市）解决实际困难，并指导县（市）将各项政策措施贯彻落实好。

（四）坚持依法理财，努力提高管理水平

(1)认真贯彻执行国务院《财政违法行为处罚处分条例》，加强收支管理，严肃查处截留、挤占、挪用财政资金问题。(2)逐步建立财政支出绩效评价体系，扩大对专项资金实行绩效考评、奖补结合办法的实施范围，继续加强财政投资评审工作。(3)加强对注册会计师、资产评估师行业的监管，提高执业质量。积极推进新会计准则和会计制度的实施工作。(4)加强政府债务管理，抓紧出台《吉林省政府债务管理办法》，努力防范和化解财政风险。(5)认真贯彻落实《中华人民共和国行政许可法》，推进依法行政和依法理财。(6)加快“金财工程”建设。

（五）按照建立公共财政体系的要求，继续深化各项财政改革

(1)继续做好完善市（州）以下财政管理体制工作。重点是规范县对乡的财政管理体制，2005年要在全省范围内实行“乡财县管乡用”的财政管理方式。(2)继续深化部门预算改革。省级要进一步完善现行定员定额标准，对项目预算通过建立项目库实行滚动管理。市（州）要进一步扩大部门预算编制范围，细化和规范预算编制。县（市）要加快部门预算改革试点。

(3) 积极推进国库集中收付制度改革。省级要逐步扩大试点范围，2005 年试点面力争达到 50% 左右。市（州）要全面实行国库集中支付改革试点。有条件的县（市）也要积极开展国库集中支付改革试点。(4) 进一步扩大政府采购范围和规模。2005 年全省政府采购规模力争比上年增长 30% 以上，各县（市）都要做到政府采购管理机构和执行机构分设。(5) 继续深化“收支两条线”改革，逐步实现收支脱钩管理。

（六）加强干部队伍和党风廉政建设，不断提高财政干部的整体素质

(1) 认真开展好保持共产党员先进性教育活动，高质量地完成各阶段的目标任务。(2) 进一步抓好党风廉政建设工作，落实党风廉政建设责任制，加强财政系统的政行风建设。(3) 加强干部培训工作。结合财政工作实际，采取多种形式，加强对干部政治思想、政策理论、法律法规、业务能力等方面的教育和培养，不断提高财政干部综合能力。(4) 切实转变工作作风。坚持求真务实，真抓实干，积极倡导开短会、讲短话、干实事，提高工作效率。要经常深入实际、深入基层，搞好调查研究，解决实际问题。

在2006年全省财政工作会议上的讲话

（2006年2月）

这次全省财政工作会议的主要任务是：贯彻落实全国财政工作会议和全省经济工作会议精神，总结回顾“十五”时期，特别是2005年的财政工作，研究“十一五”时期财政工作的发展目标和主要任务，安排部署2006年的财政收支计划和重点工作。今天，学仁副省长亲自到会并作了重要讲话，对2005年财政工作所取得的成绩给予了充分肯定，对做好2006年的财政工作提出了明确要求。对此，我们要认真学习，深刻领会，全面贯彻落实。下面，我讲三个方面的问题，供同志们参考。

一、关于“十五”时期财政工作简要回顾

过去的五年，特别是近几年，全省各级财政部门认真贯彻落实科学发展观，按照省委、省政府对财政工作的总体部署和要求，充分发挥职能作用，大力支持经济和社会事业发展，狠抓增收节支工作，深化各项财政改革，加强财政管理，着力提高财政保障能力，各项工作取得显著成绩。

（一）财政收支实现较快增长

2005年，全省地方级财政收入207.1亿元，是2000年的2倍，平均每年递增14.8%，比“九五”时期高4.4个百分点；一般预算全口径财政收入418.6亿元，是2000年的2.3倍，平均每年递增17.9%，比“九五”时期高8.5个百分点；财政支出631.1亿元，是2000年的2.4倍，平均每年递增

19.3%，比“九五”时期高2.7个百分点。2005年，全省地方级财政收入超过亿元的县（市）达到15个，比2000年增加8个；一般预算全口径财政收入超过亿元的县（市）达到36个，比2000年增加16个。县（市）级财政供养人员人均财力达到2万元，比2000年增加1.3万元，县（市）财政困难状况明显改善。

（二）支持经济建设事业发展的能力显著增强

“十五”时期，全省各级财政共拨付国债和预算内基本建设资金183.7亿元；拨付招商引资和项目前期工作经费5亿元，有力地支持了重点项目建设。拨付政策性关闭破产补助资金74.4亿元；拨付企业技术改造、结构调整、市场开拓、中小企业和民营经济发展、信用担保机构资本金等65.7亿元；落实国家振兴东北老工业基地税收优惠政策，减征税收23.9亿元，有力地支持了企业改革和发展。拨付农业、林业、水利、农业综合开发等各项支农资金594.5亿元，促进了农村经济发展、粮食增产和农民增收。拨付教育、科技、文化、卫生等方面支出440亿元，促进了各项社会事业发展。

（三）关系人民群众切身利益的支出得到较好保障

(1) 从2002年起，全省各县（市）实现了按当地执行工资标准不拖欠，从2004年11月起做到了按国家规定工资标准及时足额发放。(2) 积极支持就业和再就业。“十五”期间，累计拨付再就业资金10.2亿元，筹措小额贷款担保资金1.5亿元，117.9万人实现了再就业。(3) 支持“两个确保”和城市低保。拨付下岗职工基本生活保障和企业养老保险补助资金156.6亿元，城市低保资金32.9亿元。(4) 支持完善城镇社保体系改革试点。争取国家试点补助资金40.4亿元；各级财政筹措地方配套资金44.2亿元，完成并轨人数130万人。(5) 拨付扶贫救灾、优抚救济等专项资金57.4亿元，支持贫困地区扶贫开发，保障了困难群众和优抚救济对象的基本生活。拨付企业军转干部解困补助资金3.3亿元，解决了部分企业军转干部生活困难问题。

（四）各项财政改革取得重要进展

进一步调整完善省以下财政管理体制，实行省管县财政体制和“乡财县管乡用”财政管理方式改革。省级和9个市（州）全面实行了部门预算改革，部分县（市）开展了试点。部门预算的规范性、科学性有较大提高。2005 年省级 304 个部门和单位纳入国库集中支付试点范围，试点面达到 50%，长春、吉林、九台等部分市县试点工作已经启动。2005 年全省政府采购金额达到 47.9 亿元，比 2000 年增加 44.1 亿元，年均递增 66%，累计节约资金 14.2 亿元。"收支两条线"改革继续深化，收支行为进一步规范。"金财工程"取得初步成效。

（五）依法理财水平有较大提高

财政监管法规逐步完善。省人大先后颁布实施了《吉林省财政监督条例》和《吉林省罚没和扣押财物管理条例》，强化了财政监管手段；省政府颁布实施了《吉林省政府债务管理办法》，为今后进一步规范政府债务管理，提供了制度保障。财政监督检查和投资评审力度进一步加大。五年累计查出违纪资金 31.5 亿元，收缴国库 5.1 亿元；审核项目资金 62 亿元，审减资金 12 亿元，审减率 19%。加强财务监管，强化会计诚信建设，会计信息质量进一步提高。

（六）财政干部队伍建设取得新成果

按照上级的统一部署，省和市县财政部门扎实开展了保持共产党员先进性教育活动，逐步建立健全了保持共产党员先进性的长效机制。深入贯彻落实党风廉政建设责任制，在政务公开、民主评议政行风和"学、做、创"活动中，工作走在了前面，获得许多荣誉。根据《党政干部选拔任用工作条例》的总体要求，省和一些市县财政部门建立了干部轮岗交流制度。加强干部教育培训工作，不断提高干部的政治和业务素质。转变机关工作作风，工作质量和效率进一步提高。

这些成绩的取得，是各级党委和政府正确领导的结果，是各部门特别是税务部门大力支持的结果，也是全省财政财务战线广大干部职工共同努力的结果。总结几年来的工作，我们体会，要做好财政工作：（1）要牢固树立大局意识。要自觉把思想和行动统一到中央和省委、省政府的重大决策部署上来，紧紧围绕振兴吉林老工业基地和加快发展这一中心任务开展工作，将财政工作置于改革、发展、稳定大局之中，更好地发挥财政职能作用。（2）要增强改革创新意识。随着经济改革的不断深化，需要财政支付的改革成本大量增加，财政工作任务日趋繁重。只有用改革的思维，不断创新体制和机制，才能走出困境，有所作为。（3）要强化依法理财意识。要将依法理财，科学理财，贯穿到财政工作的各个环节，使财政事业不断健康发展。（4）要增强主动服务意识。财政是政府履行公共服务职能的重要手段，财政部门的工作涉及方方面面，各种矛盾比较集中，因此，必须主动服务，加强沟通和协调，牢固树立为基层、为企业、为群众服务的理念，提供优质高效服务。

在肯定成绩的同时，我们也要清醒地看到，财政工作还面临不少矛盾和问题。主要是税源结构不够合理，地方财政收入规模较小，非公有制经济提供的财政收入比重较低；财政供养人员多，支出结构调整任务较重，归还到期政府债务对预算执行影响较大；一些部门和领域财经纪律松弛，损失浪费，截留挪用财政资金等问题也不同程度地存在。对此，我们要高度重视，切实采取有力措施，努力加以解决。

二、"十一五"时期财政发展目标和主要任务

省委八届八次全会通过的《中共吉林省委关于制定国民经济和社会发展第十一个五年规划的建议》和即将提交省十届人大四次会议审议的《吉林省国民经济和社会发展第十一个五年规划纲要（草案）》，是指导今后五年我省经济和社会发展的纲领性文件，为"十一五"时期财政改革与发展指明了方向。按照国家的部署和要求，我省财政"十一五"规划目前正在研究编制当中。就财政"十一五"工作思路、发展目标和主要任务，我们提出一些初步想法，供各地研究参考。

"十一五"时期财政工作的总体思路是：以邓小平理论和"三个代表"重要思想为指导，以科学发展观为统领，以深化改革为动力，紧紧围绕加快发展这一主题，充分发挥职能作用，加大支持力度，全力促进老工业基地振兴；大力增收节支，整合政府财力资源，调整和优化财政支出结构，积极争取国家支持，进一步提高财政保障能力；继续深化财政改革，加快公共财政体系建设，强化财政监管，着力提高财政资金的使用效益。

（一）"十一五"时期财政工作主要发展目标

1. 财政收入力争实现翻一番。到2010年，全省地方级财政收入达到400亿元以上，年均增长14%以上；全省一般预算全口径财政收入达到800亿元以上，年均增长14%以上。

2. 财政支出规模超千亿。"十一五"期间，全省每年新增支出100亿元以

上，到2010年，全省财政支出规模达到1000亿元以上，年均增长12%以上。

3. 公共财政体系框架基本形成。省与市县政府间财政分配关系进一步理顺，部门预算、国库集中收付、政府采购、“收支两条线”等预算管理制度改革不断完善。

（二）“十一五”时期财政工作主要任务

1. 加大政策资金支持力度，全力促进老工业基地振兴。进一步加大项目前期工作经费投入，积极筹措建设资金，大力支持基础设施和重点项目建设，促进投资拉动。加大政策扶持和资金投入，积极支持深化国企改革，完成厂办大集体改革试点，促进国有企业和民营经济加快发展。加大招商引资经费和市场开拓资金投入，全力支持招商引资，开拓国际市场，推动外贸出口快速增长。继续给予省以上开发区和县（市）工业集中区财政扶持政策，促其上规模、上水平、上台阶。

2. 促进转变经济增长方式，提高企业自主创新能力。发挥财政政策和资金的引导作用，加大对清洁生产、可再生资源和新能源开发等项目的支持力度，促进大力发展循环经济。加大对科技型中小企业发展的支持，鼓励企业加大研发投入，支持具有自主知识产权的高新技术装备及产品的生产，提高核心竞争力。加大对污染防治、生态建设、环境保护等方面的资金投入，支持推进城市污水、垃圾处理产业化和市场化。支持发展职业教育，提升劳动者素质，为经济发展培养高素质人才。

3. 统筹城乡协调发展，大力支持社会主义新农村建设。大力推进农业产业化经营，支持农业水利设施建设，改善农业生产条件。完善农业补贴政策，增加补贴资金，促进农业增产增效，农民增收。大力支持发展农村公共事业，落实好农村义务教育经费保障机制改革，增加农村文化、卫生、计划生育等经费投入，实施乡村建设改造计划，改善农村整体面貌，提高农村公共服务能力。继续支持深化农村综合改革，巩固农村税费改革成果。加大农村劳动力就业指导和培训的经费投入，提高农民工就业能力，促进农村剩余劳动力转移。

4. 坚持以人为本，促进和谐社会建设。落实再就业优惠政策，加大支持就业的资金投入，开发就业岗位，加强职业技能培训，促进稳定就业。继续支持完善社会保障体系建设，多渠道筹措社会保障资金，确保社会保障事业可持续发展。进一步完善城市居民最低生活保障制度，逐步提高城市低保补助标准。积极支持城市棚户区改造工程。进一步推进新型农村合作医疗改革试点。

做好农村扶贫救济工作，努力解决好城乡困难群众的基本生活。继续加大投入，加快发展教育、文化、卫生、计划生育、体育等事业，不断满足人民群众精神文化生活需求。

5. 健全公共财政体制，深化财政体制改革。进一步完善省对下财政转移支付制度，加大一般性转移支付力度，显著改善县乡财政困难状况。完善省管县财政体制，全面推进“乡财县管乡用”财政管理方式改革。继续深化预算管理制度改革，统筹配置政府财力资源，全面推行国库集中收付，进一步扩大政府采购范围和规模。逐步建立财政支出绩效考核评价体系，提高财政资金安全性、规范性和有效性。

三、关于2006年我省财政重点工作

关于2006年的财政工作，刚才学仁副省长已经作了全面部署。下面，我再补充强调几点。

（一）坚持统筹兼顾，妥善安排好2006年财政收支计划

根据全国财政工作会议精神和全省经济工作会议的部署，结合2006年财政经济预期发展形势，2006年财政预算安排遵循的原则是：以邓小平理论和“三个代表”重要思想为指导，以科学发展观为统领，认真贯彻省委八届八次全会精神，继续实施稳健的财政政策，充分发挥职能作用，全力促进老工业基地振兴。狠抓增收节支，依法加强收入征管，不断壮大财政实力；着力调整和优化财政支出结构，保障“三农”、义务教育、社会保障、就业、科学、公共卫生、生态和环境保护等重点支出需要；不断深化公共财政改革，进一步提高财政资金的规范性、安全性和有效性；积极支持深化投资、金融、国有企业、事业单位等体制改革和创新，推动经济增长方式转变，提高企业自主创新能力，促进经济社会更快更好发展。

按照上述原则，2006年，全省地方级财政收入安排232亿元，增长12%。全省地方级财政收入，加上中央税收返还补助和其他各项补助及调入资金等后，扣除上解中央支出和调出资金，全省财政支出安排498.1亿元（不含上年结转支出和执行中国家追加的一次性专项补助），增长7.6%。

2006年全省基金预算收入安排41.6亿元，加上调入资金后，全省基金预算支出安排43.5亿元。

2006年全省预算安排综合考虑了各项增减收因素，是积极稳妥的。全省收支计划已经省政府常务会议讨论通过，并分别落实给财政、国税和地税部门。各地财政部门要结合实际，编制好收支计划，并尽快与国税、地税部门搞好衔接，抓好收入任务的落实。

（二）围绕促进经济更快更好发展，发挥好财政部门的职能作用

（1）大力支持投资拉动。要继续落实国家振兴东北老工业基地税收优惠政策，大力吸引社会资本和域外资金，加快企业技术改造和技术进步。要加大项目前期工作经费投入和对重点项目的补助。省财政2006年安排资金14亿元，支持中部城市供水、长吉城际高速铁路、长吉交通枢纽换乘中心、长春科技文化综合中心、城市棚户区改造等重点项目建设。同时，要切实发挥财政融资平台作用，使用好国际金融组织和外国政府贷款，弥补省内资金不足。（2）支持企业改革与发展。各级财政部门都要努力筹措安排资金，积极支持国企改革和发展、开展厂办大集体改革试点、分离企业办社会职能和继续实施政策性关闭破产。加大技术改造贴息、信息化建设和科技成果转化投入，引导企业增强自主创新能力，提高产业竞争力。（3）大力支持推进对外开放。制定和实施财税扶持政策，支持省级以上开发区、县（市）工业集中区建设，发挥招商引资载体作用。进一步加大招商引资经费投入，保障各级政府开展招商引资活动和举办第二届“东博会”。要继续安排市场开拓补助资金，努力争取国家外贸发展资金，支持企业开拓国际市场，发展外向型经济。（4）大力扶持民营经济发展。要落实好各项财税扶持政策，扶持中小企业、民营经济和乡镇企业加快发展，积极促进全民创业。

（三）继续深化财政改革，加快推进公共财政体系建设

（1）进一步完善省管县财政管理体制。经省政府批准，对农安、桦甸等上划省共享收入实行超基数返还政策的18个县（市），2006～2007年上划省的共享收入全部下放，作为县（市）的固定收入，收入下放期间，基数内省级减少的财力，省财政通过结算方式收回。继续完善县对乡镇的财政管理体制，全面推行“乡财县管乡用”的财政管理方式改革，切实规范县乡财政管理。（2）继续深化部门预算改革。完善预算编制办法，统筹安排政府财力资源。2006年要在全省范围内全面推行部门预算管理改革，省级上报省人代会审查的部门预算由去年的4个部门增加到40个。（3）加快推进国库集中支付制度改革。省直部门全面实行国库集中支付，9个市（州）全部开展试点，有条件的县（市）也要加快工作进度，积极开展试点。（4）加大政府采购工作力度。继续加强政府采购制度建设，扩大采购范围和规模。2006年全省政府采购金额要比上年增长20%以上。（5）进一步深化“收支两条线”改革。切实加强非税收入管理。2006年，省级选择省工商局、省药监局开展收支彻底脱钩改革试点，有条件的市县也应加快试点。（6）加快“金财工程”建设步伐。2006年要在全省县（市）级财政部门建成符合“金财工程”标准的计算机局域网络系统，为财政预算管理制度改革提供技术支撑。

（四）适应新形势要求，进一步加强财政干部队伍建设

（1）要加强党风廉政建设。虽然近几年，财政系统廉政建设工作抓的不错，但反腐倡廉丝毫不能放松，必须常抓不懈。各级财政部门要切实抓好党风廉政建设责任制的落实。严格遵守“四大纪律”“八项要求”和“五不准”规定，继续推进财政系统政行风建设。每个财政干部都要勤勉自省、严格自律，真正做到为民理财。（2）要加强干部教育培训工作。按照创建学习型机关建设的要求，采取多种形式，加强财政干部学习与培训，不断提高财政干部的综合素质和业务技能，建设一支高素质的财政干部队伍。（3）要加强作风建设。要进一步转变作风，了解下情，深入调研，为各级党委、政府当好参谋助手，增强工作的主动性，不断提高服务水平。

在2007年全省财政工作会议上的讲话

（2007年2月）

这次全省财政工作会议，是在全面推进吉林老工业基地振兴，加快构建社会主义和谐社会的新形势下召开的。刚才，学仁常务副省长作了重要讲话，对2006年的财政工作给予了充分肯定，并就如何做好2007年工作提出了明确要求，各级财政部门一定要结合实际，认真贯彻落实。下面，我主要讲两个方面的问题，供同志们参考。

一、关于2006年财政工作的简要回顾

2006年，全省各级财政部门按照省委、省政府对财政工作的总体部署和要求，紧紧围绕振兴吉林老工业基地这一中心任务，充分发挥职能作用，狠抓增收节支，深化财政改革，加强自身建设，财政收入继续保持快速增长，重点支出得到较好保障，各项工作取得了新的成绩。

（一）财政收支又上新台阶

2006年，全省地方级财政收入245亿元，比预算超收13亿元，比上年增长18.3%；一般预算全口径财政收入507.8亿元，增长21.3%；全省财政支出718.4亿元，增长13.8%，基本实现了省委、省政府提出的“2557”奋斗目标。从市州级财政收入看，延边州本级、辽源、松原、白城、白山和四平增幅超过全省平均水平，分别增长139.7%、59.1%、39%、38.5%、38.3%和21.7%；通化、长春和吉林分别增长14.8%、14.6%和5.1%。从县（市）级

财政收入看，超过亿元的达到26个，比上年增加11个；超过2亿元的达到11个，比上年增加6个，其中延吉、前郭、敦化、磐石、乾安5个县（市）超过3亿元，延吉市达到7.2亿元。

（二）财政保重点的能力有新提高

在支持经济发展方面，全省各级财政拨付基本建设资金59.1亿元，比上年增长17%，促进了重点项目建设；拨付企业技术改造、政策性关闭破产、分离企业办社会职能、厂办大集体改革试点，以及中小企业和民营经济发展资金32.2亿元，促进了企业改革和工业提速增效。在支持新农村建设方面，拨付资金36.7亿元，比上年增加5.7亿元，主要用于农业综合开发、农业产业化、农业科技推广、退耕还林还草和消化粮食政策性挂账等；拨付资金9.3亿元，支持新农村建设试点、农村饮水和乡村道路等农村公共基础设施建设；拨付粮食直补、综合直补、良种补贴、农机具购置和增产技术等补贴资金30.2亿元，比上年增加9亿元；拨付资金1亿元，用于243个国有农场税费改革。在支持解决民生方面，筹措拨付资金17.6亿元，用于城市棚户区改造；筹措安排再就业资金16亿元，比上年增加2.3亿元，落实新一轮就业再就业扶持政策；增拨资金19.5亿元，用于企业养老金调整、提高优抚救济对象和城乡低保补助标准，帮助城镇困难群众参加基本医疗保险，扩大新型农村合作医疗试点，加强城乡公共服务平台建设，以及解决贫困和受灾地区群众生产生活问题；拨付资金21.7亿元，用于机关事业单位工资收入分配制度改革。在支持重点事业发展方面，拨付教育、科技、文化、卫生、体育、广电、计划生育等方面的支出145.1亿元，比上年增长24%。

（三）财政改革迈出新步伐

（1）省管县财政体制继续完善。省财政将农安等18个县（市）上划省的共享收入全部下放，40个县（市）开展了"乡财县管"改革试点。（2）政府收支分类改革工作进展顺利。开展了政府收支分类改革业务培训，按照新科目要求，完成了收支科目数据转换，建立了新的会计核算账户体系，为2007年全面实施政府收支分类改革奠定了基础。（3）部门预算改革继续深化。省级和4个市（州）全面实行了部门预算改革，18个市县开展部门预算改革试点。省级上报人代会审查的部门预算由4个增加到40个。

(4) 国库集中支付制度改革扎实推进。省级 1040 个部门和单位纳入国库集中支付制度改革试点范围，试点面达到 100%；长春、吉林、四平、延边、九台、舒兰等市县开展了试点。(5) 政府采购规模和范围进一步扩大。全省完成政府采购额 62.5 亿元，比上年增长 30.5%，节约资金 6.9 亿元。(6) 收支两条线改革继续深入。省和部分市县财政成立了非税收入管理机构，加强了非税收入管理，规范了执收执罚行为，省级在工商和药监两个系统开展了收支脱钩改革试点。

(四) 财政自身建设取得新成果

在服务型政府机关建设方面，各级财政部门不断扩大政务公开范围，绝大多数行政审批项目实行了集中统一办理，工作效率和服务质量显著提高；深入实际，开展经常性的调查研究工作，完成了一批有价值的调研课题。在干部队伍建设方面，各级财政部门通过采取集中学习、专题讲座等多种方式，共培训财政干部 5369 人次，进一步提高了财政干部的综合素质和依法理财能力。2006 年，长春市政府采购中心、双辽市财政局荣获全国财政系统先进单位；通化市财政局、临江市财政局等荣获全国财政系统党建工作“新风奖”。在“金财工程”建设方面，县（市）财政系统局域网建设顺利完成，省、市、县三级财政系统计算机广域网建成并投入运行。长春市、辽源市开展了财税库银横向联网试点。在廉政建设方面，认真落实党风廉政建设责任制，加强政行风建设。深入开展了政府采购领域商业贿赂专项治理工作。

在看到成绩的同时，也要清醒地认识到，财政工作还面临不少困难和问题。主要是财政收入增幅低于全国平均水平，2006 年我省地方级财政收入增长 18.3%，比全国平均水平低 2.8 个百分点；解决民生问题，维护社会稳定，以及偿还到期政府债务等，财政面临较大支出压力；财政改革进展不平衡，有些市县改革滞后；一些地方和部门财经管理薄弱，资金使用分散，效益不高，损失浪费等现象依然存在。要进一步采取措施，切实加以解决。

二、关于 2007 年财政重点工作

根据全国财政工作会议和全省经济工作会议精神，围绕省委、省政府确定的中心任务，2007 年我省财政要重点做好以下五项工作。

（一）大力组织收入，努力完成财政收支奋斗目标

经省十届人大五次会议批准，2007年，全省地方级财政收入预算安排274.5亿元，增长12%，与经济增长保持同步；全省财政支出预算安排689.6亿元，增长9%。可以说，这个安排是留有余地的，也是要必保完成的收支任务。在此基础上，省委、省政府提出了争取实现“368”的财政收支奋斗目标。刚才，学仁副省长就实现这个目标的意义和有利因素作了全面阐述分析，并提出了明确要求。实现“368”奋斗目标，地方级财政收入完成300亿元是前提。因此，关键是要切实抓好组织收入工作。（1）要分解落实收入任务。会后，省里将把地方级财政收入奋斗目标分解到市县，下达收入奋斗目标建议数。这个建议数不是硬性任务，不要求向国、地税等有关征管部门层层下达，只作为各级政府和财政部门分析收入进度、研究工作措施、努力完成目标的参考。（2）要搞好税源调查分析。近两年，随着全省经济持续快速发展，经济运行的质量和效益明显提高，特别是实施投资拉动，一批重点工业项目陆续达产见效，形成了许多新的税收增长点，税源结构发生了一定变化。各级财政部门要把税源调查作为2007年的一项重点工作来抓，要组织开展一次全面的调查分析，摸清税源底数，为抓好组织收入工作提供科学的依据。同时，对执行到期的税收优惠政策进行全面清理，并督促及时恢复征税。（3）要切实加强非税收入管理。2006年全省一般预算非税收入完成66.4亿元，占地方级财政收入的27.1%，是财政收入的重要组成部分。各级财政部门一定要高度重视，采取有效措施，切实加强非税收入征管。目前，我省共有260个行政事业性收费项目纳入预算管理，但有些市县没有按规定执行，仍有一部分收费在预算外管理。对此，各级财政部门要在对现有非税收入项目进行全面清理的基础上，将应纳入预算管理的全部纳入预算。2007年，省政府将出台《吉林省非税收入管理办法》，各地也要结合实际，进一步健全完善相关制度，加快推进非税收入征缴方式改革，从制度和手段上堵塞漏洞。要加强对非税收入的监督检查，坚决纠正越权减免、截留坐支等各种违法违规行为，确保非税收入应收尽收，及时足额入库。

（二）妥善安排各项重点支出，促进社会和谐稳定

2007年我省改革发展任务很重，特别是在解决民生问题方面，要做的事情比较集中，需要各级财政落实的资金较多，各地要引起足够重视，在妥善安

排好农业、教育、科技、卫生、文化等法定和政策性支出的同时，要切实采取有效措施，对一些必须安排的涉及民生和稳定方面的重点支出，要千方百计予以落实。(1) 要落实好农村义务教育经费保障机制改革资金。按照国家要求，从2007年起，我省全部免除农村义务教育阶段232万名中小学生学杂费，并提高农村公办中小学公用经费保障水平，需投入资金8.6亿元，其中，中央财政补助5.2亿元，省财政补助2.3亿元，需要各市县财政落实配套资金1.1亿元。(2) 要落实好新型农村合作医疗试点补助资金。省政府决定，2007年我省新型农村合作医疗试点，要在2006年24个试点县（市）的基础上，在所有县（市）和城区全面推开，并将地方补助标准提高到20元。各级财政需筹措安排补助资金4.8亿元，其中，中央财政补助2.1亿元，省财政补助1.5亿元，需要市县财政落实补助资金1.2亿元。(3) 要落实好城镇居民基本医疗保险补助资金。按照省政府要求，2007年要在全省范围内，全面启动实施城镇居民基本医疗保险制度，在个人缴费的基础上，需要落实好对城镇低保对象、贫困残疾人、60岁以上老人等困难群体的财政补助政策。各级财政需筹措安排补助资金2.9亿元，其中，省财政补助0.4亿元，需要市县财政筹措落实补助资金2.5亿元。(4) 要落实好政府出资购买公益性岗位资金。为解决"4050"等困难群体就业问题，我省决定从2005年起，利用三年时间政府出资开发、购买10万个公益性就业岗位。截至2006年已开发6.5万个，2007年还要新开发3.5万个公益性岗位，需要各级财政落实的资金，要妥善作出安排。(5) 要落实好城乡低保补助资金。2007年全省城市低保月人均补差水平要达到85元，农村低保年人均补差标准要达到360元。省财政对各地的补助水平原则上不会低于上年。各市县要按照属地管理原则，妥善安排资金，确保政策落实到位。(6) 要落实好解决农村饮水安全资金。2007年，省政府提出要全部解决农村120万人饮用高氟高砷水和30万人饮用苦咸水问题。省财政在上年投入1亿元的基础上，继续安排资金1亿元，相关市县财政也应给予积极支持，并管好用好省补助资金，切实发挥应有作用。(7) 要落实好县（市）公安机关公用经费达标所需资金。按照国家和省确定的县（市）公安机关人均公用经费1.5万元、2万元和2.5万元的分类保障标准，目前我省还有一些县（市）没有达标。这些县（市）要积极筹措安排资金，确保在年底前全部达标。此外，还有一些需要各级财政安排的重点支出，如养老金调待、棚户区改造、农业政策性保险试点、化解乡村债务、厂办大集体改革试点等，也要按照有关政策规定和要求予以落实。

（三）加快推进财政改革，完善公共财政制度

（1）完善“乡财县管”财政管理方式改革。近两年，我省“乡财县管”财政管理方式改革推进较快，但也存在改革进展不平衡、管理不到位的问题。2007 年，在继续扩大改革覆盖面的同时，重点要在规范管理上下功夫。省里将进一步加大督查和指导力度，加强工作调度和信息交流，推广先进经验和做法，对工作开展好的县（市）给予必要的支持。同时，各地要结合深化农村综合改革，逐步调整完善县（市）对乡镇的财政管理体制，向乡镇倾斜财力。（2）继续深化部门预算改革。2007 年，省级上报人代会审查的部门预算已达到 100 个，各市县也要加快工作进程，全部开展部门预算改革试点。（3）加快推进国库集中支付改革。按照国家要求，这项改革要实现“横向到边，纵向到底”。2007 年，我省市（州）级要全面实施国库集中支付制度改革，县（市）级也要全部开展试点。（4）健全完善政府采购制度。继续扩大政府采购范围，2007 年要将农村中小学校舍改造、农业综合开发等中央和省专项拨款项目纳入政府采购范围，全省政府采购规模要比上年增长 30% 以上。同时，要全面完成“管采分离”工作。省政府对这项工作高度重视，多次提出明确要求，但目前我省仍有 10 个市县政府采购管理机构与执行机构合署办公，还有 15 个市县管理机构与执行机构虽然分设，但并没有实行分离。对此，有关市县一定要引起高度重视，积极主动向当地政府汇报，并加强与人事、编制等相关部门的沟通，切实加快工作进程，要把“管采分离”工作作为一项硬任务，务必在 2007 年 9 月底前全面完成。（5）加快推进“收支两条线”改革。省级要在总结工商、药监系统“收支脱钩”试点经验的基础上，为进一步扩大试点范围做准备，各地也要加大工作力度，对条件成熟的部门和单位实行收支脱钩改革试点。（6）继续推进政府收支分类改革。2007 年，省级选择部分单位进行支出按经济分类改革试点，有条件的市县也要开展试点，为全面实施做好准备。（7）加快推进“金财工程”建设。2007 年，市州级要全面推广应用预算编制和国库集中支付系统，完成城域网建设；进一步推广应用非税收入收缴管理系统；已实行“乡财县管”改革的乡镇，要开通与县（市）的财政结算网络，推广使用财政部指定的管理软件；逐步建立覆盖全省财税库银的预算管理信息系统。

（四）进一步加强财政监管，不断提高财政管理水平

（1）要强化财政监督检查。继续健全完善财政监管制度办法，对各种专

项资金实行全程监管。重点开展对交通建设资金、住房公积金、义务教育、粮食直补、国有农场税费改革转移支付等资金，以及省以上开发区共享收入返还和规范津贴补贴情况的监督检查。进一步扩大财政投资评审范围，发挥财政投资评审在部门预算编制中的作用，积极开展财政支出绩效考评。加强财政内部审计监督，自觉接受人大、审计，以及社会各方面的监督。（2）要加强行政事业单位国有资产管理。2006 年 7 月，财政部以部长令的形式，先后下发了《行政单位国有资产管理暂行办法》和《事业单位国有资产管理暂行办法》，对加强行政事业单位国有资产管理提出了明确要求。为贯彻落实国家有关政策精神，前不久省政府召开了全省行政事业单位资产清查工作视频会议，对资产清查工作做了全面部署，各级财政部门要明确专门机构和人员负责此项工作。在搞好资产清查的基础上，摸清家底，健全完善制度办法，特别是要加强资产收益的管理，逐步将资产出租、出借及处置收益纳入预算管理。（3）要加强政府性债务管理。目前，资金短缺仍然是制约我省发展的主要瓶颈之一。要继续发挥财政融资优势，积极利用政府性债务，特别是要进一步利用好政府主权外债资源。由于我省政府性债务规模较大，而且陆续进入偿债高峰期。加强政府债务管理，防范和化解财政风险非常必要。各地要严格执行政府债务管理办法，真正做到“借得来，用得好，还得上”。为政府当好参谋，严格落实责任，做好债务清理，妥善安排偿债准备金，及时偿还债务，并探索建立债务偿还的长效机制，防范和化解政府债务风险。（4）要加强财务会计管理。认真宣传贯彻新《企业会计准则》和《企业财务通则》，加强会计人才培养和队伍建设，切实提高财务会计人员素质。清理整顿会计师事务所、资产评估所等社会中介机构，提高会计信息质量，增强社会公信力。

（五）加强思想作风建设，不断提高财政干部队伍素质

（1）要加强财政干部的学习和培训。当前，要认真学习、全面理解、准确把握国家和省关于经济社会发展的指导方针和一系列战略决策，不断增强贯彻落实科学发展观的自觉性和坚定性。要加强对新知识、新技能的学习和培训，注重学习和培训的实效性，不断提高财政干部的综合素质和依法理财能力。（2）要继续转变工作作风。要把以人为本、主动服务的意识贯穿于财政工作的方方面面，进一步提高工作效率和服务质量。面对新形势、新任务，要更加重视调查研究，为各级领导决策提供有价值的前瞻性服务。（3）要进一步加强党风廉政建设。党风廉政建设任何时候都不能放松，各级财政部门，特别是“一把手”，要实行“一岗双责”制度，不但要抓好业务工作，更要重视抓好党风廉政建设。按照“八个坚持，八个反对”，以及胡锦涛总书记在中纪委七次全会上提出的“倡导八种良好风气”的要求，加强干部思想作风建设，落实好廉洁自律的各项规定，努力建设一支高素质的财政干部队伍。

在2008年全省财政工作会议上的讲话

（2008年2月）

这次全省财政工作会议是在深入学习贯彻党的十七大和省九次党代会精神，全面推进吉林老工业基地振兴的新形势下召开的。会议的主要任务是：贯彻落实全国财政工作会议、全省经济工作会议和省“两会”精神，总结回顾过去五年财政工作，明确今后一个时期工作思路和主要任务，安排部署2008年重点工作。今天，延风副省长到会做了重要讲话，对财政工作取得的成绩给予了充分肯定，对做好今后财政工作提出了明确要求。我们要认真学习，深刻领会，结合实际，抓好落实。下面，我讲三个问题，供大家参考。

一、过去五年财政工作回顾

过去五年，是我省财政工作不平凡的五年。国家先后作出了实施振兴东北地区等老工业基地战略，加快粮食主产区发展，以及解决民生问题等一系列重大决策，为我省经济社会发展提供了难得的历史机遇，同时也给财政工作带来了巨大挑战。全省各级财政部门按照省委、省政府对财政经济工作的总体部署，立足全局，攻坚克难，奋力拼搏，较好地履行了职责，各项工作取得了显著成绩。

（一）财政收支规模连续跃上新台阶

五年来，在经济快速发展的基础上，我省财政收支增长速度明显加快。

2007年，全省地方级财政收入实现320.5亿元、一般预算全口径财政收入实现649.3亿元、财政支出实现883.8亿元，与2002年相比，年均增长分别为19.5%、21.5%和19.5%，比上一个五年年均增长速度分别快10.7、12.0和3.3个百分点。财政收支规模由2002年的“123”，2005年跨过“246”，2007年跃上“368”的新台阶。市（州）和县（市）财政收支均实现了快速增长。市（州）地方级财政收入、一般预算全口径财政收入、财政支出五年年均增长分别为20.8%、21.4%和20.3%，比上一个五年分别快7.5、7.7和5.4个百分点。县（市）地方级财政收入、一般预算全口径财政收入、财政支出五年年均增长分别为20.5%、20.0%和25.9%，比上一个五年分别快14.8、15.0和11.8个百分点。地方级财政收入超亿元的县（市）由2002年的10个，增加到2007年的34个。到2007年底，县（市）一般预算全口径财政收入全部超过亿元，其中3个县（市）超过10亿元。

（二）财政支持经济发展有新作为

（1）支持企业改革与发展。累计筹措拨付资金83.2亿元，制定财税扶持政策14项，支持3228户国有企业顺利完成了改制任务，155户企业实施了政策性关闭破产和分离办社会职能。在白山等3个市开展了厂办大集体改革试点。向43户中小企业信用担保机构注入资本金41亿元。（2）支持投资拉动。落实振兴东北等老工业基地税收优惠政策，累计抵减税收54.8亿元。筹措拨付国债、预算内基本建设、重大项目补助和招商引资专项资金242.2亿元，使用国家开发银行、国际金融组织和外国政府贷款303.8亿元，有力地支持了基础设施、重点产业项目建设和对外开放。（3）支持扩权强县。实行省管县财政体制，下放省共享收入和财政收支管理权限，扶持县（市）工业集中区和开发区建设，大幅度增加对县（市）转移支付补助，促进了县域经济加快发展。2005和2006年，我省县域GDP增幅分别达到16.8%和15.3%，比全省平均水平分别高4.8和0.3个百分点；县（市）地方级财政收入增幅分别达到26.9%和26.5%，比全省平均水平分别高2.3和8.1个百分点，2007年增幅达到27.4%。县（市）人均财力由2002年的1.1万元，增加到2007年的3.2万元，增长1.9倍。（4）支持新农村建设。筹措拨付资金194.3亿元，用于农田水利基础设施、农村公路建设、农业综合开发、农业产业化经营等；筹措拨付资金113.3亿元，用于粮食直补、农资综合直补、良种补贴、农业增产技术补贴等。在全国率先实行了免征农业税、农村信用社改革、农业政策性保险和全程农业机械化试点，有力地促进了粮食增产、农业增效和农民增收。

（三）财政保障民生实现新突破

（1）支持就业。累计拨付就业补助资金45.1亿元，促进实现新增就业208万人，完成了政府出资三年开发10万个公益型岗位的任务。（2）支持完善社会保障体系改革试点。累计拨付补助资金58.1亿元，使130万下岗失业人员实现并轨，归集做实企业基本养老保险个人账户资金52.5亿元。（3）支持完善企业养老保险制度。累计拨付企业基本养老保险补助资金191.7亿元，确保了企业离退休人员养老金的及时足额发放，其中先后5次调整企业养老金待遇水平，企业离退休人员月平均养老金水平由610元提高到835元。（4）支持建立城乡最低生活保障制度。累计拨付资金55.8亿元，使130万城市低保对象、80万农村低保对象享受低保补助，城市低保对象月人均补差水平由2002年的41元提高到2007年的85元，增长1.1倍；农村低保对象年人均补差标准由2005年的180元提高到2007年的360元，增长1倍。（5）支持建立城乡居民医疗保险制度。累计拨付资金22.8亿元，全省新型农村合作医疗试点扩大到所有市县，率先实现了城镇居民基本医疗保险制度的全覆盖。（6）支持解决重点民生课题。制定出台13项财税扶持政策，累计拨付资金39.4亿元，促进完成2600万平方米城市棚户区改造任务，为151.5万农村人口解决了饮水安全问题。累计拨付资金32.4亿元，用于扶贫救灾和解决优抚救济对象、企业军转干部生活困难问题。累计拨付资金18亿元，免除全省232万名农村义务教育阶段学生学杂费，提高农村中小学公用经费保障水平，改造农村中小学危房267万平方米，对农村中小学校进行了布局调整和发展农村现代远程教育。

（四）财政改革与管理迈出新步伐

实行了省管县财政管理体制改革，全面开展了“乡财县管”财政管理方式改革。省本级和9个市（州）本级全面实行了部门预算改革，省本级报人代会审查的部门预算由2002年的4个增加到2007年的100个，30个县（市）开展了改革试点。2002年，省本级开始国库集中支付制度改革试点，2006年试点面达到100%；9个市（州）本级和九台、榆树、梅河口等部分县（市）开展了试点。深化“收支两条线”改革，182项行政事业性收费纳入财政预算管理，全面推行了“票款分离”征缴办法，在省直部分垂直管理系统开展了收支脱钩改革试点。政府采购制度不断完善，采购范围拓展到通用货物、服务和工程三大类，采购项目由 2002 年的 73 项增加到 2007 年的 110 项，全省政府采购额达到 82 亿元，是 2002 年的 7.3 倍。在全省范围内全面实现了政府采购管理机构和经办机构的“管采分离”。政府收支分类改革全面实施，完成了新旧科目数据转换，建立了新的政府收支分类和会计核算账户体系。财政法制建设取得重要进展。先后颁布实施了《吉林省财政监督条例》《吉林省罚没和扣押财物管理条例》《吉林省政府债务管理办法》和《吉林省规范政府非税收入管理办法》。财政监督取得积极成果，累计查出违纪资金 114 亿元，收缴国库 7.4 亿元。累计审核评审项目资金 33 亿元，审减资金 3.9 亿元。全面开展了行政事业单位国有资产清查。“金财工程”建设深入推进。

（五）财政干部队伍建设取得新成果

各级财政部门扎实开展党员先进性教育活动，建立健全了保持共产党员先进性的长效机制。机关党建工作进一步加强，党组织的凝聚力和战斗力不断提高，党员干部的宗旨意识显著增强。认真落实党风廉政建设责任制，积极做好由财政部门牵头的财政制度改革协调组、政府采购和产权交易领域治理商业贿赂工作。各级财政在服务型政府机关建设、政务公开、民主评议政行风活动中，均取得了较好成绩。不断转变工作作风，深入开展调查研究，为各级党委、政府科学决策当好参谋。厅机关从 2003 年开始，每年坚持开展财政经济重点课题调研活动，共完成 36 篇调研报告，其中 13 篇被省委、省政府和有关部门制定政策时采纳或被评为优秀调研成果。认真贯彻“三短”“三实”的要求，工作效率和服务质量明显提高。根据《党政干部选拔任用工作条例》的规定，省厅和多数市县都建立了干部轮岗交流制度。各级财政部门采取集中学习、专题讲座、举办培训班等多种方式，加强干部培训工作，其中，参加省以上集中培训的干部达到 1.8 万人次，促进了干部政治业务素质的提高。

总体上看，过去的五年，是我省财政保障能力不断增强的五年，是财政支出结构不断优化的五年，是公共财政体系建设不断推进的五年，是财政管理水平和干部素质不断提升的五年。上述成绩的取得，是省委、省政府正确领导的结果，是各市县、各部门、特别是税务等部门大力支持、共同努力的结果，是广大财政财务干部职工艰苦奋斗、辛勤工作的结果。在此，我代表财政厅党组向全省财政财务干部职工表示诚挚地敬意！向关心、理解、支持财政工作的各级领导，各部门、各单位，表示衷心地感谢！

在看到成绩的同时，也要清醒地认识到我省财政改革发展中存在的问题：财政收入结构不尽合理，非税收入所占比重较高；财政支出压力大，支出责任划分不够清晰；财政财务管理不够精细，财政资金使用效益有待提高；政府性债务和历史包袱较重，潜在的财政风险不容忽视；财政改革进展不平衡，一些县（市）比较滞后；干部素质和作风与新时期财政工作要求相比，还有一定差距，等等。我们要高度重视这些问题，继续努力加以解决。

二、今后一个时期财政工作总体思路和主要任务

省九次党代会、省十一届人大一次会议规划了今后一个时期我省经济社会发展的宏伟蓝图，到2012年，全省地区生产总值再翻一番，经济总量在全国位次前移，人均水平进入全国先进行列；城镇居民人均可支配收入达到全国平均水平，农民人均纯收入保持全国上游水平；就业水平普遍提高，社会保障普遍加强，加快建设经济发达、人民富裕、社会和谐、生态优良的新吉林。财政部门作为政府的重要经济综合部门，要把握大局，认清责任，理清思路，精心谋划，为实现上述发展目标，实现吉林老工业基地全面振兴做出应有贡献。我省今后一个时期财政工作的总体思路是：全面贯彻落实党的十七大精神，以邓小平理论和“三个代表”重要思想为指导，以科学发展观为统领，围绕振兴吉林老工业基地、构建和谐社会的中心任务，充分发挥财政职能作用，大力增收节支，不断提高财政保障能力，调整优化财政支出结构，合理配置财政资源，促进经济社会更好更快发展；深化财政改革，完善公共财政体系，规范转移支付制度，强化财政监督，切实提高财政管理水平；加强干部队伍建设，努力为财政改革与发展提供智力资源和组织保障。

按照上述思路，今后一个时期我省财政工作的主要任务是：

第一，抓增收，着力保持财政收入持续快速增长。省九次党代会提出，到2011年全省地方级财政收入和一般预算全口径财政收入要分别达到600亿元和1200亿元。实现这一目标，今后几年我省财政收入需要保持年均18%以上的增幅。应该说，从当前我省经济发展的良好态势看，实现这一增幅是完全可能的。目前，我省财政收入占GDP的比重偏低，2006年一般预算全口径财政收入占GDP比重，比全国地方平均水平大约低4.6个百分点；地方级财政收入占GDP比重，比全国地方平均水平大约低3个百分点。这说明我省的经济结构、产业结构、产品结构有待不断优化，在结构调整中需要进一步提高经济

发展对财政的贡献率，同时也说明，财政增收的潜力还比较大。为此，大力抓好财政增收，实现财政收入的持续快速增长，是我省今后一个时期财政工作的首要任务。(1) 要大力培植财源，做大“蛋糕”，扩大财政收入的增长点，为财政增收提供稳固的财源基础。(2) 要抓好组织收入工作。紧密配合税务等部门，依法治税，针对近几年陆续投产见效的项目搞好税源调查，及时清理到期的税收优惠政策，防止税源流失，做到应收尽收，不收过头税。(3) 要加强非税收入管理，规范执收执罚行为，严格依法依规征收，逐步将非税收入全部纳入财政预算。经过不懈努力，使我省财政收入规模在全国的位次前移。

第二，促发展，着力推进吉林老工业基地全面振兴。财政部门要紧紧围绕我省加快发展中的关键问题，综合运用预算、贴息、转移支付、税收、政府性债务和政府采购等多种工具和手段，切实发挥“四两拨千斤”的作用，促进加快发展，实现振兴。适当集中财力，整合专项资金，发挥财政投融资优势，大力支持公共基础设施建设、重点产业项目、民营经济腾飞和服务业跨越式发展，深化国企改革，支持企业自主创新、节能减排、资源综合利用，推动经济发展方式转变和产业结构优化升级。不断加大“三农”投入，全面落实好各项支农惠农政策，促进农村综合改革，加快新农村建设。促进软环境建设，落实各项优惠政策，支持招商引资，推进对外开放。完善扩权强县政策措施，进一步增强县域经济发展的活力和动力。

第三，保民生，着力促进社会和谐稳定。解决民生问题，是公共财政最基本的职责。要围绕“学有所教、劳有所得、病有所医、老有所养、住有所居”的要求，不断加大财政投入。从2008年起，每年新增财力的70%以上要用于民生。加大政策和资金扶持，解决下岗失业人员就业难问题，促进就业再就业。确保企业离退休人员养老金、城乡低保、城镇居民基本医疗保险和新型农村合作医疗财政补助资金需要，不断完善社会保障体系。支持做好优抚救济和扶贫救灾工作，解决城乡困难群众的基本生活。加大义务教育资金投入，解决困难群众子女上学难问题。大力支持农村泥草房改造和农村安全饮水工程建设，逐步建立城市廉租住房保障制度，帮助困难群众改善生活和居住条件。支持科技、文化、卫生、体育、计划生育等社会事业发展，满足人民群众日益增长的文化和精神生活需要。

第四，建机制，着力完善公共财政体系。围绕推进基本公共服务均等化，调整和理顺财政分配关系，逐步建立有利于完善市场经济体制，有利于促进富民强省，有利于构建和谐吉林的公共财政体制和财政运行机制。(1) 进一步完善省以下财政体制。明晰各级政府的事权和支出责任，规范政府间的财力分配关系，完善财政转移支付制度，扩大财力性转移支付规模，不断改善县乡财政困难状况，增强基层政府公共服务能力。(2) 继续深化预算管理制度改革。2009 年部门预算改革要在全省范围内全面推开，2011 年国库集中收付制度改革要在全省范围内全面推开。要进一步深化“收支两条线”改革，不断规范非税收入征缴管理，省和市县都要逐步扩大收支脱钩试点范围，加快实现执收执罚部门收支彻底脱钩。不断扩大政府采购规模，加强采购管理，规范采购行为。“十一五”后三年，全省政府采购额年均增长 20% 以上。(3) 大力推进财政科学化、精细化管理。加强财政法制化、信息化建设，建立健全财政支出绩效考评体系，强化财政监督职能，不断提升财政管理水平。

第五，强队伍，着力提高财政干部综合素质。加强财政干部队伍建设，提升财政干部综合素质，是做好财政工作，实现各项工作目标的重要基础和组织保障。(1) 加强班子建设。要按照政治坚定、开拓创新、求真务实、勤政廉政、团结协调的要求，加强各级财政部门领导班子建设。要遵循集体领导、民主集中、会议决定的原则，完善领导班子决策制度和议事规则。领导班子主要负责同志要率先垂范，带好班子，不断增强领导班子的凝聚力、战斗力和创造力，以一个好的班子带出一支好的队伍。(2) 要加强学习培训。按照《2006～2010 年吉林省财政干部教育培训规划》要求，抓好干部理论和业务培训教育工作，每年参加各种集中培训的干部要不少于总数的 20%。通过学习培训，使财政干部的思想素质、业务能力和依法理财意识得到明显提高，更好地适应新时期工作需要。(3) 要搞好廉政建设。牢固树立正确的荣辱观、权力观和地位观，做到“权为民所用、情为民所系、利为民所谋”，对干部严格教育管理，以严防为目标，加强权力运行的制约和监督。(4) 要进一步转变作风。坚持求真务实，注重调查研究，增强主动服务意识，不断提高服务质量和工作效率。

三、2008 年财政重点工作

2008 年是全面贯彻落实党的十七大战略部署的开局之年，也是实现老工业基地全面振兴、建设和谐吉林的关键一年。按照全国财政工作会议、全省经济工作会议和省“两会”精神，2008 年财政工作要贯彻实施稳健的财政政策，重点做好以下工作。

（一）狠抓增收节支，努力完成全年收支奋斗目标

按照省十一届人大一次会议批准的预算，2008年，全省地方级财政收入预算安排378.2亿元，增长18%，高于经济增长；全省财政支出预算安排902.3亿元，增长10.5%。在此基础上，省委、省政府确定，2008年全省财政收支要力争实现“四、八、十”奋斗目标。刚才，延风副省长就实现这一奋斗目标提出了明确要求。各级财政部门要统一思想，坚定信心，认真分析各种有利条件和不利因素，特别是要充分估计可能遇到的困难，采取有效措施，扎实工作，在确保完成全年收支预算任务的基础上，努力实现这个目标。一是积极落实收入奋斗目标。经省十一届人大一次会议审查批准的预算是必保完成的任务，“四、八、十”是努力争取实现的奋斗目标。为便于各市县早做安排，早做部署，会后厅里将与税务等征收部门做好沟通，认真研究测算，尽快将收入奋斗目标下达给各市县。（2）加强收入征管。积极配合税务部门，落实好内外资企业所得税“两法合并”，以及提高个人所得税扣除费用标准和节能减排等税收优惠政策。加强对汽车、石化、农产品加工等重点税源企业，特别是新投产项目的税源调查，对到期的税收优惠政策，要及时恢复征税。继续规范非税收入管理，完善征缴制度，加强监督检查，确保非税收入及时足额入库。（3）进一步提高预算执行分析预测水平。充分利用财税库银信息网络平台，创新预算执行分析的手段和方法，健全完善预算执行分析报告制度。综合运用经济指标数据，切实做好预算执行实时分析和预测，科学判断和把握财政收支趋势，增强财政工作的主动性和前瞻性。（4）继续实行激励性转移支付政策。适当增加激励性转移支付规模，进一步调动市县增收积极性。（5）加强支出管理。随着财力的增加，财政支出规模逐步扩大，做好节支工作更为重要。省政府确定，2008年行政事业编制和行政公用经费要实现“零增长”，各级财政部门要与有关部门密切配合，提出切实可行的落实办法和措施，为党政领导当好参谋。在预算安排和执行中，要严格按此要求，有保有压，严格控制行政事业单位增人经费和行政机关公用经费，特别是严格控制“人、车、会、网络和招待”支出，努力降低行政成本，力争实现两个“零增长”的要求。

（二）充分发挥财政职能作用，促进经济更好更快发展

（1）支持重点项目建设。各级财政在落实好增值税转型、企业所得税“两法合并”、节能减排等财税优惠政策的同时，努力筹措安排资金，积极争

取国家投资，使用好开发银行、国际金融组织和外国政府贷款，大力支持重点项目和基础设施建设。省财政2008年安排水利、交通、农村泥草房改造、城市廉租住房等重点项目建设补助资金32.6亿元，比上年增加4.4亿元。(2) 支持工业提速增效。积极筹措安排资金，落实好相关政策，继续支持企业实施关闭破产，帮助国有改制企业和分离办社会职能后的企业处理好遗留问题。另外，在白山等3个市开展厂办大集体改革试点的基础上，其他地区也将适时启动这项工作，各地要及早动手进行清查审核，做好准备工作。(3) 支持转变经济发展方式。发挥财政政策和资金的引导作用，支持企业技术改造、科技创新、产品研发、节能减排和资源综合利用等，促进经济发展方式转变。(4) 继续支持服务业跨越式发展和民营经济腾飞。认真落实好财税扶持政策，现有支持经济发展专项资金，重点向服务业和民营经济倾斜。省财政2008年安排专项资金1.4亿元，支持信用担保机构和地方金融体系建设，帮助中小企业和民营经济解决融资难问题。(5) 支持扩大对外开放。继续安排招商引资专项资金，保证重大招商引资活动开展和举办第四届东博会。认真落实开发区和工业集中区扶持政策，搞好清费治乱，为招商引资营造良好条件。(6) 继续支持县域经济发展。落实好扩权强县财政扶持政策措施，省政府决定，省向县（市）下放共享收入政策，从2008年起再执行三年。

（三）加大“三农”投入，确保各项支农惠农政策有效落实

(1) 继续增加支农投入。依法安排农业支出预算，确保支农投入增量明显高于上年。支持发展现代农业，加大农业综合开发、产业化经营和农业科技推广资金投入，新增建设用地土地有偿使用费主要用于西部土地开发整理项目建设，提高粮食综合生产能力。2008年，省财政继续安排农业产业化贴息资金2亿元、新农村建设专项资金2亿元。继续整合支农资金，创新支农方式，提高支农资金使用效益。(2) 落实好各项惠农补贴。积极筹措安排资金，搞好粮食直补、农资综合直补、良种补贴、增产技术补贴、农机具购置等补贴工作。(3) 安排好农业政策性保险补贴所需资金。2007年，我省作为农业政策性保险试点省，开展了种植业保险试点和能繁母猪保险，除中央财政支持外，省和市县财政共安排补贴资金3.4亿元，由于遭受历史罕见的旱灾，省财政还另行筹借资金2.4亿元，帮助保险公司理赔，维护了农民利益。2008年，保险试点工作范围适当扩大，省财政相应安排了补贴资金，市县财政也要根据工作需要，做好资金安排。(4) 支持农村剩余劳动力转移培训。目前，劳务收入已成为我省农民增收的重要渠道，2008年全省要完成转移农村剩余劳动力390万人次。省财政筹措安排培训经费5000万元，各市县也要增加投入。（5）继续支持推进农村综合改革。深化乡镇机构改革、农村义务教育经费保障制度改革、县乡财政管理体制改革，继续推进国有农场税费改革和集体林权制度改革。我省从2008年起计划利用两年时间，基本完成农村义务教育"普九"债务化解工作。各市县要按照省里的部署，积极筹措落实好化债资金，努力完成化债任务。根据国家的有关精神，中央财政和省财政将对按时完成化债任务的市县给予奖励性补助。

（四）进一步加大投入，倾力支持解决民生问题

2008年，省政府决定集中力量办好八件民生实事，各级财政部门要围绕这八件实事加大政策和资金支持力度。（1）支持就业再就业。2008年，全省城镇要实现新增就业42万人，并继续保持10万个公益型岗位开发规模，全面消除零就业家庭，对城乡低保家庭1.2万名适龄子女实行免费技能培训。省财政已按上述工作要求在预算中做了安排，各市县也要落实好所需资金。（2）支持完善社会保障体系建设。我省企业退休人员养老金、城乡低保、新型农村合作医疗和城镇居民基本医疗保险财政补助标准今年将继续提高。其中，企业基本养老金月人均水平由上年的835元提高到930元；农村低保年人均补助水平由上年的360元提高到420元；城市低保月人均补助水平由85元提高到100元；新型农村合作医疗和城镇居民基本医疗保险财政普惠制补助标准由40元提高到70元。为确保上述政策落实到位，除国家和省补助外，各地要妥善安排好应负担的资金。（3）支持改善群众居住和生活条件。我省2008年要完成农村泥草房改造工程13万户，建设城市廉租住房80万平方米，实行廉租住房补贴制度，对煤矿和县（市）棚户区进行改造，同时解决农村60万人饮水困难和饮用苦咸水问题。这些都需要财政给予政策和资金支持。（4）支持做好扶贫救灾和优抚救济工作。各级财政要统筹安排落实好扶贫救灾、医疗救助和优抚救济资金，确保困难群体和受灾群众基本生活需要。（5）做好清理规范津贴补贴工作。我省从2006年下半年开始启动规范公务员津贴补贴工作，总的看，进展比较顺利。目前，全省50个市县中，43个市县已经实施，7个县（市）尚未启动。这项工作涉及广大干部职工的切身利益，财政作为牵头部门一定要为政府当好参谋，制定切实可行的实施方案，尽快启动，抓紧落实。

（五）积极筹措安排资金，大力支持发展各项社会事业

（1）依法优先保证教育事业投入。继续完善义务教育经费保障机制，优化教育支出结构，新增教育支出重点向农村倾斜，促进教育公平发展。按照国家要求，要认真落实好农村贫困寄宿学生生活费补助、免费提供教科书、提高农村中小学公用经费保障水平、免除城市义务教育阶段54万名学生学杂费和对中等职业教育家庭经济困难学生给予补助等政策，支持完成30所农村初中学校标准化改造。增加职业教育经费投入，重点支持县级职教中心建设。落实上述工作共需资金16.3亿元，除国家补助外，需要省和市县落实6.1亿元。（2）加大科技投入。省财政继续安排重大科技专项、科技基础平台建设和应用技术研究与开发资金，创新支持方式，推动产学研结合，促进科技成果向现实生产力转化。（3）加大公共卫生事业投入。积极筹措安排资金，支持完成列入规划的乡镇卫生院改造和城市社区卫生服务中心标准化建设任务，切实提高城乡公共卫生服务能力。共需筹措安排资金5.1亿元，除国家补助外，需要省和市县财政落实2.3亿元。（4）加大政法经费投入。2007年，在各地的积极努力下，我省纳入国家考核范围的45个县级（含5个区）公安机关公用经费，按照每人每年1.5万元、2万元、2.5万元的分类保障标准均实现了达标。2008年，公安机关"三基"建设和奥运安保等各项工作任务繁重，各县（市）财政要巩固达标工作成果，进一步加大支持力度，年初就要按照规定的公用经费保障标准，编制综合财政预算，在执行中统筹安排调度，及时拨付资金，不断提高经费保障水平。同时，要继续做好检察院公用经费达标及其他政法机关经费保障工作。2007年，省级筹措安排资金1500万元，用于处理涉法涉诉案件。2008年，市县财政部门也应按照国家有关文件要求和当地政法、信访部门处理涉法涉诉案件的经费需求情况，结合自身财力可能，积极筹措资金，努力支持开展建立涉法涉诉救助资金的试点工作。（5）各级财政要按照国家和省有关规定，努力增加投入，大力支持文化、体育、广播电视、计划生育和安全生产等事业发展。

（六）继续深化财政改革，进一步加强财政监管

（1）继续完善省以下财政管理体制。重点是完善县对乡镇的财政管理体制，深入推进乡财县管财政管理方式改革，在规范管理上下功夫。（2）加快预算管理制度改革步伐。深化部门预算改革，2008年县（市）部门预算改革覆盖面要达到50%以上。要提前预算编制时间，细化编制内容，硬化预算约束，进一步提高年初预算到位率，尽力减少执行中追加。各市（州）要全面开展国库集中收付制度改革，县（市）试点面力争达到100%。要加强国库现金管理，强化资金调度，严格拨付程序，确保资金安全，提高资金运转效率。规范非税收入征管，扩大收支脱钩改革试点范围。继续加强政府采购制度建设，落实好国家有关自主创新、节能产品的政府采购政策，扩大政府采购规模和范围。(3) 加强行政事业单位国有资产管理。进一步做好资产清理核查工作，健全完善相关制度办法，为实现资产管理、预算管理相结合打好基础。(4) 强化财政监督。重点加强对义务教育、医疗卫生、就业和社会保障等民生资金的监督检查，严肃财经纪律，堵塞管理漏洞。(5) 继续提高会计信息质量。抓好企业会计准则实施工作，加强财务会计人员培训和注册会计师、资产评估师等中介机构监管，进一步提高行业公信力。(6) 继续推进“金财工程”建设。要充分运用信息化手段，不断提高财政管理水平。各地要推广应用国家、省统一开发配置的财政业务系统，加强网络运行和安全管理。配合有关部门积极推进财税库银横向联网建设，努力实现部门间信息资源共享。加快县乡财政结算网络建设，为深化乡财县管改革提供技术支撑。

（七）适应新形势要求，扎实推进反腐倡廉建设

多年来，各级财政部门高度重视反腐倡廉工作，并取得了积极成果。2008年初，财政部专门召开了全国财政系统反腐倡廉建设工作会议，对财政系统反腐倡廉工作进行了全面部署，提出了明确要求。各级财政部门要结合贯彻落实中央纪委十七届二次全会、省纪委九届二次全会和全国财政系统反腐倡廉建设工作会议精神，进一步提高认识，统一思想，明确责任，务求实效。教育广大财政干部严格执行党的政治纪律、组织纪律、经济工作纪律和群众工作纪律，落实好党风廉政建设责任制，把构建惩治和预防腐败体系作为一项重要任务来抓。强化“六个机制”建设，即建立明确的责任机制、长效的教育机制、严格的制度机制、严密的监控机制、严肃的惩治机制和科学的预警机制。要严格遵守党风廉政建设的各项规定，重点加大对易产生腐败的重点岗位和工作环节的监督力度。要加强对领导班子和领导干部的监督，领导班子和领导干部要带头廉洁自律，自觉接受监督。要进一步加强财政系统政行风建设，增强忧患意识、公仆意识和节俭意识，努力做到为民理财、依法理财、清廉理财，促进财政干部队伍建设取得新的成绩。

在2009年全省财政工作会议上的讲话

（2009年2月）

这次全省财政工作会议主要任务是：贯彻落实全国财政工作会议、全省经济工作会议和省十一届人大二次会议精神，总结回顾2008年财政工作，分析当前财政形势，部署2009年财政工作。刚才，延风常务副省长作了重要讲话，我们要认真学习，深刻领会，抓好落实。下面，我讲三点意见，供大家参考。

一、2008年财政工作简要回顾

2008年，在省委、省政府的正确领导下，全省各级财政部门以科学发展观为统领，围绕中心，立足全局，开拓进取，奋力拼搏，抓增收，促发展，保民生，建机制，强队伍，各项财政工作取得了新的成绩。

（一）增收节支工作取得显著成果

2008年，我省经济实现了快速健康发展，几项主要经济指标增幅均居全国前列，为财政增收奠定了良好基础。全省各级财政与税务等部门密切配合，大力组织收入，努力克服下半年由于金融危机的影响，部分重点行业产销增幅下降、企业效益下滑、政策性减收因素增多等诸多困难，强化征管措施，充分挖掘征收潜力，出色地完成了全年财政收入任务。大力调整优化财政支出结构，有保有压，努力保障重点支出需要，严格控制一般性支出，实现了行政公用经费“零增长”。积极争取国家政策和资金支持。经全省上下共同努力，

2008 年全省财政收支规模跨上了“四八十”的新台阶，全省地方级财政收入、一般预算全口径财政收入、财政支出分别完成 422.8 亿元、845.2 亿元、1180.1 亿元，分别比上年增长了 31.8%、30.2%、33.5%，创 1994 年实行分税制财政体制以来收支最高增幅。其中，地方级财政收入增收额首次突破百亿元，增幅高于全国地方平均水平 10.3 个百分点，在全国名列前茅。

（二）市县财政实力明显提升

2008 年，随着财政收入的快速增长，省对下转移支付补助的大幅度增加，市县财政实力明显增强。全省 49 个市县及长白山管委会地方级财政收入完成 310.5 亿元，比上年增长 29.7%，其中，9 个市（州）本级及长白山管委会完成 197.1 亿元，增长 28.5%；40 个县（市）完成 113.4 亿元，增长 32%。地方级财政收入超 5 亿元的县（市）达到 5 个，比上年增加 3 个；一般预算全口径财政收入超 10 亿元的县（市）达到 4 个，比上年增加 1 个。市县级财政支出 854.7 亿元，比上年增长 34.4%。其中，市（州）级 416.7 亿元，增长 34.3%；县（市）级 438 亿元，增长 34.4%，增幅均高于全省平均水平。市（州）级人均财力达到 6.6 万元，比上年增长 20%；县（市）级人均财力达到 3.7 万元，增长 19.4%。

（三）促进经济发展的作用进一步增强

2008 年，各级财政部门充分发挥职能作用，加大对经济发展的政策和资金支持。特别是进入第四季度，根据省委、省政府的部署，认真贯彻落实国家和省扩大内需、刺激经济增长的一系列政策措施，与有关部门密切配合，全力争取中央财政支持，及时筹措调度和拨付资金，为保持我省经济快速健康发展的良好势头，发挥了重要作用。2008 年，全省财政用于支持经济发展方面的资金达 327.2 亿元，比上年增加 96.2 亿元，增长 41.6%。拨付国债、预算内基本建设资金 102.2 亿元，其中省财政用于重点项目的补助资金达 32.2 亿元，全省利用政府信用平台，使用开行、世行、亚行和外国政府贷款 103.5 亿元，有力地支持了水利、铁路、公路、机场等一大批重点项目建设。落实增值税转型、企业所得税“两法合并”、自主创新、节能减排等财税扶持政策，全年抵减和少征税款 31.7 亿元；拨付资金 27.3 亿元，支持国企改制、厂办大集体改革和地方金融业发展；拨付资金 17.1 亿元，支持建立中小企业服务体系、创建孵化基地和组建再担保公司，推动千户成长型中小企业发展，有力地促进了服务业跨越式发展和民营经济腾飞。落实国家停征工商“两费”政策，暂停和取消国家级、省级收费24项，涉企行政事业性收费标准降低5%，当年减轻企业和社会负担2.6亿元。

（四）强农惠农政策得到有效落实

2008年，各级财政部门认真落实中央和省委“1号文件”精神，把支持“三农”工作放在更加突出的位置，努力做到“三个高于上年”，不断加大支农投入，为粮食增产、农业增效和农民增收做出了积极贡献。2008年，全省财政用于“三农”方面的资金达407.5亿元，比上年增加119.9亿元，增长41.7%。围绕实施增产百亿斤商品粮能力建设工程，积极争取中央财政支持，努力筹措配套资金，全年拨付资金51.8亿元，支持西部土地开发整理、农业基础设施、农业综合开发、科技推广和开展深松深翻等。拨付粮食直补、农资综合直补、良种、农机具购置、增产技术和农业保险等补贴资金78亿元，比上年增加27亿元。拨付产粮大县奖励资金16.5亿元，比上年增加3.3亿元。积极支持国有农场税费改革和集体林权制度改革，开展化解农村“普九”债务试点工作。

（五）保障民生的能力不断提高

2008年，各级财政将保障和改善民生作为重中之重，进一步调整优化财政支出结构，集中财力保重点、保民生，省委、省政府确定的“八件民生实事”所需资金得到全部落实。（1）事关民生的投入进一步增加。2008年，全省财政新增支出用于民生方面的支出达到219亿元，占73.9%；超收用于民生方面的支出达到36亿元，占81%。（2）保障民生的水平进一步提高。企业养老金月人均水平由835元提高到930元，城市低保月人均补助水平由98元提高到130元，农村低保年人均补助水平由360元提高到540元，城镇居民基本医疗保险普惠制和新农合医疗补助标准由40元提高到70元。（3）改善民生的领域进一步拓宽。支持开展农村计划生育独女户夫妇养老保险试点；建立困难群众参保机制，将14万名关闭破产国有企业退休人员纳入医疗保险范围；免除了286万名城乡义务教育阶段学生学杂费；拨付资金54.3亿元，支持完成200万平方米棚户区改造任务和81.8万平方米城市廉租房建设，对20万户城市低收入住房困难家庭实行租赁补贴，改造农村泥草房14.7万户，解决了60万农村人口安全饮水问题。启动实施了第二步规范津贴补贴工作。

（六）财政改革与管理取得新进展

9个市（州）全面开展了部门预算编制改革，县（市）全部开展了改革试点。省直10个单位开展了公务卡改革试点，9个市（州）和40个县（市）开展了国库集中支付改革试点。非税收入管理不断规范，省直在33个单位开展了收支脱钩改革试点。政府采购规模不断扩大，全年完成采购额100.2亿元，比上年增长22.9%。认真落实“五五”财政法制教育宣传规划，开展了规范性以上文件清理工作。重点开展了部分地区省级财政收入、民生资金的专项检查，全年共查出各种违规违纪资金34亿元。加强财政投资评审，全年评审项目1565个，审减资金10.3亿元。会计管理和会计人员培养、行政事业单位国有资产管理、财税库银横向联网、财政信息系统大平台建设试点等不断深入。

按照中央和省委、省政府的部署，2008年先后开展了“继续解放思想，推动吉林振兴”大讨论和深入学习实践科学发展观活动。省财政厅通过深入学习实践，进一步提高了对科学发展观的认识，认真查找财政工作中存在的突出问题，明确了贯彻落实科学发展观的努力方向，学习实践活动取得重要成果。高度重视党风廉政建设和反腐败工作，采取有力措施推进惩治和预防腐败体系建设并取得明显成效。

在看到成绩的同时，我们还要清醒地认识到工作中存在的差距和不足，主要是：市县之间财政改革发展进程还很不平衡，财政支出结构有待于进一步改善，一些基层政府提供基本公共服务能力较弱，财政管理还不够科学精细，专项资金的使用绩效需要进一步提高，一些干部的工作作风和抓落实的能力需要进一步加强。

回顾过去的一年，全省财政系统广大干部职工，同心同德，奋力拼搏，扎实工作，克服诸多困难，圆满完成了财政改革任务，财政事业取得了重大进展，成绩来之不易。在此，我代表省财政厅党组，向全省广大财政干部职工表示诚挚的敬意，向关心支持财政工作的各级领导和各部门、各单位表示衷心的感谢！

二、当前财政形势和2009年财政收支预算

受国际金融危机和国内经济周期调整的双重影响，2009年我省经济发展

面临严峻挑战，是财政十分困难的一年。从收入方面看，（1）经济增长减速，部分行业和企业经营困难，尤其是企业经济效益下滑，财政收入来源减少。（2）国家实施结构性减税政策，以保持经济平稳较快增长。2009 年全面实施增值税转型改革，加之去年下半年以来国家出台的一系列减免税费政策翘尾，我省财政出现较大的政策性减收。（3）2008 年收入中有一次性特殊因素。如提高城镇土地使用税和车船税税额标准，将一部分行政事业性收费纳入预算管理等，收入基数较高，加大了 2009 年增收的难度。从支出方面看，扩大内需，增加投资，改善民生，扶持“三农”，保障教育、科技、文化、卫生等重点支出需要，以及对口支援地震灾区恢复重建等，均需增加大量投入，财政支出压力巨大。

同时，我们要看到，2009 年的财政工作也有许多有利条件。（1）我省经济较快发展的基础和势头没有发生根本改变，特别是近几年，我省实施投资拉动、工业提速增效、县域突破、扩大开放等一系列战略决策，为经济的持续健康发展奠定了良好基础。一大批重点建设项目相继投产达效，拉动财政增收的作用将会进一步显现。（2）近一个时期中央出台了一系列扩大内需的政策措施，作为农业大省、老工业基地以及中西部省份，我省将会得到中央财政更多的政策和资金支持，对于缓解 2009 年财政困难将起到重要作用。（3）近几年我省财政收入增长较快，收支结构不断优化，具有一定的回旋余地。

根据全国财政工作会议精神和全省经济工作会议的统一部署，2009 年全省财政预算安排的原则是：以科学发展观为统领，落实积极的财政政策，扩大政府投资，保持经济平稳较快发展；坚持增收节支、有保有控的方针，调整优化财政支出结构，确保扩大内需、“三农”、教育、科技、卫生、社保等重点支出需要，增加节能减排、环境治理投入，切实保障和改善民生，严格控制一般性支出；进一步深化财政制度改革，加快形成有利于科学发展的财政体制机制；坚持依法理财，完善预算管理制度，加强财政科学化、精细化管理，提高财政管理绩效。

根据上述原则，2009 年，全省地方级财政收入计划安排 486.2 亿元，比上年增长 15%。其中：国税部门组织收入计划 111.5 亿元，增长 16%；地税部门组织收入计划 266 亿元（含教育费附加），增长 18.5%；非税收入计划 108.7 亿元，增长 6.4%。按照收支平衡的原则，地方级收入加上按规定列入年初预算的中央转移支付补助，全省财政支出计划安排 1082.5 亿元（不含上年结转支出和执行中国家追加的一次性专项补助），增长 9%。

全省地方级财政收入计划增长15%，主要考虑的因素：（1）预期经济增长指标。全省地区生产总值预期增长12%，规模以上工业增加值增长15%，全社会固定资产投资增长28%，社会消费品零售总额增长17%。（2）近年来投资建设的项目陆续达产见效。据测算，2008年新增地方级财政收入中，相当一部分来自于新增投产见效项目，预期2009年新增投产见效项目拉动地方级财政收入至少在6个百分点以上。（3）国家出台的各项政策性减收因素。初步测算，目前国家已出台的结构性减税7项，取消和暂停行政事业性收费105项，约减少全省地方级财政收入30亿元，影响财政收入7个百分点左右。（4）成品油税费改革增收因素。国家决定，从2009年1月1日起，取消养路费等6项收费，改征成品油消费税。成品油消费税全部作为中央收入，相应增加的地方增值税、城市维护建设税、教育费附加收入，由国库部门根据财政部核定的比例自动转入中央财政。新增成品油消费税连同相应增加的增值税、城市维护建设税、教育费附加收入不作为经常性财政收入，不计入对地方的“两税”返还，由中央财政通过转移支付方式分配给地方，用于改革后的相关支出。因此，这项改革不增加地方级财政收入，但会对一般预算全口径财政收入带来一定增收。

三、2009年财政工作主要任务

2009年我省财政面临的任务异常艰巨，落实积极的财政政策，做好各项财政工作，对促进我省经济社会又好又快发展具有十分重要的意义。省政府明确2009年是“工作落实年”，全省各级财政部门要适应新形势、新任务的要求，深入学习实践科学发展观，围绕保增长、保民生、保稳定，大力抓好各项工作的落实。

（一）充分发挥职能作用，全力促进经济平稳较快增长

（1）认真落实财税扶持政策。全面落实好增值税转型改革、支持汽车产业发展、降低住房交易税费、提高出口退税率、取消行政事业性收费、科技成果转化、节能减排等各项财税扶持政策，帮助企业克服当前生产经营困难，鼓励企业扩大投资、技术创新和产业结构升级，提高经济效益。（2）进一步加大投入力度。积极筹措资金，重点用于支持铁路、公路、机场、水利、电力、民生、生态环保和城市公共设施等八大工程，促进投资拉动；整合现有用于支

持企业发展的专项资金，重点支持深化国企改革，加快中小企业、民营经济和服务业发展，推动全民创业。（3）完善支持经济发展的方式。充分利用财政政策资金的引导作用和投融资手段，更多地吸引信贷资金、域外资金和民间资本，拓宽融资渠道。当前，要全力做好争取中央代理发行地方政府债券额度和相关准备工作。（4）继续清理取消行政事业性收费项目，降低收费标准，减轻企业和社会负担，支持改善经济发展软环境。

（二）狠抓增收节支，确保完成全年收支任务

一方面，要狠抓增收。2009 年的收入预算任务已经省人代会审议批准，是必保完成的。各地要结合实际，认真分析税源情况，实事求是地安排或调整收入计划，有条件的市县要尽可能多收一些，为完成全省收入预算任务多做贡献。省里将在适当时机下达收入建议数，以便于考核分析，争取工作主动。2009 年 1 月份收入增幅较低，2、3 月份要争取将收入进度赶上来，以确保实现省政府提出的一季度财政收入实现“双位数”增长的要求。另一方面，要狠抓节支。2009 年，按照两个“零增长”的要求，要严格控制楼堂馆所和信息网络重复建设拨款，严禁超面积、超标准建设和装修办公用房。继续采取有效措施，控制和压缩行政公用经费、公务用车、公务接待、会议、出国经费，强化预算约束。节省下来的资金用于保障扩大内需、教育、农业、社会保障和就业、医疗卫生、节能减排和对口援建地震灾区等重点支出需要。

（三）完善强农惠农政策，大力支持农村改革发展

（1）切实加大财政支农投入。通过增加预算安排、增量倾斜、调整结构等措施，保证各级财政对农业投入的增长幅度高于财政经常性收入增长幅度。综合运用财税杠杆，鼓励和支持村镇银行、农村资金互助社和小额贷款公司试点，引导社会资金投入，促进形成多元化支农投入格局。（2）支持发展现代农业。以增产百亿斤商品粮能力建设为核心，加大财政支农资金整合力度，集中财力重点支持农业综合开发、农业基础设施、农业产业化、科技推广和大型农业机械深松深翻等。从 2009 年起，省里安排的病险水库除险加固、生态建设、农村饮水安全、大中型灌区配套改造等公益性建设项目，取消县及县以下资金配套。（3）进一步加大支农惠农补贴力度。2009 年，按照国家和省的有关精神，将较大幅度增加粮食直补、农资综合直补、良种、农机具购置补贴，其中玉米、水稻良种补贴要实现全覆盖。支持开展“家电下乡”和“汽车下乡”，对购买相关产品的农民给予财政补贴。各级财政部门要采取有力措施，积极筹措资金，加快资金拨付进度，确保各项补贴及时足额兑现到农民手中。(4) 大力支持农村综合改革。继续推进集体林权制度改革、国有农场管理体制改革，完成化解农村“普九”债务试点工作。

（四）进一步加大投入力度，着力保障和改善民生

(1) 支持教育优先均衡发展。继续完善城乡义务教育经费保障机制，统筹落实好免除学杂费补助资金，确保政策落实到位。继续提高中小学公用经费标准，支持实施67所农村初中校舍改造，从2009年起用两年时间，全面建立乡镇中学生理化实验室和微机教学室，2009年要完成50%任务。促进职业教育加快发展，支持职业教育百强校和县级职教中心建设。2009年继续按计划解决中小学教师工资历史拖欠问题。(2) 大力促进就业。完善社会保险补贴、职业培训补贴、创业培训补贴、小额贷款贴息、税费减免等财税优惠政策。增加安排就业专项补助资金，保持10万个公益性岗位开发规模，努力保持城镇零就业家庭动态为零，促进城乡困难群体实现就业。(3) 进一步提高社会保障水平。企业退休人员基本养老金月人均增加100元左右；农村低保对象年人均补助水平提高到700元，城镇低保对象月人均补助水平提高到150元；新型农村合作医疗人均财政补助标准提高到80元。加快推进城镇居民基本医疗保险制度改革，将在校大学生全部纳入医疗保险范围，全面解决关闭破产企业退休人员医疗保障问题。继续做好第二步规范津贴补贴工作，各地要按照国家和省有关政策精神，结合当地财力情况，合理确定津贴补贴标准，并确保及时足额发放。同时，要保证义务教育学校教师平均工资不低于当地公务员平均工资水平。(4) 进一步改善城乡群众居住生活条件。大力支持农村泥草房改造、城市廉租住房制度、城市棚户区改造、煤矿棚户区改造、采煤沉陷区治理、农村安全饮水工程和全面实施林业棚户区改造。(5) 大力支持科技、文化、体育、卫生、广电、计生等社会事业发展。

（五）继续深化财政改革，加快推进公共财政体系建设

(1) 进一步完善省以下财政体制。围绕推进基本公共服务均等化，研究建立县级基本财力保障机制，提高基层政府提供公共服务保障能力。规范财政转移支付制度，科学合理设置转移支付因素和权重，加大省对市县一般性转移支付规模。逐步简化和理顺省与市县结算关系。(2) 深化部门预算管理制度改革。继续完善基本支出标准体系，进一步规范预算编审程序，提高部门预算年初到位率。2009 年县（市）部门预算改革要实现全覆盖。(3) 推进财政国库管理制度改革。加快国库集中支付改革步伐，逐步提高财政直接支付资金比重，省直公务卡改革全面推开，有条件的市县要积极开展试点。进一步扩大财税库银横向联网试点范围，建立和完善预算执行动态预测监控机制，强化预算执行分析调度。(4) 规范政府采购制度。落实好自主创新、环保标志、节能产品和扩大内需政府采购政策。扩大政府采购范围，力争全省政府采购额比上年增长 20% 以上。(5) 完善非税收入管理制度。清理规范非税收入项目，区别不同性质，逐步将预算外资金全部纳入预算管理。2009 年省直行政和全额拨款事业单位实现收支脱钩，市县也要积极推动收支脱钩工作。(6) 积极推进“金财工程”建设，逐步扩大财政信息系统大平台试点范围。

（六）夯实基础工作，大力推进财政管理科学化精细化

(1) 加强财政法制建设。认真贯彻“五五”财政法制宣传教育规划，完善财政行政审批程序，推进依法行政和依法理财，加快建设法治财政。(2) 建立财政支出绩效考评制度。2009 年，继续开展义务教育、支农、社会保障专项资金绩效考评试点，将绩效考评结果作为财政预算安排的重要参考依据。(3) 加大专项资金整合力度。到期、一次性或不符合重点支出要求的予以取消，使用方向一致的要进行归并整合，努力解决资金使用分散，项目重复安排等问题。严格控制新增专项资金。(4) 加大财政监督检查力度。重点检查扩大内需、改善民生等专项资金，坚决查处挤占、挪用行为，保证财政资金的安全、规范和有效使用。(5) 加强会计和资产管理。深入贯彻实施《新企业会计准则》，严格注册会计师行业管理，加强会计师事务所和资产评估机构执业质量监督检查。完善行政事业单位国有资产管理制度，逐步实现资产管理与预算管理的有机结合。(6) 强化财政投资评审，扩大评审范围，提高投资效益。

（七）切实加强作风建设，着力提高干部队伍综合素质

(1) 坚持加强干部教育培训不放松。深入实施全省财政“十一五”培训规划，以服务财政改革发展为宗旨，完善培训机制，创新培训方法，提高培训质量，努力培养广大财政干部过硬的业务素质、规范的职业道德和高尚的政治品德。(2) 坚持转变工作作风不放松。各级财政部门干部要进一步增强大局意识、责任意识和服务意识，特别是面对当前财政经济工作中存在的困难，积极开展调查研究，增强工作的前瞻性、主动性和针对性，为各级党委和政府提供决策依据。(3) 坚持狠抓反腐倡廉建设不放松。坚持“一岗双责”，把反腐倡廉建设贯穿于财政业务工作和资金运行全过程。健全和完善体制机制，加强对资金审批权的监督和制约，加强对重点岗位、重点环节的监督和制约，切实做到源头治腐，清廉理财。

新的一年，财政工作任务艰巨而光荣，我们要在省委、省政府的正确领导下，振奋精神，坚定信心，团结拼搏，加倍努力，为实现全省经济社会又好又快发展做出新的贡献！

在2010年全省财政工作会议上的讲话

（2010年2月）

这次全省财政工作会议主要任务是：学习贯彻胡锦涛总书记在中央政治局第十八次集体学习时的重要讲话，认真落实全国财政工作会议、全省经济工作会议和省十一届人大三次会议精神，总结回顾2009年财政工作，分析当前经济财政形势，安排部署2010年财政工作。延风常务副省长刚才的讲话，充分肯定了2009年我省财政工作取得的成绩，明确提出了2010年财政工作的重点任务和要求，我们要认真学习，深刻理解，全面抓好落实。下面，我讲四点意见。

一、2009年财政工作回顾

2009年，在省委、省政府的正确领导下，全省各级财政部门以科学发展观为统领，紧紧围绕"保增长、保民生、保稳定"工作大局，认真贯彻落实积极的财政政策，充分发挥职能作用，努力克服国际金融危机影响，积极推进财政改革，切实加强财政管理，狠抓增收节支，圆满完成了全年财政收支预算任务，各项工作取得了新成果。全省地方级财政收入完成487.1亿元，比上年增长15.2%；一般预算全口径财政收入完成977.2亿元，增长15.6%；财政支出完成1479.2亿元，增长25.3%。

（一）认真落实积极财政政策，促进经济平稳较快发展

（1）认真落实结构性减免税费优惠政策。全面实施增值税转型、降低房

屋交易环节契税和营业税等，停征中央级100项行政事业性收费，取消13项省级行政事业性收费，48项涉企行政事业性收费标准降低5个百分点，全年减轻企业和居民税费负担近60亿元，有效拉动经济增长。（2）进一步加大政府公共投入。拨付省级支持经济发展专项资金74.7亿元，拨付中央扩大内需资金84.8亿元，争取中央代理发行地方政府债券资金55亿元，引进和使用政府主权外债资金12亿元，支持铁路、公路、机场、水利、保障性安居以及节能减排等重点项目建设。筹措拨付2.1亿元，支持科技成果转化和重大科技攻关"双十工程"。筹措拨付14.1亿元，支持解决国企改制遗留问题，扩大招商引资，推动民营经济腾飞和服务业跨越式发展。（3）扩大农村消费需求。筹措拨付6亿元，认真落实国家和省家电下乡、汽车摩托车下乡和汽车以旧换新补贴政策，家电下乡产品销售43万台，汽车下乡产品销售6.2万辆，拉动农村消费49.4亿元。（4）促进县域经济加快发展。通过建立县级基本财力保障机制，增加安排激励性转移支付和工业集中区奖补资金等措施，充分调动了县（市）发展经济、增收节支积极性，基层政府提供公共服务能力明显增强。2009年，县域GDP和地方级财政收入增幅分别高于全省平均水平9.7个和5.9个百分点。全省40个县（市）地方级财政收入全部超过亿元，其中超过5亿元的8个，比上年增加3个；一般预算全口径财政收入超过10亿元的5个，比上年增加1个。

（二）增加"三农"投入，推动农业农村经济发展

（1）认真落实各项涉农补贴。拨付粮食直补、农资综合直补、良种补贴、农机具购置补贴、增产技术补贴和农业保险保费补贴等82亿元，实现了玉米、水稻良种补贴全覆盖，促进了农民持续增收。（2）支持现代农业发展。筹措拨付资金117.2亿元，以增产百亿斤商品粮能力建设为核心，重点支持西部土地整理、农田水利设施建设、水库除险加固、农业综合开发、农业产业化经营等。筹措拨付资金2.5亿元，重点支持示范村基础设施、小型公益项目、畜禽养殖小区和清洁能源建设，支持启动了"百镇建设"工程和"千村示范、万村提升"工程。（3）继续搞好扶贫开发。筹措拨付4.3亿元，支持400个贫困村实施整村推进计划，完成省政府确定的8万人脱贫的工作目标。（4）丰富农村文化生活。筹措拨付资金0.8亿元，扶持新建1000个农村文化大院、2000个农家书屋、85个乡镇文化站，支持艺术团体送戏下乡3600多场。（5）推进农村综合改革。筹措拨付资金2.3亿元，用于支持国有农场税费改革、集体林权制度改革；妥善落实资金，化解农村义务教育债务14.6亿元。

（三）努力保障和改善民生，促进社会事业协调发展

（1）支持促进就业和再就业。筹措拨付22.7亿元，比上年增加4.7亿元，用于社会保险补贴、就业补贴、小额担保贷款补贴，稳定公益性岗位开发、开展职业技能培训、支持创业促就业等，着力扶持就业困难人员、高校毕业生等特殊群体就业和再就业。（2）进一步提高社会保障水平。筹措拨付127.4亿元，比上年增加22.9亿元，用于提高企业退休人员基本养老金、城乡低保、农村五保供养对象，以及城镇居民医疗保险和新农合财政补助水平。向城乡低保群众和低保边缘户发放庆祝建国六十周年一次性节日补助。（3）支持保障性安居工程建设。筹措拨付68.5亿元，用于农村泥草房、城市、煤矿和林业棚户区改造，以及城市廉租住房“五路安居”工程建设，改善了51万户住房困难群众的居住条件。筹措拨付9.1亿元，扩大廉租住房租赁补贴发放范围，提高租赁补贴标准。（4）支持农村饮水安全工程。筹措拨付6.9亿元，让全省119万人喝上了干净、放心的自来水，超过年初计划22万人。（5）促进义务教育均衡发展。筹措拨付29.6亿元，用于提高农村义务教育公用经费保障水平、补发历史拖欠中小学教师工资、启动中小学校舍安全工程、装备农村初中理化生实验室和微机教学室、支持职业教育百强校和县级职教中心建设等。（6）加强基层医疗卫生设施建设。筹措拨付9.4亿元，改善城乡医疗卫生机构条件，提高城乡基本公共卫生服务标准和财政补助水平。此外，筹措拨付3.6亿元，用于四川黑水县对口援建。

（四）财政改革扎实推进，财政管理水平稳步提高

（1）部门预算编制进一步细化。部门预算编制内容由款级科目扩展到项级科目，项目支出审核力度加大，预算追加追减不断规范，预算约束性增强。市县部门预算编制改革试点全面铺开。（2）国库集中收付改革向纵深推进。省直完成了会计集中核算向国库集中支付并轨工作，公务卡改革试点范围扩大到1064个预算单位，并开始探索建立预算执行动态监控机制，省级与人民银行横向联网系统正式上线运行，市县财税库银横向联网试点工作有序进行。（3）政府采购规模和范围继续扩大。全面理顺政府采购计划编报、执行模式、采购方式及程序、开标与评标、质疑与投诉、履约与验收等工作流程，并将财政支持民生、“三农”、城建等重点工程项目纳入了政府采购范围。全年完成政府采购额121.5亿元，增长21.3%。(4) 非税收入管理日趋规范。全省除教育收费、车辆通行费以外的所有行政事业性收费全部纳入预算管理。省直行政和全额拨款事业单位逐步实现“收支脱钩”。(5)“金财工程”建设进程加快，市县财政业务一体化平台试点进展顺利。

(五) 加强财政监督检查，着力提高财政资金使用绩效

(1) 加强扩内需保增长政策资金监管。按照国家和省的统一部署，开展对扩内需、保增长政策落实和资金使用情况检查，及时纠正发现的违规违纪问题。加强财政投资评审，全年评审项目276个，审减资金13.7亿元。(2) 抓好“小金库”专项治理工作。积极开展了动员部署、自查自纠、“回头看”、重点检查和整改落实五个阶段工作，对全省3710个行政机关、企事业单位进行了重点检查，查出属于“小金库”性质的违纪资金2366.1万元，收缴违纪资金201.2万元。(3) 加强财政支出绩效考评。在推进义务教育、支农、社会保障等专项资金绩效考评试点基础上，制定出台了《财政支出绩效评价管理暂行办法》，健全完善了考核内容和标准，努力提高财政资金使用绩效。(4) 加强会计和资产财务管理。会计领军人才培养工程启动实施，会计信息管理系统高效使用，会计从业资格无纸化考试在全国率先推行，农村财会人员支农政策培训效果显著。组织开展了会计师事务所和资产评估事务所执业质量的专项检查。行政事业单位资产处置和收益管理逐步规范，通过举办国有资产管理知识竞赛等活动，增进了社会各界对国有资产监管工作的理解和支持。

此外，财政法规梳理工作顺利完成，财政“五五”普法宣传广泛开展。省财政厅行政审批项目全部进入政务大厅集中办理。农发项目评估程序不断完善。全省实现交通罚款异地罚缴分离，财政票据发放和使用进一步规范。社保资金实现资金储备和收益同步增长。切实做好政府主权外债项目提款报账、开行贷款提拨、债务回收及偿还工作。注册会计师行业党建取得了新的成效，行业诚信建设继续推进。组织了资产评估行业诚信自律公约签约活动，开展了行业执业质量检查。扩大珠心算交流，参加世界第3届珠心算比赛并获得优异成绩。财政科研、农村财政研究取得新的成果。干部培训力度加大，轮岗交流顺利进行。财政系统党团活动、机关文化建设丰富多彩。机关后勤、老干部服务工作保障有力。

回顾过去的一年，全省财政系统广大干部职工，凝心聚力，奋力拼搏，面对国际金融危机的不利影响，克服许多困难，圆满完成了财政各项工作任务。

在此，我代表省财政厅党组，向全省财政、财务战线广大干部职工表示诚挚的敬意，向关心支持财政工作的各级领导和各部门、单位表示衷心地感谢！

在看到成绩的同时，我们还要清醒地认识到存在的困难和问题：主要是部分重点企业效益下滑，对一些市县财政收入影响较大；扩内需、保增长、惠民生等政策不断出台，刚性支出压力加大；政府性债务逐步进入偿还高峰期，财政负担较重；预算执行进度不够均衡，资金使用绩效有待提高等。

二、科学安排2010年财政收支预算，为经济社会又好又快发展提供财力保障

2010年，国家继续实施积极的财政政策和适度宽松的货币政策，全省经济回升向好的基础进一步稳固，总体环境要好于2009年。国家出台的进一步促进东北地区等老工业基地振兴政策，批准建设长吉图开发开放先导区规划等，将为进一步推动我省经济平稳较快发展创造有利条件，但经济发展中也存在部分传统产业发展压力加大、扩大投资难度增加等一些不利因素。反映到财政上，收入方面，汽车行业将延续上年产销两旺的势头，原油、化工产品加工生产经营形势趋好，一批重点项目陆续达产见效，都为2010年财政收入的稳定增长奠定良好基础。但由于部分行业和企业生产经营仍然困难，以及上年一次性增收因素较多，将对2010年财政增收产生不利影响。支出方面，扩大内需、调整结构、转变经济发展方式，以及在建项目等需要继续投入资金；进一步提高城乡居民收入特别是低收入群体收入水平，加强经济社会发展薄弱环节，开展新型农村社会养老保险试点，推进医药卫生体制等重点领域改革，都需要加大财政投入，增支压力大。总的看，2010年财政收支矛盾更为突出。

根据全国财政工作会议精神和全省经济工作会议的部署，2010年财政预算编制的指导思想是：深入贯彻落实科学发展观，继续落实积极的财政政策，着力提高城乡居民收入水平，推进财税制度改革；优化财政支出结构，加大对“三农”、教育、科技、医疗卫生、社会保障、保障性住房、环境保护等方面的支持力度，促进结构调整和发展方式转变，切实保障和改善民生；坚持统筹兼顾，大力增收节支，加强财政科学化精细化管理，控制一般性支出，提高财政资金使用效益。按照上述指导思想，以及“积极稳妥、留有余地，统筹兼顾、突出重点”的原则，2010年全省公共财政预算的安排情况是：

全省地方级财政收入计划安排560.1亿元，比上年增长15%。其中：税

收收入计划 428.2 亿元，增长 18.6%；非税收入计划 131.9 亿元，增长 4.7%。按照收支平衡的原则，地方级收入加上按规定列入年初预算的中央税收返还和转移支付补助，全省财政支出计划安排 1211.7 亿元，增长 9%。在上述安排中，农业、教育、科技、文化、社会保障、医疗卫生和环境保护等支出，增幅均高于全省财政支出平均增幅；行政机关公用经费以及其他一般性支出进行严格控制和压缩，努力降低行政成本。需要强调的是：

第一，重点支出中的几个问题。（1）关于保障性安居工程建设问题。2010 年我省将推进城市、煤矿、林业棚户区和农村泥草房（危旧房）改造、城市廉租房建设，以及国有工矿垦区棚户区改造“六路安居”工程。前“五路安居”工程所需资金筹措渠道，以及财政资金负担办法，仍按上年所定原则执行。2010 年新开展的国有工矿垦区棚户区改造所需资金，待国家有关补助政策下达后，省里再制定具体落实办法。（2）关于提高城乡低保补助水平问题。2010 年我省城市低保补助水平由月人均 170 元提高到 180 元；农村低保补助水平由年人均 760 元提高到 880 元。考虑市县财政的困难，所需资金全部由省财政负责筹措解决。（3）关于调整企业退休人员基本养老金待遇问题。2010 年我省企业基本养老金普调按月人均 130 元，加上特殊倾斜因素，调整后月人均增加 140 元左右。调整所需资金，除中央财政补助外，其余需地方统筹解决，主要由养老保险基金承担。各地财政部门要密切配合基金征缴部门，使用好基金结余，加大养老保险费征缴力度，确保养老金及时足额发放。（4）关于医药卫生体制改革问题。按照我省医改方案测算，2010 年全省需投入医改资金 65.9 亿元，预计国家补助 37.6 亿元，地方财政还需要筹措 28.3 亿元，重点用于医疗保障扩面提标、健全基层医疗卫生服务体系、促进公共卫生服务均等化等方面。其中需省级财政负担的 12.9 亿元已全部安排落实。需要市县财政负担的资金，各地也要克服困难，确保医药卫生体制改革资金落实到位。（5）关于全部解决拖欠中小学教师工资问题。省政府决定，将解决拖欠中小学教师工资的任务由原来的四年提前为三年，即由原定的到 2011 年全部解决提前至 2010 年。据此，应由省财政补助的部分已经作了安排，由市县自筹的部分，应由各地研究解决。考虑到有关市县的困难，原计划应在 2011 年预算安排的部分，2010 年可向省财政借款解决，2011 年归还。（6）关于加强政法经费保障体制改革补助资金管理问题。2009 年，国家实施政法经费保障体制改革，为此，中央财政和省财政大幅度增加了基层政法部门经费保障投入，2010 年中央财政和省财政将继续安排这项投入。各地不要因此而减少应该投入的资金，同时，按照国家要求，管好用好中央和省财政的补助资金，切实提高基层政法部门的经费保障水平。（7）其他。包括提高新型农村合作医疗和城镇居民医疗保险财政补助标准，开展新型农村社会养老保险试点，继续实施中小学校舍安全工程建设，全部化解农村义务教育债务，以及免除中等职业学校农村家庭经济困难学生及涉农专业学生学费等问题，资金筹措和负担办法，多数都已下发文件明确，有些还要进行专题研究部署，各地应按要求做好落实工作。

第二，关于严格控制和压缩一般性支出问题。根据全国财政工作会议精神和省政府决定，2010 年，继续实行行政事业编制和行政公用经费两个“零增长”，省级党政机关因公出国（境）经费、车辆购置及运行费、公务接待费支出，按照不超过 2009 年压缩后的规模安排，市县原则上也要比照执行。要严格控制党政机关楼堂馆所建设，严禁超标准装修。牢记“两个务必”，牢固树立过紧日子的思想，严肃财经纪律，坚决反对大手大脚花钱和铺张浪费行为。

第三，关于省级以上开发区（工业集中区）上划省共享收入返还计划问题。按照“十一五”期间省对中心城市省级以上开发区上划省共享收入返还政策，2006 ~ 2009 年省财政已累计返还 50.3 亿元，占中心城市累计上划省共享收入增量的 51.9%。2010 年，省级预算按照 30% 的增幅安排中心城市省级以上开发区税收返还。经报省政府批准，为维护预算的严肃性，增强计划性，2010 年，省财政与各中心城市省级以上开发区按以下办法办理税收返还：应返还额增幅超过 30% 的，按 30% 返还，2011 年进行清算；应返还额增幅低于 30%（含 30%）的，按应返还额返还。另外，按照省政府决定，对中心城市 16 个省级工业集中区，从 2009 年开始，比照享受省级开发区税收返还政策（以 2008 年为基期年）执行，在第二年通过结算给予税收返还。

第四，关于中央继续代理发行地方政府债券问题。2010 年中央财政继续代理地方发行政府债券，财政部核定我省的发债额度略高于上年。国家在资金的安排和使用上提出了新的要求，待实施办法下达后，我们将按照规定进行衔接、操作。

三、深化财政体制改革，推进财政科学化精细化管理

进一步深化财政体制改革，健全完善公共财政体系，加快推进财政科学化精细化管理，着力提高财政资金使用绩效，建立健全有利于科学发展的体制机

制，是当前和今后一段时期财政改革与发展面临的重要任务。2010 年，要在一些重点环节上加快推进。

（一）完善省以下财政体制

围绕促进基本公共服务均等化，完善财政转移支付制度，建立和完善县级基本财力保障机制，省加大对县级特别是困难县（市）的一般性转移支付力度，县对乡（镇）也要加大一般性转移支付力度。按照加快农村综合改革的要求，逐步提高村级组织运转经费保障标准，不断增强基层政府提供公共服务的能力。要充分发挥乡（镇）财政就近监管的优势，加强对涉农资金的监管。

（二）健全政府预算体系

要逐步建立由公共财政预算、政府性基金预算、社会保险基金预算和国有资本经营预算组成的政府预算体系。从 2010 年起，在编制好公共财政预算的基础上，要全面编制省级和市县级政府性基金预算，逐步健全和完善预算编制内容，并报同级人代会审议。在全省范围内试编社会保险基金预算，各市县财政部门要与有关部门密切配合，及时组织预算编制，并按规定程序上报。进一步加强省级国有资本经营预算管理，积极研究探索在全省范围内试编国有资本经营预算。

（三）深化预算管理制度改革

进一步规范省级部门预算编制，健全完善项目支出数据库，加强项目支出预算的审核；加快推进县（市）部门预算编制改革，2010 年县（市）全面实行部门预算编制。加快市县会计集中核算向国库集中收付转轨步伐，启动市县公务卡改革试点。扩大政府采购规模和范围，进一步规范审批和采购程序。妥善解决收支脱钩单位经费保障问题。加快“金财工程”建设，重点推广使用支撑省级财政核心业务应用软件的大平台系统，全面启动县（市）级财政管理信息系统。全省财税库银横向联网基本建成，实现信息资源共享。

（四）推进绩效评价体系建设

按照财政支出绩效评价管理暂行规定，健全完善财政支出绩效考评机制，逐步把考评结果作为财政预算安排的重要依据。积极推进部门预算项目支出的绩效评价体系建设，明细具体考核指标，2010 年省级选择 14 项列入部门预算的项目资金开展绩效评价，逐步扩大项目支出绩效评价范围。市县要结合本地实际，按照先行试点、再稳步扩面的原则，选择“三农”、教育、医疗、卫生、社会保障和就业等涉及民生方面的专项资金，积极稳妥地开展绩效考评试点。

（五）夯实基础和基层工作

继续加强各项会计基础工作，有效推进企业会计准则、内控制度等会计法规制度贯彻实施，深入开展会计人员培养，不断完善会计信息化建设，改革创新会计人员继续教育方式。加强注册会计师、资产评估师执业质量监管，提高行业公信力。加大对重点项目的投资评审力度，不断提高政府公共投资的使用效益。积极推进行政事业单位资产信息管理系统建设，强化行政事业单位资产及收益管理。继续深入开展对行政事业单位、社团组织、国有控股企业“小金库”的专项治理。健全财政监督机制，加大财政执法监督力度。加强财政内部审计工作。

（六）加强预算执行

完善预算编制与预算执行相结合的机制。各级财政部门要在本级人代会批准本级预算之日起30日内批复和下达部门预算，本级各部门要在15日内批复所属单位预算。对预备费和超收收入，要按法定程序报经批准后，及时落实到项目单位。要加强预算执行动态分析，努力做到收入均衡缴库，支出按预算及时拨付，并切实加强对重点单位、重点项目的监控，加快预算执行进度。

（七）强化政府性债务管理

要按照“积极适度，注重效益，加强管理，规避风险”要求，充分发挥财政投融资杠杆作用，进一步加强政府性债务管理，建立健全政府债务监控管理机制。2010年，省级财政探索开展编制政府性债务收支计划，有条件的市县也应探索开展这项工作。做好地方政府性债务统计分析及核查工作，开展债务绩效评价，提高财政抗风险能力。

四、加强财政自身建设，全面提高干部队伍素质

适应新形势新任务的要求，以提高服务科学发展能力和财政管理水平为目

标，全面加强系统自身建设，进一步增强财政干部队伍的凝聚力、战斗力和执行力。

（一）加强领导班子建设

按照“政治坚定、开拓创新、求真务实、勤政廉政、团结协调”的要求，搞好各级财政部门领导班子建设。不断创新理财思路，科学谋划财政改革与发展，增强政治上的坚定性。完善决策机制，健全制度，规范程序，强化责任，狠抓落实。坚持民主集中制原则，对事关全局的重要事项，如预算安排、干部任免、限额以上财务开支等，都要提交党组（党委）会议集体讨论决定。班子内部讲原则、讲团结、讲协调，充分发挥领导班子核心作用。

（二）加强干部教育培训

围绕提高财政干部队伍能力素质，积极组织开展好干部教育培训，继续加大培训干部工作力度，充分发挥教育培训在促进财政文化建设中的积极作用。要用先进理论武装财政干部，加快知识更新，改善知识结构，不断提高政策业务水平，更好地适应新形势下财政事业发展的需要。

（三）加强思想作风建设

牢固树立“为国理财、为民服务”的财政工作宗旨，把实现好、维护好、发展好最广大人民群众的根本利益，作为财政工作的出发点和落脚点。进一步转变作风，讲实话、干实事、重实效。要在全省财政系统深入开展向沈浩同志学习的活动，学习他“扎根基层，心系群众，无私奉献”的优秀品质，大力弘扬艰苦奋斗作风，深入基层，联系实际，服务群众，尽心竭力做好本职工作。

（四）加强党风廉政建设

认真贯彻落实党风廉政建设责任制，继续抓好反腐倡廉教育，严格遵守廉洁自律各项规定。要坚持“一岗双责”制度，特别是“一把手”，不但要抓好业务工作，更要抓好党风廉政建设，把党风廉政建设贯穿于财政工作的各个环节。要从小事做起，严格自律，防微杜渐，筑牢廉洁自律的道德、纪律、法律三道防线。继续加强软环境和正行风建设。

（五）规范财政权力运行

加强内控制度建设，逐步完善预算编制、执行和监督相互协调、相互制衡的动态监控机制，实现财政资金分配、管理、监督和行政审批规范运作。要在全省财政系统开展规范权力运行工作，完善内控制度，建立长效机制，切实搞好预防、教育和监督并重的惩防体系建设。

完成2010年的财政工作任务，需要我们付出更大的努力，让我们在省委、省政府的正确领导下，振奋精神，坚定信心，迎接挑战，奋力拼搏，为实现我省经济社会又好又快发展，再创新佳绩，再续新篇章！

在2011年全省财政工作会议上的讲话

(2011年2月)

这次会议的主要任务是：贯彻落实全国财政工作会议、全省经济工作会议和全省“两会”精神，总结回顾2010年和“十一五”财政工作，研究明确“十二五”财政发展改革思路，安排部署2011年的财政工作。刚才，延风常务副省长作了重要讲话，对财政工作取得的成绩给予了充分肯定，就如何做好2011年及“十二五”财政工作提出了指导原则和目标方向，各级财政部门一定要认真学习，深刻理解，并努力抓好贯彻落实。下面，我讲三个方面的问题。

一、2010年和“十一五”时期我省财政工作回顾

2010年，全省财政部门在各级党委、政府的领导下，认真贯彻落实积极的财政政策，充分发挥财政职能作用，着力促进加快发展方式转变，优先保障和改善民生，圆满完成了全年预算收支任务。全省地方级财政收入完成602.4亿元，增长23.7%；一般预算全口径财政收入完成1206亿元，增长23.4%；财政支出完成1787.2亿元，增长20.8%。各项财政工作取得了突出成绩。

（一）大力促进经济平稳较快发展

认真落实国家和省结构性减免税费优惠政策，全年减轻企业和社会负担60亿元。筹措拨付重大项目建设资金214.9亿元，支持重点水利工程、高速公路、铁路、机场等重大基础设施，以及节能减排、保障性住房、社会公益事

业等重点项目建设。拨付资金31.5亿元，支持汽车、农产品加工、人参等支柱优势特色产业发展，鼓励企业自主创新，推动民营经济、中小企业、服务业、地方金融业和资本市场加快发展。拨付专项资金，支持东博会、上海世博会吉林周及省外重大招商引资活动顺利开展，支持县域工业集中区（开发区）基础设施建设。

（二）认真落实强农惠农扶持政策

2010年全省用于“三农”方面的支出535.6亿元，比上年增长21.3%。支持农业综合开发、农田水利基础设施、农业产业化和农业机械化推广，以及西部土地开发整理和整体推进农村土地整治试点等。及时拨付兑现粮食直补、农资综合补贴、良种补贴、农机具购置、增产技术和农业保险保费等各项惠农补贴。认真落实家电下乡、汽车摩托车下乡和家电、汽车以旧换新财政补贴政策，拉动消费74.5亿元。村级公益事业建设一事一议财政奖补试点全面铺开，农村义务教育债务化解工作有序进行。支持实施400个贫困村整村推进计划，实现13.3万农村贫困人口脱贫。在公主岭等9个县（市）开展以粮食直补资金担保为农民提供贷款试点，11.8万农户获得新增贷款10.9亿元。

（三）切实加大民生投入，支持创业就业

财政筹措拨付资金25亿元，促进全省实现新增就业53.8万人。拨付资金178.3亿元，加强社会保障体系建设。全省企业退休人员养老金月人均增加140元；城镇低保对象月人均补助水平由170元提高到200元，农村年人均由760元提高到1000元；新型农村合作医疗和城镇居民基本医疗保险财政补助标准由人均80元提高到120元；支持开展厂办大集体职工和“五七”家属工养老保险参保续保试点；将51万名关闭破产国企退休人员纳入城镇职工基本医疗保险；新型农村社会养老保险试点参保人数达到85万人。拨付资金80.6亿元，支持“六路安居”和“暖房子”工程建设，46.2万户困难群众住房条件得到改善，供热质量切实提高，130.5万农村居民用上安全水。拨付资金31.6亿元，支持抗洪抢险和灾后恢复重建。省委、省政府确定的民生实事所需资金全部落实。

（四）积极推动社会事业协调发展

财政筹措拨付资金42亿元，支持基础教育均衡发展，完成重建和加固中小学不安全校舍279万平方米，31万名中小学教师历史拖欠工资全部补发完毕，农村义务教育阶段中小学生均公用经费标准提高到600元和400元，农村初中“四室装备”建设全面完成，对5.9万名中等职业学校城乡家庭经济困难学生和涉农专业学生免除学费。财政拨付资金20.6亿元，支持基层医疗卫生机构实行基本药物制度，开展基本和重大公共卫生服务项目，切实提高基层医疗卫生机构服务能力。拨付资金2.1亿元，支持重大科技成果转化和重大科技攻关项目，推动科技创新，促进科研成果产业化。拨付资金3.3亿元，支持文化体制改革、文化产业、农村电影公益放映、农村文化大院、农村书屋、送戏下乡。支持体育、新闻出版、广播电视、计划生育等其他社会事业发展。

（五）进一步深化各项财政改革

完善公共预算编制程序，全面编制政府性基金预算，试编社会保险基金预算，扩大国有资本经营预算试编范围。部门预算改革进一步深化，省级正式启动项目库管理，项目支出绩效考评试点工作进展顺利，市县部门预算编制质量进一步提高。预算信息公开稳步推进。省市县三级财税库银横向联网全面建成，省级预算执行动态监控机制基本建立，市县会计集中核算向国库集中支付转轨稳步推进。完善政府采购预算，全省完成政府采购额146.1亿元，比上年增长20.2%。积极开展非税收入收缴管理改革试点，全省除教育收费以外的所有行政事业性收费全部纳入预算管理。

（六）财政基础和基层工作不断加强

财政“五五”普法通过国家检查验收。财政行政审批程序日趋规范。乡镇财政就地监管职能得到发挥。财政监督检查、内部审计质量稳步提高。财政投资评审和农业综合开发项目评估成果进一步扩大。社保资金管理绩效明显增强。政府债务管理逐步细化。财政罚没收入和财政票据管理工作不断加强。会计管理工作又上新台阶。注册会计师、资产评估师行业诚信建设及执业监管扎实开展。省珠心算代表队第19次蝉联全国少数民族珠心算比赛团体冠军和全能冠军。财政新闻宣传和科研、财政系统创先争优、党团活动和机关文化建设扎实有效，机关后勤、老干部服务工作保障有力。

回顾过去的五年，全省各级财政部门认真践行“为国理财，为民服务”宗旨，按照“抓增收、促发展、保民生、建机制、强队伍”的工作思路，充分发挥职能作用，着力促进经济社会又好又快发展，财政实力不断壮大，财政改革不断深化，财政管理水平不断提升，为“科学发展，加快振兴，富民强省”做出了突出贡献。(1) 财政收支持续快速增长，提高财政保障能力成效显著。全省地方级财政收入、一般预算全口径财政收入和财政支出五年平均递增23.8%、23.6%和23.1%，比上一个五年分别高9个、5.7个和3.8个百分点。2010年，地方级财政收入超过5亿元的县（市）达到13个，一般预算全口径财政收入超过10亿元的达到9个；县（市）人均财力达到4.9万元，比2005年增加2.9万元。(2) 发挥政策资金调节作用，促进经济发展成效显著。全省财政用于支持经济发展方面的资金累计达到2062亿元，是“十五”的2.5倍。落实增值税转型、所得税两法合并等结构性减税政策，取消停征行政事业性收费113项，降低收费标准48项，累计减轻企业和社会负担317亿元。(3) 调整优化财政支出结构，保障改善民生成效显著。全部免除城乡义务教育阶段学生学杂费，每年有200余万名学生受益。支持在全国率先建立城镇居民基本医疗保险制度，新型农村合作医疗实现全覆盖。支持“六路安居”等保障性住房和“暖房子”工程建设，城市162.5万户、农村60.2万户困难群众居住条件得到改善。解决了440万农村人口饮水安全问题。企业养老金标准、城乡低保补助水平分别是2005年的1.9倍、2.9倍和5.6倍。(4) 加快财政管理改革步伐，健全公共财政体系成效显著。省管县财政体制运行良好，扩权强县等政策措施得到有效落实，县级基本财力保障机制逐步建立，五年共向市县拨付均衡性转移支付、开发区税收返还等618亿元，是“十五”时期的5.9倍。全面推行“乡财县管”。部门预算、国库集中支付、政府采购、收支两条线等预算管理制度改革和金财工程建设取得重大进展。(5) 推进服务型机关建设，提升干部队伍素质成效显著。认真开展解放思想大讨论、深入学习实践科学发展观、转变经济发展方式、创先争优等主题教育实践活动。坚持民主集中制议事制度，重大问题集体研究决策。强化干部教育培训，财政干部思想素质、业务能力和依法理财意识明显提高。坚持开展调查研究，深入基层、主动服务。认真执行干部选拔任用和轮岗交流制度，落实“一岗双责”党风廉政建设责任制，推进财政系统惩治和预防腐败体系建设。

通过“十一五”实践探索，全省各级财政部门贯彻落实科学发展观的能力明显提升，主动服务、为民理财、改革创新、勤政廉政意识显著增强，积累了许多宝贵经验，值得我们认真研究总结。(1) 坚持服务大局，始终把促发展作为财政工作的首要任务。着眼吉林老工业基地振兴，充分发挥财政配置资源、调节经济和培育市场的职能作用，超前谋划、主动服务，在国企改革、投资拉动、扩权强县、招商引资、结构调整等方面发挥了不可替代的作用。(2)坚持以人为本，始终把保障和改善民生作为财政工作的出发点和落脚点。认真履行公共财政职责，妥善处理促进经济发展和保障改善民生的关系，强化财政再分配职能，大力调整优化财政支出结构，在制定政策、预算安排和资金分配上努力向民生领域倾斜，确保“三农”、教育、医疗卫生、就业和社会保障等重点支出资金需要，支持办好了一大批民生实事。(3)坚持改革创新，始终把构建公共财政体系作为财政改革的方向目标。完善省以下财政体制，加大转移支付力度，规范转移支付制度，努力向市县倾斜财力，不断增强市县自我发展的能力。深入推进预算管理制度改革，健全完善政府预算体系，为财政事业发展以及推动其他领域的改革注入了新的动力和活力。(4)坚持科学理财，始终把科学化精细化作为提高财政管理水平的重要途径。适应经济社会形势发展和任务要求，及时廓清理财思路。妥善处理支持经济发展和财政增收的关系，努力培植财源。充分挖掘增收潜力，提高财政收入质量，大力争取中央财政支持，不断提高财政保障能力。建立健全科学有效的管理制度和运行机制，采用现代化管理方法，运用信息技术手段，推进财政科学管理。

上述成绩的取得，是省委、省政府正确领导的结果，是全省广大财政、财务干部职工开拓进取、扎实工作的结果，是各地各部门，特别是税务等征管部门，积极支持、共同努力的结果。在此，我代表财政厅党组向全省财政、财务干部职工表示诚挚地敬意！向关心、理解、支持财政工作的各级领导，各部门、各单位，表示衷心地感谢！

在肯定成绩的同时，也要认识到财政运行和财政工作中存在的一些问题，主要是：财政收入占 GDP 比重较低，财政支出结构需要继续优化，偿还到期政府性债务负担较重，资金使用绩效有待进一步提高。对此，我们要高度重视，深入研究，努力加以解决。

二、“十二五”时期我省财政发展改革基本思路

省委九届十一次全会、全省“两会”、《吉林省国民经济和社会发展第十二个五年规划纲要》明确了“十二五”时期我省经济社会发展的指导原则、主要目标和重点任务，对我省“十二五”时期的财政发展改革具有重要的指导意义，我们要加深学习，结合财政实际，全面贯彻落实。

“十二五”时期是加快实现吉林老工业基地全面振兴的关键时期，是加快

转变经济发展方式的攻坚阶段。科学谋划“十二五”财政发展改革，必须对我省发展面临的形势有一个科学的判断和准确把握。“十一五”时期，我省经济社会发展取得了显著成就，为“十二五”时期实现较快发展奠定坚实基础；国家继续加大支持东北振兴的力度、长吉图开发开放先导区建设全面推进、东北亚区域国际合作呈现加快发展态势，为我省发展营造了良好的外部环境；随着结构调整和产业升级步伐加快，城镇化进程、基础建设和社会事业发展快速推进，体制机制创新不断深化，为加快发展提供了巨大空间和强大动力。同时，老工业基地长期积累的体制性、结构性矛盾仍然没有从根本上得到破解，制约科学发展的体制机制障碍仍很突出，经济结构不尽合理，发展的内生动力不足，城乡居民收入增长较慢。随着改革发展不断深入，新情况、新矛盾、新问题还将不断出现。综合上述因素，“十二五”时期，一方面我省财政收入实现持续快速增长的预期增强，另一方面支持经济结构调整和推进以改善民生为重点的社会建设等，都需要进一步加大财政投入力度，财政收支矛盾仍十分尖锐，推进财政发展改革的任务还十分艰巨。

根据新的形势和面临的任务，“十二五”时期我省财政发展改革的指导思想是：以邓小平理论和“三个代表”重要思想为指导，深入贯彻落实科学发展观，以“科学发展、加快振兴、富民强省”为主题，以加快经济发展方式转变为主线，充分发挥财政职能作用，大力推进“三化”统筹和实施“三动”战略，促进经济平稳较快发展；调整优化财政支出结构，加大民生和社会事业投入，深入实施富民工程，努力让城乡居民生活得更加美好；加快推进公共财政体系建设，健全完善财政体制机制，进一步提高财政科学化精细化管理水平；加强队伍建设，不断增强财政干部综合素质，加快推进吉林老工业基地全面振兴。

按照上述指导思想，“十二五”时期财政发展和改革要着重把握好以下几个方面：

第一，注重完善财政收入稳定增长机制，进一步提高财政保障能力。一方面，要用足用好国家和省促进产业发展的各项财税扶持政策，大力培植后续财源，努力提高经济运行的质量和效益，提高经济增长对财政收入的贡献率。另一方面，依法加强税收征管，规范非税收入管理，充分挖掘各项增收潜力，提高财政收入质量，努力实现财政收入持续快速增长。根据《吉林省国民经济和社会发展第十二个五年规划纲要》确定的目标，到2015年，全省地方级财政收入和一般预算全口径财政收入占GDP的比重要达到9%和17%。完成这一目标任务，“十二五”时期，全省地方级财政收入和一般预算全口径财政收入年均增幅要分别达到20%和18%。

第二，注重发挥财政政策资金的引导作用，促进经济持续快速健康发展。充分发挥财政政策资金在促进结构调整和转变经济增长方式中的积极作用。在继续增加投入的同时，进一步创新财政支持经济发展的方式方法，积极探索财政资金引导市场化运作的新途径，更加有效地发挥财政资金的导向功能和乘数效应。重点支持投资拉动和扩大消费需求，做大做强支柱优势产业、壮大特色资源产业、积极培育战略性新兴产业，促进科技创新、技术改造、节能减排和发展循环经济，着力提升现代农业、现代服务业和民营经济发展水平。

第三，注重发挥财政对收入分配的调节作用，着力保障和改善民生。深入实施富民工程，强化财政对初次分配和再分配的调节功能。认真贯彻落实创业就业各项财税扶持政策，扩大公益性岗位开发规模，支持建立最低工资标准调整机制和职工工资正常增长机制，逐步提高居民收入在国民收入中的比重，提高劳动报酬在初次分配中的比重。多渠道筹集社会保障资金，加快推进覆盖城乡居民的社会保障体系建设，完善城镇企业职工基本养老保险制度，健全企业退休人员基本养老金正常调整机制，新型农村社会养老保险制度实现全覆盖，完善城乡居民最低生活保障标准动态调整机制，健全社会救助体系，实现城乡社会救助全覆盖，认真落实各项强农惠农补贴政策，加大保障性住房建设，努力增加城乡居民转移性和财产性收入。

第四，注重发挥财政对基本公共服务均等化的促进作用，支持各项社会事业协调发展。围绕加快和谐社会建设，充分发挥公共财政的职能作用，研究探索有效的财政保障方式，加快推进城乡、区域基本公共服务均等化进程，增强基层政府提供基本公共产品和公共服务的能力。支持教育优先发展，加大教育投入，提高财政性教育支出占财政支出的比例。支持科技创新能力建设，推进产业重大技术突破，促进科技成果转化。支持构建公共文化服务体系，深化文化体制改革，促进公益性文化事业和经营性文化产业共同繁荣发展。按照保基本、强基层、建机制的要求，支持深化医药卫生体制改革，健全公共卫生和基本医疗服务体系，逐步提高基本医疗保障水平。推进政法经费保障体制改革，加强基层政权建设，维护社会稳定。

第五，注重加快财政管理改革，深入推进财政科学化精细化管理。深化财政体制机制改革，增强政府财力资源的统筹调控能力。加快健全完善政府预算体系，积极探索采用滚动方式编制公共预算；强化政府性基金预算管理，提高基金预算的规范性和透明度；扩大国有资本经营预算范围，力争2012年汇总编制全省国有资本经营预算；扩大社会保险基金预算编报范围，力争2013年正式编制社会保险基金预算。进一步完善财政转移支付制度，健全县级基本财力保障机制，促进基本公共服务均等化。继续推进预算管理制度改革。强化政府债务管理，将政府债务收支纳入预算，防范债务风险。扩大财政支出绩效考评范围，完善预算绩效管理办法，逐步建立绩效评价结果与预算安排有机结合的管理机制。加快“金财工程”建设步伐，提升信息化对财政科学化精细化管理的保障能力。加强财政法制建设。加强基层和基础管理工作。建立预算编制更加科学完整，预算执行更加均衡高效，预算监管更加全面规范，预算信息更加公开透明的财政运行机制。

第六，注重财政干部队伍建设，提升组织保障水平。进一步加强财政系统基层党组织建设，有效发挥党组织战斗堡垒和党员先锋模范作用，积极创先争优。加强领导班子建设，严格实行民主集中制，提高科学化、民主化决策水平。创新干部教育培训方式，提高干部政策水平和业务能力。加强财政系统政行风建设，不断提高工作效率和质量。认真落实党风廉政建设责任制，围绕限制自由裁量权，规范权力运行制约机制，深入推进财政系统反腐倡廉各项工作。弘扬认真负责、严谨细致的优良传统，塑造团结向上、风清气正的良好氛围。

三、2011年我省财政工作的主要任务

2011年是实施“十二五”规划的开局之年，财政工作面临的任务十分繁重，财政收支矛盾仍然比较突出。收入方面，继续实施积极的财政政策，我省保持经济平稳较快发展的势头，将为财政增收奠定坚实基础。扩大城建税和教育费附加征收范围，将增加一部分收入。国家进一步加大民生和社会事业投入，支持东北老工业基地加快发展，为我省继续争取中央财政支持创造有利条件。个人所得税改革、调整增值税征收范围、继续对小型微利企业实施所得税优惠政策等，将减少一部分收入。综合分析增减收因素，预期2011年我省财政收入将继续保持快速增长势头。支出方面，支持加快转变经济发展方式，落实富民工程各项政策措施，提高财政性教育支出占财政支出比例，深化医药卫生体制改革，进一步提高社会保障补助水平，增加“六路安居”等保障性住房和“暖房子”工程建设投入，加强农业水利基础设施建设等，对财政资金

需求大幅度增加，财政支出压力较大。

2011年我省财政工作的总体要求是：认真贯彻省委九届十一次全会和全省“两会”精神，深入贯彻落实科学发展观，继续实施积极的财政政策，突出“发展”和“民生”两个关键，进一步优化财政支出结构，加大对“三农”、教育、科技、医疗卫生、社会保障和就业、保障性安居工程、节能环保的支持力度，切实保障和改善民生，促进经济增长、结构调整和城乡统筹发展；坚持依法理财、统筹兼顾和增收节支的方针，加强财政科学化精细化管理，继续从严控制一般性支出，提高财政资金使用效益，促进全省经济社会平稳较快发展。

按照上述要求，今年要重点抓好以下工作。

（一）继续狠抓增收节支，确保完成全年预算任务

经省十一届人大四次会议批准，2011年全省财政收支预算（代编预算）的安排情况是：全省地方级财政收入比上年增长16%。其中：税收收入增长19.4%，非税收入增长6.8%。按照收支平衡的原则，地方级收入加上按规定列入年初预算的中央税收返还、转移支付补助和中央代理地方政府发行债券等，全省财政支出增长9%。其中，农业、教育、科技、文化、社会保障、医疗卫生和环境保护等支出均高于全省财政支出平均增幅。在预算执行中，要严格执行财税政策，依法强化收入征管，做到应收尽收。从严控制一般性支出，继续对因公出国（境）经费、车辆购置及运行费、公务接待费实行零增长。继续控制党政机关办公楼等楼堂馆所建设，严禁超标准装修办公用房。此外，经国家批准，我省2011年新开征地方教育附加，各地要积极抓好组织征收，并按规定管理和使用。

（二）充分发挥财政职能作用，促进加快转变经济发展方式

（1）继续支持投资拉动。在进一步加大资金投入力度的同时，要着力优化投资结构，重点支持水利交通等重大基础设施项目建设，以及节能环保、战略性新兴产业等。要充分利用好地方政府债券资金，2011年国家将继续代理我省发行地方政府债券63亿元，各地要提早落实项目和配套资金，主要用于保障性住房、“暖房子”工程等民生项目和社会公益性项目建设。（2）促进扩大消费需求。继续支持“万村千乡市场工程”和城市商业网点建设，扩大农家店和配送中心覆盖面。健全完善家电下乡和家电以旧换新政策，切实发挥补

贴资金在促进消费中的政策效应。(3) 支持改善经济发展软环境。继续落实好增值税转型、企业所得税两法合并、对部分小型微利企业实施企业所得税优惠等结构性减税政策；继续清理规范行政事业性收费项目，认真落实好国家2011年统一出台的取消31项涉企收费项目政策，努力减轻企业和社会负担。

(三) 强化财政政策资金扶持，着力提升现代农业建设水平

按照中央和省委1号文件精神，大幅度增加“三农”投入。(1) 支持提高农业综合生产能力。围绕增产百亿斤商品粮能力建设，继续实施农业综合开发，加快推进西部土地开发整理和农村土地整治示范。优先保障农田水利基础设施建设。加快小农水基础设施重点县工程建设进度，34个重点县要妥善安排配套资金，确保年底前完成国家规定的建设任务。(2) 落实各项涉农补贴政策。2011年的粮食直补和农资综合补贴资金（包括国家调增的部分），省财政已全部下拨，各地要确保在3月10日前及时足额发放到农民手中。从2011年起，国家取消粮食风险基金地方配套，对调减的地方配套部分，要按国家要求继续用于粮食方面的支出。2011年我省将在粮食主产县（市、区）全面开展粮食直补资金担保贷款试点，各地要积极配合金融部门做好试点工作，放大粮食直补政策效应。(3) 深化农村综合改革。继续提高村级组织运转经费保障标准，深入开展村级公益事业建设一事一议财政奖补工作，上半年完成农村义务教育还债任务。此外，要继续支持新农村建设，实施“千村示范，万村提升”工程，开展农村环境综合整治试点。

(四) 调整优化财政支出结构，进一步向民生领域倾斜财力

(1) 支持扩大就业。增加全民创业发展专项资金规模，重点支持大学生创业平台建设和实施对初创企业的财政补贴政策等。在稳定原有10万个公益性岗位开发规模基础上，新增开发1万个。(2) 继续提高社会保障水平。企业退休人员养老金标准比上年增长13.5%；新型农村社会养老保险试点面力争达到全省县（市、区）的50%；支持做好厂办大集体职工、“五七家属工”养老保险参保续保工作；新型农村合作医疗和城镇居民基本医疗保险财政补助标准分别由年人均120元提高到200元。(3) 加大对低收入群体的扶持力度。城镇和农村低保补助水平由月人均200元和年人均1000元分别提高到221元和1144元。增加扶贫资金投入，推进200个贫困村整体跃升，实现20万农村贫困人口脱贫。(4) 支持改善群众生活条件。进一步加大政策资金投入，继续支持“六路安居”等保障性住房和“暖房子”工程建设，解决100万农村人口安全饮水问题。对上述民生保障政策所需资金，各地要按照规定的筹资渠道和分担办法，予以妥善安排，确保落实到位。

（五）努力支持社会事业协调发展，推动和谐社会建设

（1）支持教育优先发展。加快推进中小学校舍安全工程，继续实施城市义务教育学生免学杂费政策，提高农村义务教育经费保障水平，完善农村小学科学实验室装备和义务教育学校图书配置，加强义务教育学校校园安全保卫设施建设。实施普通高中助学金制度。健全家庭经济困难学生资助政策体系。进一步提高地方高校生均财政拨款标准。支持省属高校化解债务，力争用两年左右时间将省属高校债务规模降至合理区间。加大学前教育投入，积极支持推进农村学前教育项目。支持中等职业教育提高基础能力，加强重点示范校建设。（2）支持提高科技创新能力。加大科技创新投入，支持重点实验室及科研机构、大学科研能力建设，科技型小型企业创新和重大科技攻关项目，进一步提高科技成果转化能力。（3）支持医药卫生体制改革。基本公共卫生服务经费标准由人均15元提高到25元，继续支持实施重大公共卫生服务项目，提高基层医疗服务能力。健全完善基层医疗卫生机构经费补偿机制，支持政府举办的基层医疗卫生机构全面实施基本药物制度。（4）支持公共文化服务体系建设。健全运行经费保障机制，推进博物馆、纪念馆、美术馆等公益性文化设施免费开放。支持建设乡镇综合文化站、农村文化大院、社区文化活动中心，开展送戏下乡活动，推动文化体制改革和文化事业、产业发展。

（六）进一步深化财政改革，切实推进科学化精细化管理

（1）完善财政体制。从2011年起至“十二五”期末，实施新一轮的对县（市）下放省共享收入政策，以县（市）“十一五”期间上划省共享收入平均数为基数，超基数部分全部留给县（市），2011年预算执行中实际留用的省下放共享收入比上年减少部分由省财政给予一次性补助。对中心城市省级以上开发区（含工业集中区）实行“基数加增量返还”的财政扶持政策。（2）深化预算管理制度改革。提高部门预算编制年初到位率和透明度，市县国库集中支付制度改革全面推开，进一步发挥政府采购的政策功能，在市州和大部分县市推广财政应用支撑平台。（3）强化预算执行管理。加强预算执行分析调度，实施预算执行动态监控，完善预算支出执行通报机制。加强和规范国库资金管理。认真落实部门预算支出主体责任，加快部门预算执行进度。（4）加强财政“两基”工作。推进财政法制建设，进一步健全完善各项财政管理制度。强化会计、资产基础管理。扩大财政预算绩效考评试点范围。加大财政监督检查力度。规范政府性债务管理。健全完善乡镇财政职能，充分发挥乡镇财政就地监管优势，切实提高资金使用绩效。

新的一年财政工作任务艰巨、使命光荣。我们要在省委、省政府的正确领导下，坚定信心，求真务实，开拓进取，为实现“十二五”财政发展改革目标，促进全省经济社会又好又快发展，让城乡居民生活得更加美好做出更大贡献！

2002~2004年工作述职报告

（2005年4月）

我们这届厅领导班子于2002年8月正式组成，成员有我、子游、继宏、永田、长龙和岐山同志。期间由于工作调转、退休等原因，班子成员发生了一定变动。现在由我、马明、继宏、永田、玉刚和岐山同志6人组成。这是本届厅领导班子第一次向全厅干部职工述职。今天，省委组织部领导亲临指导，我代表厅党组表示热烈欢迎和诚挚谢意！两年多来，在省委、省政府的正确领导下，我们认真贯彻落实党的各项方针政策，努力践行“三个代表”重要思想，学习和落实科学发展观，不断更新理财观念，求真务实，开拓创新，深化各项改革，切实履行财政职责，狠抓班子和队伍建设，全面完成了各项工作任务。

下面，按照省委组织部要求，我代表厅党组作本届厅领导班子2002~2004年工作述职报告，请全厅广大干部职工评议，并请省委组织部领导考察。

一、充分发挥财政职能作用，全力支持吉林老工业基地振兴

两年多来，我们坚持发展是执政兴国第一要务，切实发挥财政职能作用，全力支持我省经济发展，促进老工业基地振兴。

（一）在落实财税政策方面

2002年以来，我们认真贯彻落实积极财政政策，配合有关部门争取利用国债项目资金71亿元，重点支持了城市基础设施、“三北”防护林、农村电

网改造、国家储备粮库建设和大江大河治理。认真落实国家、省各项税费减免政策，减免环保型小汽车消费税等16.4亿元，减免缓行政事业性收费、政府性基金4.3亿元，支持了企业发展。认真贯彻落实中央11号文件精神，对即将出台的增值税转型等支持老工业基地振兴的各项税收优惠政策进行了认真研究测算，对相关政策在年初预算安排上进行了落实。努力消除制约民营经济发展的政策性障碍，在税费减免、市场准入、土地有偿使用等方面，一视同仁，鼓励支持民营经济发展。

（二）在支持国企改革方面

支持国有企业实施政策性关闭破产。配合有关部门，认真制定破产费用预案。争取中央财政补助资金61.1亿元，支持了18户煤炭、冶金、军工等企业实施关闭破产。支持国有企业分离办社会职能。争取国家专项补助资金2亿多元，做好吉林石油集团等3户中直企业分离办社会职能试点工作，目前已进入实质性操作阶段。省财政安排资金3000万元，用于支持通钢集团等5户省属企业分离办社会职能。筹措资金2.9亿元，重点支持了国有企业改革、结构调整和技术改造。支持国有企业主辅分离、辅业改制安置富余人员。对特困企业使用的划拨土地，视同破产企业，其土地出让金可优先用于偿还下岗职工债务。

（三）在加大重点项目投入方面

2002年以来，我省共筹集拨付预算内基本建设资金和水利建设基金96.6亿元，用于支持重点基础设施和项目建设。其中，用于大中型水库除险加固、引松入长，以及重点防洪城市工程建设资金21.7亿元；各项社会事业项目建设资金8.5亿元；采煤塌陷区综合治理工程建设资金8.4亿元。省财政安排专项资金3.4亿元，用于支持一些重点项目建设。其中，用于生态省重点项目建设资金1.2亿元；用于省内重点项目前期经费投入6500万元；用于招商引资和市场开拓专项资金7000万元；用于支持中小企业和民营经济发展3000万元；用于解决拖欠基本建设工程款和农民工工资问题资金4500万元。2004年，争取国家外贸发展资金1.1亿元，支持提高我省企业出口能力，增强国际市场竞争力。争取世行、亚行等国际金融组织和外国政府贷款1.5亿美元，重点支持松花江流域防洪基础设施建设，购置医疗卫生、教学、消防设备和广电器材等，弥补了省内资金不足。

（四）在环境整治方面

继续深入开展清费治乱工作，两年多来，共取消行政事业性收费和政府性基金112项，减轻企业和社会负担3.7亿元。为确保工作收到实效，财政部门对项目取消和降低标准的收费单位，在经费上予以保障，逐步解决这些单位“收费养人”的问题。认真落实《中华人民共和国行政许可法》，研究制定具体配套措施，加强对贯彻实施情况的监督检查，及时纠正违纪违规问题，规范执收执罚部门的执法行为。扩大政务公开范围，我厅8个行政审批项目全部纳入了省政府政务大厅，提高了行政效率，增强了工作透明度，改善了服务。

二、认真落实各项政策措施，着力支持解决“三农”问题

两年多来，我们把支持解决“三农”问题放在了更加突出的位置，在政策和资金等方面不断加大支持力度。

（一）进一步加大农业投入

充分利用国家对粮食主产区实施的扶持政策，积极争取国家农业综合开发等各项财政支农专项资金支持。依法安排并落实对农业和农村的预算支出，严格预算执行，建立健全财政支农资金的稳定增长机制。2002年以来，省财政累计投入资金12.7亿元，重点扶持了德大、皓月、金昌等十大农业产业化开发项目，在全省9个县（市）、11个乡镇进行农业机械化项目试点，启动了财政支持小康示范村建设工程。创新财政支农和农业综合开发方式，投入资金10亿元，改造中低产田304万亩，建设优质粮食和饲料作物基地175万亩。今年，筹措专项资金2000万元，用于农民职业技能培训，促进我省农村剩余劳动力向非农领域转移。

（二）深化农村税费改革

2002年，农村税费改革试点在我省全面铺开。争取国家财政转移支付资金7.5亿元，研究制定了资金分配管理办法，完善乡镇财政管理体制，加强对转移支付资金的监督，努力实现了“三个确保”。按照国家要求，从2004年起在全省范围内，实行免征农业税和取消除烟叶以外的农业特产税改革试点。配合有关部门，研究制定试点工作实施方案和相关配套措施，积极主动向国家

反映我省特殊困难，争取国家财政转移支付补助资金13.9亿元。

（三）开展粮食直补改革试点

2002~2003年，我省选择东丰县进行粮食直补改革试点，省财政共拨付直补资金3730万元。2004年，按照国家要求，在总结前两年试点经验的基础上，粮食直补改革在我省全面铺开，省财政筹集直补资金15.5亿元，已发放到种粮农民手中。加强了对直补资金的监督检查，确保农民真正得到实惠，调动了农民种粮积极性。做好农业良种补贴和增产技术补贴工作。争取国家良种补贴资金1.7亿元，省财政安排防治玉米螟、测土配方施肥和农田灭鼠三项增产技术补贴资金2500万元。目前，这两项资金也已发放到位，提高了粮食增产的科技支撑作用。同时，积极支持做好粮食购销企业改革工作，参与研究制定《吉林省粮食流通体制改革实施方案》和相关配套文件，积极筹集粮改资金，做好对全省国有粮食购销企业财务挂账清理审计工作。

（四）积极支持农村信用社改革

自2003年实行农村信用社改革以来，积极会同有关部门，在全省范围内开展了清产核资、产权界定等工作。为降低农村信用社资产负债率，省财政积极筹措注入资金3亿元。认真落实国家支持农村信用社改革的税收优惠政策，到目前为止，共减免营业税、所得税3500万元。对保值贴息补息情况进行了清理统计，争取国家补助资金1.6亿元，促进农村信用社改革顺利进行。

三、加大财政支持力度，保障工资、社保及各项社会事业健康发展

我们紧紧围绕改革发展稳定大局，不断加大支持力度，保证工资发放，做好就业和社会保障工作，促进社会事业协调发展。

（一）确保行政事业单位职工工资按时发放

对机关事业单位职工工资，在预算上予以足额安排，不留缺口。严格执行“三不准”规定。不断加大工资性资金转移支付力度，强化资金调度，缓解困难县（市）保付工资的压力。工资统发范围不断扩大。目前，全省50个市县行政事业单位和省本级行政单位实行了工资统发，统发人数达59.8万人，占

财政供养人员的48.1%。2002、2003年，我省连续两年实现了按当地实际发放的工资标准不拖欠的目标。在确保当年工资不拖欠的前提下，还补发以前年度拖欠的国家政策性工资3.8亿元。

（二）加大就业和社会保障支持力度

在支持就业方面。认真落实国家和省出台的再就业扶持政策。积极筹措小额贷款担保资金，全面启动小额担保贷款，建立再就业援助制度，将小额贷款担保基金、社会保险补贴、再就业培训和职业介绍补贴、公益性岗位补贴等促进下岗失业人员再就业资金列入财政预算。2004年，全省各级财政预算安排再就业资金8300万元，争取国家补助资金3.1亿元。在支持“两个确保”方面。按照国家和省政府要求，各级财政原来安排的用于下岗职工基本生活保障的预算资金规模不能减少。2002～2003年，全省财政共筹措下岗职工基本生活保障和企业养老保险补助资金60.7亿元。2004年，全省各级财政共筹措安排资金31.4亿元。保证了国有企业下岗职工、企业离退休人员的基本生活。在支持城市低保方面。2002～2003年，全省财政筹措城市低保资金12.8亿元，2004年全省财政预计筹措城市低保资金8亿元，使城市低保对象应保尽保。在支持完善城镇社会保障体系改革试点方面。参与研究制定了《吉林省完善城镇社会保障体系试点实施方案》和各项配套政策。与有关部门对并轨人数和资金需求情况进行了普查和测算，摸清了底数。积极筹措试点资金，目前已争取国家并轨补助资金25亿元，地方各级财政也在年初预算中给予了重点安排，为试点工作顺利进行奠定了基础。

（三）法定和重点支出得到较好保障

在教育、科技方面。两年多来，投入教育经费104.7亿元，重点支持了农村中小学布局调整和危房改造，实施扶贫助学工程，促进基础教育均衡发展。筹措拨付科技三项费用6.7亿元，重点支持了光电子、农业高新技术、中药现代化、生物技术，以及应用软件领域的科技创新和成果转化等。在公共卫生事业方面。2002～2003年，投入卫生经费28.8亿元，重点支持了疾病预防控制、疾病信息网络、农村新型合作医疗试点、医疗救治体系和卫生执法监督体系建设。2003年，“非典”疫情发生后，财政部门筹措拨付资金4亿元，2004年春又筹集拨付禽流感防治资金2043万元，并采取特事特办等应急措施，保证资金及时拨付到位，为夺取抗击“非典”胜利和有效防治禽流感提供了财力保障。2004 年，筹集配套资金 1.1 亿元，支持了全省 9 个市州传染病区、紧急救援中心和 42 个县传染病区基础设施项目建设。在政法方面。2002 ~ 2003 年，共筹措安排政法经费 46.2 亿元，有力保证了政法机关履行职能，开展“严打”斗争等办案需要，维护了社会稳定。

（四）支持做好扶贫救灾工作

两年多来，财政部门筹集拨付扶贫救灾等专项资金 11.7 亿元，用于支持扶贫项目开发、保障贫困、受灾地区群众和优抚救济对象基本生活，解决军转干部“三拖欠”问题等，把党的温暖送到群众手中。

四、狠抓增收节支，强化财政管理

我们把增收节支作为财政部门的一项重点工作，坚持常抓不懈，并取得了明显成效。

（一）不断强化征收措施，财政收入实现较快增长

积极支持配合收入征管部门依法加强税收征管，制止各地擅自出台或变相出台税收优惠政策行为，到期的税收优惠政策及时恢复征税。加大收入征管工作力度，充分挖掘增收潜力。狠抓收入均衡缴库，强化预算执行情况调度分析。2002 ~ 2003 年，全省一般预算全口径财政收入连续两年实现两位数增长，年均递增 15.1%，超过同期 GDP 增幅 5.3 个百分点。全省一般预算全口径财政收入亿元县，由 2001 年的 22 个增加到 2003 年的 29 个；地方级财政收入亿元县由 9 个增加到 15 个。2004 年，财政收入继续保持了快速增长势头。1 ~ 7 月份，全省一般预算全口径财政收入实现 205.5 亿元，完成进度的 71.2%，同比增长 20.9%。其中，省级完成 32 亿元，完成进度的 69.7%，同比增长 15.5%。

（二）严格预算执行，大力压缩一般性支出

按照“五保”要求，努力调整优化财政支出结构，除按法定和有关政策规定需要增加的重点支出外，其他各项支出一律实行零增长。通过采取清理核实财政供养人员、实行行政机关车辆定编、车辆购置费包干、会议驻地工作人员“走会制”试点等措施，大大压缩了财政经费支出。研究探索减少事业单

位财政供养人员的政策和措施，对有效控制和压缩财政供养人员的市县给予奖励。对支农、农村基础教育、计划生育、政法装备资金的分配使用实行绩效考核办法。鼓励和支持机关事业单位在信息网络化建设、办公设备配备使用等方面挖掘节支潜力，对能够由省委、省政府办公厅统一建设的信息化项目或由机关事务管理局统一调配的办公资源，实行共享，各单位不得再重复建设或购置，努力降低行政事业成本。

（三）加强财政监督管理，进一步规范财经秩序

依照《吉林省财政监督管理条例》和《吉林省罚款没收扣押财物管理条例》，2002 年以来，重点开展了会计信息质量、执行政府采购制度、国债资金、社会保障资金和清理"小金库"等专项检查，共查出违纪资金 32.4 亿元，并及时进行了处理和纠正。强化政府债务管理，加大了对到期外债清收偿还力度。2002～2003 年，共偿还政府主权外债 24.1 亿元，维护了政府信誉。积极推进会计制度改革，加强财务会计监管，认真贯彻实施《中华人民共和国会计法》和《中华人民共和国注册会计师法》，进一步规范会计秩序，依法打击做假账行为。加强会计人员继续教育，开展会计知识大赛，强化会计诚信建设。理顺注册会计师、资产评估师行业监管体制，将行政管理职能与行业自律职能分离。做好财政投资评审和项目评估论证工作，完成投资评审和评估项目 412 项，涉及评审评估资金 35.6 亿元，审减资金 2.5 亿元。延伸对财政预算资金使用的监管，强化对财政资金跟踪问效，提高财政资金的规范性、安全性和有效性。

五、积极推进财政改革，加快公共财政建设

按照建立公共财政体制的要求，我们不断加大工作力度，积极推进各项财政改革。

（一）调整完善了省以下财政管理体制

从 2003 年下半年开始，我们组织人员深入全省 21 个市（州）、县（市），分别召开了 9 个市（州）及所属县（市）参加的座谈会，广泛征求各方面意见，为调整完善省以下财政管理体制做充分准备，提出了《吉林省完善省以下财政管理体制实施方案》。经省委、省政府批准，从 2004 年 1 月 1 日起正式

实施。主要内容包括，减少省与市县共享收入税种，提高省与市县共享收入市县分享比例，尽量向下倾斜财力。对人均财力低于全省县（市）级平均水平的粮食主产县（市）、以煤炭、森工为主的资源型县（市）和少数民族县（市），省共享收入全部下放，缓解基层财政困难。制定增收激励机制和节支鼓励机制，调动市县发展经济和增收节支的积极性。此次体制调整，2004～2010年，省级将累计让给市（州）增量财力18.5亿元，平均每年2.6亿元。同时，积极探索乡镇财政管理体制改革，研究制定了乡财县管具体实施意见。

（二）部门预算改革不断深化

2002年，省本级全面试编了部门预算，长春、吉林等8个市（州）和集安、梅河口、通化等3个县（市）开展了部门预算改革试点。2003年，9个市（州）和13个县（市）进行了部门预算改革试点。2004年，在前两年基础上又增加了5个县（市）。按照各部门的性质、职责任务和公共服务均等化的目标，分门别类制定了各部门的定额标准。2004年，我厅又着手对现行定额标准和公用经费实际支出水平进行调研和测算，为进一步调整完善现行定额标准做准备。完善财政专项资金项目库管理制度，逐步建立财政专项资金投放项目库，为编制项目滚动预算奠定基础。

（三）国库集中支付制度改革继续推进

2002年，省级成立了国库支付中心和会计核算中心。2002～2003年，通过省级国库集中支付的财政专项资金达33.9亿元。2003年，省直26个单位进行了会计集中核算改革试点，9个市州1702个单位进行了会计集中核算改革试点。2004年，制定出台了《吉林省国库管理制度改革试点方案》，明确了改革的具体实施步骤。同时，制定了《吉林省省级国库管理制度改革试点资金支付管理暂行办法》等相关配套办法。省级选择了30个单位进行国库集中支付和会计集中核算结合推进改革试点，目前各项工作进展顺利。

（四）政府采购制度改革力度不断加大

认真贯彻落实《政府采购法》，理顺政府采购管理体制，实行管理机构与执行机构分设。加强对执行机构的监管，健全完善政府采购制度办法，编制采购计划，规范采购行为，实行供应商资质认证准入制度，采购规模和范围不断扩大。2002年，全省完成政府采购金额11.2亿元，同比增长36%，节约资金

1.4 亿元，节支率达 11.1%。2003 年，全省累计完成政府采购金额 22.2 亿元，同比增长 98.4%，节约资金 2.52 亿元，节支率达 10.2%。今年上半年，全省累计完成政府采购金额 10.2 亿元，同比增长 68.4%，节约资金 1.24 亿元，节支率达 10.8%。

（五）“收支两条线”管理改革取得新进展

从 2002 年起，我省将公安、法院、工商、环保、计划生育等部门的行政性收费收入全部纳入财政预算管理。逐步完善“票款分离”和“罚缴分离”制度，加强收费和罚没票据管理，强化非税收入征管，逐步实行收支脱钩，规范了收支行为，财政资金整体使用效益进一步提高。

六、加强干部队伍和党风廉政建设，努力提高自身素质

我厅的干部队伍建设和党风廉政建设工作有着良好的基础。2002 年以来，我们重点抓了三个方面的工作。

（一）加强领导班子自身建设

（1）坚持了理论中心组学习制度。采取集中学习、自学、参加支部学习等多种形式，不断提高政治理论素养，增强应对新形势，解决新问题的能力。（2）加强议事决策制度建设。2003 年初，制定了厅长办公会议制度。2004 年 6 月，制定了《吉林省财政厅党组决策重大事项议事规则》。坚持完善了厅党组会议、厅务会议和厅专题会议制度。（3）坚持民主集中制原则。对贯彻落实省委省政府重大决策、预算安排、大额投资项目、干部任免等重大事项，实行集体领导、民主集中、个别酝酿、党组讨论决定。（4）坚持民主生活会制度。班子成员之间经常交流思想、沟通情况，形成了相互团结、相互信任、相互尊重的风气。厅领导班子的凝聚力、向心力、战斗力进一步增强。

（二）加强干部队伍建设

（1）在组织建设方面。认真贯彻执行《党政领导干部选拔任用工作条例》，坚持干部队伍“四化”方针和德才兼备原则，加强对中青年干部的培养，提高能力，增长才干。为全面培养和锻炼干部，提高综合素质，2004 年我厅制定实施了《吉林省财政厅机关干部轮岗交流暂行办法》，对厅机关和事

业单位15名处级领导干部实行了岗位交流。开展多种形式的学习培训，提高了财政干部的业务能力和工作水平。2002年以来，我厅干部教育培训工作连续两年被财政部评为全国财政系统干部教育培训工作一等奖。（2）在思想建设方面。深入开展“学、做、创”活动，在厅内形成了学先进典型，做勤廉公仆，创一流业绩的良好氛围，促进各项工作开展。我厅被评为省直机关“学、做、创”活动先进单位。制定了《省财政厅基层党组织工作规范》，强化了支部书记一岗双责意识，增强了广大干部的党性观念、纪律观念和职业道德观念。开展了丰富多彩的精神文明建设活动，增强了广大干部职工的集体荣誉感。2002～2003年，我厅被省委、省政府授予精神文明建设标兵单位。2003年，我厅被评为全国爱国拥军模范单位。2002年以来，连续两届获得全国少数民族珠算团体比赛冠军。（3）在作风建设方面。切实做好政务公开工作，成立了厅政务公开工作领导小组，设立了政务公开网页，不断扩大政务公开内容。2003年，在省直机关政务公开考核中，我厅荣获“优秀单位”和“高标准示范单位”称号。科研所、财政学会、农研会、会计学会加强了财政、财务和会计理论研究和调研工作，增强财政参与宏观经济调节的能力。加强后勤管理工作，机关服务中心、基建办、松花湖干休所、驻北京联络处等单位，关心职工生活，为全厅在职干部职工和离退休老同志提供后勤保障和周到的服务。坚持实行离退休老干部、生病职工走访慰问、职工体检制度，建立职工健康档案，开办了职工阅览室和活动室。加强“金财工程”建设和财政信息网络服务，精简公文，压缩会议，转变作风，提高效率。

（三）加强党风廉政建设

认真落实党风廉政建设责任制，建立落实党风廉政建设责任制情况报告制度、考廉制度、领导干部个人述廉制度和责任追究等行之有效的制度，厅领导班子以身作则，切实做到“四个管好”。深入开展“警钟勤鸣、招呼勤打、小雨勤下”的“三勤”教育，做到廉政建设“关口前移”，实行诫勉谈话，对有问题的干部进行了处理。组织全厅开展学习贯彻《中国共产党内部监督条例（试行）》和《中国共产党纪律处分条例》活动，进一步增强了财政干部清廉理财的自觉性。认真做好党风廉政建设和反腐败重点任务协调组工作，受到省纪委多次表扬。2002年，在省委组织的党风廉政建设责任制考核中，我厅被评为落实党风廉政建设责任制优秀单位。2003年，在对省直54个部门政（行）风测评中，我厅获得总分第3名。2002～2003年，我厅连续两年在全国财政系统纪检监察工作会议上介绍典型经验。

两年多来，虽然较好地完成了各项财政工作任务，但与省委、省政府的期望和要求相比，还有较大差距。(1) 在财政参与政府宏观经济调节方面，虽然主动意识增强，也做了较大努力，但实际发挥的作用不够。(2) 对公共财政支出改革过程中遇到的热点和难点问题，超前研究方面做得还不够到位，解决的办法还不够多。(3) 财政监督管理还存在薄弱环节，长期以来存在的重分配轻管理、重支出轻效益的问题还没有完全解决。上述不足，需要我们在今后的工作中认真加以克服。同时，也诚恳地欢迎省委组织部领导和全厅干部职工提出宝贵意见和建议，以便我们更好地完成各项工作。

2005 年，我省财政工作任务非常艰巨，收支矛盾仍很突出，但我们决心在省委、省政府的领导下，以这次述职考核为契机，进一步解放思想，扎实工作，确保全年财政工作任务的顺利完成。

2005~2006年工作述职报告

（2007年2月）

按照省委组织部这次考察工作的要求，我代表厅党组做述职报告。目前，厅领导班子由我、继宏、永田、玉刚、高壮、岐山6名同志组成。2005、2006两年，在省委、省政府的正确领导下，坚决贯彻党的各项方针政策，认真执行省委、省政府的决议、决定，以科学发展观为统领，着眼全局，开拓创新，切实发挥财政职能作用，有力地促进了经济社会快速健康发展，圆满完成了各项工作任务。

一、狠抓增收节支，财政收支连续迈上新台阶

增收节支是财政部门最基本的职责。两年来，通过不懈努力，与有关部门密切配合，增收节支工作取得了明显成效，中央财政的支持力度进一步加大。在增收方面。配合税务部门依法加强税收征管，清理到期税收优惠政策，清缴历史欠税。开展税源调查，充分挖掘增收潜力，努力做到应收尽收，不收过头税。加强非税收入征管，确保及时足额入库。建立完善财政增收激励机制，调动市县组织收入积极性。在节支方面。按照有保有压的原则，调整优化支出结构，努力保障重点支出需要，大力压缩一般性支出。通过采取对控制和压缩财政供养人员的市县给予奖励政策，严格控制车辆编制和购置经费，对会议驻地工作人员实行“走会制”，对公务移动电话实行货币化改革，对机关办公用房大修实行经费包干管理等办法，有效地抑制了“人、车、会、话、楼”等一般性支出的过快增长。在争取国家支持方面。紧紧抓住国家加大对东北老工业

基地和粮食主产区扶持力度的有利机遇，积极争取国家的政策和资金支持。近两年，中央财政对我省的一般性转移支付等各项补助资金大幅度增加。2005年，中央财政对我省的各项补助资金达到343亿元（不含税收返还，下同），比上年增加63.3亿元，增长22.6%；2006年，中央财政对我省的各项补助资金达到383.9亿元，比上年增加40.9亿元，增长11.9%。

经过努力，近两年财政收支实现了持续快速增长。2005年，我省地方级财政收入、全口径财政收入和财政支出，在2004年“135”的基础上，跨上了“246”的新台阶，财政收支增幅自1994年实行分税制以来首次同时超过20%。2006年，财政收支在上年基数较高的基础上，继续保持了快速增长，又迈上一个新台阶。全省地方级财政收入、全口径财政收入和财政支出分别完成245亿元、507.8亿元和718.4亿元，超额完成了年初预算任务，基本实现了省委、省政府提出的奋斗目标。

二、充分发挥财政职能作用，全力支持老工业基地振兴

近两年，财政部门紧紧围绕省委、省政府确定的振兴老工业基地各项重点工作，积极主动服务，千方百计为加快发展提供政策支持和财力支撑。

（一）大力支持国企改革攻坚和工业提速增效

2005年，为支持国企改革攻坚，省财政制定了豁免企业财政性债务、设立国企改革专项资金、返还土地出让金等14项财税扶持政策，筹措和支付国企改革成本101.2亿元，豁免企业财政性债务29.6亿元，有力地促进了国企改革攻坚任务的完成。2006年，为支持工业提速增效，制定出台了增加税收返还、设立工业集中区专项资金等8项财政扶持政策。拨付资金28.4亿元，用于16户中直企业和21户省属企业实施政策性关闭破产和分离办社会职能，支持长春、四平、白山市开展厂办大集体改革试点。

（二）大力支持项目建设和招商引资

认真落实国家振兴东北老工业基地增值税转型等税收优惠政策，两年共抵减和少征各项税收32.1亿元。省财政集中财力36亿元，用于支持引嫩入白、龙嘉机场、中部城市供水、长吉城际高速铁路等事关全局的重点项目建设。累计拨付预算内基本建设资金98.6亿元，使用国际金融组织、外国政府贷款和

国家开发银行贷款 293.1 亿元，有力地促进了投资拉动。制定出台了税收返还等 5 项财政扶持政策，支持开发区和工业集中区基础设施建设。拨付资金 7.6 亿元，用于支持招商引资、市场开拓和举办东博会等。

（三）大力支持发展民营经济和软环境建设

认真落实国家、省促进民营经济发展的各项财税扶持政策，现有支持企业发展的资金，重点向民营经济倾斜。累计拨付用于支持中小企业和民营经济发展的专项资金 3.5 亿元。省财政为省中小企业信用担保机构注入资本金 1.5 亿元，有效缓解了中小企业和民营经济融资难问题。清理取消行政事业性收费 33 项，减轻企业和社会负担 4.2 亿元。实行了收费公示制度，将 95 个收费项目纳入政务大厅集中办理。

三、认真落实各项支农惠农政策，积极促进新农村建设

按照“多予、少取、放活”的方针，不断加大对“三农”的支持力度。(1) 财政支农投入大幅增长。通过积极争取国家支持，依法安排农业支出预算，严格预算执行，落实新增教育、卫生、文化、计划生育等事业经费主要用于农村的政策，使财政用于“三农”方面的投入保持了较高的增长幅度。2005 年，全省财政用于“三农”方面的投入 151.4 亿元，比上年增长 21.7%；2006 年达到 191.3 亿元，比上年增长 26.4%。(2) 大力支持农业综合开发和农业产业化经营。省财政累计拨付农业综合开发资金、农业产业化贴息和项目建设资金等 15.9 亿元，重点扶持了德大、广泽、皓月等 23 个重点农业产业化项目，改造中低产田、建设优质粮食生产核心区 211 万亩，完成退耕还林和生态省建设 18 万公顷。(3) 积极支持农村公益事业加快发展。拨付资金 9.3 亿元，用于新农村建设试点、安全饮水、乡村道路等农村公共设施建设。累计拨付财政补助资金 1.9 亿元，支持开展新型农村合作医疗改革试点，2006 年，新型农村合作医疗改革试点县（市）扩展到 24 个，参合农民达到 624.4 万人。(4) 认真落实对农民的各项补贴政策。2005 年，筹措安排粮食直补、良种、增产技术和农机具购置等补贴资金 21.6 亿元。2006 年，加上国家核定我省的综合直补资金 7.6 亿元，用于对农民的各项补贴资金达到 30.7 亿元，有力地促进了粮食增产和农民增收。(5) 积极推进农村各项改革。2005 年，省财政筹措资金 24.3 亿元，用于支持粮食流通体制改革，完成粮食购销企业 14

万名富余人员下岗分流工作。累计拨付资金1.9亿元，用于243户国有农场税费改革。累计拨付资金1795万元，用于支持农业政策性保险试点。

四、不断加大民生投入，着力解决好事关人民群众切身利益问题

（1）大力支持就业和再就业。认真落实新一轮就业扶持政策，将集体企业下岗失业人员以及进城务工农民纳入政策扶持范围。积极争取国家支持，努力落实地方配套资金，2005～2006年，全省财政共筹措安排再就业资金21.7亿元，促进了69.9万人实现再就业。拨付资金2.4亿元，购买公益性岗位6.5万个，其中，省财政出资1.5亿元，购买公益性岗位4万个。（2）积极推进社会保障体系建设。争取国家补助资金40.4亿元，筹措地方配套资金44.2亿元，实现并轨130万人，圆满完成了完善城镇社会保障体系改革试点任务。拨付资金57.6亿元，保证了企业离退休人员养老金足额发放和调待工作的顺利进行。拨付城乡低保补助资金26.5亿元，进一步提高了城乡低保对象补差标准，其中城市月人均补差标准由65元提高到85元，农村年人均补差标准由180元提高到240元，农村低保对象保障人数由53.5万人扩大到80万人。（3）积极支持城市棚户区改造。制定了减免缓征营业税和行政事业性收费等13项财税扶持政策，筹措拨付资金17.6亿元，其中省财政2.6亿元，有力支持了9个市（州）城市棚户区改造工程建设。（4）支持做好扶贫救灾工作。累计拨付资金16.2亿元，用于扶贫项目开发、解决贫困受灾群众、优抚救济对象和企业军转干部生活困难问题。（5）认真落实国家调整收入分配政策。2006年，拨付资金21.7亿元，用于全省机关事业单位工资收入分配制度改革。启动实施了我省规范公务员津贴补贴工作。（6）积极支持各项社会事业发展。拨付资金11.7亿元，用于支持农村中小学布局调整、危房改造、发展远程教育，对全省44万名贫困学生实施“两免一补”，以及开展农村义务教育经费保障机制改革试点。拨付资金10亿元，用于支持科技创新、成果转化和城乡公共卫生能力建设等。拨付资金5.8亿元，用于亚冬会场馆、高句丽二期工程、广电村村通工程和对农村计划生育家庭奖励扶助等。

五、实施扩权强县政策措施，积极促进县域经济加快发展

2005年，省委、省政府做出了扩大县（市）经济社会管理权限的决定。

省财政在下放财权、倾斜财力、完善体制等方面采取了一系列政策措施。(1)加大资金支持。主要是加大了对县（市）的转移支付力度，对县（市）上划省的共享收入全部下放，将17项省级财政收支下放县（市）管理。(2)建立奖励激励机制。主要是从2005年起，省财政每年安排资金5亿元，与县（市）财政收入增长挂钩，以奖代补；对进入全国百强县的县（市）省财政奖励1000万元；省财政每年安排资金600万元，对发展较快的县（市）给予奖励；对国家核定我省的"三奖一补"资金全部核拨给县（市）。(3)下放行政审批权限。主要是将社会集团购买专控车辆审批等5项财政审批权限下放给市县管理。(4)实行"省直管县"财政体制。

采取上述政策措施，2005年，省财政对县（市）的补助资金比上年增加31.6亿元，2006年又比2005年增加48.6亿元，极大地调动了县（市）加快发展和增收节支的积极性，增强了县（市）自我发展的内在动力。过去两年，我省县域经济增幅，分别比全省平均水平高4.8个和4个百分点；县（市）级财政收入增幅，分别比全省平均水平高2.3个和8.2个百分点。这两项主要指标增幅连续两年超过全省平均水平，是前所未有的。由于县（市）级财政收入较大幅度增长，以及省财政转移支付力度的加大，县（市）级财政困难状况也得到了明显改善。2006年，地方级财政收入超过亿元的县（市）由2004年的10个增加到26个；超过2亿元的县（市）由1个增加到11个；县（市）人均财力由15076元增加到25907元，增长71.8%。

六、不断深化财政改革，切实加强财政监管

(1)全面推行"乡财县管"财政管理方式改革。2005年，全省40个县（市）开展了"乡财县管"改革试点，涉及503个乡镇，占乡镇总数的88%，规范了乡镇财政管理，提高了财政保障水平。(2)预算管理制度改革步伐加快。省本级和4个市（州）本级全面实行了部门预算改革，18个市县开展了试点。省级上报人代会审查的部门预算，由2005年的40个增加到100个。省级国库集中支付制度改革试点面达到100%，部分市县开展了试点。政府采购规模和范围进一步扩大。2006年，全省政府采购额达到62.5亿元，比上年增长30.5%。"收支两条线"改革取得新进展，在工商和药监系统开展了收支脱钩改革试点。政府收支分类改革顺利进行，完成了数据转换，建立了新的账户体系。(3)"金财工程"建设取得重大进展。省级和9个市（州）本级使用了

财政部统一开发的预算编制系统。市县财政部门局域网建设顺利完成，省、市、县三级财政系统广域网建成并投入运行。部分中心城市开展了财税库银横向联网试点。(4) 财政监管力度进一步加大。加强了财政法制建设，开展了财政普法教育，2005 年，我厅荣获全国财政“四五”法制宣传教育先进集体称号。强化财政监督检查，累计查出违纪资金 41.4 亿元，收缴入库 5.75 亿元。严格省级会计集中核算，拒付不合理支出 420 万元。开展《中华人民共和国会计法》宣传，组织了“诚信杯”会计知识大赛。对中介机构进行了清理整顿。完成财政投资评审项目 377 项，审减资金 2.5 亿元，审减率为 14%。

七、狠抓干部队伍和机关作风建设，努力提高自身素质

(1) 加强班子自身建设。坚持理论中心组学习制度，不断增强适应新形势，解决新问题的能力，厅领导班子凝聚力、战斗力进一步增强；坚持民主集中制原则，认真执行厅党组议事制度，对事关全局的重要工作、预算安排、干部任免等事项，均提交厅党组会议讨论，集体决策。坚持民主生活会制度，班子成员之间经常交流思想，沟通情况，彼此信任。按时召开民主生活会，广泛征求群众意见，认真整改，抓好落实。(2) 加强干部队伍建设。在组织建设方面。认真贯彻执行《党政领导干部选拔任用工作条例》，严格履行组织程序。坚持处级领导干部岗位交流制度，有 26 名处级干部进行了交流，累计交流处级干部 34 名，占应轮岗交流干部总数的 73.9%。加强学习培训，提高干部综合素质和业务能力。在思想建设方面。扎实开展先进性教育活动，群众满意率达到 99.5%。开展了“创先争优”和各种精神文明建设活动，形成了学习先进，争创一流业绩，团结向上的良好风气。2005 年，我厅被中央“文明委”评为全国文明单位。在作风建设方面，全面推行政务公开。压缩会议时间，减少发文数量。两年来，全厅共完成 14 项重点调研课题，为领导决策提供了有益参考。后勤保障、培训服务、科研、学会工作继续加强。关心老干部和遗属生活，坚持走访慰问制度，定期对干部职工进行健康体检。(3) 加强党风廉政建设。认真落实党风廉政建设责任制，坚持“一岗双责”。要求干部职工严格遵守“四大纪律”“八项要求”和“五不准”规定，努力践行清廉理财。前移廉政建设关口，开展经常性的警示教育和诫勉谈话，做到警钟长鸣。认真开展了治理政府采购领域商业贿赂工作，得到有关部门的充分肯定。2005、2006 年，我厅连续两年被省政府评为服务型机关建设活动先进单位。

两年来，尽管较好地完成了各项财政工作任务，但与省委、省政府的要求相比，还有不少差距和不足。(1) 财政参与宏观经济调节的作用仍需进一步加强。(2) 财政改革进展不平衡，主要表现为部分县（市）进展相对缓慢。(3) 财政管理还存在薄弱环节，一些部门、单位财经纪律松弛，损失浪费、资金使用效益不高等问题不同程度存在。这些都需要我们在今后工作中引起重视，采取措施，加以改进。

刚才，我代表厅党组作了厅领导班子 2005～2006 年述职报告。我厅这两年工作取得的成绩，是在省委、省政府的正确领导下，厅领导班子和全厅广大干部职工全力拼搏、团结奋斗的结果。我个人在同志们的大力支持和帮助下，认真履行职责，为完成自己的岗位目标任务做出了应有的努力。(1) 在财政业务工作方面。主要是围绕省委、省政府的中心工作，认真履行财政职能，为全局工作服好务。重点抓了三件事：第一，抓增收节支，不断提高财政保障能力。第二，抓财政资源优化配置。依据政策法规，合理配置财政资源，将有限的财力用于经济社会事业发展和解决民生等问题，注重财政资金的使用效益。第三，大力争取中央财政支持。积极向上汇报沟通，充分反映我省面临的困难和特殊问题，尽力争取中央财政的各种政策和资金支持。(2) 在财政改革方面。第一，抓财政管理体制改革。主要是省管县的财政管理体制改革，“乡财县管”财政管理方式改革，以及省级开发区、工业集中区等领域的财政扶持政策。第二，抓预算管理制度改革。主要包括部门预算、国库集中支付、“收支两条线”，以及政府采购制度改革等。第三，抓政府收支分类改革。第四，抓“金财工程”建设。(3) 在干部队伍建设方面。第一，注重服务型政府机关建设，并取得较好成效。第二，重视机关党建和干部培训工作。对机关党组织开展的各项活动给予了大力支持，干部培训工作取得较大进展。第三，注重抓党风廉政建设。支持纪检组工作，认真贯彻落实党风廉政建设责任制，加强检查监督，防患于未然。(4) 在领导班子自身建设方面。第一，注重加强领导班子思想建设。组织开好 2005、2006 年两次领导班子民主生活会，逐步提高生活会质量。第二，进一步抓好机关作风建设。落实“三短”“三实”要求，不断转变机关作风，提高工作质量和效率。重视开展重大课题的专题调研工作，组织协调完成了 2005 年和 2006 年的重点课题调研，取得了较大成果。第三，坚持民主集中制原则，妥善处理集体领导和个人分工负责相结合的关系，班子成员之间，讲原则、讲大局、讲团结，配合默契，形成了良好的工作氛围。

2007～2009年工作述职报告

（2010年4月）

按照省委组织部考核要求，我代表厅党组做述职报告。2007～2009年，在省委、省政府的正确领导下，厅党组和全厅广大干部职工团结一致，奋力拼搏，扎实工作，圆满地完成了各项财政工作任务。这三年，是实行分税制财政体制以来，我省财政收支增长速度最快的三年，也是我省财政充分发挥职能作用，为经济社会快速发展和改善民生做出突出贡献的三年。2007～2009年，全省地方级财政收入年均增长25.7%，高于全国地方平均水平4.5个百分点；财政支出年均增长27.2%，高于全国地方平均水平1.4个百分点。特别是2009年，面对国际金融危机带来的不利影响，经过全厅乃至全省财政系统广大干部职工艰苦努力，财政收支增幅仍明显高于全国地方平均水平，为保增长、调结构、惠民生、促和谐提供了坚实的财力保障。下面，我从六个方面做简要总结。

一、狠抓增收节支，着力提高财政保障能力

2007年以来，全厅上下坚持依法理财，科学理财，狠抓增收节支，优化财政资源配置，大幅度提高财政保障能力。（1）财政收入实现快速增长。在经济持续较快增长的基础上，通过依法征管，加强协调，完善财政增收激励机制，做到依法应收尽收，不收过头税，财政收入实现了快速增长。2007年全省地方级财政收入完成320.5亿元，增长30.7%，高于全国地方平均水平2个百分点；2008年完成422.8亿元，增长31.8%，高于全国地方平均水平10.3

个百分点；2009年完成487.1亿元，增长15.2%，高于全国地方平均水平1.5个百分点。（2）财政支出结构不断优化。2009年，全省财政支出完成1479.2亿元，比2006年增加760.9亿元，是2006年的2.1倍；人均财政支出5410元，居全国第11位，比2006年前移3位。在财政支出总体水平不断提高的同时，注重调整优化支出结构，优先保障"三农"、教育、科技、就业和社会保障、保障性安居工程、节能减排等重点支出，确保省委、省政府提出的各项民生实事的资金需要。通过实施行政事业编制和行政公用经费"两个零增长"，对控制和压缩财政供养人员的市县给予奖励等措施，2007～2009年，财政供养人员平均每年增加1万人，如剔除企业分离办社会移交到地方的教师、公安人员，以及纳入一般预算开支的交通规费征管人员，每年净增加0.3万人，比"十五"时期年均增加1.8万人少增加1.5万人。2009年，对党政机关出国经费、车辆购置及运行费、公务接待经费分别按20%、15%和10%规定比例进行压缩，有效降低了行政运行成本。（3）大力争取中央财政支持。近年来，我们紧紧抓住国家振兴东北老工业基地、扶持中西部地区和粮食主产区发展、保障和改善民生、扩大内需等政策机遇，研究把握国家重点支持政策取向，超前谋划，主动协调，密切沟通，积极向国家汇报反映我省特殊情况和困难，千方百计争取国家的政策资金支持。2009年，中央财政对我省各项转移支付补助达到839.5亿元，比2006年增加463.6亿元，是2006年的2.2倍；占当年财政支出的56.8%，比2006年提高了4.5个百分点。

二、充分发挥财政职能作用，全力促进经济平稳较快发展

几年来，我们注重有效发挥财政政策和资金的杠杆作用，大力支持国企改制、投资拉动、项目带动、扩权强县等战略的顺利实施。2007～2009年，全省财政用于支持经济发展的资金累计达到1214.1亿元，年均增长36.3%。（1）认真落实财税扶持政策。三年来，贯彻实施增值税全面转型、企业所得税"两法合并"、降低房屋交易环节税率、科技成果转化、节能减排等税收优惠政策，落实国家燃油税改革、停征100项行政事业性收费和"工商两费"政策，省级共取消行政事业性收费35项，降低收费标准186项。落实上述政策，仅2009年就为企业和社会减负60亿元。（2）支持投资拉动。筹措拨付国债、预算内基本建设、重大项目补助和招商引资专项资金223.1亿元，使用

开发银行贷款和政府主权外债403亿元，拨付中央扩大内需资金84.8亿元，使用中央代理发行地方政府债券55亿元，有力地支持了重点项目建设。2009年省级财政预算安排支持经济发展的专项资金达到74.7亿元，是2006年的2.1倍。（3）支持企业改革发展。省级累计拨付资金63.7亿元，支持国企改革、工业提速增效和厂办大集体改革试点，完善中小企业信用担保体系建设，建立中小企业服务体系和创建孵化基地，促进民营经济和服务业加快发展。2009年，我省民营经济提供的税收达319.5亿元，占一般预算全口径财政收入的32.7%，比2006年提高了7.3个百分点。（4）支持扩大农村消费。2009年，筹措资金6亿元，拨付家电、汽车摩托车下乡和汽车以旧换新补贴，家电下乡产品销售43万台，汽车下乡产品销售6.2万辆。筹措拨付资金8.5亿元，支持农民购买农机具和农业机械化示范区建设。上述两项政策，共拉动农村消费70亿元。（5）支持县域经济发展。进一步向市县下放财政管理权限，完善“省管县”财政体制，省对县（市）共享收入全部下放的政策截止日期，从2008年延长到2010年。加大省对县（市）均衡性转移支付补助力度，2009年转移支付补助达56.2亿元，比2006年增加16.6亿元，增长0.4倍。县级基本财力保障机制初步建立。2009年，县域GDP和县（市）财政收入增幅分别高于全省平均水平10个和5.5个百分点。全省40个县（市）地方级财政收入全部超过亿元，比2006年增加15个；一般预算全口径财政收入超过10亿元的县（市）5个，比2006年增加3个。

三、落实各项强农惠农政策，促进农业发展和农民增收

2007年以来，随着国家一系列强农惠农政策的实施，我省财政“三农”投入大幅度增加，粮食综合生产能力稳步提高，农村生产生活环境明显改善，农民收入持续增加。2009年，全省财政用于“三农”方面的支出达到523.8亿元，比2006年增加332.5亿元，年均增长39.9%。（1）支持提高粮食生产能力建设。累计拨付资金283.8亿元，支持农业综合开发、西部土地开发整理、农业基础设施建设、农业科技推广等，加快推进增产百亿斤商品粮能力建设。（2）认真落实对农民的各项补贴政策。2009年，筹措资金82亿元，比2006年增加51.8亿元，拨付粮食直补、农资综合直补、农业增产技术补贴等各项惠农补贴。2009年，我省农民人均纯收入5450元，比2006年增加1353元。（3）支持农村公益事业加快发展。筹措拨付资金45.9亿元，支持农村公

路和广播电视“村村通”、农村电影放映、乡镇综合文化站、农家书屋等新农村建设。筹措拨付资金3.2亿元，支持农村劳动力转移就业。筹措拨付扶贫资金11.7亿元，改善贫困地区农民群众生产生活条件。2009年，制定出台了村级运转经费分类保障办法，村级运转经费保障标准比上年增加1万元，到2011年将比2008年翻一番。此外，省级筹措拨付资金19.8亿元，支持国有农场税费改革、集体林权制度改革，以及完成化解农村义务教育债务阶段性任务。

四、不断加大资金投入，切实保障和改善民生

三年来，我们始终把保障和改善民生作为财政工作的重中之重，逐年加大对民生事业的投入力度。2007~2009年，连续三年新增财力的70%以上用于民生，保证了省委、省政府确定的民生实事全面兑现，有力地促进了人民群众特别是低收入群体收入水平的提高和生活条件的改善。2009年，在财政收支矛盾十分突出的情况下，全省财政用于民生方面的支出仍比上年增长27.5%。(1) 支持就业和再就业。前三年，累计拨付就业补助资金56.2亿元，保持10万个公益型岗位规模、保持零就业家庭动态为零，支持开展农民工和低保家庭适龄子女免费就业培训，全省新增就业人数累计150.5万人。(2) 提高社会保障水平。累计拨付资金343.6亿元，大幅度提高养老金、城乡低保和医疗保险财政补助水平。2006年我省城市低保补助标准月人均68元，比全国平均水平低20元；农村低保补助标准年人均240元。2009年，我省城市低保达到170元，比全国平均水平高12元；农村低保达到760元，比全国平均水平高40元。(3) 支持教育均衡发展。累计拨付资金43.5亿元，用于完善义务教育经费保障机制，提高农村中小学公用经费保障水平，小学生均由280元提高到300元，中学生均由360元提高到500元；对6万名中等职业学校家庭困难学生和涉农专业学生免除学杂费。2008、2009年全省各级财政共筹措拨付资金16亿元，解决了24个市县历史上长期拖欠的中小学教师工资，其余19个市县今年也将全部解决。2009年，省级筹措拨付资金7.2亿元，稳步推进中小学校舍安全工程建设。(4) 大力改善群众生活居住条件。2007年以来，充分发挥财政政策资金的带动作用，大力支持城市棚户区、林业棚户区、煤矿棚户区、农村泥草房改造，以及城市廉租房建设“五路安居”工程，并启动“暖房子”工程建设。省财政三年累计投入91.8亿元，支持完成“五路安居”工

程面积6300万平方米。省级筹措安排资金11.9亿元，解决近300万农村群众饮水安全问题。（5）规范并大幅度提高津贴补贴。2007年以来，先后两次规范和提高了省直机关事业单位津贴补贴标准；50个市县规范和提高了津贴补贴，其中有39个市县两次规范和提高了津贴补贴。省财政每年安排资金4.6亿元，采取“托底”办法，帮助23个困难县（市）提高津贴补贴水平。到2009年底，省级、市（州）级和县（市）级年人均津贴补贴分别达到23184元、19248元和9216元，分别比2006年规范前提高了7200元、11648元和7563元，由原来的处于全国靠后水平，达到了中游或中游偏上水平。

五、扎实推进财政管理制度改革，努力提高科学化精细化管理水平

三年来，围绕健全和完善公共财政体系，不断深化各项财政管理制度改革，财政管理水平明显提高。（1）部门预算编制进一步细化。基本支出预算增设款级科目，预算更加明确、清晰。部门预算编报程序由原来的“二上二下”改为“三上三下”，编制时间由原来的3个月增加到6个月。到2009年末，实现了省级、市县部门预算编制改革全覆盖。（2）国库集中收付改革不断向纵深推进。2008年省直10个部门和单位率先开展了公务卡改革试点，到2008年末省直所有单位全部推行了公务卡改革。省直会计集中核算向国库集中支付的转轨工作顺利完成，实现了市县国库集中支付改革全覆盖。（3）非税收入管理日趋规范。2007年以来，分批将75项行政事业性收费纳入预算管理，到目前全省除教育收费、车辆通行费以外的所有行政事业性收费全部纳入预算管理。省直行政和全额拨款事业单位逐步实现收支脱钩。（4）政府采购规模和范围进一步扩大。2007年，全省实现了政府采购管理机构和执行机构的“管采分离”，采购范围扩展到通用货物、服务和工程三大类。2008年，又进一步规范了政府采购流程和内控制度。2009年完成政府采购额121.5亿元，比2006年增加59亿元，增长近1倍。（5）“金财工程”建设取得新进展。市县财政部门局域网建设顺利完成，省、市、县三级财政系统广域网正式投入运行，财政业务信息系统大平台建设试点有序进行。此外，组织开展了财政专项检查43项，查出违纪资金83亿元，收缴入库8亿元。其中，查处“小金库”资金2366.1万元，收缴入库资金201.6万元。制定出台了财政支出绩效评价管理办法，积极探索提高财政资金使用绩效。

六、加强机关作风建设，全力打造服务型政府机关

近年来，厅党组坚持把加强党员干部党性修养和作风养成列入重要日程，着力推进服务型政府机关建设。（1）注重加强厅领导班子自身建设。积极开展厅党组理论中心组学习活动。坚持民主集中制，健全完善决策机制，对预算安排、干部任免、限额以上财务开支等重大事项，均提交厅党组会议集体决定。坚持开展调查研究，厅领导班子成员牵头完成了24项重大调研课题，一些意见和建议被省委、省政府决策时采纳或作为决策参考。（2）注重加强干部队伍建设。积极开展学习实践科学发展观、解放思想大讨论，广大职工干部宗旨意识、服务大局能力显著增强。举办各类培训班91期，专家讲座28次，培训干部14900人次，全面提高干部政策业务素质。认真贯彻《党政领导干部选拔任用条例》，2007～2009年，通过竞争上岗，先后有8名同志走上了副处级领导岗位，先后两次对31名副处级以上领导干部进行轮岗交流。凡厅内拟提拔副处级以上职务的干部，实行纪检部门一票否决制。关心干部职工生活，组织开展丰富多彩的文体活动，促进了和谐机关建设。（3）注重加强党风廉政建设。认真贯彻落实党风廉政建设责任制，实行“一岗双责”，推行“两书一考”制度，发现问题及时处理和纠正。以个别干部违法违纪案件为典型，深刻剖析违法违纪的主客观原因，教育广大干部引以为戒，增强法纪观念，做到警钟长鸣。（4）注重规范权力运行。2009年，围绕4类112个权力事项，开展了以健全内部权力运行制约监督机制为核心，以“权力搜索、监督定位、流程规范”为重点，对财政资金运行、行政审批方面10个重点环节的权力运行流程进行全方位监督，推进财政系统惩防体系建设。（5）注重加强软环境和政行风建设。积极参加全省民主评议政行风活动，在全省财政系统开展了6次软环境和政行风自查互评活动，共查出履职不廉、服务态度差等10类倾向性问题，并采取切实措施，认真加以整改。继续扩大政务公开范围，省级5项行政审批项目全部纳入省政府政务大厅集中办理。2007、2008年我厅被省政府评为部门工作绩效评估优秀单位。2008、2009年在全省民主评议软环境和政行风活动中被评为“群众满意单位”。2007～2009年我厅在省政府政务大厅的行政审批窗口连续三年被评为优秀单位。

三年来，经过全厅广大干部职工的共同努力，完成或超额完成了各项财政工作目标任务，取得了显著成绩。但认真回顾总结，工作中仍存在一些差距和

不足。（1）充分发挥财政职能，优化财政资源配置，支持结构调整和发展方式转变的措施和手段还有待进一步完善。（2）财政资金监管力度还需进一步加强，财政资金的规范性、安全性、有效性有待进一步提高。（3）适应新形势、新任务要求，进一步提高财政干部政策业务素质，强化决策执行力等方面还有不少工作要做。这些都需要在今后工作中高度重视，创新体制机制，认真加以解决。

后　记

我在吉林省财政厅工作了三十二年，特别是从2002年主持省财政厅全面工作以来，正是吉林老工业基地振兴的关键时期。全省财政系统广大干部职工围绕中心，服务大局，按照“抓增收、促发展、保民生、建机制、强队伍”的总体思路，充分发挥财政职能作用，积极推动吉林经济社会又好又快发展，全省财政事业也取得了历史性进步。财政收支规模不断壮大，财政保障能力显著增强，公共财政体系基本建立，科学理财水平不断提高。可以说，这些成就的取得，得益于省委、省政府的正确领导，得益于中央财政的大力支持，得益于我们有一个凝聚力强、团结干事的领导班子，得益于我们有一支能吃苦、能奉献、能战斗的高素质财政干部队伍。

呈现在大家眼前的这本文集，粗略阐述了三十二年来我对财政工作的实践和理性思考，真实记录了吉林省财政改革与发展的轨迹，再现了全省财政系统干部职工的理财智慧。全书共分八个部分，70余篇文章，有的已在报纸上即时发表，有的在全国财经核心期刊上刊发，有的探讨性文章为首次面世。当然，一些观点也不可避免地受制于当时的局限。因此，我希望与财政战线上的同仁继续进行深入探讨，并期待对一些观点做进一步商榷。

涛声激越风催紧，潮起正是扬帆时。在离开奋斗多年的财政工作岗位之际，“为国理财，为民服务”时时刻刻激荡着我的无限眷恋之情。今年是“十二五”规划的开局之年，财政工作任务繁重而艰巨，我衷心祝愿在新的领导班子正确领导下，吉林省财政事业更加兴旺发达，为推动吉林老工业基地全面振兴，实现富民强省的宏伟目标，作出新的更大贡献。

最后，我要衷心地感谢多年来共同奋斗的吉林省财政厅的同志们，他们对本书的撰写、编辑和整理付出了艰辛的劳动，令我不胜感激。同时，我还要特别感谢财政部财政科学研究所的王泽彩研究员、中国财政经济出版社的同志，他们为本书的出版做了大量艰苦细致的工作，在此一并表示诚挚的谢意。

王化文

2011年9月于长春